中国社会科学院创新工程学术出版资助项目

经济蓝皮书

BLUE BOOK OF CHINA'S ECONOMY

2013年 中国经济形势分析与预测

ECONOMY OF CHINA ANALYSIS AND FORECAST (2013)

主　编／陈佳贵　李　扬
副主编／李　平　李雪松　张　平

社会科学文献出版社
SOCIAL SCIENCES ACADEMIC PRESS (CHINA)

图书在版编目(CIP)数据

2013年中国经济形势分析与预测/陈佳贵，李扬主编. —北京：社会科学文献出版社，2012.12
(经济蓝皮书)
ISBN 978-7-5097-4029-3

Ⅰ.①2… Ⅱ.①陈… ②李… Ⅲ.①经济分析-中国-2012 ②经济预测-中国-2013 Ⅳ.①F123.2

中国版本图书馆CIP数据核字(2012)第274691号

经济蓝皮书
2013年中国经济形势分析与预测

主　　编／陈佳贵　李　扬
副 主 编／李　平　李雪松　张　平

出 版 人／谢寿光
出 版 者／社会科学文献出版社
地　　址／北京市西城区北三环中路甲29号院3号楼华龙大厦
邮政编码／100029

责任部门／皮书出版中心（010）59367127　　责任编辑／任文武　彭　战
电子信箱／pishubu@ssap.cn　　责任校对／师旭光
项目统筹／邓泳红　　责任印制／岳　阳
经　　销／社会科学文献出版社市场营销中心（010）59367081　59367089
读者服务／读者服务中心（010）59367028

印　　装／北京季蜂印刷有限公司
开　　本／787mm×1092mm　1/16　　印　　张／25
版　　次／2012年12月第1版　　字　　数／403千字
印　　次／2012年12月第1次印刷
书　　号／ISBN 978-7-5097-4029-3
定　　价／59.00元

中国经济形势分析与预测
学术咨询委员会

盘点年度资讯　预测时代前程

社会科学文献出版社

2013年

皮书系列

权威·前沿·原创

社会科学文献出版社
SOCIAL SCIENCES ACADEMIC PRESS (CHINA)

社长致辞

我们是图书出版者，更是人文社会科学内容资源供应商；

我们背靠中国社会科学院，面向中国与世界人文社会科学界，坚持为人文社会科学的繁荣与发展服务；

我们精心打造权威信息资源整合平台，坚持为中国经济与社会的繁荣与发展提供决策咨询服务；

我们以读者定位自身，立志让爱书人读到好书，让求知者获得知识；

我们精心编辑、设计每一本好书以形成品牌张力，以优秀的品牌形象服务读者，开拓市场；

我们始终坚持“创社科经典，出传世文献”的经营理念，坚持“权威、前沿、原创”的产品特色；

我们“以人为本”，提倡阳光下创业，员工与企业共享发展之成果；

我们立足于现实，认真对待我们的优势、劣势，我们更着眼于未来，以不断的学习与创新适应不断变化的世界，以不断的努力提升自己的实力；

我们愿与社会各界友好合作，共享人文社会科学发展之成果，共同推动中国学术出版乃至内容产业的繁荣与发展。

社会科学文献出版社社长

中国社会学会秘书长

2013 年 1 月

“皮书”起源于十七、十八世纪的英国，主要指官方或社会组织正式发表的重要文件或报告，多以“白皮书”命名。在中国，“皮书”这一概念被社会广泛接受，并被成功运作、发展成为一种全新的出版形态，则源于中国社会科学院社会科学文献出版社。

皮书是对中国与世界发展状况和热点问题进行年度监测，以专家和学术的视角，针对某一领域或区域现状与发展态势展开分析和预测，具备权威性、前沿性、原创性、实证性、时效性等特点的连续性公开出版物，由一系列权威研究报告组成。皮书系列是社会科学文献出版社编辑出版的蓝皮书、绿皮书、黄皮书等的统称。

皮书系列的作者以中国社会科学院、著名高校、地方社会科学院的研究人员为主，多为国内一流研究机构的权威专家学者，他们的看法和观点代表了学界对中国与世界的现实和未来最高水平的解读与分析。

自 20 世纪 90 年代末推出以经济蓝皮书为开端的皮书系列以来，至今已出版皮书近 800 部，内容涵盖经济、社会、政法、文化传媒、行业、地方发展、国际形势等领域。皮书系列已成为社会科学文献出版社的著名图书品牌和中国社会科学院的知名学术品牌。

皮书系列在数字出版和国际出版方面成就斐然。皮书数据库被评为“2008~2009 年度数字出版知名品牌”；经济蓝皮书、社会蓝皮书等十几种皮书每年还由国外知名学术出版机构出版英文版、俄文版、韩文版和日文版，面向全球发行。

2011 年，皮书系列正式列入“十二五”国家重点出版规划项目，一年一度的皮书年会升格由中国社会科学院主办；2012 年，部分重点皮书列入中国社会科学院承担的国家哲学社会科学创新工程项目。

经 济 类

经济类皮书涵盖宏观经济、城市经济、大区域经济，
提供权威、前沿的分析与预测

经济蓝皮书

2013 年中国经济形势分析与预测（赠阅读卡）

陈佳贵　李　扬 / 主编　　2012 年 12 月出版　　估价 :59.00 元

◆　本书课题为“总理基金项目”，由著名经济学家陈佳贵、李扬领衔，联合数十家科研机构、国家部委和高等院校的专家共同撰写，其内容涉及宏观决策、财政金融、证券投资、工业调整、就业分配、对外贸易等一系列热点问题。本报告权威把脉中国经济 2012 年运行特征及 2013 年发展趋势。

世界经济黄皮书

2013 年世界经济形势分析与预测（赠阅读卡）

王洛林　张宇燕 / 主编　　2013 年 1 月出版　　估价 :59.00 元

◆　2012 年全球经济复苏步伐明显放缓，发达国家复苏动力不足，主权债务危机的升级以及长期的低利率也大大压缩了财政与货币政策调控的空间。本书围绕因此而来的国际金融市场震荡频发、国际贸易与投资增长乏力等经济问题对世界经济进行了分析展望。

国家竞争力蓝皮书

中国国家竞争力报告 No.2（赠阅读卡）

倪鹏飞 / 主编　　2013 年 4 月出版　　估价 :69.00 元

◆　本书运用有关竞争力的最新经济学理论，选取全球 100 个主要国家，在理论研究和计量分析的基础上，对全球国家竞争力进行了比较分析，并以这 100 个国家为参照系，指明了中国的位置和竞争环境，为研究中国的国家竞争力地位、制定全球竞争战略提供参考。

城市竞争力蓝皮书

中国城市竞争力报告 No.11（赠阅读卡）

倪鹏飞 / 主编　　2013 年 5 月出版　　估价 :69.00 元

◆　本书由中国社会科学院城市与竞争力中心主任倪鹏飞主持编写，汇集了众多研究城市经济问题的专家学者关于城市竞争力研究的最新成果。本报告构建了一套科学的城市竞争力评价指标体系，采用第一手数据材料，对国内重点城市年度竞争力格局变化进行客观分析和综合比较、排名，对研究城市经济及城市竞争力极具参考价值。

城市蓝皮书

中国城市发展报告 No.6（赠阅读卡）

潘家华　魏后凯 / 主编　　2013 年 8 月出版　　估价 :59.00 元

◆　本书由中国社会科学院城市发展与环境研究所主编，以聚焦新时期中国城市发展中的民生问题为主题，紧密联系现阶段中国城镇化发展的客观要求，回顾总结中国城镇化进程中城市民生改善的主要成效，并对城市发展中的各种民生问题进行全面剖析，在此基础上提出了民生优先的城市发展思路，以及改善城市民生的对策建议。

农村绿皮书

中国农村经济形势分析与预测 (2012~2013)（赠阅读卡）

中国社会科学院农村发展研究所　国家统计局农村社会经济调查司 / 著

2013 年 4 月出版　　估价 ：59.00 元

◆　本书对 2012 年中国农业和农村经济运行情况进行了系统的分析和评价，对 2013 年中国农业和农村经济发展趋势进行了预测，并提出相应的政策建议，专题部分将围绕某个重大的理论和现实问题进行多维、深入、细致的分析和探讨。

西部蓝皮书

中国西部经济发展报告 (2013)（赠阅读卡）

姚慧琴　徐璋勇 / 主编　　2013 年 7 月出版　　估价 :69.00 元

◆　本书由西北大学中国西部经济发展研究中心主编，汇集了源自西部本土以及国内研究西部问题的权威专家的第一手资料，对国家实施西部大开发战略进行年度动态跟踪，并对 2013 年西部经济、社会发展态势进行预测和展望。

宏观经济蓝皮书

中国经济增长报告(2012~2013)(赠阅读卡)

张　平　刘霞辉 / 主编　　2013 年 7 月出版　　估价 :69.00 元

◆　本书由中国社会科学院经济研究所组织编写，独创了中国各省(区、市)发展前景评价体系，通过产出效率、经济结构、经济稳定、产出消耗、增长潜力等近 60 个指标对中国各省(区、市)发展前景进行客观评价，并就“十二五”时期中国经济面临的主要问题进行全面分析。

经济蓝皮书春季号

中国经济前景分析——2013 年春季报告(赠阅读卡)

陈佳贵　李　扬 / 主编　　2013 年 5 月出版　　估价 : 59.00 元

◆　本书是经济蓝皮书的姊妹篇，是中国社会科学院“中国经济形势分析与预测”课题组推出的又一重磅作品，在模型模拟与实证分析的基础上，从我国面临的国内外环境入手，对 2013 年春季及全年经济全局及工业、农业、财政、金融、外贸、就业等热点问题进行多角度考察与研究，并提出政策建议，具有较强的实用性、科学性和前瞻性。

就业蓝皮书

2013 年中国大学生就业报告(赠阅读卡)

麦可思研究院 / 主编　王伯庆 / 主审　2013 年 6 月出版　估价 :98.00 元

◆　大学生就业是社会关注的热点和难点，本书是在麦可思研究院“中国 2010 届大学毕业生求职与工作能力调查”数据的基础上，由麦可思公司与西南财经大学共同完成的 2013 年度大学毕业生就业及重点产业人才分析报告。

国际城市蓝皮书

国际城市发展报告(2013)(赠阅读卡)

屠启宇 / 主编　　2013 年 1 月出版　　估价 :69.00 元

◆　国际城市蓝皮书是由上海社会科学院城市与区域研究中心主办、世界经济研究所国际政治经济学研究室协办的关于国际城市发展动态的年度报告，力求为中国城市发展的决策者、操作者、研究者和关注者把握与借鉴国际城市发展动态、规律和实践，提供及时、全面、权威的解读。

社会政法类

社会政法类皮书聚焦社会发展领域的热点、难点问题，
提供权威、原创的资讯与视点

社会蓝皮书

2013 年中国社会形势分析与预测（赠阅读卡）

汝　信　陆学艺　李培林 / 主编　2012 年 12 月出版　估价：59.00 元

◆　本书为中国社会科学院核心学术品牌之一，荟萃中国社会科学院等众多学术单位的原创成果。本年度报告结合中共“十八大”会议精神，深入探讨中国迈向更加公平、公正的全面小康社会的路径。

法治蓝皮书

中国法治发展报告 No.11(2013)（赠阅读卡）

李　林 / 主编　　2013 年 3 月出版　　估价 :85.00 元

◆　本书是中国社会科学院法学研究所精心打造的年度报告。在多篇法治国情调研报告中，着力分析中国在立法、依法行政、预防与惩治腐败等方面的进展，并提出原创性箴言。

教育蓝皮书

中国教育发展报告 (2013)（赠阅读卡）

杨东平 / 主编　　2013 年 3 月出版　　估价：59.00 元

◆　本书由著名教育学家杨东平担任主编，直面当前教育改革中出现的教育公平、高校教育结构调整、义务教育均衡发展、学校布局调整与校车系统建设等热点、难点问题，提供极具价值的学者建言。

社会建设蓝皮书

2013 年北京社会建设分析报告（赠阅读卡）

陆学艺　唐　军　张　荆 / 主编　2013 年 5 月出版　估价 :69.00 元

◆　本书由著名社会学家陆学艺领衔主编，依据社会学理论框架和分析方法，对北京市的人口、就业、分配、社会阶层以及城乡关系等社会学基本问题进行了广泛调研与分析，对广受社会关注的住房、教育、医疗、养老、交通等社会热点问题做了深刻了解与剖析，对日益显现的征地搬迁、外籍人口管理、群体性心理障碍等进行了有益探讨。

政治参与蓝皮书

中国政治参与报告 (2013)（赠阅读卡）

房　宁 / 主编　2013 年 7 月出版　估价 ; 58.00 元

◆　本书是国内第一本运用社会科学数据对“中国公民政策参考”进行持续研究的年度报告，依据全国性问卷调查数据，对中国公民的政策参与客观状况和政策参与主观状况作了总体说明，并对不同性别、不同年龄、不同学历、不同政治面貌、不同职业、不同区域、不同收入的公民群体的政策参与客观状况和主观状况作了具体说明。

社会心态蓝皮书

中国社会心态研究报告（2012~2013）（赠阅读卡）

王俊秀　杨宜音 / 主编　　2012 年 12 月出版　　估价 :59.00 元

◆　本书由中国社会科学院社会学研究所社会心理研究中心编撰，从社会感受、价值观念、行为倾向等方面对于生活压力感、社会支持感、经济变动感受、微博使用行为、心理危机干预等问题，用社会心理学、社会学、经济学、传播学等多种学科的方法角度进行了调查和研究，深入揭示了我国社会心态状况。

城乡统筹蓝皮书

中国城乡统筹发展报告（2013）（赠阅读卡）

程志强　潘晨光 / 主编　　2013 年 3 月出版　　估价 :59.00 元

◆　全书客观地总结了各地城乡统筹发展进程中的经验，详细论述了统筹城乡经济社会发展的理论基础，从多个角度对新时期加快我国城乡统筹发展进程进行了深入的研究与探讨。

环境绿皮书

中国环境发展报告(2013)(赠阅读卡)

杨东平 / 主编　　2013 年 4 月出版　　估价 :69.00 元

◆　本书由民间环保组织“自然之友”组织编写,由特别关注、生态保护、宜居城市、可持续消费以及政策与治理等版块构成，以公共利益的视角记录、审视和思考中国环境状况，呈现2013年中国环境与可持续发展领域的全局态势,用深刻的思考、科学的数据分析 2012 年的环境热点事件。

环境竞争力绿皮书

中国省域环境竞争力发展报告(2010 ~ 2012)(赠阅读卡)

李建平　李闽榕　王金南 / 主编　　2013 年 3 月出版　　估价 :148.00 元

◆　本报告融马克思主义经济学、环境科学、生态学、统计学、计量经济学和人文地理学等理论和方法为一体，充分运用数理分析、空间分析以及规范分析与实证分析相结合的方法，构建了比较科学完善、符合中国国情的环境竞争力指标评价体系，对中国内地 31 个省级区域的环境竞争力进行全面、深入的比较分析和评价。

反腐倡廉蓝皮书

中国反腐倡廉建设报告 No.3(赠阅读卡)

李秋芳 / 主编　　2013 年 8 月出版　　估价：59.00 元

◆　本书从“惩治与专项治理、多主体综合监督、公共权力规制、公共资金资源资产监管、公职人员诚信管理、社会廉洁文化建设”六个方面对全国反腐倡廉建设进程与效果进行了综述，结合实地调研和问卷调查，反映了社会公众关注的难点焦点问题，并从理念和举措上提出建议。

行业报告类

行业报告类皮书立足重点行业、新兴行业领域，
提供及时、前瞻的数据与信息

金融蓝皮书

中国金融发展报告(2013)（赠阅读卡）

李　扬　王国刚 / 主编　2012 年 12 月出版　　估价：59.00 元

◆　本书由中国社会科学院金融研究所主编，对 2012 年中国金融业总体发展状况进行回顾和分析，聚焦国际及国内金融形势的新变化，解析中国货币政策、银行业、保险业和证券期货业的发展状况，预测中国金融发展的最新动态，包括投资基金、保险业发展和金融监管等。

房地产蓝皮书

中国房地产发展报告 No.10（赠阅读卡）

潘家华　李景国 / 主编　　2013 年 5 月出版　　估价 :69.00 元

◆　本书由中国社会科学院城市发展与环境研究所组织编写，秉承客观公正、科学中立的原则，深度解析 2012 年中国房地产发展的形势和存在的主要矛盾，并预测 2013 年中国房价走势及房地产市场发展大势。观点精辟，数据翔实，对关注房地产市场的各阶层人士极具参考价值。

住房绿皮书

中国住房发展报告(2012~2013)（赠阅读卡）

倪鹏飞 / 主编　　2012 年 12 月出版　　估价 :69.00 元

◆　本书从宏观背景、市场体系和公共政策等方面，对中国住房市场作全面系统的分析、预测与评价。在评述 2012 年住房市场走势的基础上，预测 2013 年中国住房市场的发展变化；通过构建中国住房指数体系，量化评估住房市场各关键领域的发展状况；剖析中国住房市场发展所面临的主要问题与挑战，并给出政策建议。

旅游绿皮书

2013 年中国旅游发展分析与预测（赠阅读卡）

张广瑞　刘德谦　宋　瑞 / 主编　2013 年 5 月出版　估价 :69.00 元

◆　本书由中国社会科学院旅游研究中心组织编写，从 2012 年国内外发展环境入手，深度剖析 20112 年我国旅游业的跌宕起伏以及背后错综复杂的影响因素，聚焦旅游相关行业的运行特征以及相关政策实施，对旅游发展的热点问题给出颇具见地的分析，并提出促进我国旅游业发展的对策建议。

产业蓝皮书

中国产业竞争力报告（2013）No.3（赠阅读卡）

张其仔 / 主编　2013 年 12 月出版　估价 :79.00 元

◆　本书对中国产业竞争力的最新变化进行了系统分析，对 2012 年中国产业竞争力的走势进行了展望，对各省、56 个地区和 44 个园区的产业国际竞争力进行了评估，是了解中国产业竞争力、各地产业竞争力最新变化的支撑平台。

能源蓝皮书

中国能源发展报告 (2013)（赠阅读卡）

崔民选 / 主编　2013 年 7 月出版　估价 :79.00 元

◆　本书结合中国经济面临转型的新形势，着眼于构建安全稳定、经济清洁的现代能源产业体系，盘点 2012 年中国能源行业的运行和发展走势，对 2012 年我国能源产业和各行业的运行特征、热点问题进行了深度剖析，并提出了未来趋势预测和对策建议。

文化传媒类

文化传媒类皮书透视文化领域、文化产业，
探索文化大繁荣、大发展的路径

文化蓝皮书

中国文化产业发展报告(2012~2013)（赠阅读卡）

张晓明　胡惠林　章建刚 / 主编　2013 年 1 月出版　估价 :59.00 元

◆　本书是由中国社会科学院文化研究中心和文化部、上海交通大学共同编写的第 10 本中国文化产业年度报告。 内容涵盖了我国文化产业分析及政策分析，既有对 2012 年文化产业发展形势的评估，又有对 2013 年发展趋势的预测；既有对全国文化产业宏观形势的评估，又有对文化产业内各行业的权威年度报告。

传媒蓝皮书

2013 年：中国传媒产业发展报告（赠阅读卡）

崔保国 / 主编　　2013 年 4 月出版　　估价 :69.00 元

◆　本书云集了清华大学、人民大学等众多权威机构的知名学者，对 2012 年中国传媒产业发展进行全面分析。剖析传统媒体转型过程中，中国传媒界的思索与实践；立足全球传媒产业发展现状，探索我国传媒产业向支柱产业发展面临的路径；并为提升国际传播能力提供前瞻性研究与观点。

新媒体蓝皮书

中国新媒体发展报告(2013)No.4（赠阅读卡）

尹韵公 / 主编　　2013 年 5 月出版　　估价 :69.00 元

◆　本书由中国社会科学院新闻与传播研究所和上海大学合作编写，在构建新媒体发展研究基本框架的基础上，全面梳理 2012 年中国新媒体发展现状，发表最前沿的网络媒体深度调查数据和研究成果，并对新媒体发展的未来趋势做出预测。

国别与地区类

国别与地区类皮书关注全球重点国家与地区，
提供全面、独特的解读与研究

国际形势黄皮书

全球政治与安全报告（2013）（赠阅读卡）

李慎明　张宇燕 / 主编　　2012 年 12 月出版　　估价 :59.00 元

◆　本书是由中国社会科学院世界经济与政治研究所精心打造的又一品牌皮书，关注时下国际关系发展动向里隐藏的中长期趋势，剖析全球政治与安全格局下的国际形势最新动向以及国际关系发展的热点问题，并对 2013 年国际社会重大动态作出前瞻性的分析与预测。

美国蓝皮书

美国问题研究报告（2013）（赠阅读卡）

黄　平　倪　峰 / 主编　　2013 年 6 月出版　　估价 :69.00 元

◆　本书由中华美国学会和中国社会科学院美国研究所组织编写，从美国内政、外交、中美关系等角度系统论述 2013 年美国政治经济发展情况，既有对美国当今实力、地位的宏观分析，也有对美国近年来内政、外交政策的微观考察，对观察和研究美国及中美关系具有较强的参考作用。

欧洲蓝皮书

欧洲发展报告（2012~2013）（赠阅读卡）

周　弘 / 主编　　2013 年 3 月出版　　估价 :79.00 元

◆　欧洲长期积累的财政和债务问题，终于在世界金融危机的冲击下转变成主权债务危机。在采取紧急应对危机举措的同时，欧盟还提出一系列经济治理方案。正当欧盟内部为保卫欧元而苦苦奋战之时，欧盟却在对外战线上成功地完成对利比亚的一场战争。关注欧洲蓝皮书，关注欧盟局势。

地方发展类

地方发展类皮书关注大陆各省份、经济区域，
提供科学、多元的预判与咨政信息

北京蓝皮书

北京经济发展报告（2012~2013）（赠阅读卡）

赵 弘 / 主编　　2013 年 5 月出版　估价：59.00 元

◆ 本书是北京市社会科学院紧紧围绕北京市年度经济社会发展的目标，突出对北京市经济社会发展带全局性、战略性、倾向性的重点、热点、难点问题进行分析和预测的综合研究成果。

北京蓝皮书

北京社会发展报告（2012~2013）（赠阅读卡）

戴建中 / 主编　　2013 年 6 月出版　估价：59.00 元

◆ 本书研创团队以北京市社会科学院研究人员为主，同时邀请北京市党政机关和大学的专家学者参加。本书为北京市政策制定和执行提供了依据和思路，为了解中国首都的社会现状贡献了丰富的资料和解说，具有一定的影响力，因关注热点社会问题在社会上引起人们的关注。

上海蓝皮书

上海经济发展报告（2013）（赠阅读卡）

沈开艳 / 主编　　2013 年 1 月出版　　估价 :59.00 元

◆ 本书围绕上海如何实现经济转型问题展开，通过对复苏缓慢的国际经济大环境、趋于紧缩的国内宏观经济背景的深入分析，认为上海迫切需要解决而又密切相关的现实问题是“增长动力转型”与“产业发展转型”两大核心。

上海蓝皮书

上海社会发展报告（2013）（赠阅读卡）

卢汉龙　周海旺 / 主编　2013 年 1 月出版　估价：59.00 元

◆　本书是上海蓝皮书系列之一种，围绕机制创新、社会政策、社会组织等方面，对上海近年来的社会热点问题进行了调研，在总结现有状况及成因的基础上，提出了一些建议与对策，关注了上海的主要社会问题，可为决策层制订相关政策提供借鉴。

河南蓝皮书

河南经济发展报告（2013）（赠阅读卡）

喻新安 / 主编　2013 年 1 月出版　估价：59.00 元

◆　本书由河南省社会科学院主持编撰，以中原经济区“三化”协调科学发展为主题，深入全面地分析了当前河南经济发展的主要特点以及 2012 年的走势，全方位、多角度研究和探讨了河南探索“三化”协调发展的举措及成效，并对河南积极构建中原经济区建设提出了对策建议。

甘肃蓝皮书

甘肃省经济发展分析与预测（2013）（赠阅读卡）

朱智文　罗　哲 / 主编　2012 年 12 月出版　估价：69.00 元

◆　本书是近年来甘肃经济社会发展的年度综合性研究成果之一，是对不同时期甘肃省实现区域创新和改革开放的年度总结。全书以特有的方式将经济运行情况、预测分析、政策建议三者结合起来，在科学分析经济发展形势的基础上为甘肃未来经济发展做出了科学预测及提出政策建议。

经济类

城市竞争力蓝皮书
中国城市竞争力报告No.11
著(编)者:倪鹏飞　2013年5月出版 / 估价:69.00元

城市蓝皮书
中国城市发展报告NO.6
著(编)者:潘家华 魏后凯　2013年8月出版 / 估价:59.00元

城乡统筹蓝皮书
中国城乡统筹发展报告(2013)
著(编)者:程志强、潘晨光　2013年3月出版 / 估价:59.00元

城乡一体化蓝皮书
中国城乡一体化发展报告（2013）
著(编)者:汝　信　付崇兰　2013年8月出版 / 估价:59.00元

低碳发展蓝皮书
中国低碳发展报告（2012~2013）
著(编)者:齐　晔　2013年7月出版 / 估价:69.00元

低碳经济蓝皮书
中国低碳经济发展报告(2013)
著(编)者:薛进军　赵忠秀　2013年7月出版 / 估价:98.00元

东北蓝皮书
中国东北地区发展报告（2013）
著(编)者:张新颖　2013年8月出版 / 估价:79.00元

发展和改革蓝皮书
中国经济发展和体制改革报告No.6
著(编)者:邹东涛　2013年7月出版 / 估价:75.00元

国际城市蓝皮书
国际城市发展报告（2013）
著(编)者:屠启宇　2013年1月出版 / 估价:69.00元

国家竞争力蓝皮书
中国国家竞争力报告No.2
著(编)者:倪鹏飞　2013年4月出版 / 估价:69.00元

宏观经济蓝皮书
中国经济增长报告（2012~2013）
著(编)者:张　平　刘霞辉　2013年7月出版 / 估价:69.00元

减贫蓝皮书
中国减贫与社会发展报告
著(编)者:黄承伟　2013年7月出版 / 估价:59.00元

金融蓝皮书
中国金融发展报告（2013）
著(编)者:李　扬　王国刚　2012年12月出版 / 估价:59.00元

经济蓝皮书
2013年中国经济形势分析与预测
著(编)者:陈佳贵　李　扬　2012年12月出版 / 估价:59.00元

经济蓝皮书春季号
中国经济前景分析——2013年春季报告
著(编)者:陈佳贵　李　扬　2013年5月出版 / 估价:59.00元

经济信息绿皮书
中国与世界经济发展报告（2013）
著(编)者:王长胜　2012年12月出版 / 估价:69.00元

就业蓝皮书
2013年中国大学生就业报告
著(编)者:麦可思研究院　王伯庆　2013年6月出版 / 估价:98.00元

民营经济蓝皮书
中国民营经济发展报告No.10（2012～2013）
著(编)者:黄孟复　2013年9月出版 / 估价:69.00元

农村绿皮书
中国农村经济形势分析与预测（2012~2013）
著(编)者:中国社会科学院农村发展研究所
国家统计局农村社会经济调查司
2013年4月出版 / 估价:59.00元

企业公民蓝皮书
中国企业公民报告NO.3
著(编)者:邹东涛　2013年7月出版 / 估价:59.00元

企业社会责任蓝皮书
中国企业社会责任研究报告（2013）
著(编)者:陈佳贵　黄群慧　彭华岗　钟宏武
2012年11月出版 / 估价:59.00元

区域蓝皮书
中国区域经济发展报告(2012~2013)
著(编)者:戚本超　景体华　2013年4月出版 / 估价:69.00元

人口与劳动绿皮书
中国人口与劳动问题报告No.14
著(编)者:蔡　昉　2013年6月出版 / 估价:69.00元

生态城市绿皮书
中国生态城市建设发展报告（2013）
著(编)者:李景源　孙伟平　刘举科　2013年3月出版 / 估价:128.00元

西北蓝皮书
中国西北发展报告（2013）
著(编)者:杨尚勤 石　英 王建康　2013年3月出版 / 估价:65.00元

西部蓝皮书
中国西部发展报告（2013）
著(编)者:姚慧琴 徐璋勇　2013年7月出版 / 估价:69.00元

长三角蓝皮书
全球格局变化中的长三角
著(编)者:王　战　2013年6月出版 / 估价:69.00元

中部竞争力蓝皮书
中国中部经济社会竞争力报告（2013）
著(编)者:教育部人文社会科学重点研究基地
南昌大学中国中部经济社会发展研究中心
2013年10月出版 / 估价:59.00元

中部蓝皮书
中国中部地区发展报告（2013~2014）
著(编)者:喻新安　2013年10月出版 / 估价:59.00元

中国省域竞争力蓝皮书
中国省域经济综合竞争力发展报告（2012~2013）
著(编)者:李建平　李闽榕　高燕京
2013年3月出版 / 估价:198.00元

中小城市绿皮书
中国中小城市发展报告（2013）
著(编)者:中国城市经济学会中小城市经济发展委员会
《中国中小城市发展报告》编纂委员会
2013年8月出版 / 估价:98.00元

珠三角流通蓝皮书
珠三角流通业发展报告(2013)
著(编)者:王先庆　林至颖　2013年8月出版 / 估价:69.00元

社会政法类

殡葬绿皮书
中国殡葬事业发展报告（2013）
著(编)者:朱　勇　李伯森　2013年3月出版 / 估价: 59.00元

城市生活质量蓝皮书
中国城市生活质量指数报告（2013）
著(编)者:张　平　2013年7月出版 / 估价:59.00元

创新蓝皮书
创新型国家建设报告（2012~2013）
著(编)者:詹正茂 2013年7月出版 / 估价: 69.00元

慈善蓝皮书
中国慈善发展报告（2013）
著(编)者:杨　团　2013年7月出版 / 估价:69.00元

法治蓝皮书
中国法治发展报告No.11（2013）
著(编)者:李　林　2013年3月出版 / 估价:85.00元

反腐倡廉蓝皮书
中国反腐倡廉建设报告No.3
著(编)者:李秋芳　2013年8月出版 / 估价:59.00元

非传统安全蓝皮书
中国非传统安全研究报告（2012~2013）
著(编)者:余潇枫　2013年7月出版 / 估价:69.00元

妇女发展蓝皮书
福建省妇女发展报告（2013）
著(编)者:刘群英　2013年10月出版 / 估价:58.00元

妇女发展蓝皮书
中国妇女发展报告No.5
著(编)者:王金玲　高小贤　2013年5月出版 / 估价:65.00元

妇女教育蓝皮书
中国妇女教育发展报告No.3
著(编)者:张李玺　2013年10月出版 / 估价:69.00元

公共服务蓝皮书
中国城市基本公共服务力评价（2012~2013）
著(编)者:侯惠勤　辛向阳　易定宏　出版 / 估价:55.00元

公益蓝皮书
中国公益发展报告（2013）
著(编)者:朱健刚　2013年5月出版 / 估价:78.00元

国际人才蓝皮书
中国海归创业发展报告（2013）No.2
著(编)者:王辉耀　路江涌　2013年6月出版 / 估价:69.00元

国际人才蓝皮书
中国留学发展报告（2013） No.2
著(编)者:王辉耀　2013年8月出版 / 估价:59.00元

行政改革蓝皮书
中国行政体制改革报告(2013)No.3
著(编)者:魏礼群　2013年3月出版 / 估价:69.00元

华侨华人蓝皮书
华侨华人研究报告(2013)
著(编)者:丘　进　2013年5月出版 / 估价:128.00元

环境竞争力绿皮书
中国省域环境竞争力发展报告（2011～2012）
著(编)者:李建平　李闽榕　王金南
2013年3月出版 / 估价:148.00元

环境绿皮书
中国环境发展报告（2013）
著(编)者:杨东平　2013年4月出版 / 估价:69.00元

教师蓝皮书
中国中小学教师发展报告（2013）
著(编)者:曾晓东　2013年3月出版 / 估价:59.00元

教育蓝皮书
中国教育发展报告（2013）
著(编)者:杨东平　2013年2月出版 / 估价:59.00元

金融监管蓝皮书
中国金融监管报告2013
著(编)者:胡　滨　2013年5月出版 / 估价:59.00元

科普蓝皮书
中国科普基础设施发展报告（2013）
著(编)者:任福君　2013年4月出版 / 估价:79.00元

口腔健康蓝皮书
中国口腔健康发展报告（2013）
著(编)者:胡德渝　2013年12月出版 / 估价:59.00元

老龄蓝皮书
中国老龄事业发展报告（2013）
著(编)者:吴玉韶　2013年4月出版 / 估价:59.00元

民间组织蓝皮书
中国民间组织报告(2012~2013)
著(编)者:黄晓勇　2013年4月出版 / 估价:69.00元

民族蓝皮书
中国民族区域自治发展报告(2013)
著(编)者:郝时远　2013年7月出版 / 估价:98.00元

女性生活蓝皮书
中国女性生活状况报告No.7（2013）
著(编)者:韩湘景　2013年10月出版 / 估价:78.00元

气候变化绿皮书
应对气候变化报告（2013）
著(编)者:王伟光　郑国光　2013年11月出版 / 估价:59.00元

汽车社会蓝皮书
中国汽车社会发展报告（2013）
著(编)者:王俊秀　2013年6月出版 / 估价:59.00元

青少年蓝皮书
中国未成年人新媒体运用报告（2012~2013）
著(编)者:李文革　沈　杰　季为民
2013年7月出版 / 估价:69.00元

人才竞争力蓝皮书
中国区域人才竞争力报告（2013）
著(编)者:桂昭明　王辉耀　2013年2月出版 / 估价:69.00元

人才蓝皮书
中国人才发展报告（2013）
著(编)者:潘晨光　2013年8月出版 / 估价:79.00元

人权蓝皮书
中国人权事业发展报告No.3（2013）
著(编)者:李君如　2013年11月出版 / 估价:98.00元

社会保障绿皮书
中国社会保障发展报告（2013）No.6
著(编)者:王延中　2013年4月出版 / 估价:69.00元

社会工作蓝皮书
中国社会工作发展报告（2012~2013）
著(编)者:蒋昆生　戚学森　2013年7月出版 / 估价:59.00元

社会管理蓝皮书
中国社会管理创新报告No.2
著(编)者:连玉明　2013年9月出版 / 估价:79.00元

社会建设蓝皮书
2013年北京社会建设分析报告
著(编)者:陆学艺　唐　军　张　荆
2013年5月出版 / 估价:69.00元

社会科学蓝皮书
中国社会科学学术前沿（2012~2013）
著(编)者:高　翔　2013年9月出版 / 估价:69.00元

社会蓝皮书
2013年中国社会形势分析与预测
著(编)者:汝　信　陆学艺　李培林
2012年12月出版 / 估价:59.00元

社会心态蓝皮书
中国社会心态研究报告（2012~2013）
著(编)者:王俊秀　杨宜音　2012年12出版 / 估价:59.00元

生态文明绿皮书
中国省域生态文明建设评价报告（2013）
著(编)者:严　耕　2013年10月出版 / 估价:98.00元

食品药品蓝皮书
食品药品安全与监管政策研究报告（2013）
著(编)者:唐民皓　2013年6月出版 / 估价:69.00元

世界创新竞争力黄皮书
世界创新竞争力发展报告（2012~2013）
著(编)者:李建平　李闽榕　赵新力
2013年11月出版 / 估价:79.00元

世界社会主义黄皮书
世界社会主义跟踪研究报告（2012~2013）
著(编)者:李慎明　2013年3月出版 / 估价:99.00元

危机管理蓝皮书
中国危机管理报告（2013）
著(编)者:文学国　范正青　2013年12月出版 / 估价:79.00元

小康蓝皮书
中国全面建设小康社会监测报告（2013）
著(编)者:潘　璠　2013年11月出版 / 估价:59.00元

形象危机应对蓝皮书
形象危机应对研究报告（2013）
著(编)者:唐　钧　2013年9月出版 / 估价:118.00元

舆情蓝皮书
中国社会舆情与危机管理报告（2013）
著(编)者:谢耘耕　2013年8月出版 / 估价:78.00元

政治参与蓝皮书
中国政治参与报告（2013）
著(编)者:房　宁　2013年7月出版 / 估价:58.00元

宗教蓝皮书
中国宗教报告（2013）
著(编)者:金　泽　邱永辉　2013年7月出版 / 估价:59.00元

行业报告类

保健蓝皮书
中国保健服务产业发展报告No.2
著(编)者:中国保健协会　中共中央党校
2013年7月出版 / 估价:198.00元

保健蓝皮书
中国保健食品产业发展报告No.2
著(编)者:中国保健协会
中国社会科学院食品药品产业发展与监管研究中心
2013年3月出版 / 估价:198.00元

保健蓝皮书
中国保健用品产业发展报告No.2
著(编)者:中国保健协会　2013年3月出版 / 估价:198.00元

保险蓝皮书
中国保险业竞争力报告（2013）
著(编)者:罗忠敏　2013年7月出版 / 估价:89.00元

餐饮产业蓝皮书
中国餐饮产业发展报告（2013）
著(编)者:中国烹饪协会　中国社会科学院财经战略研究院
2013年5月出版 / 估价:60.00元

测绘地理信息蓝皮书
中国地理信息产业发展报告（2013）
著(编)者:徐德明　2013年12月出版 / 估价:98.00元

茶业蓝皮书
中国茶产业发展报告 (2013)
著(编)者:李闽榕　杨江帆　2013年11月出版 / 估价:79.00元

产权市场蓝皮书
中国产权市场发展报告（2012~2013）
著(编)者:曹和平　2013年12月出版 / 估价:69.00元

产业安全蓝皮书
中国保险产业安全报告(2013)
著(编)者:李孟刚　2013年10月出版 / 估价:59.00元

产业安全蓝皮书
中国产业外资控制报告(2012~2013)
著(编)者:李孟刚　2013年10月出版 / 估价:69.00元

产业安全蓝皮书
中国金融产业安全报告（2013）
著(编)者:李孟刚　2013年10月出版 / 估价:69.00元

产业安全蓝皮书
中国轻工业发展与安全报告（2013）
著(编)者:李孟刚　2013年10月出版 / 估价:69.00元

产业安全蓝皮书
中国私募股权产业安全与发展报告（2013）
著(编)者:李孟刚　2013年10月出版 / 估价:59.00元

产业安全蓝皮书
中国新能源产业发展与安全报告2013
著(编)者:北京交通大学中国产业安全研究中心
2013年3月出版 / 估价:69.00元

产业安全蓝皮书
中国能源产业安全报告2013
著(编)者:北京交通大学中国产业安全研究中心
2013年3月出版 / 估价:69.00元

产业安全蓝皮书
中国海洋产业安全报告2012-2013
著(编)者:北京交通大学中国产业安全研究中心
2013年3月出版 / 估价:59.00元

产业蓝皮书
中国产业竞争力报告（2013） NO.3
著(编)者:张其仔　2013年12月出版 / 估价:79.00元

电子商务蓝皮书
中国城市电子商务影响力报告（2013）
著(编)者:荆林波　2013年5月出版 / 估价:69.00元

电子政务蓝皮书
中国电子政务发展报告(2013)
著(编)者:洪　毅　王长胜　2013年9月出版 / 估价:59.00元

杜仲产业绿皮书
中国杜仲种植与产业发展报告(2013)
著(编)者:胡文臻　杜红岩　2013年8月出版 / 估价:78.00元

房地产蓝皮书
中国房地产发展报告No.10
著(编)者:魏后凯　李景国　2013年5月出版 / 估价:69.00元

服务外包蓝皮书
中国服务外包发展报告(2012~2013)
著(编)者:王　力　刘春生　黄育华
2013年9月出版 / 估价:89.00元

工业设计蓝皮书
中国工业设计发展报告（2013）
著(编)者:王晓红　2013年7月出版 / 估价: 69.00元

会展经济蓝皮书
中国会展经济发展报告（2013）
著(编)者:过聚荣　2013年4月出版 / 估价:65.00元

会展蓝皮书
中外会展业动态评估年度报告（2013）
著(编)者:张　敏　2013年8月出版 / 估价:68.00元

基金会蓝皮书
中国基金会发展报告（2013）
著(编)者:刘忠祥　2013年7月出版 / 估价:79.00元

基金会绿皮书
中国基金会发展独立研究报告（2013）
著(编)者:基金会中心网　2013年11月出版 / 估价:49.00元

交通运输蓝皮书
中国交通运输业发展报告(2013)
著(编)者:崔民选　王军生　2013年6月出版 / 估价:69.00元

金融蓝皮书
中国金融发展报告(2013)
著(编)者:李　扬　王国刚　2012年12月出版 / 估价:59.00元

金融蓝皮书
中国金融中心发展报告(2012~2013)
著(编)者:王　力　黄育华　2013年10月出版 / 估价:59.00元

金融蓝皮书
中国商业银行竞争力报告（2013）
著(编)者:王松奇　2013年10月出版 / 估价:79.00元

金融监管蓝皮书
中国金融监管发展报告（2013）
著(编)者:胡　滨　2013年5月出版 / 估价:59.00元

科学传播蓝皮书
中国科学传播报告（2013）
著(编)者:詹正茂　2013年6月出版 / 估价:69.00元

口岸生态绿皮书
中国口岸地区生态文化发展报告No.1（2013）
著(编)者:胡文臻　刘　静　2013年8月出版 / 估价:78.00元

“老字号”蓝皮书
中国“老字号”企业发展报告No.3（2013）
著(编)者:张继焦　丁惠敏　黄忠彩
2013年10月出版 / 估价:69.00元

“两化”融合蓝皮书
中国“两化”融合发展报告（2013）
著(编)者:曹淑敏　工业和信息化部电信研究院
2013年8月出版 / 估价:98.00元

流通蓝皮书
湖南省商贸流通产业发展报告No.2
著(编)者:柳思维　2013年10月出版 / 估价:75.00元

流通蓝皮书
中国商业发展报告（2012~2013）
著(编)者:荆林波　2013年4月出版 / 估价:89.00元

旅游安全蓝皮书
中国旅游安全报告（2013）
著(编)者:郑向敏　谢朝武　2013年5月出版 / 估价:78.00元

旅游绿皮书
2013年中国旅游发展分析与预测
著(编)者:张广瑞　刘德谦　宋　瑞
2013年5月出版 / 估价:69.00元

贸易蓝皮书
中国贸易发展报告（2013）
著(编)者:荆林波　2013年5月出版 / 估价:49.00元

煤炭蓝皮书
中国煤炭工业发展报告No.5（2013）
著(编)者:岳福斌　2012年12月出版 / 估价:69.00元

煤炭市场蓝皮书
中国煤炭市场发展报告（2013）
著(编)者:曲剑午　2013年8月出版 / 估价:79.00元

民营医院蓝皮书
中国民营医院发展报告（2013）
著(编)者:陈绍福　王培舟　2013年9月出版 / 估价:89.00元

闽商蓝皮书
闽商发展报告（2013）
著(编)者:李闽榕　王日根　林　琛
2013年3月出版 / 估价:69.00元

能源蓝皮书
中国能源发展报告（2013）
著(编)者:崔民选　2013年7月出版 / 估价:79.00元

农产品流通蓝皮书
中国农产品流通产业发展报告(2013)
著(编)者:贾敬敦　王炳南　张玉玺　张鹏毅　陈丽华
2013年7月出版 / 估价:98.00元

期货蓝皮书
中国期货市场发展报告（2013）
著(编)者:荆林波　2013年7月出版 / 估价:69.00元

企业蓝皮书
中国企业竞争力报告（2013）
著(编)者:金　碚　2013年11月出版 / 估价:79.00元

汽车蓝皮书
中国汽车产业发展报告（2013）
著(编)者:国务院发展研究中心产业经济研究部
中国汽车工程学会　大众汽车集团（中国）
2013年7月出版 / 估价:79.00元

人力资源蓝皮书
中国人力资源发展报告（2012~2013）
著(编)者:吴　江　田小宝　2013年6月出版 / 估价:69.00元

软件和信息服务业蓝皮书
中国软件和信息服务业发展报告（2013）
著(编)者:洪京一 工业和信息化部电子科学技术情报研究所
2013年6月出版 / 估价:98.00元

商会蓝皮书
中国商会发展报告 No.5 （2013）
著(编)者:黄孟复 2013年8月出版 / 估价:59.00元

商品市场蓝皮书
中国商品市场发展报告（2013）
著(编)者:荆林波 2013年7月出版 / 估价:59.00元

私募市场蓝皮书
中国私募股权市场发展报告（2013）
著(编)者:曹和平 2013年10月出版 / 估价:69.00元

体育蓝皮书
中国体育产业发展报告（2012~2013）
著(编)者:江和平 张海潮 2013年5月出版 / 估价:69.00元

投资蓝皮书
中国投资发展报告（2013）
著(编)者:杨庆蔚 2013年3月出版 / 估价:79.00元

物联网蓝皮书
中国物联网发展报告（2013）
著(编)者:黄桂田 张全升 2013年10月出版 / 估价:80.00元

西部工业蓝皮书
中国西部工业发展报告（2013）
著(编)者:方行明 刘方健 姜 凌 等
2013年7月出版 / 估价:69.00元

西部金融蓝皮书
中国西部金融发展报告（2013）
著(编)者:李忠民 2013年10月出版 / 估价:69.00元

信息化蓝皮书
中国信息化形势分析与预测（2013）
著(编)者:周宏仁 2013年7月出版 / 估价:98.00元

休闲绿皮书
2013年中国休闲发展报告
著(编)者:刘德谦 唐 兵 宋 瑞
2013年5月出版 / 估价:59.00元

中国林业竞争力蓝皮书
中国省域林业竞争力发展报告No.3（2012~2013）（上下册）
著(编)者:郑传芳 李闽榕 张春霞 张会儒
2013年8月出版 / 估价:139.00元

中国农业竞争力蓝皮书
中国省域农业竞争力发展报告No.2（2010~2012）（上下册）
著(编)者:郑传芳 宋洪远 李闽榕 张春霞
2013年7月出版 / 估价:128.00元

中国总部经济蓝皮书
中国总部经济发展报告（2013~2014）
著(编)者:赵 弘 2013年9月出版 / 估价:69.00元

住房绿皮书
中国住房发展报告（2012~2013）
著(编)者:倪鹏飞 2012年12月出版 / 估价:69.00元

资本市场蓝皮书
中国场外交易市场发展报告(2012~2013)
著(编)者:高 峦 2013年2月出版 / 估价:79.00元

文化传媒类

传媒蓝皮书
2013年：中国传媒产业发展报告
著(编)者:崔保国 2013年4月出版 / 估价:69.00元

创意城市蓝皮书
北京文化创意产业发展报告（2013）
著(编)者:张京成 王国华 2013年3月出版 / 估价:69.00元

创意城市蓝皮书
青岛文化创意产业发展报告（2013）
著(编)者:马 达 2013年5月出版 / 估价:69.00元

动漫蓝皮书
中国动漫产业发展报告（2013）
著(编)者:卢 斌 郑玉明 牛兴侦
2013年4月出版 / 估价:69.00元

广电蓝皮书
中国广播电影电视发展报告（2013）
著(编)者:庞井君 2013年6月出版 / 估价:88.00元

广告主蓝皮书
中国广告主营销传播趋势报告N0.8
著(编)者:中国传媒大学广告主研究所
中国广告主营销传播创新研究课题组
黄升民 杜国清 邵华冬
2013年11月出版 / 估价:98.00元

纪录片蓝皮书
中国纪录片发展报告（2013）
著(编)者:何苏六 2013年10月出版 / 估价:78.00元

两岸文化蓝皮书
两岸文化产业合作发展报告（2013）
著(编)者:胡惠林　肖夏勇　2013年7月出版 / 估价:59.00元

全球传媒蓝皮书
全球传媒产业发展报告（2013）
著(编)者:胡正荣　2013年1月出版 / 估价:79.00元

视听新媒体蓝皮书
中国视听新媒体发展报告（2013）
著(编)者:庞井君　2013年6月出版 / 估价:69.00元

文化创新蓝皮书
中国文化创新报告（2013）No.4
著(编)者:于　平　傅才武
2013年7月出版 / 估价:79.00元

文化蓝皮书
中国文化产业发展报告（2012~2013）
著(编)者:张晓明　胡惠林　章建刚
2013年1月出版 / 估价:59.00元

文化蓝皮书
中国城镇文化消费需求景气评价报告（2013）
著(编)者:王亚南　2013年5月出版 / 估价:79.00元

文化蓝皮书
中国公共文化服务发展报告（2013）
著(编)者:于　群　李国新　2013年10月出版 / 估价:98.00元

文化蓝皮书
中国文化消费需求景气评价报告（2013）
著(编)者:王亚南　2013年6月出版 / 估价:79.00元

文化蓝皮书
中国乡村文化消费需求景气评价报告（2013）
著(编)者:王亚南　2013年6月出版 / 估价:79.00元

文化蓝皮书
中国中心城市文化消费需求景气评价报告（2013）
著(编)者:王亚南　2013年5月出版 / 估价:79.00元

文化品牌蓝皮书
中国文化品牌发展报告(2013)
著(编)者:欧阳友权　2013年6月出版 / 估价:75.00元

文化软实力蓝皮书
中国文化软实力研究报告（2013）
著(编)者:张国祚　2013年7月出版 / 估价:79.00元

文化遗产蓝皮书
中国文化遗产事业发展报告（2013）
著(编)者:刘世锦　2013年9月出版 / 估价:79.00元

文学蓝皮书
中国文情报告（2012~2013）
著(编)者:白　烨　2013年1月出版 / 估价:59.00元

新媒体蓝皮书
中国新媒体发展报告No.4（2013）
著(编)者:尹韵公　2013年5月出版 / 估价:69.00元

移动互联网蓝皮书
中国移动互联网发展报告（2013）
著(编)者:官建文　2013年4月出版 / 估价:79.00元

国别与地区类

G20国家创新竞争力黄皮书
二十国集团（G20）国家创新竞争力发展报告（2013）
著(编)者:李建平　李闽榕　赵新力
2013年12月出版 / 估价:118.00元

澳门蓝皮书
澳门经济社会发展报告（2012~2013）
著(编)者:郝雨凡　吴志良　2013年4月出版 / 估价:69.00元

德国蓝皮书
德国发展报告（2013）
著(编)者:李乐曾　郑春荣　2013年5月出版 / 估价:69.00元

东南亚蓝皮书
东南亚地区发展报告（2013）
著(编)者:王　勤　2013年11月出版 / 估价:59.00元

东盟蓝皮书
东盟发展报告（2013）
著(编)者:黄兴球　庄国土　2013年11月出版 / 估价:59.00元

俄罗斯黄皮书
俄罗斯发展报告（2013）
著(编)者:李永全　2013年9月出版 / 估价:69.00元

非洲黄皮书
非洲发展报告No.15(2012~2013)
著(编)者:张宏明　2013年7月出版 / 估价:79.00元

港澳珠三角蓝皮书
粤港澳区域合作与发展报告（2012~2013）
著(编)者:梁庆寅　陈广汉　2013年8月出版 / 估价:59.00元

国际形势黄皮书
全球政治与安全报告（2013）
著(编)者:李慎明　张宇燕　2012年12月出版 / 估价:59.00元

韩国蓝皮书
韩国发展报告（2013）
著(编)者:牛林杰　刘宝全　2013年6月出版 / 估价:69.00元

拉美黄皮书
拉丁美洲和加勒比发展报告（2012~2013）
著(编)者:吴白乙 2013年5月出版 / 估价:79.00元

美国蓝皮书
美国问题研究报告（2013）
著(编)者:黄 平 倪 峰 2013年6月出版 / 估价:69.00元

欧亚大陆桥发展蓝皮书
欧亚大陆桥发展报告（2012~2013）
著(编)者:李忠民 2013年10月出版 / 估价:59.00元

欧洲蓝皮书
欧洲发展报告（2012~2013）
著(编)者:周 弘 2013年3月出版 / 估价:79.00元

日本经济蓝皮书
日本经济与中日经贸关系发展报告（2013）
著(编)者:王洛林 张季风 2013年5月出版 / 估价:79.00元

日本蓝皮书
日本发展报告（2013）
著(编)者:李 薇 2013年5月出版 / 估价:59.00元

上海合作组织黄皮书
上海合作组织发展报告（2013）
著(编)者:李进峰 吴宏伟 2013年7月出版 / 估价:79.00元

世界经济黄皮书
2013年世界经济形势分析与预测
著(编)者:王洛林 张宇燕 2013年1月出版 / 估价:59.00元

香港蓝皮书
香港发展报告（2013）
著(编)者:薛凤旋 2013年6月出版 / 估价:49.00元

新兴经济体蓝皮书
金砖国家发展报告（2013）——合作与崛起
著(编)者:林跃勤 周 文 2013年3月出版 / 估价:69.00元

亚太蓝皮书
亚太地区发展报告（2013）
著(编)者:李向阳 2013年1月出版 / 估价:59.00元

印度蓝皮书
印度国情报告（2012~2013）
著(编)者:吕昭义 2013年9月出版 / 估价:59.00元

越南蓝皮书
越南国情报告(2013)
著(编)者:吕余生 2013年7月出版 / 估价:65.00元

中亚黄皮书
中亚国家发展报告（2013）
著(编)者:孙 力 2013年6月出版 / 估价:79.00元

地方发展类

北部湾蓝皮书
泛北部湾合作发展报告（2013）
著(编)者:吕余生 2013年7月出版 / 估价:79.00元

北京蓝皮书
北京公共服务发展报告（2012~2013）
著(编)者:张耘 2013年3月出版 / 估价:65.00元

北京蓝皮书
北京经济发展报告（2012~2013）
著(编)者:赵弘 2013年5月出版 / 估价:59.00元

北京蓝皮书
北京社会发展报告（2012~2013）
著(编)者:戴建中 2013年6月出版 / 估价:59.00元

北京蓝皮书
北京文化发展报告（2012~2013）
著(编)者:李建盛 2013年4月出版 / 估价:69.00元

北京蓝皮书
中国社区发展报告（2013）
著(编)者:于燕燕 2013年6月出版 / 估价:59.00元

北京旅游绿皮书
北京旅游发展报告（2013）
著(编)者:鲁 勇 2013年10月出版 / 估价:98.00元

北京律师蓝皮书
北京律师发展报告NO.3（2013）
著(编)者:王隽 周塞军 2013年9月出版 / 估价:70.00元

北京人才蓝皮书
北京人才发展报告（2012~2013）
著(编)者:张志伟 2013年5月出版 / 估价:69.00元

城乡一体化蓝皮书
中国城乡一体化发展报告·北京卷（2012~2013）
著(编)者:张宝秀 黄序 2012年7月出版 / 估价:59.00元

大湄公河次区域蓝皮书
大湄公河次区域合作发展报告(2012~2013)
著(编)者:刘 稚 2013年4月出版 / 估价:69.00元

甘肃蓝皮书
甘肃省经济发展分析与预测（2013）
著(编)者:朱智文 罗 哲 2012年12月出版 / 估价:69.00元

甘肃蓝皮书
甘肃省社会发展分析与预测（2013）
著(编)者:安文华　包晓霞　2012年12月出版 / 估价:69.00元

甘肃蓝皮书
甘肃省舆情发展分析与预测（2013）
著(编)者:陈双梅　郝树声　2012年12月出版 / 估价:69.00元

甘肃蓝皮书
甘肃省县城社会发展分析与预测（2013）
著(编)者:魏胜文　柳　民　曲　玮
2012年12月出版 / 估价:69.00元

甘肃蓝皮书
甘肃省文化发展分析与预测（2013）
著(编)者:刘进军　周晓华　2012年12月出版 / 估价:69.00元

关中天水经济区蓝皮书
中国关中—天水经济区发展报告(2013)
著(编)者:李忠民　2013年7月出版 / 估价:59.00元

广东外经贸蓝皮书
广东对外经济贸易发展研究报告（2012～2013）
著(编)者:陈万灵　2013年3月出版 / 估价:65.00元

广西北部湾经济区蓝皮书
广西北部湾经济区开放开发报告（2013）
著(编)者:广西北部湾经济区规划建设管理委员会办公室
广西社会科学院 广西北部湾发展研究院
2013年7月出版 / 估价:69.00元

广州蓝皮书
2013年中国广州经济形势分析与预测
著(编)者:庾建设　郭志勇　沈　奎
2013年6月出版 / 估价:69.00元

广州蓝皮书
2013年中国广州社会形势分析与预测
著(编)者:易佐永　杨　秦　顾涧清
2013年7月出版 / 估价:69.00元

广州蓝皮书
广州城市国际化发展报告（2013）
著(编)者:朱名宏　2013年4月出版 / 估价:59.00元

广州蓝皮书
广州创新型城市发展报告（2013）
著(编)者:李江涛　2013年4月出版 / 估价:59.00元

广州蓝皮书
广州经济发展报告（2013）
著(编)者:李江涛　刘江华　2013年4月出版 / 估价:69.00元

广州蓝皮书
广州农村发展报告（2013）
著(编)者:李江涛　汤锦华　2013年4月出版 / 估价:59.00元

广州蓝皮书
广州汽车产业发展报告（2013）
著(编)者:李江涛　杨再高　2013年4月出版 / 估价:59.00元

广州蓝皮书
广州商贸业发展报告（2013）
著(编)者:陈家成　王旭东　荀振英
2013年4月出版 / 估价:69.00元

广州蓝皮书
广州文化创意产业发展报告（2013）
著(编)者:甘　新　2013年3月出版 / 估价:59.00元

广州蓝皮书
中国广州城市建设发展报告（2013）
著(编)者:董　皞　冼伟雄　李俊夫
2013年8月出版 / 估价:69.00元

广州蓝皮书
中国广州科技与信息化发展报告（2013）
著(编)者:庾建设　谢学宁　2013年8月出版 / 估价:59.00元

广州蓝皮书
中国广州文化创意产业发展报告（2013）
著(编)者:王晓玲　2013年8月出版 / 估价:59.00元

广州蓝皮书
中国广州文化发展报告（2013）
著(编)者:徐俊忠　汤应武　陆志强
2013年8月出版 / 估价:69.00元

贵州蓝皮书
贵州法治发展报告（2013）
著(编)者:吴大华　2013年4月出版 / 估价:69.00元

贵州蓝皮书
贵州社会发展报告（2013）
著(编)者:王兴骥　2013年4月出版 / 估价:59.00元

海峡经济区蓝皮书
海峡经济区发展报告（2013）
著(编)者:李闽榕　王秉安　谢明辉（台湾）
2013年10月出版 / 估价:78.00元

海峡西岸蓝皮书
海峡西岸经济区发展报告（2013）
著(编)者:福建省人民政府发展研究中心
2013年7月出版 / 估价:85.00元

杭州都市圈蓝皮书
杭州都市圈经济社会发展报告（2013）
著(编)者:辛　薇　2013年7月出版 / 估价:59.00元

河南经济蓝皮书
2013年河南经济形势分析与预测
著(编)者:刘永奇　2013年2月出版 / 估价:65.00元

河南蓝皮书
2013年河南社会形势分析与预测
著(编)者:刘道兴　牛苏林　2013年1月出版 / 估价:59.00元

河南蓝皮书
河南城市发展报告（2013）
著(编)者:谷建全　王建国　2013年1月出版 / 估价:69.00元

河南蓝皮书
河南经济发展报告（2013）
著(编)者:喻新安　2013年2月出版 / 估价:59.00元

河南蓝皮书
河南文化发展报告（2013）
著(编)者:谷建全　卫绍生　2013年3月出版 / 估价:69.00元

黑龙江产业蓝皮书
黑龙江产业发展报告（2013）
著(编)者:于　渤　2013年5月出版 / 估价:69.00元

黑龙江蓝皮书
黑龙江经济发展报告（2013）
著(编)者:曲　伟　2013年5月出版 / 估价:69.00元

黑龙江蓝皮书
黑龙江社会发展报告（2013）
著(编)者:艾书琴　2013年1月出版 / 估价:65.00元

湖南城市蓝皮书
城市社会管理
著(编)者:罗海藩　2013年5月出版 / 估价:59.00元

湖南蓝皮书
2013年湖南产业发展报告
著(编)者:梁志峰　2013年5月出版 / 估价:89.00元

湖南蓝皮书
2013年湖南法治发展报告
著(编)者:梁志峰　2013年5月出版 / 估价:79.00元

湖南蓝皮书
2013年湖南经济展望
著(编)者:梁志峰　2013年5月出版 / 估价:79.00元

湖南蓝皮书
2013年湖南两型社会发展报告
著(编)者:梁志峰　2013年5月出版 / 估价:79.00元

湖南县域绿皮书
湖南县域发展报告No.2
著(编)者:朱有志　袁　准　周小毛
2013年7月出版 / 估价:69.00元

江苏法治蓝皮书
江苏法治发展报告No.2（2013）
著(编)者:李　力　龚廷泰　严海良
2013年7月出版 / 估价:88.00元

京津冀蓝皮书
京津冀区域一体化发展报告（2013）
著(编)者:文　魁　祝尔娟　2013年3月出版 / 估价:89.00元

经济特区蓝皮书
中国经济特区发展报告（2013）
著(编)者:陶一桃　钟　坚　2013年3月出版 / 估价:89.00元

辽宁蓝皮书
2013年辽宁经济社会形势分析与预测
著(编)者:曹晓峰　张　晶　张卓民
2013年1月出版 / 估价:69.00元

内蒙古蓝皮书
内蒙古经济发展蓝皮书(2012~2013)
著(编)者:黄育华　2013年7月出版 / 估价: 69.00元

浦东新区蓝皮书
上海浦东经济发展报告(2013)
著(编)者:左学金　陆沪根　2012年12月出版 / 估价:59.00元

青海蓝皮书
2013年青海经济社会形势分析与预测
著(编)者:赵宗福　2013年3月出版 / 估价:69.00元

人口与健康蓝皮书
深圳人口与健康发展报告（2013）
著(编)者:陆杰华　江捍平　2013年10月出版 / 估价:98.00元

山西蓝皮书
山西资源型经济转型发展报告（2013）
著(编)者:李志强　容和平　2013年3月出版 / 估价:79.00元

陕西蓝皮书
陕西经济发展报告（2013）
著(编)者:杨尚勤　石　英　裴成荣
2013年3月出版 / 估价:65.00元

陕西蓝皮书
陕西社会发展报告（2013）
著(编)者:杨尚勤　石　英　江　波
2013年3月出版 / 估价:65.00元

陕西蓝皮书
陕西文化发展报告（2013）
著(编)者:杨尚勤　石　英　王长寿
2013年3月出版 / 估价:59.00元

上海蓝皮书
上海传媒发展报告（2013）
著(编)者:强　荧　焦雨虹　2013年1月出版 / 估价:59.00元

上海蓝皮书
上海法治发展报告（2013）
著(编)者:潘世伟　叶　青　2012年12月出版 / 定价:69.00元

上海蓝皮书
上海经济发展报告（2013）
著(编)者:沈开艳　2013年1月出版 / 估价:59.00元

上海蓝皮书
上海社会发展报告（2013）
著(编)者:卢汉龙　周海旺　2013年1月出版 / 估价:59.00元

上海蓝皮书
上海文化发展报告(2013)
著(编)者:蒯大申　2013年1月出版 / 估价:59.00元

上海蓝皮书
上海文学发展报告（2013）
著(编)者:陈圣来　2013年1月出版 / 估价:59.00元

上海蓝皮书
上海资源环境发展报告（2013）
著(编)者:张仲礼　周冯琦　2013年1月出版 / 估价:59.00元

上海社会保障绿皮书
上海社会保障改革与发展报告（2012~2013）
著(编)者:汪　泓　2013年1月出版 / 估价:65.00元

深圳蓝皮书
深圳经济发展报告（2013）
著(编)者:吴　忠　2013年5月出版 / 估价:69.00元

深圳蓝皮书
深圳劳动关系发展报告（2013）
著(编)者:汤庭芬　2013年5月出版 / 估价:69.00元

深圳蓝皮书
深圳社会发展报告（2013）
著(编)者:吴　忠　余智晟　2013年11月出版 / 估价:69.00元

温州蓝皮书
2013年温州经济社会形势分析与预测
著(编)者:胡瑞怀　王春光　2013年1月出版 / 估价:69.00元

武汉城市圈蓝皮书
武汉城市圈经济社会发展报告（2012~2013）
著(编)者:肖安民　2013年5月出版 / 估价:59.00元

武汉蓝皮书
武汉经济社会发展报告（2013）
著(编)者:刘志辉　2013年5月出版 / 估价:59.00元

扬州蓝皮书
扬州经济社会发展报告（2013）
著(编)者:张爱军　2013年1月出版 / 估价:78.00元

长株潭城市群蓝皮书
长株潭城市群发展报告（2013）
著(编)者:张　萍　2013年6月出版 / 估价:69.00元

浙江蓝皮书
浙江金融业发展报告（2013）
著(编)者:刘仁伍　2013年4月出版 / 估价:69.00元

浙江蓝皮书
浙江民营经济发展报告（2013）
著(编)者:刘仁伍　2013年4月出版 / 估价:59.00元

浙江蓝皮书
浙江区域金融中心发展报告（2013）
著(编)者:刘仁伍　2013年4月出版 / 估价:79.00元

浙江蓝皮书
浙江市场经济发展报告（2013）
著(编)者:刘仁伍　2013年4月出版 / 估价:79.00元

郑州蓝皮书
2012~2013年郑州文化发展报告
著(编)者:王　哲　2013年5月出版 / 估价:69.00元

中国省会经济圈蓝皮书
合肥经济圈经济社会发展报告No.5(2012~2013)
著(编)者:董昭礼　2013年7月出版 / 估价:79.00元

中原蓝皮书
中原经济区发展报告（2013）
著(编)者:刘怀廉　2013年3月出版 / 估价:68.00元

社会科学文献出版社
SOCIAL SCIENCES ACADEMIC PRESS (CHINA)

社会科学文献出版社成立于 1985 年，是直属于中国社会科学院的人文社会科学专业学术出版机构。

成立以来，特别是 1998 年实施第二次创业以来，依托于中国社会科学院丰厚的学术出版和专家学者两大资源，坚持“创社科经典，出传世文献”的出版理念和“权威、前沿、原创”的产品定位，走学术产品的系列化、规模化、数字化、国际化、市场化经营道路，社会科学文献出版社先后策划出版了著名的图书品牌和学术品牌“皮书”系列、《列国志》、“社科文献精品译库”、“全球化译丛”、“气候变化与人类发展译丛”、“近世中国”等一大批既有学术影响又有市场价值的图书。

在国内原创著作、国外名家经典著作大量出版的同时，社会科学文献出版社长期致力于中国学术出版走出去，先后与荷兰博睿出版社合作面向海外推出了《经济蓝皮书》、《社会蓝皮书》等十余种皮书的英文版；此外，《从苦行者社会到消费者社会》、《二十世纪中国史纲》、《中华人民共和国法制史》等11种著作入选新闻出版总署“经典中国国际出版工程”。

面对数字化浪潮的冲击，社会科学文献出版社力图从内容资源和数字平台两个方面实现传统出版的再造，并先后推出了皮书数据库、列国志数据库、中国田野调查数据库等一系列数字产品。

在新的发展时期，社会科学文献出版社结合社会的需求、自身的条件以及行业的发展，提出了新的创业目标：精心打造人文社会科学成果推广平台，发展成为一家集图书、期刊、声像电子和数字出版物为一体，面向海内外高端读者和客户，具备独特竞争力的人文社会科学内容资源经营商和海内外知名的专业学术出版机构。

中国皮书网

发布皮书研创资讯，传播皮书精彩内容
引领皮书出版潮流，打造皮书服务平台

栏目设置：

- □ 资讯：皮书动态、皮书观点、皮书数据、 皮书报道、皮书新书发布会、电子期刊
- □ 标准：皮书评价、皮书研究、皮书规范、皮书专家、编撰团队
- □ 服务：最新皮书、皮书书目、重点推荐、在线购书
- □ 链接：皮书数据库、皮书博客、皮书微博、出版社首页、在线书城
- □ 搜索：资讯、图书、研究动态
- □ 互动：皮书论坛

www.pishu.cn

中国皮书网依托皮书系列“权威、前沿、原创”的优质内容资源，通过文字、图片、音频、视频等多种元素，在皮书研创者、使用者之间搭建了一个成果展示、资源共享的互动平台。

自2005年12月正式上线以来，中国皮书网的IP访问量、PV浏览量与日俱增，受到海内外研究者、公务人员、商务人士以及专业读者的广泛关注。

2008年10月，中国皮书网获得“最具商业价值网站”称号。

2011年全国新闻出版网站年会上，中国皮书网被授予“2011最具商业价值网站”荣誉称号。

皮书数据库
www.pishu.com.cn

皮书数据库二期全新上线

• 皮书数据库（SSDB）是社会科学文献出版社整合现有皮书资源开发的在线数字产品，全面收录“皮书系列”的内容资源，并以此为基础整合大量相关资讯构建而成。

• 皮书数据库现有中国经济发展数据库、中国社会发展数据库、世界经济与国际政治数据库等子库，覆盖经济、社会、文化等多个行业、领域，现有报告30000多篇，总字数超过5亿字，并以每年4000多篇的速度不断更新累积。2009年7月，皮书数据库荣获“2008～2009年中国数字出版知名品牌”。

• 2011年3月，皮书数据库二期正式上线，开发了更加灵活便捷的检索系统，可以实现精确查找和模糊匹配，并与纸书发行基本同步，可为读者提供更加广泛的资讯服务。

更多信息请登录

中国皮书网
http://www.pishu.cn

中国皮书网的BLOG [编辑]
http://blog.sina.com.cn/pishu

中国皮书网	皮书微博	皮书博客
http://www.pishu.cn	http://weibo.com/pishu	http://blog.sina.com.cn/pishu

---

请到各地书店皮书专架 / 专柜购买，也可办理邮购

咨询 / 邮购电话： 010-59367028　59367070　　**邮　　箱：** duzhe@ssap.cn
邮购地址： 北京市西城区北三环中路甲29号院3号楼华龙大厦13层读者服务中心
邮　　编： 100029
银行户名： 社会科学文献出版社发行部
开户银行： 中国工商银行北京北太平庄支行
账　　号： 0200010009200367306
网上书店： 010-59367070　qq：1265056568
网　　址： www.ssap.com.cn　　www.pishu.cn

广视角 · 全方位 · 多品种

权威 · 前沿 · 原创

皮书系列为
“十二五”国家重点图书出版规划项目

经济蓝皮书编委会

主要编撰者简介

陈佳贵 第十届、第十一届全国人大常委会委员，中国社会科学院原副院长，中国社会科学院经济学部主任、研究员，长期从事中国经济研究，代表作有《现代大中型企业的经营与发展》、《经济改革与发展中的若干重大问题研究》、《经济改革与经济发展战略》等。作品多次获孙冶方经济科学奖。

李　扬 中国社会科学院副院长、研究员，长期从事中国经济相关研究，涉及货币、银行、金融市场等领域，专著《财政补贴经济分析》获1990年孙冶方经济科学奖著作奖。其他代表作包括《中国金融改革研究》、《金融全球化研究》等。

李　平 中国社会科学院数量经济与技术经济研究所所长、研究员，长期从事技术经济、产业经济等领域研究工作，代表作有《特大型投资项目的区域和宏观经济影响分析》、《中国工业绿色转型》、《“十二五”时期工业结构调整和优化升级研究》等。

李雪松 中国社会科学院数量经济与技术经济研究所副所长、研究员，从事中国宏观经济预测与经济政策模拟研究，获得2006年孙冶方经济科学奖，入选“新世纪百千万人才工程”国家级人选，著有《高级经济计量学》等。

张　平 中国社会科学院经济研究所副所长、研究员，长期从事经济理论、经济增长、宏观经济等研究工作，著有《改革年代的经济增长与结构变迁》、《经济增长前沿》、《增长与分享：分配理论与政策框架》等，先后三次合作获得孙冶方经济科学奖。

摘 要

在世界经济复苏乏力、欧洲主权债务危机反复波动的国际大背景下，中国经济增速出现回落，预计2012年增长幅度为7.5%左右。前三季度回落幅度逐季收窄，经济运行整体企稳，农业生产形势良好，工业生产虽然有所放缓，但产业结构不断优化。依靠内需支撑，市场消费平稳，投资增长依然较快；受发达国家经济复苏乏力的影响，外需回落明显。另外，就业情况基本稳定、居民收入增长较快、物价涨幅回落，显示经济运行整体健康。

2013年国际环境仍然复杂严峻，国内经济运行中深层次问题尚待解决，但中国经济发展具有较多有利条件，有望进一步企稳回升，增长幅度区间将取决于国际大环境与内部深层次结构调整的进展。

稳增长是当前经济工作中的首要任务，同时需要处理好稳增长和调结构、转方式与深化改革间的关系。通过稳定投资增长、优化投资结构，扩大结构性减税力度、适当降低增值税标准税率等措施实现经济稳中求进。同时促进技术与制度创新，提高劳动力素质，培养经济长期增长潜力。

Abstract

Given the global background that the world economic recovery was weak and the European sovereign debt crisis arose repeatedly, it is predictable that China's economy growth rate would decrease to around 7.5% in 2012. In the first three quarters of 2012, the declined GDP growth rates abated gradually, the economy performed in stabilization as the whole and the agricultural sector ran well. Although the growth of industry sector lowered, the industrial structure continually optimized. Also, the consumption performed steadily with the support of domestic demands, and the investment grew rapidly as before. Because of the weak recovery in developed countries, however, the external demand reduced significantly. Furthermore, the employment market was basically stable, the income of households grew rapidly, and the inflation of commodity price lowered. All these together present an overall sound economic operation.

In 2013, although the global economy will still be in complex situations and some deep level problems of China's economy will remain unresolved, there are many conditions in favor of China's stable and rapid growth. The growth rate of China economy will depend on the global economic conditions and the progress of domestic deep-level structural adjustment.

Remaining stable growth is a key target of current China's economic operation. Meanwhile it is also important to deal with the relationship between the stable growth and the economic structure adjustment, and between the structural transformation and the deepening reform. We should optimize the investment structure by stabilizing the investment growth, and maintain stable and rapid GDP growth by reducing the VAT rate appropriately and expanding the structural tax cuts. Also, we should cultivate the long-term economic growth potential by improving the technical and institutional innovation and enhancing the labor force's quality.

稳增长、调结构、促改革

（代前言一）

陈佳贵

今年以来，受国内外诸多因素的影响，市场需求疲软，经济下行压力加大，目前虽然出现了一些经济趋稳的积极因素和表现，但是保持经济稳定增长的基础还较脆弱，而且还面临一些两难的选择，必须冷静观察，沉着应对，既要解决当前稳增长过程中出现的各种问题，又要采取稳妥的措施，解决影响我国经济长期发展中的深层次问题，促进我国经济平稳、较快和可持续发展。

一 稳定经济增长仍是当前我国经济工作特别重要的任务

从2011年以来，我国经济已经连续7个季度回落，今年第一季度GDP还增长8.1%，第二季度回落至7.6%，第三季度又回落到7.4%，第四季度虽然有可能触底回升至7.6%以上，全年有望超过7.5%的预期增长目标，但是明年和今后要再回到9%以上的增长速度，长期保持年均近10%的高速增长已很困难。如果经济结构调整、转变经济发展方式和经济体制改革能不断取得进展，保持年均增长8%左右的速度还是有可能的，也是比较适中的。

从今年前三个季度经济增长的情况看，第一产业发展良好，夏粮丰收，秋粮丰收已成定局，粮食有望实现九连增；棉花、油料等作物保持了一定增长幅度，养殖业也稳步发展。第一产业保持了4.2%的增速，比上年同期还上升了0.4个百分点，第三产业发展速度也不低，保持了7.9%的增速，只比上年回落1.1个百分点。唯有第二产业特别是工业增长速度下降较多。今年3月规模以上工业企业增加值的增速还达到11.9%，但从4月份起已经连续6个月跌破了10%这个心理关口，其中4月为9.3%，5月为9.6%，6月为9.5%，7月为9.2%，8月为8.9%，9月为9.2%。从季度看，第一季度工业增加值增长速度还达到11.6%，第二季度降至9.5%，第三季度降至9.1%，前三季度累计为10%，而上年同期则为14.2%，同比下降了4.2个百分点。

从三大需求看，消费增长速度虽然有所回落，但是回落的幅度不大。前三季度社会消费品零售总额同比名义增长14.1%，只比上年同期回落了2.9个百分点。在16类限额以上企业商品零售额中，8类商品增速比上半年加快，1类持平，7类回落，回落速度超过1个百分点的有通信器材、汽车和石油及制品。

投资下降的速度较大。今年前三季度，固定资产投资名义增速只有20.5%，同比下降4.4个百分点，而且低于近5年来的平均增速。今年前三季度仅投资增速下降就使GDP少增1.1个百分点。投资增速下降原因虽然很多，但归纳起来主要有三方面的原因：一是房地产投资大幅度下降。今年前三季度，全国房地产开发投资同比只增长了15.4%，增幅比上年同期回落16.6个百分点；房地产开发企业土地购置面积也同比下降16.5%。房地产投资回落的速度远远高于全部固定资产的回落速度。房地产投资大幅度下降不仅减缓了全社会投资增长速度，也影响地方政府的城市基础设施建设。因为地方政府城市基础设施建设的相当大一部分资金来源于土地出让收入，在现行的财政体制下，多数地方政府维持日常运行都有困难，很难指望它们不用土地出让金去搞城市基础建设。土地出让金减少，城市基础设施建设的投资自然就减少了。同时，房地产投资大幅度下降还影响到与房屋装修有关的建筑材料、家具、陶瓷产品以及家用电器等产业的发展。二是高铁、高速公路建设减速。前几年高铁、高速公路超速发展，尤其是高铁，其资金绝大部分来自银行贷款，铁路部门已经高额负债，不少高铁线建成投入营运后又严重亏损，现在铁路部门筹资困难，不得不放慢建设速度，造成投资减少。前三季度铁路建设投资不仅没有增长，反而下降了12.4%。三是清理地方融资平台，减少了地方政府的融资渠道和办法，使地方政府用于基础设施等方面的投资大量减少。

在三大需求中，出口下降的幅度最大。今年前三季度，我国出口仅增长了7.4%，比上年同期回落了15.3个百分点。出口增速大幅度下降，主要是由国际环境变化引起的。受美国金融危机和欧洲主权债务危机的影响，国际市场不景气，贸易保护主义日趋严重，加之我国贸易发展方式等方面存在的问题，使我国出口受阻，出口对经济增长的贡献率随之也大幅度降低。从发展前景看，不仅有美国、欧洲的影响，最近又出现了一些新的因素，今后要大幅度增加出口会越来越困难，我们必须要有充分的思想准备和合理的对策。

总之，我国经济已经进入了一个中高速发展的新阶段。今年经济增速回落有一定的必然性，但是回落幅度之大超出了一般人的预期。经济增速大幅度回落是多种因素综合作用的结果。有国内因素，也有国际因素；有经济因素，也有非经济因素；有体制方面的因素，也有经济结构和增长方式方面的因素；有长期积累起来的因素，也有今年新增加的因素。这些因素有些是合理的，有些是不合理的；有些是可控的，有些是不可控的。影响今年经济增长的诸多因素，不仅目前存在，有些还会长期起作用，特别是体制因素、经济结构和经济发展发展方式这些深层次因素将会长期制约我国经济平稳、较快和可持续发展。稳定经济增长不仅是当前经济工作的重要任务，也是今后经济工作的一项长期的任务。

二　处理好稳定经济增长和调整产业结构的关系

经济增速大幅度回落使我国产业结构不合理、经济发展方式粗放的问题更加显露了出来。长期以来，我国形成了政府主导、投资驱动为主要特征的经济增长发展方式和与其相适应的产业结构。从“十一五”期间 GDP 的构成看，投资占 GDP 的比重在逐年上升，2006 年占 50.9%，2010 年上升到 69.3%；资本形成率 2006 年为 41.8%，2010 年上升到 48.6%；从投资增长速度看，“十一五”期间投资年均实际增长 21.9%，远高于 GDP 年均 11.2% 的增速；从对经济增长的贡献率看，2006 年投资对经济增长的贡献率为 43.6%，2010 年达到 52.9%，其中 2009 年甚至高达 87.6%。今年虽然出口增速下降的速度高于投资，但是，由于投资对 GDP 贡献率远高于出口对 GDP 的贡献率，所以投资增速下降，对经济增长速度的影响最大，而首当其冲的就是与其紧密相关的钢铁、水泥、平板玻璃、大型机电设备制造等行业。

因此，我们应该因势利导，推动产业结构的调整。不仅要改变第一、二、三产业发展不协调的问题，还必须改变以投资驱动为主而形成的不合理工业结构。

要因势利导，调整轻重工业的比重。改革开放初期，我国轻工业在工业中的比重只有43%，经过几年调整，到1985年上升到47.4%，之后的10多年，轻重工业的比重在50%左右波动，基本上保持了协调发展的态势。从20世纪末开始，由于经济发展阶段的变化和投资驱动的影响，我国工业结构出现了明显的以重化工业为主的态势。在1999~2011年的13年间，轻工业产值比重由41.9%下降到30%以下，重工业由58.1%上升到70%以上。重工业的比重比改革开放前还要高。这不仅对我国的能源供给和环境保护造成了极大压力，而且压抑了消费需求。我们要趁投资增速下降的时机，适当降低重工业的比重，使轻重工业协调发展。

要抑制过剩产能和高耗能产业的发展，淘汰落后产能。我国钢铁、电解铝、水泥、造船、汽车制造、纺织服装等行业的产能都严重过剩。我国炼钢能力已经接近10亿吨，上半年利用率只有74.7%，而且由于过度竞争企业利润微薄，不少企业已经陷入亏损状态。据钢铁协会对70余户重点企业的统计，上半年，这些企业实现利润24亿元，同比下降95.8%，主营收入利润率仅有1.6%，全行业已处于整体亏损边缘。我国的水泥产能已经超过30亿吨，已经大大超过到“十二五”末达到22亿吨的规划指标。2011年水泥行业产能利用率只有71.9%，今年上半年又有数十条新型干法生产线停产，产能利用率进一步下降，全行业实现利润下降51.4%，企业亏损面超过1/3。我国高耗能产业发展过多、过快。高耗能产业的用电占全部工业用电的80%左右。根据工信部的统计，炼铁、炼钢、电解铝、焦炭、水泥、化纤等18个行业中落后产能占总产能的比例达15%~25%。其中，炼铁行业400立方米以下的高炉还有1亿吨，占炼铁能力的20%；水泥行业中落后的小水泥产能有5亿吨，占水泥产能的20%。这些落后产能浪费资源，污染环境，要加快淘汰的步伐。

要用先进技术对传统产业进行技术改造，加快传统产业的升级换代。世界产业发展的历史进程表明，只有落后的技术，没有落后的产业。纺织、钢铁、汽车、机械等行业虽然是传统产业，但是国外工业发达国家用高新技术对这些行业进行改造后，它们都面目一新，焕发了青春，技术含量和附加值大大提高。我国传统产业的现代化水平还较低，据我们测算，不少行业只有40%左右。我们要加快传统产业技术改造的步伐，提高这些行业的现代化水平，增加自主知识产权，发展知名品牌，提高产品的附加值，增强企业的核心竞争力。

要努力发展新兴产业，增加其在工业经济中的比重。近些年，我国新兴产业有了较大的发展，但是总体上看，我国新兴产业在国际分工体系和全球价值链中，大多从事的是高技术产品中的低技术制造环节，产品附加值不高，劳动报酬率低。在扩大新兴产业规模的同时，要促进其向产业链中高端环节发展。同时，要稳步推进战略性新兴产业的发展，加强对战略性新兴产业关键技术的研究和开发，努力解决其在产业化过程中的各种难题，避免盲目发展，减少市场风险，用战略性新兴产业抢占未来国际经济竞争的制高点。

要推进产业组织结构的调整，鼓励和支持并购重组，使生产要素向优势企业集中，淘汰那些技术落后，管理水平低，严重浪费资源、污染环境，资不抵债的落后企业。努力发展大企业集团，提高企业的规模经济性，同时要鼓励大企业做大做强，有步骤地解决某些行业的“小、乱、散、差”的产业组织结构，提高行业的集中度，鼓励支持小企业向“专、精、特、新”方向发展。不断提高各个行业的整体素质和效益。

三　处理好稳定经济增长与深化改革的关系

要稳定经济增长，并保持我国经济长期平稳、较快和可持续发展，必须深化改革，建设成熟的市场经济体制。在当前特别要加快推进行政管理体制的改革。

从整个经济体制改革的进程看，企业和市场这两个环节的改革虽然也有待深化，但是比较起来行政管理体制改革明显滞后，是最大的“短板”。由于它的滞后和牵制，很多关键领域和重要环节的改革陷入胶着状态，有的甚至还有所退步。这就需要尽快“补短”，推进行政管理体制改革的突破性进展，以它来带动财政税收、分配、投资、金融、国有企业、资源性价格等领域的改革。

推进行政管理体制的改革除要按照精简、统一、效能的原则，探索新的行政管理体制架构，优化政府组织结构，形成科学的管理组织系统外，更重要的是要简政放权，转变政府职能。政府一切行政活动的终极目标是以最小的负担，让居民获取最大的福祉，即税负和公共服务的最佳组合。“以经济建设为中心”并不意味着各级政府直接从事生产经营活动。在政府职能界定中，应始终坚持能由市场做的交给市场做、能由企业做的交给企业做、能由社会完成的交给社会组织完成的原则。政府需要从一个无所不包的系统，逐步变为一个有限并有效地提供公共服务的系统，让市场、社会机制在资源配置和社会有序化方面发挥更多、更大的作用。

近些年，政府对微观经济的干预越来越多，采用行政办法管理经济变得越来越振振有词，底气十足。事实已经反复证明，经济问题只能主要采取经济办法解决，动辄采取行政办法控制经济行为是不可取的。行政办法短期看似乎有效，但是它们扭曲了价格信号，违背价值规律，只能使矛盾越积累越多，越来越尖锐，解决起来也越来越困难，最终会使经济遭受巨大的损失。

我国已经制定了行政许可法，在这部法律出台前后，政府对一些审批制度进行了初步清理。最近国务院又决定取消一部分行政审批项目，但是还远远不够。在经济运行过程中，不仅一些该取消的审批制度还没有取消，而且又出台了不少新的审批项目。据有关部门的同志反映，民营企业要进入某些垄断行业发展要盖 200 多个印章，不仅手续繁杂，而且会拖延很长的时间。不加快推进行政管理体制的改革，简政放权，真正转变政府职能，建设成熟的市场经济体制的目标就很难实现。经济也就很难保持长期平稳、较快和可持续发展。

转型发展的关键是提高效率

（代前言二）

李 扬

最近一段时间，我参加了很多讨论经济形势的会议。总的感觉是，对于经济形势，朝野的认识惊人的一致。大家普遍认为：从2007年开始陷入危机的全球经济依然未能有效复苏，而国内的增长率也开始下滑了。不久前，国际货币基金组织和世界银行也调低了对包括新兴经济体在内的全球经济增长率的预测，特别是，中国经济增长预测也被下调至8%以下。在我的印象中，近十余年来，国际货币基金组织和世界银行确实也多次调整过对中国经济增长的预测，但基本上是向上调整，如今向下调整，不免给中国乃至全世界带来了悲观的情绪。

我同意多数分析人士的看法，中国经济增长在下半年会企稳，全年可达7.5%～8%，明年则会超过8%。需要深入讨论的问题是，经过改革开放三十余年高达9.8%的年均增长之后，中国经济是否会下落到一个新的增长平台？8%左右的增长率是否意味着新的趋势？换言之，目前全世界都在谈论经济减速问题，我们是否认定这是长期现象？如果是长期现象，我们未来的发展战略当如何确定？

一 结构性减速是全球现象

我倾向于认为减速是个长期现象。我们说减速，当然应当有参照系。这个参照系就是本轮经济危机之前的20余年间的经济增长。在该阶段，世界各国都经历了一段非常辉煌的时期。国际经济学界普遍认为，此次危机爆发前的20年间，世界发生了一个300年来从未出现过的现象：一方面，发达经济体增长总体平稳，而且是低利率、低通胀、高增长并存。另一方面，东亚国家出现跳跃性增长，中国经济异军突起；拉美国家也经历了 20 世纪 70 年代以来从没有过的经济快速增长；非洲各国与发达经济体的差距也开始缩小，这自非洲国家独立以来从没发生过。对于这段历史，有研究者甚至指出：亚洲经济体快速的现代化，是可以与经济史上的文艺复兴和工业革命相提并论的最重要发展之一。

从 2007 年开始的这次全球经济危机，可以说标志着上一轮资本主义历史上 300 年中没有过的增长奇迹的结束。结束的过程首先发端于发达经济体。由于经济发展方式、经济结构、金融体系和财政状况长期严重扭曲，美国、欧洲率先进入危机，其经济持续低迷，债务危机此起彼伏。另一个发达经济体日本，则已经有长达 20 年的时间没有见过像样的经济增长。继发达经济体之后，新兴市场经济国家也进入减速行列。2011 年开始的金砖五国的相继减速，今年的中国经济减速，都是明显的印证。

我们认为，这个减速是结构性的，就是说，它是由全球性经济结构调整而引致的，它是趋势性的，不是政策调整可以使之回转的。所以如此，是因为发生了一系列不可逆转的大事件、大变化。姑且不论发达经济体陷入深刻的全面矛盾难以自拔，在新兴经济体之中，普遍发生了如下四类问题。

第一，如果说，过去新兴经济体的高速增长，在相当程度上靠的是在农村中存在大量未就业和未充分就业的劳动力，从而，劳动力向非农产业的转移，一方面可以提高经济增长速度，另一方面又不会造成工资成本上升，那么，这个波澜壮阔的未就业和未充分就业的农村劳动力的转移过程如今已基本结束，工资成本的上升已成不可逆转之势。这种状况在中国表现得非常明显，刘易斯转折点到来之后，中国的劳动力成本不可避免地上升了。

第二，经济结构转型问题。过去几十年新兴经济体的经济增长，靠的是大量农村人口向制造业转移，到制造业中寻求就业。由于制造业的劳动生产率显著地高于农业，所以，这个转移过程将导致整个经济的劳动生产率提高。如今，制造业的就业已经很充分，新增人口需要就业，就必须转移到服务业中。遗憾的是，在新兴经济体中，服务业的劳动生产率普遍低于制造业。因此，新兴经济体的经济结构从制造业为主向服务业为主的转移过程，就是一个全社会劳动生产率下降的过程。这是一个非常令人沮丧的事实。理论上，我们可以识别出因经济结构变化所导致的经济增长速度的两个变化方向。一个是“结构性加速”。这指的是，在经济发展的重心由农业经济向工业化转移的过程中，由于劳动力资源被再配置到劳动生产率更高的工业部门，社会整体的劳动生产率因而提高了。相反则称存在“结构性减速”。这指的是，在经济发展的重心由工业（制造业）向服务业转移过程中，由于服务业的劳动生产率增长速度低于制造业，从而导致全社会劳动生产率增长速度减缓，进而导致经济的整体增长速度减缓。拉美等国的经验显示，如果经济结构向大力发展服务业的方向的调整伴随着劳动生产率下降，一国离中等收入陷阱就不远了。

第三，我们过去三十余年的经济增长，一靠投资，二靠出口。如今，由于国际环境恶化，出口增速已经下降。因此，在未来十年甚至二十年中，中国经济的增长将仍然主要依靠投资拉动。然而，年复一年的巨额投资留下了大量的资本存量。这些资本存量到了一定的时候，在物理意义上就需要维修，在经济意义上就需要提取折旧以支撑维修，否则，资本存量就难以继续发挥资本的作用。但是，对于资本存量的维护也需要新增投资，这就需要很高的储蓄率予以支持。但是，恰好在这个对于储蓄更为需要的时候到来时，我们的储蓄率却因人口结构的不利变化以及经济增长率趋降，走上了下降之路。

第四，数十年的发展，已经从根本上改变了发达经济体和新兴经济体对世界经济的贡献格局。国际货币基金组织的分析显示，大约在2014年，新兴经济体对全球GDP的存量贡献将超过发达经济体。这在资本主义300年历史中也是从没发生过的。然而，随着新兴经济体开始接近世界前沿，我们也将结束过去长达30几年以学习为主的发展模式，我们已经没有现成的技术可供学习，没有现成的市场可供使用，因而，我们需要自我创造，然而，我们的创新能力严重不足。今年，中国召开的最重要的全国性大会之一是国家创新大会。本届政府把它的最后一次重要的全国会议定在创新这样一个主题上，是有慎重考虑的。中央非常清楚地看到，如果不创新，我们未来的发展道路将越走越窄，这将导致经济增长速度日趋下落，中华民族的伟大复兴就将变成美好的梦想。

显然，以上四个因素的存在，使得新兴经济体的减速变得不可避免。而且，这个减速不是政策造成的，也不是经济周期造成的，而是结构性的，是实体因素造成的，是真实因素变化带来的结果。

在这个结构性减速的过程中，中国并未置身局外。有人曾经说中国在全球经济危机中独善其身，一枝独秀，现在看来是过于乐观了。我以为，在全球化的大背景下，这个世界的任何角落发生的任何事件，都将对其他国家产生影响。这里我们说产生影响，并不是说，发达经济体的经济危机通过各种渠道（主要是国际收支渠道）在直接、间接地影响我们，而是说，由于我们本就是全球经济体系的一个部分，这个世界任何角落发生的事情，与全球各国都有关系，因而任何国家均不可能置身局外。我们一直坚持认为，在全球化的背景下，发生在发达经济体中的各种事件，其实都会在其他国家存在一个镜像。举例说，美国经济负债率过高，中国经济就有一个储蓄率过高从而导致外汇储备过多积累的问题。美国的高负债率其实与中国的高储蓄率息息相关。当然，这里的主导因素在美国方面，因而解决问题也必须由美国一方开始。但是，中国没有置身局外，因而我们必须与其他国家通力合作，平等协商，以解决全球性不平衡问题。这种联系也提醒我们，如果说发达经济体和其他的新兴经济体都存在结构性减速趋势，那么，中国的结构性减速就是不可避免的。

中国经济的减速其实已经发生。2012 年的中国经济增长将在 8% 上下徘徊。基于此，我们当然不同意中国经济会硬着陆的说法，但是，我们也基本上不太认同，它会是一个“V”字形反弹——“V”形反弹意味着，在 8% 左右触底之后，中国经济增速会再度回到 9%、10% 的水平之上并予以持续。我们倾向于认为，我们将在一个比过去 30 余年平均增长 9.8% 这样一个高平台要低一些的平台上进入下面一个 10 年。现在国际机构都在对中国未来进行预测，我们自己也在做研究。模型测算的结果显示，7.5% ~8% 可能是今后 10 年可能性最大的一个平均增长速度。十八大提出 2020 年我国的 GDP 和人均收入要比 2010 年翻两番。初步测算，达此目标所需的增速最高仅为 7.1%。我们认为，达到这个增速还是比较有把握的。

二　关键在于提高劳动生产率

应对经济减速，我们传统的思路就是通过政策将它刺激起来，使之回归高增长。2009 年我们搞了一个 4 万亿，对此，理论界仍然有着颇多议论。多数人都同意，它至少存在很多副作用，至今还难以消弭。今年，面对经济减速，中央没有明确采取措施，但各地都在这样做，有些人认为，今年有一个“地方版”的 4 万亿刺激计划。我们不拟探究这一说法的准确性，但是，地方政府着力于刺激经济的事实确实是有的。

我们以为，由于上节所述种种长期性、结构性原因，我们的经济增长已难以回到年均 10% 左右的增长路径上去了。说到底，年均 10% 的增长，是经济发展某个阶段的特殊现象，是一系列有利因素同时存在并协同发挥作用的结果。如今，这个阶段已经完结，很多因素已经或正在开始消逝，因而，我们已经无法回到这个水平上去了。

如果经济增长速度出现了一个年均 1% ~2% 的下降，我们的经济便会出现很多问题，这也就是一些研究者面对经济增长速度下滑便大声疾呼要进行刺激的主要原因。我以为，对于已经习惯于两位数增长的中国来说，经济减速固然会带来很多意想不到的问题，但也给了我们一个压力和动力，迫使我们向提高劳动生产率要成长，要收入，要发展。换言之，因增长速度下降所造成的损失，完全可以通过劳动生产率提高予以弥补。而且，这个用劳动生产率替代经济增长速度的过程，正是中国经济从大国走向强国的必由之路。沿着这条道路发展，中国毫无疑问会超越中等收入陷阱，最终迈入发达经济体之列。

发展经济的核心要素是提高效率。我认为，如果说在发达经济体和发展中经济体之间存在差距，如果这个差距可以用很多指标去刻画，那么，这千头万绪的指标，可以归结为经济发展和经济学的一个最根本问题——效益上。我们知道，全部经济学的研究对象就是成本与产出的关系，就是研究如何用最少的投入产生最大的产出。这是经济学教程的第一讲，而且贯穿教程之始终。但是很遗憾，近年来，效率问题，效益问题，劳动生产率问题，很少被人们认真研究。最近，我们的国家领导人在谈到应对当前经济中存在问题的方略时，非常明确地指出，下一步，我们所有的工作要围绕提高效率展开。不能说要发展或遇要解决问题，就只是要投入，要减税，要免税，要贷款，要贴息。所有这些，都是增加投入的措施，都是提高成本的措施，但并没有考虑到增加产出，没有考虑效率问题。这种情况不能再继续下去了。

我们倾向于将发展的问题归结为提高效率问题。我们看到，在发达经济体和发展中经济体之间，客观地存在着劳动生产率的差距，这种差距在根本上决定了两类国家的经济差距。因此，所谓发展问题，所谓赶超问题，实质上就是缩小两类经济体之间劳动生产率差距的问题。我们只有在效率上缩小了与发达经济体的距离，才能真正在世界民族之林中立于不败之地。这是最根本的问题。经过这 30 几年的发展，我们的经济到了转型时期，这样一个潜藏在我们经济活动背后的最深刻的其实也是最简单的道理，如今明白无误地再次摆在我们面前。我们所有的活动都需要提高效率，提高竞争力的核心就是提高效率，效率是关乎国家命运的第一位问题。

现实中，存在着两种提高效率的路径。一种当然是像发达经济体那样，遵循比较均衡的路径谋取发展。另一种则是非均衡发展，通过政府动员储蓄，并且大规模地将储蓄投放在我们需要发展的行业中，利用资源禀赋的相对优势，同时，承受非常严重的环境破坏，达到某几个指标的赶超。非均衡发展，对于落后国家而言，其改善和赶超的作用非常明显。但是，当我们收入增长到中等水平的时候，这种赶超型的经济增长范式就会遇到真正的障碍，如果不改变这种范式，我们就可能陷入中等收入陷阱，就会出现增长停滞、民主乱象、贫富分化、腐败多发、过度城市化、公共服务短缺、就业困难、社会动荡、信仰缺失、金融脆弱等并发症。

这意味着，转型对于我们，性命攸关。如果我们经济不迅速地转到提高效率的路径上去，只是考虑到铺摊子，大投入，那么，我们的经济发展就很难持续。我们忧虑地看到，现在谈发展，大家几乎都在说要投入，而且是不计成本、不计代价地投入。这就不是可持续的发展，充其量只能求得一时数据好看。这对于一个大国，对于面对越来越严峻竞争和挑战的大国，面对外部压力越来越大的大国，我们不能走这条路，我们必须以提高效率取胜，我觉得，这个问题无论如何强调都不过分。

从文献上看，关于经济转型发展，有三个相关的定律。其一是库兹涅兹劳动生产率定律。该定律认为，驱动产业结构变动的根源在于各产业存在不同的劳动生产率；资源倾向于不断地向高劳动生产率的行业集中。换言之，依靠市场机制来推动转型，将不断提高经济整体的劳动生产率——这意味着，依靠市场和企业推动转型，而不是进行行政干预（例如，通过产业政策），是经济成功转型的根本。其二是林德需求相似定律。它指的是：收入水平相近的经济体，其需求结构也相似——这意味着，随着中国成为上中等收入国家，各主要城市的需求结构将逐渐与其他上中等收入国家，甚至高收入国家趋同。这样一个定律所揭示的是：需求结构的变化引导了产业结构的变化。其三是广义恩格尔定律。它指出：随着人均收入水平的提高，物质消费占总消费的比重逐渐下降，而服务消费比重上升——这意味着，随着经济的增长，需求结构的变化构成服务业发展和产业结构升级的基础。这里说的是人性的本源性作用，说的是经济发展必须有利于人的全面发展。

以上讨论无非是要强调，经济转型的核心是提高效率；相比而言，其他都居于次要地位。遗憾的是，我们现在说科学发展，很多文件中也连篇累牍地议论科学发展和结构转型，但是，这些议论，这些论证，通篇不见效率两字。只是强调要转型，描述如果不转型便如何地不平衡，如何地不协调，如何地不可持续，究竟何以如此，特别是，向什么方向转型，转型的核心是什么，基本上没有展开的论述。我认为，效率是核心，这是转型发展战略背后的深刻道理。如果将增长速度进行解析，我们可以看到，对增长贡献最大者，是各国产业部门的比重和该产业部门效率变动的乘积。

前已述及，如果服务业比重持续提高，制造业比重持续下降，但是服务业的效率改进又慢于制造业的变动速度，则整个经济增长速度就会下降。欧美国家进入高收入水平阶段时，他们的经济普遍出现了增长减速问题，现在看来，这些国家就是受到了上述规律的影响。

从统计数据来看，1970～1990 年，发达经济体普遍出现了产业结构服务化的大趋势。那时，这些国家的第三产业劳动生产率普遍高于或等于第二产业劳动生产率。进入 2000 年以来，随着第三产业规模的扩张和劳动力向服务业部门持续转移，发达经济体第三产业劳动生产率出现递减趋势。第二产业的生产率逐渐接近甚至超过第三产业劳动生产率。可以预期的是，随着产业结构的持续演进，在发达经济体中，第二、三产业的劳动生产率将趋于一致。

与发达经济体相反，发展中国家日益扩大的服务业部门，是在比较低效率的状态下发展起来的。更为严重的是，这些发展中国家服务业相对劳动生产率的低水平，是在产业结构服务化的进程中发生的。若这种状况得不到根本改善，将直接恶化社会整体生产率，进而阻碍国民收入的持续提高，从而陷入中等收入陷阱而不可自拔。

以上讨论希望说明的道理是：三次产业结构变化，服务业比重的提高，绝不意味着工业与服务业的此消彼长，而是工业特别是制造业产业链的分解分工进而向服务业的延伸，是其内部分工的外在化。其本质是制造业文明的深度化和扩展。

因此，我们必须在深度信息化和新型工业化的基础上，依靠科技创新来推动经济结构转型。应基于市场机制，依靠企业来实现这种转型。这样，当可扭转第三产业相对劳动生产率持续降低趋势，避免出现全社会资源向相对较低的产业部门配置的问题。简言之，人为追求提高第三产业比重是不可取的，依靠行政手段干预转型，更应当避免。

目录

BⅢ　消费、投资与进出口形势分析篇

BⅣ　市场价格与收入分配篇

𝔹Ⅴ 台港澳经济篇

皮书数据库阅读使用指南

CONTENTS

B II Macro Economic Policy and Macroeconomic Regulation and Control

B III Analysis of Consumption, Investment, Import and Export Situation

B.1

中国经济形势分析与预测

——2012年秋季报告

"中国经济形势分析与预测"课题组*

摘　要：

在定量分析与定性相分析结合的基础上，分析和预测2012年和2013年我国经济发展趋势和面临的主要问题。发布了2012～2013年国民经济主要指标预测结果。对宏观经济形势的分析显示：受欧债危机与世界经济增速放缓影响，2012年我国经济发展面临的困难增多，在政策调控下经济运行出现触底企稳的迹象。2013年应加大积极财政政策的实施力度，适当扩大赤字规模，继续把结构性减税作为实施积极财政政策的重心，积极推动技术创新与制度创新，提高全要素生产率和长期增长潜力。

关键词：

中国经济　指标预测　政策建议

受欧债危机与世界经济增速放缓影响，2012年我国出口增速大幅回落，国内经济发展面临的困难增多。预计2012年我国GDP增长速度为7.7%左右，增速比上年回落1.6个百分点。预计2013年中国经济将实现平稳温和的增长，GDP增长率为8.2%左右，略高于2012年，但我们还需对2013年国际经济及中国经济可能面临的下行风险保持足够的警惕。当前我国宏观经济运行中突出

---

* 课题总负责：陈佳贵、李扬；执行负责人：李平、李雪松、张平；执笔：李雪松、张涛、沈利生、王文波；报告起草组成员还有：赵京兴、李军、樊明太、李文军、张延群、娄峰、王丽、刘强、刘生龙、万相昱等。

的问题是，经济增长仍处于低位运行，经济下行压力仍然较大，产能过剩问题突出，企业经济效益明显下降。在国际经济形势尚不明朗，仍存在下行风险的情况下，当前处理好稳增长、调结构、抓改革的关键是把稳增长放在更加重要的位置，继续实施积极的财政政策和稳健的货币政策。在防止过剩产能进一步扩张的前提下，把稳定投资增长作为短期稳定经济增长，防止经济增速进一步下滑的最有效、最直接的措施，加大对企业技术改造、民生事业、重大交通和城市基础设施、普通商品住房的投资力度。2013 年应加大积极财政政策的实施力度，适当扩大赤字规模，进一步加大结构性减税的力度，扩大“营改增”的实施地区和实施范围，适当降低增值税的标准税率。此外，应积极推动技术创新与制度创新，提高全要素生产率和长期增长潜力。

一　当前宏观经济形势分析

2012 年以来，受欧债危机影响，世界经济及多个主要经济体的经济增速继续放缓。其中：欧洲经济的减速最为突出，根据联合国 2012 年 10 月的预测，2012 年整个欧洲经济增速可能降为 -0.2%；而欧元区的增速可能降为 -0.5%，增速比 2011 年低 2.0 个百分点。美国在 2012 年的增长即使略好于 2011 年，但其增长幅度难以抵消欧元区经济衰退对全球经济所造成的负面影响。新兴市场和发展中国家的增速也将普遍低于 2011 年的水平。

受欧债危机与世界经济增速放缓影响，2012 年我国出口增速大幅回落，国内经济发展面临的困难增多。中央坚持稳中求进的总基调，积极应对，主动调整，正确处理了稳增长、调结构、管预期的关系。把稳增长放在更加重要的位置，加大了预调和微调的力度，着力扩大内需，稳定外需，经济运行初步显现了触底企稳的迹象。

第一，农业生产形势良好。夏粮已获丰收，全国夏粮总产量 12995 万吨，比上年增加 356 万吨，增长 2.8%，创历史新高。秋粮生产再获丰收，粮食生产实现九连增。棉花、油料等作物也保持增产。国内较好的农业生产形势在一定程度上可平滑或减弱国际市场粮价上涨对我国经济与价格的冲击。

第二，工业生产增速继续放缓。在外需低迷影响下，工业增速继续放缓。

前三季度，全国规模以上工业增加值按可比价格计算同比增长10.0%，增速比上半年回落0.5个百分点，比上年同期回落4.2个百分点。

第三，固定资产投资平稳较快增长。前三季度，固定资产投资（不含农户）256933亿元，同比名义增长20.5%，名义增速比上半年加快0.1个百分点，比上年同期回落4.4个百分点；扣除价格因素实际增长18.8%，实际增速比上半年加快0.8个百分点，比上年同期提高1.9个百分点。

第四，消费市场增长平稳。前三季度，社会消费品零售总额149422亿元，同比名义增长14.1%，名义增速比上半年回落0.3个百分点，比上年同期回落2.9个百分点；扣除价格因素实际增长11.6%，实际增速比上半年加快0.4个百分点，比上年同期提高0.3个百分点。

第五，进出口增速大幅回落，贸易顺差扩大。前三季度，进出口总额28425亿美元，同比增长6.2%，增速比上半年回落1.8个百分点，比上年同期回落18.4个百分点。其中，出口14954亿美元，增长7.4%，增速比上年同期回落15.3个百分点；进口13471亿美元，增长4.8%，增速比上年同期回落21.9个百分点。进出口相抵，顺差1483亿美元，同比增加412亿美元。

第六，就业形势总体稳定，城乡居民收入继续较快增长。前三季度，实现城镇新增就业1024万人，完成了全年目标的114%。城乡居民收入继续较快增长，生活进一步改善。前三季度，城镇居民人均可支配收入扣除物价以后实际增长9.8%，农村居民人均现金收入实际增长12.3%，双双超过GDP增幅，其中，农村居民收入增长速度已经连续11个季度快于城镇居民。

第七，物价涨幅进一步回落。在国家一系列稳定物价政策的作用下，物价上涨的势头得到了遏制，居民消费价格同比涨幅从1月份的4.5%回落到9月份的1.9%，工业生产者出厂价格指数从3月份开始已连续7个月负增长。前三季度，居民消费价格同比上涨2.8%，涨幅比上半年回落0.5个百分点，比上年同期回落2.9个百分点。

当前我国宏观经济运行中突出的问题是，经济增长仍处于低位运行，尽管在投资等领域出现了一些触底企稳的积极因素，但基础还不牢固，外需的不确定性仍然较大，经济下行压力仍然较大。我国经济增长的低速运行，既有国际冲击的因素，也有国内的因素。特别是欧债危机对中国经济的冲击超出预期，对欧出口明显下滑对中国经济增长产生了较大的抑制作用。

当前，在我国经济增长低位运行情况下，产能过剩问题突出，企业经济效益明显下降。在不同的地方利益博弈下，工业结构调整进展依然缓慢。在传统产业中，产能过剩已经从钢铁、电解铝、水泥和汽车等行业，扩展到焦炭、电石、铁合金、铜冶炼、纺织、化纤等行业。在新兴产业中，由于不少地区采用多种刺激政策推动投资，产能快速扩张，部分新兴产业，如碳纤维、风电、多晶硅、锂电池、光伏等，先后出现产能过剩。低水平同质化竞争和价格战，导致企业利润大幅下降。1～8月份，全国规模以上工业企业实现利润30597亿元，同比下降3.1%，其中国有及国有控股企业实现利润8839亿元，同比下降12.7%。在41个工业大类行业中，24个行业利润同比增长，16个行业同比下降，1个行业由同期盈利转为亏损。与此同时，企业三角债问题增多，部分企业债务情况恶化。

2011年中国人均GDP为5400美元左右，是一个典型的中等收入国家。中国要想跨过“中等收入陷阱”，实现全面建设小康社会的目标，在较长一个时期保持一定的经济增长速度仍然是十分必要的。

二　2012～2013年国民经济主要指标预测

受欧债危机与世界经济增速放缓影响，2012年我国出口和工业增速显著回落。2012年我国的经济增长速度也将比上年有明显的回落。预计2012年我国GDP增长速度为7.7%左右，增速比上年回落1.6个百分点。

2012年三次产业增加值将分别增长4.3%、7.9%和7.9%，其中第一产业增长速度与上年持平，第二、三产业增长速度分别比上年回落2.4个和1.5个百分点。三次产业分别拉动GDP增长0.3个、4.1个和3.3个百分点，其中第一、二、三产业的拉动分别比上年回落0.1个、1.1个和0.6个百分点。三次产业对GDP增长的贡献率分别为4.5%、52.4%和42.8%，其中第一产业和第三产业贡献率均比上年分别增加0.7个和0.6个百分点，第二产业贡献率比上年回落3.0个百分点。

在房地产投资增速下降、基础设施项目审批加快等不同因素综合影响下，预计2012年全社会固定资产投资（不含农户）将达到375140亿元，名义增长20.4%，增速比上年回落3.2个百分点；实际增长17.1%，增速比上年提高1.2个百分点，继续保持平稳较快增长态势。

综合考虑2010年开始实施的消费刺激政策的退出以及2012年新出台的一批新的消费刺激政策，预计2012年社会消费品零售总额将达到210490亿元，名义增长14.4%，增速比上年回落2.7个百分点；扣除价格因素，实际增长11.9%，增速比上年提高0.2个百分点，继续保持平稳增长态势。

2012年欧债危机不断反复，发达国家经济分化加剧，大多数新兴市场国家经济增长放缓或维持低位运行，且我国国内生产成本显著上涨，2012年我国外贸增长速度将大幅回落。预计2012年我国出口和进口增长率分别为7.9%和6.0%，增速比上年分别回落12.4个和18.9个百分点。全年外贸顺差2000亿美元左右，比上年增加451亿美元。

2012年我国物价涨幅显著回落，预计居民消费价格上涨2.7%，商品零售价格上涨2.3%，投资品价格上涨2.9%，上涨幅度分别比上年回落2.7个、2.6个和3.7个百分点。

2011年我国农村居民人均纯收入实际增长11.4%，创下1985年以来的最高增速，也是1998年以来第二次超过城镇居民人均可支配收入实际增长率。预计2012年农村居民人均纯收入增长率将达到新高，增长12.0%；城镇居民人均可支配收入增长9.5%；农村居民人均纯收入增长率将继续高于城镇居民人均可支配收入增长率，两者都将显著高于GDP增长率。

未来一个时期，国际经济环境将依然复杂多变。一方面，最新数据显示美国9月份失业率为7.8%，比8月份低0.3个百分点，这是奥巴马总统任期内失业率首次低于8%，显示出美国经济与就业状况有所改善。目前，美国已经推出第三轮量化宽松政策（QE3），欧洲中央银行已经推出货币直接交易（OMT），预计2013年世界经济与贸易的增长率可能略高于2012年，其中欧元区经济有可能摆脱衰退，实现微弱的增长。另一方面，由于这次国际金融危机主要是结构性危机，而全球性的结构调整还需要持续较长的时期，因此2013年的国际经济发展仍具有很大的不确定性。一是欧元区债务危机久拖不决和美国日益逼近的“财政悬崖”都可能威胁经济增长，发达经济体面临经济再次下滑的显著风险，贸易条件的恶化、资本外流、全球不确定性因素增加等外部冲击都将影响新兴经济体的经济增长；二是新兴经济体内部的脆弱性可能再度浮现，比如一些国家的信贷扩张虽然可能支持国内需求，但也可能引发对金融稳定的担忧。

假如2013年欧元区的情况不再明显恶化，美国能够阻止“财政悬崖”问题的发生，随着2012年我国已经出台的稳增长措施的效果逐渐显现，考虑到我国宏观调控还具有较大的回旋余地，财政政策与货币政策还具备较大的政策操作空间，必要时可进一步推出稳增长的政策和深化改革的措施，预计2013年中国经济将实现平稳温和的增长，GDP增长率为8.2%左右，略高于2012年。尽管如此，我们对于2013年的预期只能是谨慎乐观，因为我们还必须对我国经济可能面临的下行风险保持足够的警惕，必须保持足够的政策弹性和政策储备，以应对国际经济可能出现的下行风险。表1列出了2012～2013年国民经济主要指标的预测结果。

表1　2012～2013年国民经济主要指标预测结果

指标名称	2012年预测值	2013年预测值
1. 总量		
GDP增长率(%)	7.7	8.2
2. 三次产业		
第一产业增加值增长率(%)	4.3	4.4
第二产业增加值增长率(%)	7.9	8.5
其中:重工业增长率(%)	8.0	8.5
轻工业增长率(%)	7.4	7.9
第三产业增加值增长率(%)	7.9	8.5
其中:邮电交通通信业增长率(%)	8.1	8.6
批发零售业增长率(%)	9.8	10.3
第一产业对GDP增长的拉动(百分点)	0.3	0.3
第二产业对GDP增长的拉动(百分点)	4.1	4.3
第三产业对GDP增长的拉动(百分点)	3.3	3.6
第一产业贡献率(%)	4.5	4.2
第二产业贡献率(%)	52.4	52.4
第三产业贡献率(%)	42.8	43.3

续表

指标名称	2012年预测值	2013年预测值
3. 投资		
全社会固定资产投资(亿元)	375140	449880
名义增长率(%)	20.4	19.9
实际增长率(%)	17.1	17.0
固定资产投资占GDP比例(%)	70.8	76.1
支出法投资率(%)	49.1	49.2
4. 消费		
社会消费品零售总额(亿元)	210490	242650
名义增长率(%)	14.4	15.3
实际增长率(%)	11.9	12.3
5. 外贸		
出口总额(亿美元)	20480	22300
出口增长率(%)	7.9	8.9
进口总额(亿美元)	18480	20210
进口增长率(%)	6.0	9.3
外贸顺差(亿美元)	2000	2090
6. 价格		
居民消费价格指数上涨率(%)	2.7	3.0
商品零售价格指数上涨率(%)	2.3	2.6
投资品价格指数上涨率(%)	2.9	2.5
GDP平减指数(%)	4.1	3.0
7. 居民收入		
城镇居民人均可支配收入实际增长率(%)	9.5	9.0
农村居民人均纯收入实际增长率(%)	12.0	9.4
8. 财政		
财政收入(亿元)	119090	137750
财政收入增长率(%)	14.6	15.7
财政支出(亿元)	127090	148350
财政支出增长率(%)	16.3	16.7
9. 金融		
新增贷款(亿元)	77560	88680
新增货币发行(亿元)	6030	6400
居民储蓄存款余额(亿元)	391970	446890
居民储蓄存款余额增长率(%)	14.1	14.0
M2(亿元)	960660	1082260
M2增长率(%)	12.8	12.7
各项贷款余额(亿元)	625500	714180
各项贷款余额增长率(%)	14.2	14.2

三 对策建议

在国际经济形势尚不明朗，仍存在下行风险的情况下，当前处理好稳增长、调结构、抓改革的关键是把稳增长放在更加重要的位置，继续实施积极的财政政策和稳健的货币政策。在防止过剩产能进一步扩张的前提下，把稳定投资增长作为短期稳定经济增长，防止经济增速进一步下滑的最有效、最直接的措施，加大对企业技术改造、民生事业、重大交通和城市基础设施、普通商品住房的投资力度。2013 年应加大积极财政政策的实施力度，适当扩大赤字规模，继续把结构性减税作为实施积极财政政策的重心，进一步加大结构性减税的力度，扩大“营改增”的实施地区和实施范围，适当降低增值税的标准税率，使结构性减税在稳增长、调结构中发挥更积极的效应。此外，应积极推动技术创新与制度创新，提高全要素生产率和长期增长潜力。

（一）稳定投资增长，优化投资结构

近十年来，我国经济增长的一个显著特点，就是在全球化不断发展的世界经济中，快速地集中并利用土地和劳动力资源，有效地形成和积累交通、城市基础设施、厂房、设备等社会和产业资本，推动经济高速增长，从而形成了以投资和出口为主导的经济增长模式。从三大需求的构成来看，我国的投资率（按照支出法计算的资本形成占 GDP 的份额）呈现逐渐提高的态势，根据国家统计局公布的数据，2003 年以来，我国投资率连续 9 年超过 40% 的水平，2011 年达到 48.3%，显著高于世界主要发达国家和发展中国家的平均投资率。随着工业的转型升级，城镇化和农业现代化进程的进一步推进，我国的高投资率现象还将持续一个时期。

在当前国际经济低迷和出口低速增长时期，除了要采取进一步的措施大力扩大消费需求之外，还要在防止过剩产能进一步扩张的前提下，把稳定投资增长作为短期稳定经济增长，防止经济增速进一步下滑的最有效、最直接的措施。在稳定投资的过程中，必须比以往更加关注投资结构的优化，防止造成不必要的浪费。

1. 加大对企业技术改造的投资规模

企业技术改造具有用地少、投资省、见效快、效益好的特点。我国工业正处在由大到强转变的重要时期，在国际金融危机深层次影响仍在显现、国内经济下行压力加大的情况下，企业技术改造应作为调整工业结构和促进转型升级的重要抓手。要及时采取有力的政策措施，鼓励和支持企业采用新技术、新工艺、新设备、新材料，对现有设施、工艺条件及生产服务等进行改造提升，增强创新能力和竞争能力，加快产业升级。这对于推进经济结构调整和经济发展方式转变、提高工业发展的质量和效益，对于促进合理投资、保持经济平稳较快发展，都具有重要意义。中央财政应安排更多资金以贴息方式支持重点行业加快实施技术改造，鼓励金融机构对技术改造项目提供多元化融资便利，支持企业采用融资租赁等方式开展技术改造，扩大企业技术改造直接融资规模。

2. 加大对民生事业的投资力度

国际经验表明，一个国家处于中等收入水平的时期往往是民生事业的加速发展期，如今我国正处于这一黄金发展期间。在当前外部环境复杂多变的情况下，必须牢牢把握扩大内需这一发展的战略基点，把保障和改善民生放在实施财政政策更加突出的位置。2013 年应继续调整优化财政支出结构，进一步加大民生支出，进一步提高其所占比例，保障人民群众特别是低收入群体的基本生活。虽然近两年我国农村居民人均纯收入增速快于城镇居民人均可支配收入增速，但高收入人群收入与低收入人群收入之间的差距还在继续拉大，这对于保持社会稳定极为不利。应继续加大对教育、社保、保障性住房、医疗等基本公共服务的投入，以实施重大民生工程为抓手，强化薄弱环节，多补社会事业“短板”。应制定和出台一些实质性的、有效的新措施、新政策，切实降低一些服务业，如医疗、教育等的准入门槛，合理引导民间资本和要素向有利于民生事业发展的方向流动。

3. 适当加大对重大交通和城市基础设施的投资力度

要发挥政府在基础设施建设中的重要作用，加大对基础设施建设的财政性资金支持，夯实经济发展基础。9 月初，国家发改委公布了批复的 25 个城轨规划和项目、13 个公路建设项目、10 个市政类项目、7 个港口和航道项目，预计总投资规模超过 1 万亿元。目前，不少地方政府相继提出了扩大投资的计划。2013 年在稳定投资增长的过程中，应适当增加赤字规模，适当增加中央财政对基础设施投资的支持力度。在管理好地方政府融资平台风险的条件下，银行应满足地方政府融资平台服务实体经济发展的合理资金需求。当前迫切需要加大投融资体制改革力度，引入灵活有效的投融资机制，以吸引民间资本向重大交通和城市基础设施项目投资。

4. 加大对普通商品住房的投资和建设力度

2010 年第四季度以来，我国出台了一系列房地产市场调控政策，从增加住房供给、抑制投机投资性需求两个方向着力。2011 年伊始，政府推出了差别化的住房信贷政策，实行限贷限购等措施，以强化调控效果，遏制房价上涨。"限购令"的推行，总体上遏制了房价的快速上涨。但房地产调控也导致房地产开发投资增速显著下降。2010 年，全国房地产开发投资增长 33.2%，其中商品住宅投资增长 32.9%；2011 年，相应数据分别为 27.9% 和 30.2%；2012 年前三季度，全国房地产开发投资同比增长仅为 15.4%，其中住宅投资增长 10.5%。如果房地产投资增速继续回落，必将对稳定经济增长造成不利影响。2012 年以来，受首套房贷政策有所放松以及刚性需求释放等因素影响，房地产交易增速逐渐回升，全国房地产交易市场总体呈现探底回升的走势。7、8、9 月，全国房地产开发投资增速分别为 15.4%、15.6% 和 15.4%，初步显现了触底企稳的迹象，但仍存在下滑的风险。未来一个时期，要加大普通商品住房的投资和建设力度，特别是中小套型住房建设，抓好保障性安居工程建设，满足居民合理的自住性住房需求；加大普通商品住房和各类保障性住房用地供应力度，优化供地结构，促进房地产投资恢复平稳较快增长的态势；促进建立商品房和保障性住房协调发展的住房体系，加快建立健全房地产市场调控的长效机制和政策体系。

（二）扩大结构性减税力度，适当降低增值税标准税率

2012 年，中央采取了以结构性减税为重心的积极财政政策。营业税改增值税是此次结构性减税工作中的重要内容，这是自 1994 年实行分税制以来又一项具有重大意义的税制改革。从理论上讲，"营改增"有利于避免重复征税，降低企业税负，增强企业发展潜力。在国际金融危机和欧债危机影响持

续，全球经济回升前景仍可能一波三折，国内传统制造业产能过剩的情况下，采取此项政策对于促进小微企业和服务业的发展、拓展发展空间是十分必要的。当前和今后一个时期，应进一步加大结构性减税的力度，扩大“营改增”的实施地区和实施范围，适当降低增值税的标准税率，使结构性减税在稳增长、调结构中发挥更积极的效应。

在实施结构性减税的过程中，需要积极推进财政体制改革，对中央与地方共享税的分成比例以及转移支付政策等作出及时的调整，促进地方政府的财权与其事权相匹配。

1. 进一步扩大“营改增”实施的地区范围

继上海成为首批试点地区后，目前北京、天津、江苏、浙江、安徽、福建、湖北、广东和厦门、深圳10个省（直辖市、计划单列市）已经获准成为“营改增”的试点地区。在认真总结试点地区经验教训的基础上，应尽快完善并有序地推广到全国实施。

2. 扩大“营改增”实施的行业范围

目前，试点行业主要涉及交通运输业及部分现代服务业。其中，交通运输业涉及陆路运输服务、水路运输服务、航空运输服务和管道运输服务；部分现代服务业涉及围绕制造业、文化产业、现代物流产业等提供技术性、知识性服务的业务活动，包括研发和技术服务、信息技术服务、文化创意服务、物流辅助服务、有形动产租赁服务、签证咨询服务。此项税改政策无疑有利于交通运输业、部分现代服务业及相关产业的快速发展。应尽快在更多的服务性行业实施“营改增”，以此促进服务业的发展。

3. 适当降低增值税标准税率

为了使结构性减税发挥更积极的效应，在“营改增”的同时，应适当降低增值税的标准税率，使其平均税负水平有实质性下降。增值税是中国第一大税种，降低增值税标准税率能更好地发挥结构性减税在促进经济增长中的作用。并且以增值税收入为税基的城建税、教育费附加、地方教育费附加等三项税费，也将随之减少。

4. 警惕过头税对结构性减税的抵消效应

在现行财政体制下，地方一些小税种和非税收入是支撑地方财政的重要来源，当地方财政遇到困难时，就会对地方小税种及非税收入超常加强征管，这是地方政府经常采用的手段，对此应有所警惕。特别要防止在年底前的几个月内出现超常加强财政收入征管的情况，防止将结构性减税的效应抵消掉，防止地方政府征收过头税。

（三）促进技术与制度创新，提高长期增长潜力

根据前面的预测，2012 年中国 GDP 增长率预计为 7.7% 左右，相较于国际金融危机之前平均 10% 左右的增长率，经济增长速度回落明显。面对发达经济体可能低速增长的国际环境以及新增劳动力将逐渐减少的国内情况，我国长期经济增长潜力下降导致中国经济增长速度放缓也是不争的事实。

当依靠出口和投资来促进中国经济增长变得困难时，通过促进技术创新与制度创新，提高全要素生产率和长期增长潜力就成为一种长短结合的政策选择。在决定长期经济增长的主要因素，即资本、就业和全要素生产率三个变量中，最根本的决定因素是全要素生产率。近年来，在我国发展重化工业的阶段，我国全要素生产率的提高对经济增长的贡献度较低，过去十年对经济增长的贡献度平均不足 30%。而美国由于进入后工业化阶段，70% 以上的经济增长靠的就是全要素生产率的提高。通过促进技术创新与制度创新来提高全要素生产率，对未来促进中国经济长期增长是十分重要的。

1. 加强人力资本和教育的投入，改善投入结构

教育和培训可以使简单劳动力变成复杂劳动力，提高劳动力素质从而提高劳动生产率。虽然中国实现了 9 年义务教育，实现了高等教育的大规模扩招，但是中国的教育投入占 GDP 的比重仍然是偏低的。2000 年中国财政性教育经费投入占 GDP 的比重仅为 2.6%，虽然最近 10 年这一比重有所上升，到 2010 年达到 3.66%，2012 年中国财政性教育经费投入占 GDP 的比重即使能够达到 1993 年就曾提出的 4% 的目标，但未来能否保持该比率仍有不小的难度。这一数值既低于全世界 4.9% 的平均水平，也低于欠发达国家 4.1% 的平均水平。正是由于教育投入的不足，在过去的一段时间里，虽然中国的教育实现了数量上的扩张，但是质量上却没有得到显著提升。此外，由于教育发展与市场需求出现了脱节的现象，很多大学生找工作十分困难，而一些需要高级技术工人的

用人单位却难以招聘到合适的人才，这又造成人力资源的极大浪费。因此，中国政府一方面应当扩大教育经费投入，提高投入效率，提高教育质量；另一方面还要改善投入结构，合理分配教育资源在义务教育、普通教育、高等教育和职业教育之间的配置，使得教育培训能够适应市场的需求，真正做到“人尽其才”。

2. 加强研发（R&D）投入，提高投入效率，促进技术创新

R&D 经费支出是科技发展和技术创新的财力保证，R&D 经费支出占 GDP 比重是目前国际通用的衡量科技活动规模、科技投入水平和科技创新能力高低的重要指标。科技创新是提高全要素生产率的重要途径之一，因此研发投入很大程度上决定了一个区域的经济增长潜力和科学发展的能力。“十一五”期间，中国逐步加大了 R&D 投入占 GDP 的比重，这一比重从 2006 年的 1.39% 增加到 2010 年的 1.76%。与发展中国家相比，这一比重应该说不算低，但是与美、日、欧等主要发达国家和地区 3% 的平均水平相比，仍然存在较大差距。在过去 30 多年时间里，中国可以利用自身的后发优势模仿和学习国外先进的技术和经验，从而实现技术水平的提高。尽管中国目前的技术发展与国际前沿水平仍有不小的差距，学习仍是一种重要的方式，但扩大 R&D 投入，提高研发投入效率，加强知识产权保护，仍是提升全要素生产率的重要途径。

3. 推动改革和制度创新

改革开放的头 30 年，中国由计划经济体制向市场经济体制改革，积极融入全球经济中，实现了经济持续高速增长。目前，中国迫切需要加快体制机制改革，特别是行政管理、财税、金融、价格、企业、收入分配等方面的改革，通过制度创新来提高经济效率，释放发展的潜力。

总之，面对发达经济体可能低速增长的国际环境以及新增劳动力将逐渐减少的国内情况，只有通过加快推动行政管理体制改革、财税金融体制改革、垄断行业改革和收入分配体制改革，推进城镇化进程和第三产业发展，加强研发和教育投入，推进技术创新和制造业的转型与升级，才能在较长一段时间内继续保持经济的平稳较快发展。

Analysis and Forecast of China's Economic Situation

—Report of Fall 2012

Project Group

Abstract: Based on the empirical analysis, the economic trend and the primal problems faced by China in 2012 and in 2013 are analyzed and forecasted. A forecast on the primary indicators for national economy from 2012 to 2013 is issued. An analysis on the macro-economic situation shows that, By the influence of the European debt crisis and the world economy slowdown, China's economic development faces many difficulties in 2012. China's Government adopts some political regulations to make the economy stable and bouncing back from the bottom. In 2013, the government should make great effort on the implementation of active fiscal policies, expand deficit scale appropriately, make the structural tax reduction as the most important part of active fiscal policies, promote technology innovation and system innovation, and improve the total factor productivity and long-term growth potential.

Key Words: Chinese Economy; Indicator Forecast; Policy and Suggestion

B.2
"中国经济形势分析与预测2012年秋季座谈会"综述

彭 战*

2012年10月12日，中国社会科学院经济学部与"中国经济形势分析与预测"课题组召开秋季座谈会，中国社会科学院副院长李扬、经济学部主任陈佳贵，以及来自中国社会科学院各相关研究所、国家有关部委局、各研究机构以及部分高校的专家学者出席座谈会，与会专家对2012年的经济形势以及2013年趋势展开讨论，发表各自的看法。会议由中国社会科学院数量经济与技术经济研究所李平所长主持，李雪松副所长代表课题组发布了中国社会科学院《中国经济形势分析与预测2012年秋季报告》。这是1990年课题组成立以来召开的第44次此类座谈会。

一 对当前经济形势及2013年经济走势的基本判断

随着世界经济持续走弱，2012年中国经济增长速度出现回调。预计全年增速7.7%左右，2000年以来首次"破八"，比上年回落接近2个百分点。截至2012年第三季度，中国经济各类经济数据总体平稳，呈现触底反弹态势。数据显示，前三季度的增长率分别是8.1%、7.6%、7.4%，降幅逐季收窄。三次产业中农业形势较好，粮食产量实现"九连增"，但第二、三产业有所回落；固定资产投资、国内市场销售数据显示内需保持较快增长，受发达国家经济复苏乏力的影响，前三季度，进出口总额同比增长6.2%，比上年同期少18.4个百分点，显示外需回落明显。财政收入增势平稳，与经

* 彭战，中国社会科学院数量经济与技术经济研究所。

济增长基本保持一致，逐步摆脱往年财政收入大幅超越 GDP 增长情形。各项民生支出速度增快，财政收支差额逐步缩小，财政收入和经济增长的关系处于最好的时期，有利于扩大需求；就业形势总体稳定，城乡居民收入继续较快增长；消费市场增长平稳、物价涨幅进一步回落，宏观调控由控物价转向稳增长。

GDP 数据从 2010 年第一季度的 12.1%（除 2010 年第四季度小幅回升外），几乎连续 10 个季度回落，引起各方广泛关注。通过对国际国内形势的研判，大多数专家均对 2013 年经济增长作乐观估计，2013 年增速有望超过 2012 年，重回 8% 以上。但也有专家认为，受国际经济环境恶劣程度加剧，特别是欧债危机等因素影响，2013 年宏观经济可能出现进一步下滑。

二 当前经济形势的特点

1. 整体表现平稳，GDP 持续下降

中国 GDP 增速从 2007 年的 14.2% 下降到 2012 年的 7.7% 左右，5 年几乎折半下降引起各方注意。专家认为，经济增速的回落符合转型期经济潜在增长率下降的一般规律，同时符合“十二五”制定的 7% 左右的增幅，也符合“稳增长、调结构、转方式”的政策调控目标，但形势的复杂可能造成降幅过快，同时不稳定性增强。对于未来一段时间经济增长的幅度，有专家认为可以保持 8% ~9% 的增长幅度；但专家普遍认为，“七上八下”即 7% ~8% 的 GDP 年增长速度将成为未来一个时期的常态。

2. 内需增长较快，外需显著回落

前三季度，内需对经济增长的贡献率达 105.5%，拉动经济增长 8.1 个百分点。内需结构不断优化。固定资产投资同比增长 20.5%，扣除价格因素实际增长 18.8%，比上半年提高 0.8 个百分点。农业、民生等领域投资快速增长，装备制造等行业投资增幅明显高于整体投资。消费升级加快，家电、汽车消费稳定增长，旅游文化市场更加活跃，网络购物等新型业态发展迅速。民间投资进一步活跃，占投资整体的比例达到 62%。进出口增速大幅回落。前三季度进出口同比增长 6.2%，比上年同期回落 18.4 个百分点。其中一般贸易、加工贸易出口均明显回落。但对外贸易结构继续改善，机电、高新技术等高附加值产品出口增长总体较快，对新兴市场国家贸易增长较快，民营企业贸易额所占比重继续提高，另外服务贸易发展好于货物贸易，运输、旅游等服务贸易发展较快。有专家认为，由于之前较高投资和消费的“透支”效应，房地产业（特别是居民住宅产业）发展总体思路不清，社会保障体系有待完善，居民消费环境有待改善等原因，固定资产投资增长速度回落到 20% 以内，显示内需增长乏力，扩张力度不足。

3. 物价涨幅平稳下降

作为衡量通货膨胀水平的重要指标之一——居民消费价格指数（CPI），自 2011 年 7 月达到本轮涨幅最高的 6.5% 之后，连续 14 个月维持回落趋势。房地产市场调控成效继续显现，投资投机性需求得到有效遏制，住房价格总体稳中有降，9 月份的数据显示 70 个大中城市新建商品住宅价格同比下降的城市个数达到 55 个。工业生产者价格前三季度同比下降 1.5%，上年同期为上涨 7%；工业生产者购进价格同比下降 1.5%，上年同期为上涨 10.4%。有专家从 GDP 平减、企业出厂价格和购入成本以及 CPI 的下降等角度进行分析，认为实体经济可能陷入通货紧缩状态。

三　2012 年及 2013 年主要国民经济指标预测

与会专家对 2012 年和 2013 年主要国民经济指标的预测结果见表 1。

表 1　2012～2013 年主要经济指标预测

单位：%

项　目	2012 年	2013 年
国内生产总值增长率	7.5～7.7	7.3～9.29
全社会固定资产投资实际增长率	17.1	17.0
社会消费品零售总额实际增长率	14.4	15.3
居民消费价格指数上涨率	2.7	3.0
城镇居民实际人均可支配收入增长率	9.5	9.0

续表

项　目	2012 年	2013 年
农村居民实际人均纯收入增长率	12.0	9.4
进口总额(亿美元)	18480	20210
进口增长率	6.0	9.3
出口总额(亿美元)	20480	22300
出口增长率	7.9	8.9
外贸顺差(亿美元)	2000	2090

四　当前经济运行中需要关注的问题

1. 经济增长速度的变化区间

专家表示，应该享受经济平稳增长所带来的诸多益处，“十二五”规划提出5年平均增长7%的目标，使我们可以面对7.5%左右的增速。有专家把经济调控政策比作调洗澡水，觉得凉的时候就是加热水，当时可能继续凉，当觉得合适的时候很快又烫了。当前宏观调控应该稳增长，防止经济增长进一步失速，在适度回落中逐步趋稳。专家认为，中国经济高速增长期已接近尾声。当前的发展特点决定了中国经济从高速（超过10%）到维持7%～8%的次高速，是许多专家的共识，当然按国际标准仍是高速。经济增长速度过高过快，使结构调整和转变经济发展方式很难取得实质性进展，也会使经济发展中的深层次矛盾更加尖锐，不利于经济长期可持续健康发展。

2. 劳动力结构与质量

近年来经济增长目标一直设定在8%左右，其中一个重要原因是8%的增长率可以吸收新增的就业人口，保证就业率。仅靠传统“三驾马车”拉动经济已经越来越困难，专家认为，未来的中国经济不能靠投资、靠外需、靠引进技术发展。调整产业结构需要靠消费、靠内需、靠创新发展，推进战略性新兴产业发展，加快服务业发展。这其中，创新成为未来经济发展的重要前提，中国向中等发达国家迈进，劳动力成本不断增加，传统制造业竞争力下滑。也有专家提出，放开相关政策对人口增长效果不明显，更不会调整人口结构，只有通过创新，不断提升产业结构，才能保持经济增长的可持续性，需要加强人力资本和教育的投入，改善投入结构，同时加强研发投入，提高投入效率，促进技术创新。

3. 短期政策与长期趋势

有专家认为，2012 年增长速度与中国改革开放 30 多年 10% 以上的高增长渐行渐远，增长减速已不属于周期性。有专家认为，过大的货币刺激可能推动“通货膨胀”，导致人民币贬值预期加强，资金外流加快，导致货币刺激政策失效。

未来经济走势不确定性加强，包括世界经济增长重要引擎的新兴经济体增长速度出现明显回落。未来几年 GDP 继续加速上升的空间不大，应使各方对经济增长速度有一个合理预期。同时不要对短期增速的放缓急于调整，尽力在中长期政策中寻找短期解决方案，有专家提出中长期主要是结构性改革，包括削减政府规模、国有企业战略性调整、放松管制等。

五　关于 2013 年宏观经济工作的政策建议

1. 稳定投资增长，优化投资结构

专家认为，既然无法靠提高消费来实现消费增长率高于固定资产投资增长率的目标，可以让固定资产投资增长率适当降一降。加大对企业技术改造的投资规模，改善小微企业融资难的问题，加大对民生事业的投资力度，适当加大对重大交通和城市基础设施的投资力度。加大对普通商品住房的投资和建设力度。继续创造条件，深化金融结构特别是金融机构改革，加强资本市场建设。

2. 扩大结构性减税力度，适当降低增值税标准税率

进一步扩大“营改增”实施的地区范围和行业范围，可以通过对个体户和小微企业的结构性减税，提高个人所得税起征点，提高最低生活保障费标准，完善收入分配机制等措施，提高居民收入，增加居民消费能力。同时适当降低增值税标准税率。专家认为，“营改增”应当伴之以“降率”，以防范财政收入风险，保障税收收入体系的均衡布局。在现行财政体制下，地方一些小税种和非税收入是支撑地方财政的重要来源，当地方财政遇到困难时，通过对地方小税种及非税收入的超常加强征管来增加财政收入，是地方政府经常采用的手段，应警惕过头税对结构性减税的抵消效应。

3. 促进技术与制度创新，提高长期增长潜力

加大对人力资本和教育的投入，改善投入结构。加大研发投入，提高投入效率，促进技术创新，有专家提出，面对全球重新布局的再平衡，中国需要自我平衡，即调整需求结构、通过创新提高产业竞争力，需求调整有赖于收入分配，而竞争力提升需要政府减税、最终需求补贴激励等多种方式才能激励创新和效率提升，当前直接面临的就是减速导致通缩的挑战。推动行政管理体制改革，推进财政、金融制度创新与改革，提高公民对各级政府财政收支的监督与约束能力，使财政进一步从计划经济的生产建设财政转向市场经济的公共财政。

总体来说，2013 年要把短期调控的政策措施和长期发展规划结合起来，在稳增长的同时，更加突出强调经济发展方式的转变、经济结构的战略性调整和经济增长质量的提升；通过加强经济社会发展的薄弱环节建设、提高社会保障水平等，进一步提高可持续发展能力。

经济增长与产业发展篇

Economic Growth and Industry Development

B.3

当前与未来中期中国经济走势分析

刘树成*

摘　要：

本文首先分析了2012年中国经济走势出现的新情况，即经济增速进一步超预期回落。在此基础上，本文着重探讨了当前与未来中期（五年左右）中国经济走势的三个问题：潜在经济增长率下移过程中，其基本底线如何把握，或其上下限是否都要同时下移；潜在经济增长率的下移过程是否可以平滑化；潜在经济增长率下移过程中，经济波动的轨迹将会怎样。本文提出，未来五年内我国潜在经济增长率可以把握在8%～9%的区间。

关键词：

中国经济　经济走势　潜在经济增长率

一　2012年中国经济走势的新情况

进入2012年以来，我国宏观经济运行又出现了新情况，经济下行压力加

* 刘树成，中国社会科学院学部委员、经济学部副主任。

大，经济增速进一步回落，呈现比社会预期更为明显的放缓。

首先，从 GDP 季度同比增长率来看。在成功应对严重的国际金融危机冲击中，2010 年第一季度我国 GDP 增长率回升到高峰，为 11.9%（见图 1 中的虚圆圈）。随后，逐步下滑。在 2010 年第三季度至 2011 年第四季度间，曾有 6 个季度 GDP 增长率回稳在 9% 左右。但进入 2012 年后，又进一步回落，第一季度降为 8.1%，第二季度跌破 8%，降到 7.6%（上半年为 7.8%），这是自 2009 年第二季度我国经济增长率在应对国际金融危机冲击中回升以来，13 个季度中的最低增幅。

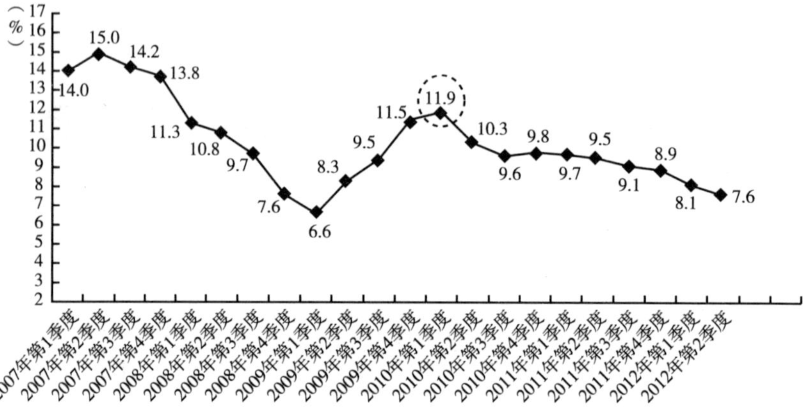

图 1　中国 GDP 季度同比增长率（2007 年第一季度至 2012 年第二季度）

其次，从我国规模以上工业增加值月同比增长率来看。在成功应对严重的国际金融危机冲击中，2010 年 1～2 月份我国工业增加值增长率回升到高峰，为 20.7%（见图 2 中的虚圆圈）。随后，逐步下滑。在 2010 年 6 月至 2011 年 12 月间，曾有 19 个月工业增加值增长率回稳在 13% 左右。但进入 2012 年后，又进一步回落，4 月至 8 月连续 5 个月跌破 10%，降到 8 月的 8.9%，这是自 2009 年 5 月我国工业增加值增长率在应对国际金融危机冲击中回升以来的最低增幅。

再次，从固定资产投资和房地产开发投资来看。固定资产投资（不含农户）月同比累计名义增长率，在应对严重的国际金融危机冲击中，2009 年 6 月上升到高峰，为 33.6%（见图 3）。至 2009 年 12 月，一直保持在 30% 略

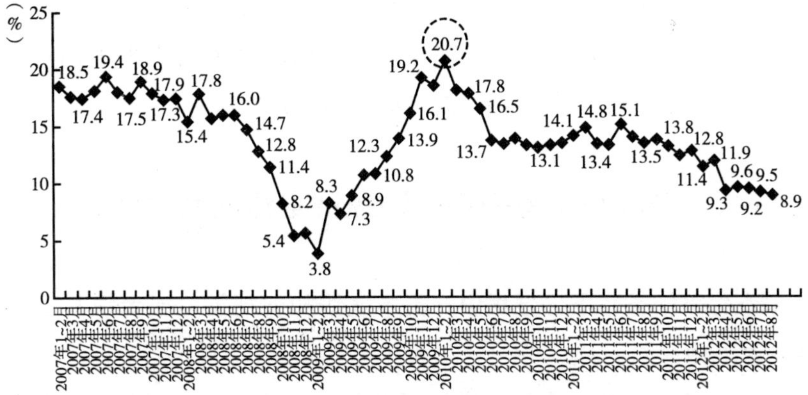

图 2　工业增加值月同比增长率（2007 年 1～2 月至 2012 年 8 月）

高。随后，从 2010 年 2 月至 2011 年 12 月，两年内，比较平稳降到 23%～26%。2012 年以来各月进一步降到 20% 左右。全国房地产开发投资月同比累计名义增长率，在应对国际金融危机冲击中，2010 年 5 月达到 38.2% 的高峰。随后下滑，至 2012 年 8 月，下滑到 15.6% 的低位。

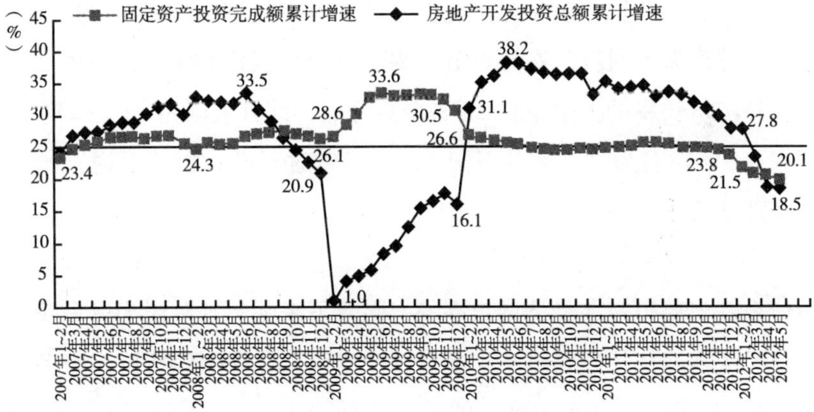

图 3　固定资产投资和房地产开发投资月同比累计名义增长率
（2007 年 2 月至 2012 年 8 月）

2012 年以来，我国经济增速的进一步回落是由多方面原因交织在一起造成的。有外部原因，外需低迷，出口不振，国际金融危机的深层次影响还在不断发酵。有国内原因，我国主动进行宏观调控的结果，主动转变经济发展方式、加快结构调整的结果；也有要素供给（资源、环境、劳动力等）约束强化，潜在经济增长率下移的原因。在这里，我们就当前与未来中期（2013～2017年五年）我国经济走势所涉及的一些问题进行探讨。

二　当前与未来中期中国经济走势的几个问题

1. 潜在经济增长率下移过程中，基本底线如何把握，或者说其上下限是否都要同时下移

改革开放30多年来，我国经济以近两位数高速增长，现在进入潜在经济增长率下移的新阶段。准确计算潜在经济增长率是一件很困难的事情，而且，在宏观调控实践中这也是一个经验把握问题。我们课题组曾根据我国1978～2009年GDP增长指数，利用HP趋势滤波法，计算得出滤波后的趋势增长率。计算表明，改革开放以来的30余年中，滤波后的趋势增长率大体处于8%～12%的区间内，即上限为12%，下限为8%。现在，当我们研究潜在经济增长率下移问题时，其上下限是否都要同时下移呢？

笔者认为，从我国当前实际情况出发，在潜在经济增长率下移过程中，其上下限的下移可以不对称。在最近五年内，在宏观调控的实际把握中，可以首先将潜在经济增长率的上限下移2～3个百分点，即其上限由12%降到10%以内，把握在9%左右为宜，而其下限8%则可暂时不动。也就是说，如果我们把潜在经济增长率作为一个区间来把握，未来五年内可以把握在8%～9%的区间。

为什么首先要把潜在经济增长率的上限降下来呢？这是因为过去我国的主要问题是经济增速往往容易过高。新中国成立以来，我国经济增长曾多次出现“大起大落”现象。“大起大落”的要害就是“大起”。因为经济增长速度过高、过急、过快的“大起”，也会很快产生“四高”问题，即高投入、高能耗、高污染、高通胀，很快造成对经济正常运行所需要的各种均衡关系的破坏，造成经济结构的恶化，由此导致随后的经济增长速度“大落”。经济增速过高，会造成宏观经济效率损失。实践表明，在我国，经济增长率冲出10%，就会使经济运行出现偏快或过热的状况从而难以为继。现在，从人口年龄结构变化、人口红利逐渐减少的因素出发，从资源、能源、环境等约束不断强化的因素出发，潜在经济增长率的上限首先应该降下来。

为什么潜在经济增长率的下限8%可以暂时不动呢？改革开放以来30多年的近两位数的高速增长已难以持续，但从我国目前的经济发展阶段看，在现实经济运行中，经济增长率8%应该是一个基本底线。如果低于8%，经济运行也会遇到一系列问题和各种困难而难以持续。其一，经济增速偏低，会影响企业的宏观经营环境。较低的经济增速，从需求面反映出市场需求疲软，影响企业正常的生产和销售，使生产能力和各种资源不能被充分利用，企业利润下滑，设备投资下降，并进而影响就业的扩大。其二，会影响国家财政收入。财政收入若大幅下降，则需要财政支持的经济结构调整、经济发展方式转变、各项社会事业的发展、社会保障的扩大，都会遇到困难。其三，会给居民收入增长和人民生活带来困难。经济发展和增长是提高与改善人民生活的物质基础。经济“蛋糕”做大了，不一定就能分好；但如果没有“蛋糕”的适度做大，也就更难去分好“蛋糕”。其四，市场上容易产生悲观预期，不利于市场信心的稳定。所以，经济增速偏低，也会恶化经济结构，也会造成宏观经济效率损失。实践表明，在我国当前，经济增长率一旦低于8%，就会呈现各种问题。如2008年第四季度和2009年第一季度，在国际金融危机冲击之下，我国GDP增长率分别下降到7.6%和6.6%，给企业生产和就业带来严重困难，使全国财政收入出现负增长。再如2012年第二季度，GDP增长率降到7.6%，各方面也立即感到或逐步感到经济下行的压力。首先，企业生产和经营困难，利润下降。2012年1~7月，全国规模以上工业企业实现利润同比下降2.7%，7月当月同比下降5.4%。其次，国家财政收入的增速明显下降。1~8月，全国财政收入同比增长10.8%，比上年同期下降20.1个百分点。6月、7月、8月全国财政收入连续三个月单月增幅跌破10%，分别为9.8%、8.2%、4.2%。特别是8月，中央财政收入同比下降6.7%，是年内首次负增长。再者，对就业的影响已逐步显现。2012年8月，中国制造业采购经理指数（PMI）为49.2%，低于50%的经济运行强弱分界点，是2011年11月以来9个月中的新低，也是9个月来首次跌破荣枯线；其中，从业人员指数降为49.1%，从5月以来已连续4个月下降。

总的来看，在我国目前经济发展阶段，经济增速太高，如冲出10%，会恶化经济结构，造成宏观经济效率损失，不利于转变经济发展方式，难以持续；而增速偏低，如低于8%，也会恶化经济结构，造成宏观经济效率损失，不利于转变经济发展方式，难以持续。因此，应保持适度的经济增速。

2. 潜在经济增长率的下移过程是否可以平滑化

潜在经济增长率的下移是一个大幅度的突变过程，还是一个可以逐步渐进的过程呢？有学者提出，从国际经验看，二战后成功追赶型国家在高速增长期之后，经济增长率下台阶时，都是大幅下降30%～40%。我国将在2015年左右，潜在经济增长率由过去10%的高速降到6%～7%的中速，降幅亦为30%～40%，下了一个较大台阶。

然而，我们仔细研究国际经验可以看到，不同国家因其地域大小不同、人口多少不同、资源禀赋不同、国内外环境条件不同等，潜在经济增长率的下移可表现为以下三种不同的情况。

第一种情况，有的国家表现为突变过程。如日本，20世纪70年代中期开始，经济增长率由原来的年均9%以上，猛降为4%左右。

第二种情况，有的国家表现为相对平稳的渐进过程。如韩国，经济增长率由20世纪60～70年代的年均9%左右，降到20世纪80～90年代中期的8%左右，再降到20世纪90年代后期的4%左右。

第三种情况，有的国家潜在经济增长率下移后，在一定时期内随着科技发展等因素的推动，还可能重新上移。如美国，20世纪90年代由信息技术革命推动了潜在经济增长率的上移。

在现实经济生活中，对潜在经济增长率的下移，社会各方面（政府、企业、居民个人等）都要有一个适应的过程。如果经济增长率过快、过急地下落，有可能引起经济和社会的震荡。为了避免引起大的震荡，宏观调控应力求使经济增长率下移成为一个逐步渐进的过程，也就是使潜在经济增长率的下移平滑化。比如，先由“高速”（10%）降到“中高速”（8%～9%），再降到“中速”（7%～8%），再降到“中低速”（6%～7%），然后降到“低速”（5%以下），分阶段地进行。我国是一个地域辽阔、人口众多的国家，国内需求的回旋余地较大，工业化、城镇化的纵深发展有一个逐步推移的过程，人口红利的下降也有一个渐进的过程，应该说，我们有条件使潜在经济增长率的下移平滑化。特别是我国地域辽阔、人口众多，各地区发展水平差异较大，这就为我国经济在未来一个时期内保持一定较快增长提供了较大空间。从各地区人均收入水平差异来看，2011 年，在全国 31 个省、直辖市、自治区中，以人均 GDP 水平，可以分为以下四类地区。

第一类地区，人均 GDP 超过 12400 美元，有 3 个地区：天津、上海、北京，全都为东部地区。

第二类地区，人均 GDP 近 6000 美元（也就是高于全国平均水平 5432 美元）至 9500 美元，有 8 个地区：主要是东部地区 6 个（江苏、浙江、辽宁、广东、山东、福建），西部地区 1 个（内蒙古），中部地区 1 个（吉林）。

第三类地区，人均 GDP 在 4000 美元至 5300 美元之间，有 14 个地区：主要是中、西部地区，中部地区 6 个（湖北、黑龙江、山西、湖南、河南、江西），西部地区 6 个（重庆、陕西、宁夏、新疆、青海、四川），还有东部地区 2 个（河北、海南）。

第四类地区，人均 GDP 不足 4000 美元，有 6 个地区：除中部地区 1 个（安徽）之外，主要是西部地区 5 个（广西、西藏、甘肃、云南、贵州）。

按照世界银行 2011 年对不同经济体人均国民总收入的分组标准，12476 美元及以上为高收入经济体，4036～12475 美元为上中等经济体，1026～4035 美元为下中等经济体，1025 美元及以下为低收入经济体。大体参照这个标准，我国第一类地区已接近或基本达到高收入水平，第二类和第三类地区大体处于上中等水平，第四类地区大体处于下中等水平。我国东部沿海的一些地区（第一类地区和第二类部分地区），随着其人均收入水平的提高，经济增速已逐步下降，而中西部地区（主要是第三、四类地区），人均收入水平提高的空间还很大，经济发展还处于较快增长阶段。全国总体上看，虽然潜在经济增长率要下降，但未来发展的空间还很大，这有利于潜在经济增长率下移过程中的平滑化。

3. 潜在经济增长率下移过程中，经济波动的轨迹将会怎样

在潜在经济增长率下移过程中，经济增速的波动态势将会怎样，是不是经济增速一年比一年低呢？笔者认为，在潜在经济增长率下移过程中，就年度经济增长率来说，并不一定是直线下落的，年度间仍会有高低起伏波动。在未来一个时期内，鉴于国内外经济环境的变化，特别是鉴于我国长期以来宏观调控的经验和教训，我们应该力求使我国经济波动走出一种锯齿形缓升缓降的新轨迹，即一两年微幅回升、一两年微幅回落、又一两年微幅回升，使经济在潜在经济增长率的适度区间内保持较长时间的平稳运行和轻微的上下起伏波动，这既不是简单的大落又大起的“V”形或“U”形轨迹，也不是大落之后很长时间内恢复不起来的“L”形轨迹。具体说，在我国GDP增长率2010年为10.4%之后，2011年回落到9.3%，2012年预计进一步回落至7.8%左右，而2013年有可能比2012年略高，小幅回升至8.2%左右。如果2013年回升力度适度而不过高，那么，2014年仍有可能继续小幅上升。

之所以预计2013年GDP增长率有可能比2012年略高，是从中期内经济波动、物价变动与宏观调控三者之间相互关系出发得出的结论。近几年来，这三者之间相互关系的变化，也通过宏观调控侧重点变化的“四部曲”反映出来，即由“双防”到“保增长”，再到“稳物价”，又到“稳增长”。

“双防”。2007年，我国经济运行偏快，GDP增长率高达14.2%，物价开始逐月攀升，由2007年1月2.2%，一路攀升到12月6.5%和2008年2月8.7%的高峰。物价有冲出10%的危险。在这种形势下，2007年12月初召开的中央经济工作会议提出了“双防”，即要把防止经济增长由偏快转为过热、防止价格由结构性上涨演变为明显通货膨胀作为宏观调控的首要任务。在“双防”任务下，继续实行稳健的财政政策，而稳健的货币政策则转向较为严厉的从紧的货币政策。

“保增长”。随着上述宏观调控政策的趋紧，加之2008年9月袭来的严重国际金融危机的冲击，工业生产迅速下滑，由2008年3月17.8%猛降到2009年1~2月3.8%的低谷（规模以上工业增加值月同比增长率1~2月累计计算，下同）。与此同时，物价迅速下降，由2008年2月8.7%的高峰猛降到2009年2月的-1.6%。为了应对国际金融危机的冲击，迅速扭转经济增速明显下滑趋势，宏观调控的侧重点转向“保增长”。宏观调控两大政策都转换了方向。财政政策由“稳健”转为“积极”，货币政策由“从紧”转为“适度宽松”。由此强劲带动了经济的回升，全国规模以上工业增加值月同比增长率由 2009 年 1 ~ 2 月 3.8% 的低谷迅速回升到 2010 年 1 ~ 2 月 20.7% 的高峰。这期间，2009 年各月，物价按其自身惯性，继续在低位运行，有 9 个月处于负上涨。

“稳物价”。2009 年货币信贷超常增长和经济迅速回升，滞后反应是 2010 年物价开始新一轮逐月攀升，连续破三、破四、破五，到 2010 年 11 月攀升至 5.1% 的新高。在此背景下，2010 年 12 月召开的中央经济工作会议提出“把稳定价格总水平放在更加突出的位置”。财政政策继续保持“积极”，而货币政策转为“稳健”。在“稳物价”的努力下，2011 年 7 月物价涨幅攀升到 6.5% 的峰值后，又逐月回落下来。伴随物价涨幅的回落，经济增速亦在回落。

“稳增长”。在货币信贷趋紧的形势下，进入 2012 年，物价涨幅继续回落，加之外需不振，经济增速进一步超预期回落。2012 年 5 月，中央提出宏观调控要“把稳增长放在更加重要的位置”。一系列相关措施出台，扩大内需，促进消费，鼓励投资，推进“十二五”规划项目的实施，结构性减税，降低存款准备金率，下调存贷款利率等。与 2008 ~2010 年的“一揽子”刺激计划相比，这次的刺激力度不需要那么大。如果国内外经济环境不发生重大的意外冲击，2012 年第二、三季度工业生产和 GDP 增长率可筑底，第四季度有望进入小幅回升通道，2013 年经济增速有望略高于 2012 年。

参考文献

陈佳贵、李扬主编《经济蓝皮书：2012 年中国经济形势分析与预测》，社会科学文献出版社，2011。

陈佳贵、李扬主编《经济蓝皮书春季号：中国经济前景分析——2012 年春季报告》，社会科学文献出版社，2012。

刘树成：《新中国经济增长 60 年曲线的回顾与展望——兼论新一轮经济周期》，《经济学动态》2009 年第 10 期。

刘树成：《不可忽视 GDP——当前中国经济走势分析》，《经济学动态》2012 年第 7 期。

中国社会科学院经济研究所宏观经济调控课题组（执笔：张晓晶、汤铎铎、刘树成）：《宏观调控目标的“十一五”分析与“十二五”展望》，《经济研究》2010 年第 2 期。

An Analysis of China's Economic Situation at the Present Time and in the Medium-term Future

Liu Shucheng

Abstract: This paper first makes an analysis of the new phenomenon in China's economic situation in 2012, i. e. the unexpected further falling of economic growth rate. Based on that, this paper mainly investigates three issues regarding China's economic situation at the present time and in the medium-term future (five years or so). Firstly, what will be the base line like during the process of the downward movement of potential economic growth rate and whether the top and bottom line will both move downward. Secondly, whether the process of the downward movement of potential economic growth rate will advance in a smooth manner. Thirdly, what will the track of economic fluctuation looks like during the process of the downward movement of potential economic growth rate. This paper holds the view that China's potential economic growth rate may fall in the range of 8%-9% in the future five years.

Key Words: China's Economy; Economic Situation; Potential Economic Growth Rate

B.4

中国经济潜在增长率下降与通缩风险

张平 苏治*

摘 要：

中国经济潜在增长率将逐步从原有的8%～10%最优增长区间向下调整到“十二五”的7%～9%区间，“十三五”期间仍将继续下调。今年以来，随着中国经济增长的减速，生产者价格出现连续的负增长，制造业进入“通缩”状态，而基于实体经济、货币信用、资本市场和负债表四个角度的分析，表明实体经济当前已经陷入了通缩过程中。应对经济潜在增长率下降以及当前面临的通缩风险，本文建议：短期内应积极推出中国版的资产购买，并运用货币政策工具有效降低实际资金成本；长期内需要推进以市场化改革为核心的结构性改革。

关键词：

潜在增长率 通缩 资产购买

一 2012～2013年中国经济走势

2012年第三季度经济增长7.3%，经济增长惯性下滑趋势会趋缓，第四季度经济增长需要加大政策激励才能达到7.5%的增长水平，当前看不到明显复苏的迹象，预计2012年全年GDP的增速为7.6%，消费物价指数（CPI）为2.6%，生产者出厂价格指数（PPI）与生产者原材料采购指数（RPI）连续6个月负值，制造业利润持续负增长，实体经济已经进入通缩状态。2013年全球经济受到欧债危机和美国财政悬崖的影响，经济不确定性加大，中国经济增

* 张平，中国社会科学院经济研究所，研究员；苏治，中央财经大学统计学院，副教授。

长速度预计会继续回落，有可能低于2012年，预计为7.4%，CPI回落到2.1%的水平，而PPI、RPI等与生产相关的价格指数继续为负，GDP平减指数会连续两年为负，实体经济通缩情形会加剧。

中国21世纪头十年年均增长10.5%，2011~2015年在国际经济持续低迷的情况下，可预期的年均增长保持在8%以上就非常出色，按大多数学者和机构依据潜在增长率核算框架计算的结果，一致预期到2016年后潜在增长率会继续下移，可以预计2011~2020年中国经济增长速度会明显低于2001~2010年2个百分点以上。2007年中国经济增长达到了顶峰14.2%，而后通过反危机政策2010年重新回到了两位数，并付出了通货膨胀和地产价格大幅攀升的代价。从中国发达地区上海、北京、广东、浙江看，经济下滑趋势更为明显，这些地区的经济增长在2007年前都比全国经济增长快，2007年增长速度都超过了15%，而2012年这些发达地区经济增长都比2007年折半，只有7.5%以下的水平，如果没有找到新的发展动力，依据区域发展的趋势判断，中国经济潜在增长下降不可避免。中国潜在增长的水平逐步从原有的8%~10%最优增长区间会向下调整到“十二五”的7%~9%区间，“十三五”仍将继续下调。

从物价形势看，上半年CPI同比增长3.2%，7月份CPI同比增长1.8%，为30个月以来新低，8月份物价略有反弹，达到2%，9月份价格再次回落到2%以内，可预计2012年第四季度通胀的翘尾压力将继续下行，第四季度低于第三季度仍在2%以下，全年物价2.6%。今年物价下降会导致明年物价翘尾因素进一步下降，2013年通货膨胀水平预计达到2.1%。随着中国经济增长的减速，生产者价格指数（PPI）、原材料采购价格指数（RPI）3月份开始负增长，而且近来有逐月加速负增长迹象，7月份PPI达到-2.87%，8月份PPI扩大到-3.5%，RPI扩大到-4.1%，企业去库存，去产能，制造业进入“通缩”状态。可以预计2013年经济增长率将低于2012年，经济增长保持在7.4%的水平，物价保持在2.1%的水平，GDP平减指数依然为负，中国经济通缩风险会不断加大。

PMI和工业增加值处于收缩阶段。9月份中国汇丰PMI为47.9（见图1），连续11个月在枯荣线以下，中采PMI 9月为49.7，连续两个月低于枯荣线，而服务业指数下降明显。中国8月工业增加值增长率为8.9%，9月预计仍在

9%以下，PMI先行指标表明中国经济并没有见底回升。从工业增加值看，一般认为工业增加值同比增速在10%以上经济健康，21世纪以来在10%以下的月份一般不超过4个月，而今年进入第二季度后，一直持续在10%以下，近来又低于9%，工业制造业的增速水平下调也是不可避免的。中国工业增长的实际速度仍有很多值得争论的地方，一是从工业主要产成品来计算的工业增加值增速可能只有6%左右；二是从发电量、货运量、石油消耗等投入看工业增长也应低于8%的水平，且仍处在下滑趋势中；三是从最为敏感的价值指标利润和税收看，都出现了负增长，8、9月份工业企业利润和税收双双负增长，而且都在逐月扩大，尽管这些指标都有一定局限性和季节特征，但都指向中国制造业的衰退。当前制造业的核心问题是产能过剩、企业缺少竞争力，附加价值低，生产率难以提升，中国经济实体进入一个收缩过程，去库存、去产能仍将继续。

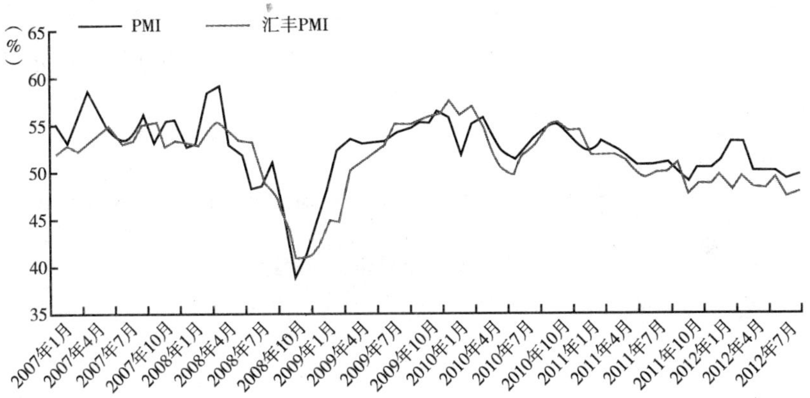

图1　中国PMI

资料来源：Wind。

从经济增长的动力看：一是投资处于高位。1～8月城镇固定资产投资累计同比增长20.2%，仅比上年同期低4.8个百分点，考虑到PPI为-3.5%、RPI为-4.1%，实际投资没有下降，仍处在与上年相同的高位，只是住宅投资累计同比增长大幅回落。工业增加值累计同比增速、固定资产投资累计同比增速、房地产固定资产投资累计同比增速分别见图2、图3、图4。

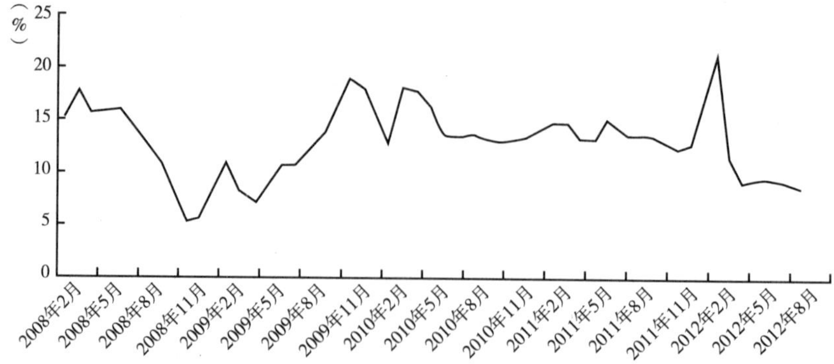

图 2　工业增加值累计同比

资料来源：Wind。

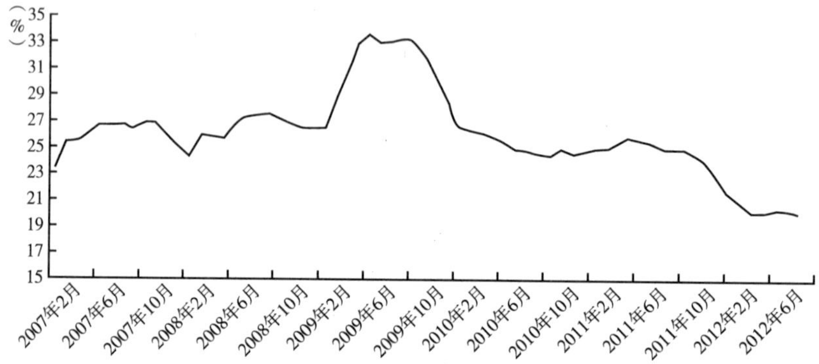

图 3　固定资产投资累计同比

资料来源：Wind。

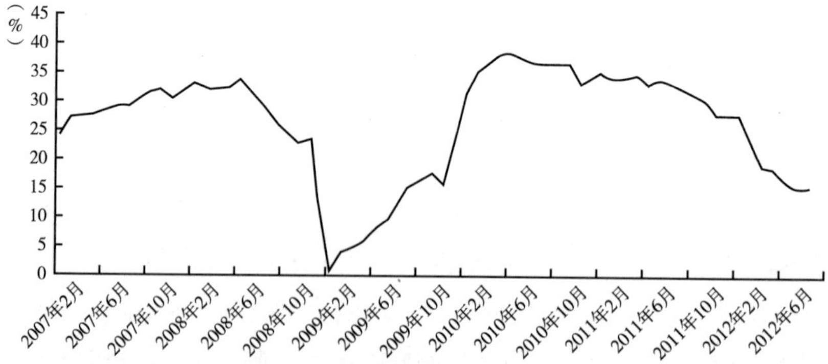

图 4　房地产固定资产投资累计同比

资料来源：Wind。

从中央和地方项目来看，1～8 月中央项目累计同比已转为正增长 0.2%，比上年同期上升 9.1 个百分点；地方项目 1～8 月增长 21.6%，比上年同期下降 6.5 个百分点。明显的趋势是中央项目自 2011 年 6 月至 2012 年 7 月累计同比一直为负增长，但 8 月份中央项目投资累计同比已转为正增长，表明中央政府为稳增长已经推出不少项目；地方项目累计同比涨幅仍保持从上年 5 月份以来的平稳回落态势。另外，1～8 月新建项目投资累计同比增长 23.6%，比上年同期增幅低 4.5 个百分点。

企业家信心指数在 2012 年第二季度从 123 点下降到 121.2 点，达到两年半以来的新低，企业家和投资者面向未来的长期投资意愿明显减弱。投资决策具有面向未来的特征，对未来的投资前景的预期和判断是决定长期投资的最关键因素。实际投资增速下降和长期投资意愿疲弱，说明企业家们对中国经济未来的增长前景和走势信心不足，比较悲观。

二是实际消费下降。2012 年 7 月份和 8 月份社会消费品零售总额分别增长 13.1% 和 13.2%，比上年同期分别低 4.1 个和 3.8 个百分点，同期 CPI 上涨，实际消费水平下降。随着住房销售回暖，家电、装修等消费有所回升。消费是收入的函数，若就业和收入预期不佳，就会直接对当前消费产生抑制作用。

三是进出口趋向平衡。2012 年 1～8 月，全国进出口总值为 24976.2 亿美元，同比增长 6.2%，顺差为 1206.1 亿美元。进出口趋向平衡，净出口对 GDP 的带动非常微弱，中国当前的出口竞争力下降是明显的，主要表现为主要出口地的市场份额下降。受到全球经济危机的冲击，净出口带动已经越来越难，逐步趋向外贸平衡。2013 年欧洲债务危机继续威胁全球经济，而美国财政悬崖会直接收缩美国的经济，2013 年上半年全球都会面对经济增长减缓的压力，出口形势更为不乐观，如不能提升自身的产品竞争力，中国出口会面临更大的挑战。

二　中国潜在增长率下降

中国 GDP 增速从 2007 年的 14.2% 下降到 2012 年的 7.7%，几乎折半下降。2008～2009年在4万亿带动下，经济增长回升2010年10.4%的两位数增长一年，2011年后重新陷入二次减速，预计2012年增长7.6%，2013年难超8%，这一增长速度与中国改革开放30年的两位数的高增长渐行渐远，中国经济增长减速已经不是周期性的，经济的潜在增长率下降，它引起的通缩风险在不断加大。

我国经济放缓的短期和长期决定因素有很多，短期因素有最终消费需求增长乏力，出口导向受阻，企业、政府、银行和房地产行业“去杠杆化”，政府干预和宏观经济政策边际效率已经显著下降。经济放缓的长期决定因素有人口转变和城市化速度逐步趋缓；创新不足和资本－产出比率长期下降；产业结构服务化和全球再平衡的持续都导致了潜在增长率的下降。这方面的研究论著很多，近年的文献，世界银行（World Bank，2012）预计2016～2020年增长降至7%，2021～2025年降低到5.9%；刘世锦与张军扩等（2011）运用不同方法进行估计，认为中国经济潜在增长率很有可能在2015年前后降至6.5%～7.3%；蔡昉与陆旸（2012）认为中国GDP潜在增长率将逐渐降至2011～2015年的7.19%、2016～2020年的6.08%。中国社科院经济所增长前沿课题组（简称前沿课题）提出了潜在增长率下降的因素，并预测2011～2015年增长率为7.8%～8.7%，2016～2020年降到5.7%～6.6%（前沿课题，2012），未来经济增长的稳定政策要以潜在增长率下降作为新的政策基准（张平，2011）。

按全球经济增长减速标准看（巴里·艾肯伯格等），以某年增长为基准年，前7年增长均值和后7年增长均值相差2个百分点，则称为减速，中国以2007年为基准年，前7年（2001～2007年）年均增长10.8%，可预计后7年（2008～2014年）GDP增速已经减到9%以下了，中国潜在增长率下降实际上始于2008年。当时仅仅认为这是一次外部冲击，2009年的强政策刺激直接稳增长，经济增长2010年刚上两位数，就出现了5%以上的通货膨胀，说明实际潜在增长率已经下降，我们把2008～2010年特殊的“危机—反危机”作为过渡期，可预计2011～2017年潜在增长速度将会放缓到8%以下，比2001～2007年下降3个百分点，经济减速特征会更为明显。从中国的地区看，东部发达地区经济增长减速更为明显，北京、上海、广东、浙江2012年预计增长在7.5%以下，而且不可能再靠大规模投资、卖地和低价劳动力获得新增长动力，依据我们的计算，随着其他省份人均 GDP 的增长，城市化率不断提高，服务业比重提高，中国很多省份将伴随发达省份依次进入减速通道，中国整体经济从 21 世纪以来头 10 年的平均增长 10.5% 下降到 2011 ~2015 年约 8% 的水平，进入 2016 后增长区间会继续下调到 5.5% ~7.5% 的水平。从国际比较来看，潜在增长率下降有一定的趋势性规律，但各国并不相同，有些国家调整好了，会使潜在生产率回升，迎来新的繁荣，但大多数国家潜在增长率逐步下降，平稳化是关键。

中国经济当前面对的问题不是潜在增长率下降与否，而是如何应对潜在增长率下降可能带来的挑战，此前日本一直不承认潜在增长率下降，以致不断刺激经济形成泡沫，导致了更长期的衰退。我们现实直接要面对的就是三大问题：一是资源配置的行政化干预，扭曲了经济发展的方式，减弱了市场激励作用，投资回报率低，劳动生产效率不断下降，必然导致经济减速；二是应对通缩导致的宏观不稳定，经济增长率的降速直接导致了实体经济部门陷入通缩，随着实体部门的通缩，资产部门的收缩压力在不断加大。面对整体经济的收缩，如不能采取积极应对，会导致实体—信用—资产相互作用引起的经济大波动；三是面对全球再平衡的自我平衡，全球再平衡的基本经验告诉我们三条，即调整需求结构、创新提高产业竞争力和发展服务业，需求调整有赖于收入分配，而竞争力提升需要政府减税、最终需求补贴激励等多种方式才能激励创新和效率提升，当前直接面临的就是减速导致通缩的挑战。

2012 年以来，包括美联储、欧洲央行以及中国人民银行在内的全球各大央行采取以降息为主的积极货币政策，但观其效果并不明显：美国经济复苏仍不稳定；欧洲（含英国）则深受欧债危机之荼毒，长期衰退的趋势并未改变；日本依旧在与通缩对抗。发达经济体的企业和家庭部门由于自身资产负债表恶化带来的去杠杆化行为和“债务—通缩”持续。

中国经济正在逐步确认进入潜在增长率下降通道，通缩过程已经开始。当前第一个进入通缩的领域就是制造业，PPI 连续负增长，而且还有扩大的趋势，实体经济通缩已成必然，与之相配套的资产市场也在步入通缩，货币信用大量的投放被投资者悲观预期所冲抵，大大地降低了货币流通速度，如果不能扭转通缩预期，中国资产部门全面陷入“通缩”，资产价格缩水会直接引起“负债表式收缩”，导致宏观经济高度的不稳定。

三 实体经济陷入通货紧缩状态

衡量通货紧缩的指标主要包括 GDP 平减、企业出厂价格和购入成本，以及 CPI 的下降，很多学者从更广泛的领域讨论了通缩的问题，如早年讨论了生产部门价格和成本下降问题，后费雪延伸讨论到“债务—通缩”（费雪，2000）理论，近年来伯南克的“金融加速”理论探讨了信息不对称对企业预期的影响从而导致资本市场收缩（伯南克，2006），以及讨论日本的“资产负债表”衰退（辜朝明，2008）。中国学者在 1998 ~2000 年时集中探讨了通货紧缩的机制，特别是从实体经济角度入手，看如何向信用和资产部门传递，对通缩的危害的认识比较全面和深刻（北京大学中国经济研究中心宏观组，2000）。

1. 实体陷入通缩

从中国当前的数据看，工业生产者出厂价环比和同比不断下滑（见图 5），购入成本下降（见图 6），意味着原材料生产厂商生产也在收缩。从利润标准看，1 ~8 月工业企业利润下降 -3.1%，而 8 月份利润下降则扩大到 -6.2%，以价格、成本和利润标准看实体经济陷入通缩。

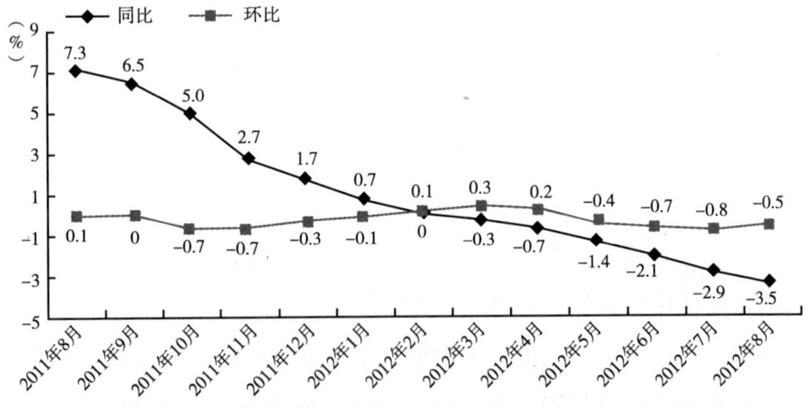

图 5 工业生产者出厂价格涨跌幅

资料来源：国家统计局。

中国企业负债水平 2010 年占 GDP 的比重超过了 105%（李扬等，2012），负债率居高不下，近几个月制造业的三角债，即应收账款以两位数快速增长，

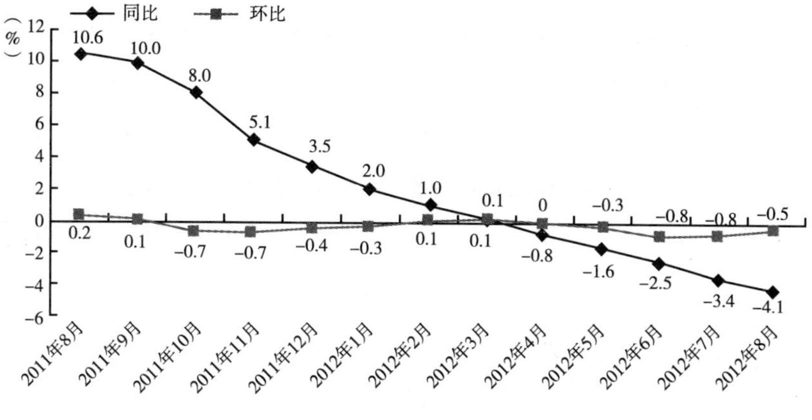

图 6　工业生产者购进价格涨跌幅

资料来源：国家统计局。

8 月份已经接近 8 万亿元的水平，债务压力在加大。与此相对应的是由于物价下降快，真实利率上升迅速，按 PPI 计算 2010 年到 2011 年第三季度都是负利率，而当前尽管年内已经降息两次，到 2012 年第三季度企业的真实利率高达近 10%，利润下降明显，财务负担严重，如果利润持续下降，物价下滑，很快就会传递到“债务”，即费雪效应就会出现。

在实体经济视角下通缩已现端倪，企业部门加速去库存带来工业品价格连续 6 个月负增长，而且会进一步下滑，工业企业利润率收缩，未来去库存后是去产能，因此实业部门通缩趋势明显，这是长期以来产能过剩的产物，实体经济的紧缩会引起就业的调整，失业率会逐步上升。

由于制造业企业对未来增长前景缺乏信心，投资预期下降，货币流通速度减慢，企业获得资金主要进行财务成本调整，而不用于投资，货币刺激效率明显下降。从国际资本流动看，中国资本外流也在不断加大，2012 年前三个季度净资本流出超过 3000 亿美元，NDF 预期贬值，总体来看人民币升值预期走到了较为均衡的水平，在国内投资回报率不断下降的条件下，资本流出是正常的，降低了货币的供给，尽管我国新增贷款规模和社会融资总规模并没有下降，但 M1 和 M2 增速都在低位。实体经济通缩必然会向资本市场、信用和负债表等多方面传递。

2. 货币信用开始收缩

货币信用角度，我们主要考察货币总量、信贷总量与真实利率以及投资和借贷意愿三方面指标。

货币投放量方面，2012 年以来 M1 增速显著放缓（见图 7），8 月份仅为 4.5%，相比上年同期的 11.6% 回落 7.1 个百分点，显示企业活期存款增速下行，社会平均资金周转速度下滑，经济整体扩张速度放缓。M2 增速自 2011 年 6 月份开始下行（见图 8），2012 年 8 月份数据为 13.5%，与上年同期持平，下行幅度小于 M1 增速。

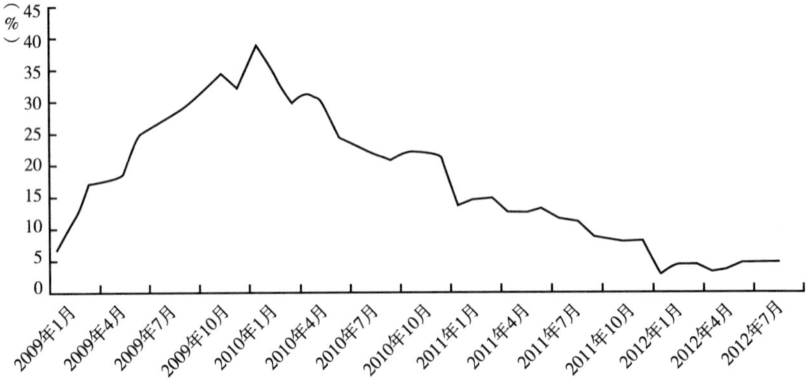

图 7　M1 同比增速

资料来源：Wind。

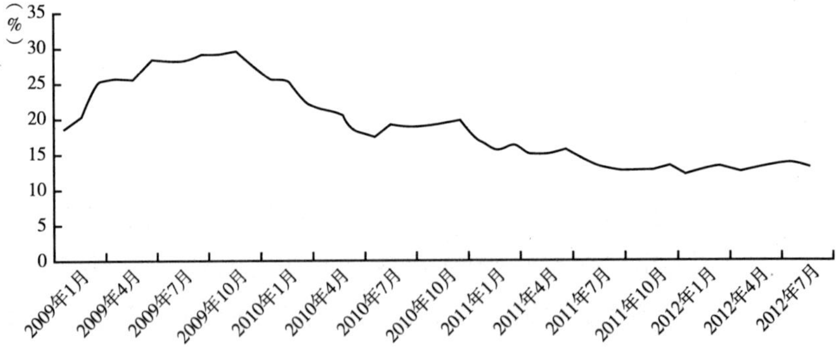

图 8　M2 同比增速

资料来源：Wind。

信贷方面，社会融资总量季度累计增速从 2011 年以来连续 5 个季度增速为负值（见图 9），2012 年第二季度小幅增长 0.25%，基本与上年同期持平，表明信贷总量增长无力。在通胀下行的以存款利率为口径的实际利率自 2012 年 4

月开始由负转正（见图 10），8 月份超过了 1%，若考虑到银行普遍采取存款利率上浮 10% 的做法，实际值超过 1.3%；采用央票利率口径趋势相同，而采用 Shibor 口径目前真实利率已经超过 2.4%。另一个值得关注的问题是，如果我们从生产者看资金成本，即以企业出厂价格去计算企业贷款实际利率，我们会发现 8 月份企业实际的一年期贷款利率为 9.8%，而 2011 年同期则是负利率，企业资金成本过高，降息效果大打折扣，当实际利率上升超过资本边际效率（MEC）时，实体经济陷入通缩。

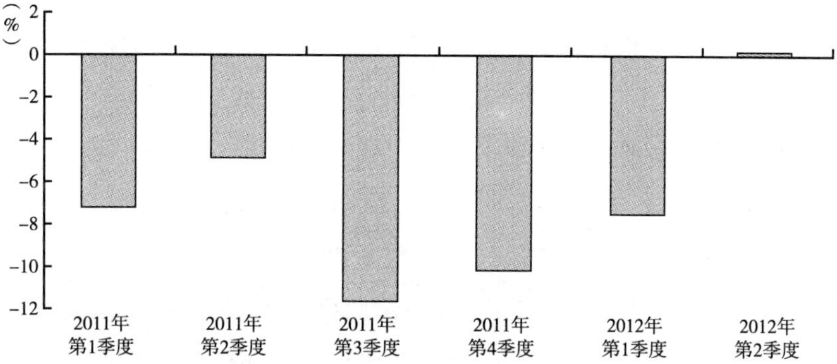

图 9　社会融资总量季度累计增速

资料来源：Wind。

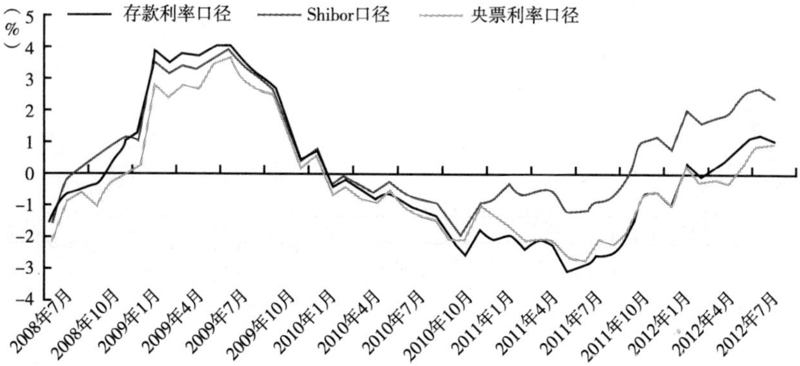

图 10　实际利率

资料来源：Wind。

投资与借贷意愿方面，固定资产投资累计同比处于持续下降过程中，2012 年 1～8 月为 20.2%，而上年同期为 25%，显示企业长期投资意愿减弱。新增中长期人民币贷款自年初以来累计同比大幅度下滑，第一、二季度累计同比分别下降42%与31%，显示企业中长期借贷意愿低迷。

3. 资本市场已预期通缩

在实体经济进入通缩后，资产价格部门直接受到了风险的传递，资产价格本质上是投资者对未来收益的贴现。实体通缩预期一旦产生，投资者对资产的要求回报率将伴随真实利率上升而持续上升，从而引致资产估值下行。我们可以通过比较上市公司利润和市值增速，考察估值的变动方向，以判断虚拟经济通缩情况。

股票市场方面，半年报数据显示全体上市公司利润环比增速为5.3%，而市值增速环比为-0.1%（见图11），反映了投资者的悲观预期；对比上半年GDP增速以及资本市场平均涨幅（沪深300），第二季度资本市场平均涨幅仅为0.27%，低于GDP环比增速（1.8%，见图12）。

估值方面，最近一年内沪深两市市盈率和市场整体的托宾Q值（这里用市净率表示）持续下滑，部分行业市盈率已经低于金融危机时期（如银行），部分行业上市公司（如银行和钢铁）甚至出现市净率接近或者低于1的情况。持续的增长低迷会直接威胁到债券信用，2011年7月债券违约直接冲击了债券市场，当前经济减速也会扩大信用风险，债券市场当前估值过高，虽然保持稳定，但风险也会随着经济减速而逐步暴露。

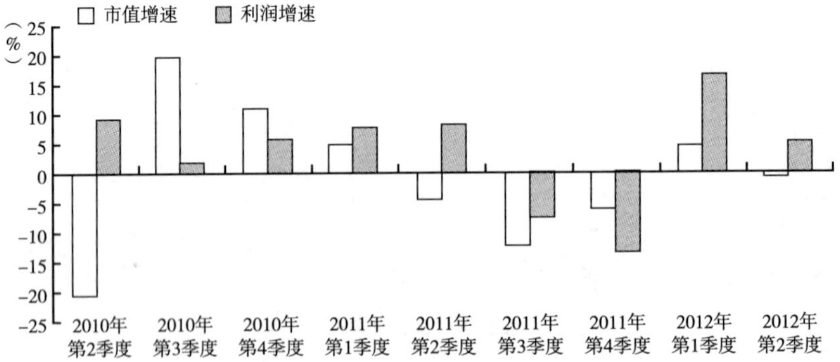

图11　上市公司利润与市值增速

资料来源：Wind。

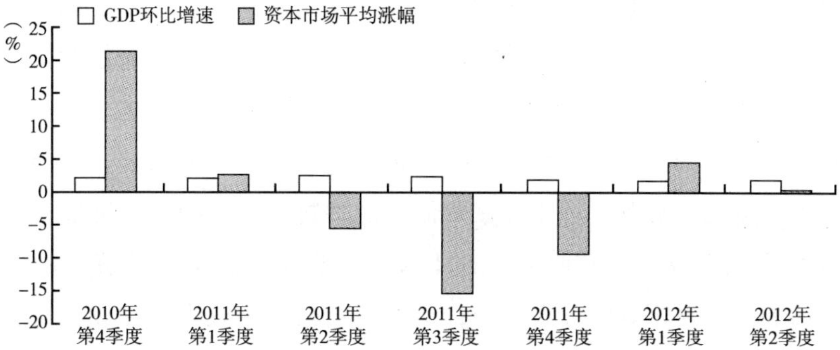

图12　GDP 增速与资本市场平均涨幅

资料来源：Wind。

4. 负债表已经出现瑕疵

（1）私人负债是非常良性的，居民部门是净储蓄部门，房地产抵押贷款占 GDP 的比重只有 12%。2012 年上半年的非对称降息，有效地降低了资金成本，一定程度上刺激了私人投资的回升，特别是私人投资者对住房的购买，但房地产价格一直处于高位，有下调的风险，很难成为私人投资的最好标的。

（2）非金融企业负债表衰退趋势明显。非金融企业占 GDP 的比重高达 120%，企业负债率为 60%，如果通缩加剧，企业利润下滑，而真实利率升高，企业负债表必然会出现问题。

制造业的投资问题也很严峻，制造业整体需求疲软，欧美等发达地区经济不景气，出口萎缩，我国内需不振，总体需求低迷但已经开始趋稳，制造业普遍缺乏良好的投资机会，与地方政府和房地产市场的银行惜贷不同的是，由于产能利用率的下降和成本的挤压，制造业的 ROE 水平远远低于市场借贷利率，造成制造类企业对信贷的需求严重不足，制造业需求指数自 2011 年第三季度开始持续下跌，2012 年第二季度降到 65.3，在企业产品销售短期不会发生太大变化的前提下，解决问题的方法只能是通过削减杠杆，改善资产负债表结构，以减少债务性支出，表现在宏观上就是信贷需求的萎缩，注定这种杠杆融资方式难以持久延续。特别是大量的企业负债都运用了土地抵押等方式，如果土地价格缩水，企业将直接遭遇负债表式的衰退挑战。

（3）地方政府负债直接威胁经济稳定。中央政府负债水平不高，但地方政府融资平台在上一轮4万亿的激励下产生了高的负债率，大量投资与土地相关的基础设施、房地产等，以及资源开发和新产能建设，这些投资都是在高通货膨胀时期的负债，其利息成本非常之高，而且期限很长，在当前的通缩环境下，土地、资源、产能都在贬值，抵押物缩水压力一触即发。特别是2012年以来地方政府财政收入迅速下降，支出增加，加上融资平台还本付息，其债务会以滚雪球的方式增长，是中国负债表中最大的瑕疵，这直接挑战了我国经济的稳定。

（4）金融部门一直高杠杆运行，其会受到企业和地方政府的双重可能的“坏账”挑战，因此金融部门尽管盈利水平高，但其面临的问题更严重。随着金融业管制放松，利率市场化进展迅速，银行利润不断被削减，期限错配较为严重，金融部门的风险在加大。

根据以上基于实体经济、货币信用、资本市场和负债表四个角度的分析，我们认为中国经济当前已经陷入了实体经济通缩过程中，信用、资本市场现状亦反映了投资者的通缩预期。但如果通缩加剧，市场信用风险扩大，必然会传递到资产负债表，中国经济稳定将受到直接威胁。

四　应对经济减速和通缩的政策选择

展望2013年，全球经济依然面临着减速的风险，主要来自美国“财政悬崖”和欧元区债务危机的继续。2013年上半年，全球经济依然不容乐观，特别是政治军事形势恶化，全球资本出现流向美国的现象，包括中国在内的新兴市场国家本币开始停止升值，甚至出现贬值，资本开始流出，在某种程度上会加重经济陷入通缩状态。

近期欧洲央行仍在讨论帮助西班牙和意大利降低融资成本可能采取的举措，其中包括为国债收益率设定官方上限，但鉴于设限方法的复杂性和可持续性，目前尚未有明确结论。ECB已经用直接货币购买的方式（OMT，Outright Monetary Transaction）进行国家的主权债（SMP）购买。就目前援助基金规模来看，不足以覆盖意大利和西班牙的全部债务，尽管ESM合法化被批准，但增加了苛刻的条件，导致欧洲进一步的收缩，欧元区经济衰退的脚步未曾放缓，并且已经拖累了德国。美国推出了 QE3，激励经济回升，也为“财政悬崖”作准备，经济数据虽然疲弱，但其在主要经济体中相对健康，潜在风险最小，最具复苏潜力，但是若“财政悬崖”处理不当，美国经济二次收缩也是大概率事件。

欧美主要进口需求地区的经济放缓，对全球制造业的需求下降，导致了国际贸易量下降。除了全球贸易水平下降之外，中国日益增高的人力成本和环境成本使其低端制造业出现了转移，目前一些跨国企业和民营资本已经将部分产业转移至缅甸等东南亚国家，并带走了部分需求。目前中国的对外出口已经出现明显下降，2012 年 1 ~8 月份对外出口累计同比增速降低至 7.09% 。

在对外出口减弱之后，中国也不会简单地再进行大的投资计划，中国制造业产能过剩的情况已经凸显，企业回报率出现明显下降。中国的企业在利润率降低之后，减少财务杠杆，部分竞争力较差的企业退出市场，经济从重化工带动的高增长阶段逐步进入一个提高附加值的新发展阶段，但这一过程是要进行清洁生产，淘汰落后产能，各个企业都要“减量增效”。

一些行业的去产能化使就业成为问题，而经济结构转型尚未形成新的经济增长点。为了防止经济增速过快下降，导致经济和社会问题，中国政府采取稳增长的政策。中国人民银行先后进行两次降息和一次降准，降低了人民币贷款利率，以刺激贷款需求。

中国经济增速下滑并非是周期性的，常规的稳定经济的宏观政策很难奏效，如过大的货币刺激，推动“通货膨胀”，就会导致人民币贬值预期加强，资金外流加快，货币刺激政策反而失效。但只靠结构性的调整，又会过慢，无法对冲经济下滑导致“通缩”可能引起的巨大的不稳定风险。因此必须采取“非加速通胀”的财政和货币政策，配合结构政策才能稳定宏观预期，消除恐慌，并推动结构调整。

在短期政策中，继续降息和扩大赤字用于减税都是可行的，但更重要的是尽快推出中国版的资产购买计划。中央政府发行特别国债或其他债务对城市化过程中的地方政府累积的长期限的基础设施投资的资产进行购买，调整地方政府负债的财务状况，稳定经济预期。这样可以直接用高等级的和当前物价低的条件发行低成本长期限的债务直接降低城市化基础设施形成的债务成本，改善地方政府、金融机构的信用状况。

中长期内中国需要的是结构性的改革，核心就是继续推进市场化改革，改变政府干预要素配置的方式，最基本的改革路线是：①削减政府规模，大幅度取消政府行政审批的权力；②国有企业战略性调整，以效率为准绳推进国有企业的战略性重组，坚决淘汰那些“大而弱”的企业；③放松管制，特别是现代服务业和基础设施等的管制，积极引导民间资金进入，以提升服务业的劳动生产效率和发展基础设施；④财政体制改革，1994 年中国的财政改革是适合工业化的，在城市发展带动经济的现阶段需要重新建立新的财政体制，要让城市拥有更大的财政和融资权利，服务于城市建设和市民公共服务需求，推进个人税收直接征缴，将个人税收与公共服务联系起来，逐步建立间接税和直接税并举，以民生为支出方向的现代的公共财政体制；⑤金融体制改革，推进利率市场化，核心是建立存款保险制度，让资本市场有效地配置资源，推动创新；⑥强化节能减排和刺激企业更新改造。

参考文献

伯南克：《大萧条》（中译本），东北财经大学出版社，2006。

巴里·艾肯伯格等：《快速增长的经济体何时减速》（中译），载于《比较》总第 59 辑，中信出版社，2012。

北京大学中国经济研究中心宏观组编著《1998～2000 中国通货紧缩研究》，北京大学出版社，2000。

蔡昉、陆旸：《人口转变如何影响中国的潜在增长率》，工作论文，2012。

陈昌兵：《城市化与投资率和消费率间的关系研究》，《经济学动态》2010 年第 9 期。

费雪：《关于大萧条的债务—通货紧缩理论》（中译），载于北京大学中国经济研究中心宏观组编著《1998～2000 中国通货紧缩研究》，北京大学出版社，2000。

辜朝明：《大衰退》（中译本），东方出版社，2008。

李扬等：《中国主权资产负债表及其风险评估（下）》，《经济研究》2012 年第 7 期。

刘世锦、张军扩、侯永志、刘培林：《陷阱还是高墙：中国经济面临的真实挑战与战略选择》，《比较》第 54 辑，中信出版社，2011。

中国社会科学院经济所经济增长前沿课题组：《中国经济长期增长路径、效率与潜在增长水平》，《经济研究》2012 年第 10 期。

张平：《宏观政策目标、潜在增长和政策选择》，载于《2012 年中国经济形势分析与预测》，社会科学文献出版社，2011。

张平、刘霞辉、王宏淼：《中国经济增长前沿Ⅱ》，中国社会科学出版社，2011。

World Bank, China 2030 Building a Modern, Harmonious, and Creative High-Income Society, 2012, http://www.worldbank.org.

Decline in the Potential Growth Rate of the Chinese Economy and the Risk of Deflation

Zhang Ping et al.

Abstract: Potential growth of China's economy will be gradually adjusted downwards to 7%-9% during "12th Five-year Plan" from the optimal 8%-10%, and it will continue to drop further during "13th Five-year Plan". With the deceleration of the China's economy in this year, the producer price index generates continuous negative growth, and the manufacturing sector gets into a "deflation" status. The analysis based on the real economy, the monetary and credit, the capital markets and the balance sheet shows that the real economy has been plunged into deflation process. To response to the deceleration of potential economic growth and the risk of deflation, this paper recommend that, in short time; the government should actively launch the "Chinese version" asset purchase, and adopt monetary policy tools to reduce the actual cost of capital; in long time, the government need to promote structural reform of market-oriented.

Key Words: Potential Growth Rate; Deflation; Asset Purchase

B.5 2012年国民经济发展预测和2013年展望

袁达 丁琳*

摘 要：

2012年，国民经济发展呈现消费较为平稳、投资保持较快增长、内需支撑作用显著，农业生产形势较好、工业生产有所放缓、产业结构不断优化，居民消费价格涨幅继续回落等特点。虽然面临国际贸易保护主义抬头和国内中小企业经营困难，但是从宏观经济发展趋势看，预计全年GDP增速将高于7.5%。2013年内需将保持较快增长，出口增速可能会回升，工农业生产将基本稳定，服务业将保持较快发展。

关键词：

国民经济 预测 展望

一 2012年国民经济发展预测

2012年以来，在国际政治经济环境更趋复杂、国内经济发展面临困难增多的情况下，我国继续实施积极的财政政策和稳健的货币政策，并针对经济运行中出现的新情况、新问题，及时加大预调微调力度，国民经济发展总体平稳，呈现经济运行企稳、物价涨幅回落、结构调整加快、民生继续改善的积极变化。初步测算，前三季度国内生产总值同比增长7.7%，比上年同期回落1.8个百分点。第一、二、三季度当季同比分别增长8.1%、7.6%和7.4%，第三季度环比增长2.2%，增幅比上季度提高0.2个百分点。

* 袁达、丁琳，国家发改委综合司预测处。

从需求看，市场消费较为平稳，投资保持较快增长，内需支撑作用显著。2012 年前三季度，内需对经济增长的贡献率达 105.5%，拉动经济增长 8.1 个百分点。社会消费品零售总额同比增速持续保持在 14% 左右；固定资产投资同比增长 20.5%，扣除价格因素实际增长 18.8%，比上半年提高 0.8 个百分点。与此同时，内需结构也在不断优化。消费升级加快，家电、汽车消费稳定增长，旅游文化市场更加活跃，网络购物等新型业态发展迅速。民间投资进一步活跃，前三季度同比增长 25.1%，占投资整体的比例达到 62%；农业、民生等领域投资快速增长，装备制造等行业投资增幅明显高于整体投资。对外贸易结构继续改善，前三季度进出口增长 6.2%，其中出口、进口分别增长 7.4% 和 4.8%，贸易顺差 1483 亿美元；机电、高新技术等高附加值产品出口总体较快增长，对新兴市场国家贸易增长较快，民营企业贸易额所占比重继续提高，一般贸易出口比重比上年末提高 0.5 个百分点。服务贸易发展好于货物贸易，运输、旅游等服务贸易发展较快。

从供给看，农业生产形势较好，工业生产有所放缓，产业结构不断优化。农业基础地位进一步巩固，在夏粮和早稻增产的基础上，秋粮生产再获丰收，全年粮食产量有望再创历史新高，实现“九连增”。工业增速有所回落，前三季度规模以上工业增加值同比增长 10%，分别比上半年、上年同期回落 0.5 个和 4.2 个百分点。高技术产业增加值同比增长 11.7%，增幅高于规模以上工业 1.7 个百分点，其中医药制造、航空航天器及设备制造业分别增长 14.6% 和 17.5%。装备行业继续向高端化方向发展。“两高”行业扩张继续得到有效抑制，六大高耗能行业增幅比规模以上工业低 0.8 个百分点。服务业发展势头良好，批发零售、住宿餐饮、居民服务等生活性服务业保持较快增长，信息、创意、咨询、设计等高端服务业快速发展，服务业增加值占国内生产总值比重达 43.8%，同比提高 1.2 个百分点。节能减排积极推进，单位国内生产总值能耗、化学需氧量、二氧化硫和氨氮排放量继续下降。区域发展更趋协调，跨区域产业转移步伐加快，中西部地区发展继续快于全国平均水平。

从价格看，物价涨幅进一步回落。居民消费价格同比涨幅延续了 2011 年下半年以来的回落态势，前三季度同比上涨 2.8%，涨幅比上年同期回落 2.9 个百分点，其中第三季度同比上涨 1.9%，涨幅比上季回落近 1 个百分点。房地产市场调控成效继续显现，投资投机性需求得到有效遏制，住房价格总体稳中有降，9月份70个大中城市新建商品住宅价格同比下降的城市个数达到55个。

与此同时，财政金融运行总体平稳，前三季度全国财政收入9.1万亿元，同比增长10.9%；财政支出8.4万亿元，同比增长21.1%，其中教育、住房保障、医疗卫生等重点领域支出增速分别达32.6%、28.8%、24.4%。在分别两次下调存款准备金率和存贷款基准利率的作用下，9月末广义货币M2余额同比增长14.8%。前三季度社会融资规模11.7万亿元，比上年同期多增1.9万亿元。其中，新增人民币贷款6.7万亿元，同比多增1万亿元左右。城乡居民特别是农村居民收入继续保持较快增长，前三季度城镇居民人均可支配收入、农村居民人均现金收入分别达到18427元、6778元，实际分别增长9.8%和12.3%。覆盖城乡的社会保障体系基本建立，新型农村社会养老保险和城镇居民社会养老保险提前实现制度全覆盖，社会保障水平不断提高。此外，医药卫生体制、营改增、利率市场化、资源性产品价格等重点领域改革继续深化。

但也要看到，当前我国经济运行中仍存在一些需要高度关注的问题。国际方面，国际金融危机影响深远，世界经济复苏缓慢，国际市场竞争更加激烈，各种形式的保护主义抬头，对外贸易面临不少制约因素。国内方面，经济企稳的基础还不够稳固，一些企业特别是小微企业生产经营困难仍然较大，同时经济社会发展不平衡、不协调、不可持续问题依然突出，结构调整任务繁重，科学发展的体制机制还需要进一步完善。

从宏观经济主要指标的组合看，我国经济社会发展形势是好的，经济增速趋于稳定并出现积极变化。随着预调微调政策效果不断显现，我国经济有望进一步企稳，加之2011年同期基数较低影响，2012年第四季度经济增速将有所回升。初步预测，全年国内生产总值增速将高于7.5%。

二　2013年国民经济展望

展望2013年，世界经济复苏步履蹒跚，增速虽可能略快于2012年，但不确定、不稳定因素依然较多，并将通过贸易、投资、汇率、大宗商品价格等多渠道对我国经济平稳运行构成挑战，我国经济所处的外部环境仍不容乐观。但也要看到，我国经济发展的基本面仍较为稳定，经济保持较快发展具备很多有利条件，城镇化潜力巨大，产业转型、贸易升级前景广阔，城乡居民收入不断提高等都将为内需持续增长提供强劲动力，内需对经济增长的支撑作用将进一步增强，预计 2013 年我国经济增速仍会保持在合理较快增长区间。

从需求看，内需将保持较快增长，出口增速可能会低位有所回升。消费方面，在各项政策的综合作用下，近年来居民消费持续快速增长，特别是国际金融危机以来，我国更是把扩大消费需求、增强消费对经济增长的拉动作用放在更加突出的位置上，切实提高居民收入，增强消费能力；加强教育、医疗、社保、住房保障等公共服务，改善居民消费预期；创造稳定的、有利于改善人民生活的消费政策环境，释放老百姓对汽车、家电以及各项服务等热点产品的需求，这些都有利于促进消费在较长时期内持续稳定扩大，预计 2013 年消费仍将保持较快增长。投资方面，目前在建项目规模较大，投资保持较快增长的惯性较强；“十二五”规划重点建设项目还将陆续开工建设，促进战略性新兴产业加快发展、推动结构调整和技术改造、进一步增强自主创新能力、加大节能降耗和环境保护力度等方面也会产生较大的投资需求，特别是促进民间投资实施细则的落实、一系列吸引民间投资项目的推出，将进一步激发民间投资活力，这都会对投资增长形成有力支撑。但也要看到，企业效益情况较差，外部需求不稳定、不确定性加大，也会在一定程度上制约企业的投资能力和意愿。预计 2013 年固定资产投资将继续保持较快增长，但增幅可能会略有回落。外贸进出口方面。当前世界经济总体上仍在缓慢复苏，全球贸易继续保持增长，我国外贸出口仍有较大需求。但主要经济体增长动力不足，市场需求增量有限，再加上发达经济体重提“再工业化”，新兴经济体在加强国际市场开拓的同时普遍强化国内市场壁垒，贸易保护主义明显增强，会对我国出口形成不小制约。2013 年我国投资、消费需求总体较快增长，国内对能源、原材料和先进技术装备的需求依然旺盛，各项扩大进口的政策效果继续显现，进口有望保持较快增长，外贸顺差有所减少。

从供给看，工农业生产基本稳定，服务业将保持较快发展。农业方面，国家强农、惠农、富农政策力度持续加大，以水利为重点的农业基础设施建设加强，科技支撑作用逐步显现，农业综合生产能力将进一步提高，再加上近年连续提高最低收购价，有利于提高农民生产积极性，预计2013年农业生产将会保持稳定。工业方面，国内需求总体保持较快增长，原材料价格持续低位，加之融资成本有所降低，企业生产经营环境将进一步改善。同时，加快培育战略性新兴产业、加快推进产业结构调整也将会促进相关产业较快发展，但部分外向度较高的行业生产可能会受到一定抑制，综合分析预计2013年工业总体仍将保持平稳增长的态势。服务业方面，批发零售、住宿餐饮、居民服务等生活性服务业在旺盛的城乡消费带动下将继续保持较快增长，同时国家着力改善服务业发展的政策环境，深入推进营改增试点工作，交通运输等生产性服务业也会有良好表现，服务业仍将保持较快发展。

基于上述分析，2013年要继续按照“十二五”规划要求，坚持以科学发展为主题、加快转变经济发展方式为主线，继续加强和改善宏观调控，切实落实好已出台的各项政策措施，根据形势变化，加强宏观政策的预调微调，把握好政策实施的重点、力度和节奏，促进经济平稳较快发展。一是继续扩大内需特别是消费需求。充分挖掘消费潜力，优化消费环境，改善消费预期，进一步增强消费对经济增长的拉动作用。落实已出台的促进民间投资发展实施细则，在优化结构的基础上保持投资合理增长，提高投资质量和效益。密切关注外部市场环境变化，及时采取应对措施，努力促进对外贸易稳定增长。继续保持物价总水平的基本稳定。二是加快推进产业转型升级。落实并加大强农、惠农、富农政策，夯实农业农村发展基础。强化科技创新支撑，加快战略性新兴产业发展，推动制造业由大变强，积极发展服务业。落实已经出台的支持小型微型企业健康发展的政策措施，帮助小微企业渡难关、上水平。毫不放松地抓好节能减排，推动企业节约能源、保护环境。进一步促进区域协调发展，积极稳妥推进城镇化。三是继续深化重点领域和关键环节改革。积极推进收入分配、财税、金融体制等领域改革，进一步深化医药卫生体制改革，稳步推进资源性产品价格和环保收费改革。四是着力保障和改善民生。坚持实施更加积极的就业政策，进一步加强社会保障体系建设，大力发展教育、文化、卫生等社会事业，推进基本公共服务均等化。

The Development Forecast of the National Economy in 2012 and Outlook for 2013

Yuan Da et al.

Abstract: In 2012, China's economy presented some features, including relatively stable consumption, a rapid growth in investment, significantly supporting role of domestic demand, great situations in agricultural production, slowing down in growth of industrial production, constant optimizing in the industrial structure, continuous falling of the rise in CPI. While facing the international trade protectionism and domestic SMEs operating difficulties, according to the macro-economic indicators, it is expected that the annual GDP growth rate will be higher than 7.5%. In 2013, domestic demand will maintain rapid growth, export growth may rebound, industrial and agricultural production will be basically stable, and the service industry will maintain rapid development.

Key Words: National Economy; Forecast; Outlook

B.6
2012 年前三季度经济运行情况及 2013 年展望

刘爱华*

摘　要：

2012 年前三季度我国农业形势较好，第二、三产业有所回落。内需保持较快增长，外需回落明显。就业总体稳定，城乡居民收入较快增长。CPI 涨幅逐步回落，工业生产者价格指数持续下降。总的来说，经济运行总体平稳，经济增速的回落符合预期。但是经济运行中不稳定、不确定因素依然较多，主要是外部需求乏力与要素成本上升“双碰头”、国内有效需求不足与产能过剩矛盾突出“双叠加”、生产成本上升与价格下跌“双挤压”。2013 年经济有望进一步企稳回升，但回升幅度取决于国内外深层次结构调整的进展。对此我国应立足当前稳定经济增长，着眼长远，促进结构转型。

关键词：

展望　形势分析　结构调整

2012 年前三季度，在世界经济复苏乏力、欧洲主权债务危机反复波动的国际大背景下，中国经济增速虽有所回落，但整体上仍呈现经济运行企稳、就业基本稳定、收入增长较快、物价涨幅回落的运行态势。展望2013 年，我国经济发展仍具有较多有利条件，经济有望进一步企稳回升，但国际环境仍然复杂严峻，国内经济运行中深层次问题的解决尚待时日，回升的幅度将取决于国内外深层次结构调整的进展。

---

* 刘爱华，国家统计局综合司宏观经济监测处处长。

一 前三季度国民经济运行基本情况

初步测算，前三季度国内生产总值 353480 亿元，同比增长 7.7%，比上年同期回落 1.8 个百分点。其中，第一季度增长 8.1%，第二季度增长 7.6%，第三季度增长 7.4%。

（一）供给方面：农业形势较好，第二、三产业有所回落

农业生产形势较好。前三季度，第一产业增加值 33088 亿元，同比增长 4.2%，比上年同期加快 0.6 个百分点。在气候条件良好、政策支持力度不断加大等因素综合作用下，今年的农业尤其是粮食生产形势良好。全国夏粮产量达到 2599 亿斤，比上年增产 71 亿斤，增长 2.8%，创历史新高；单产 314 公斤/亩，比上年提高 2.7%，对产量增长的贡献率超过 99%。早稻产量 666 亿斤，比上年增产 10.7 亿斤，增长 1.6%。从已经陆续进入收获期的秋粮长势情况看，秋粮生产再获丰收的可能性很大，为粮食生产实现历史性的“九连增”奠定了基础。畜牧业生产形势总体较好，猪牛羊禽肉市场供应充足。

第二产业同比增速回落，但增速不慢。前三季度，第二产业增加值 165429 亿元，同比增长 8.1%，比上年同期回落 2.5 个百分点。规模以上工业增加值增长 10.0%，回落 4.2 个百分点。其中，第一季度增长 11.6%，第二季度增长 9.5%，第三季度增长 9.1%。工业生产运行的主要特点：一是私营企业增长快于其他经济类型企业。前三季度，私营企业同比增长 15.0%，股份制企业增长 11.8%，国有及国有控股企业增长 6.3%，外商及港澳台投资企业增长 6.0%。二是轻工业增速快于重工业。前三季度，轻工业同比增长 10.4%，重工业增长 9.7%。三是高技术产业增长较快。前三季度，高技术产业增加值同比增长 11.7%，装备工业增长 9.6%，高耗能行业增长 9.2%。

服务业增速有所回落，但比重提高。前三季度，第三产业增加值 154963 亿元，同比增长 7.9%，比上年同期回落 1.6 个百分点。从三次产业占比看，第三产业增加值占比为 43.8%，比上年同期提高 1.2 个百分点。

（二）需求方面：内需保持较快增长，外需回落明显

固定资产投资平稳较快增长。前三季度，固定资产投资（不含农户）256933亿元，同比增长20.5%，增速比上年同期回落4.4个百分点。地方项目投资和民间投资是拉动投资增长的主要动力。前三季度，地方项目投资增长21.8%，比中央项目投资高19.5个百分点。民间投资增长25.1%，比整体投资高4.6个百分点，占整体投资比重达到62%。房地产投资增速回落明显。前三季度，房地产开发投资51046亿元，同比增长15.4%，增速比上年同期回落16.6个百分点。前三季度，商品房销售面积68441万平方米，同比下降4.0%，上年同期为增长12.9%。商品房销售额40354亿元，增长2.7%，比上年同期回落20.5个百分点。

国内市场销售稳定增长。前三季度，社会消费品零售总额149422亿元，同比增长14.1%，增速比上年同期回落2.9个百分点。其中第一季度增长14.8%，第二季度增长13.9%，第三季度增长13.6%。商品零售增长快于餐饮收入。前三季度，商品零售额132749亿元，增长14.2%；餐饮收入额16673亿元，增长13.2%。汽车、石油制品等商品销售增速回落。前三季度，汽车类销售同比增长6.9%，比上年同期回落9.1个百分点；石油及制品类增长16.7%，回落22.6个百分点；家用电器和音像器材类增长6.1%，回落14.4个百分点；建筑及装潢材料类增长25.7%，回落4.1个百分点。通信器材类增长33.3%，加快5.5个百分点。

进出口增速大幅回落。前三季度，进出口总额28425亿美元，同比增长6.2%，比上年同期回落18.4个百分点。其中，第一季度增长7.3%，第二季度增长8.5%，第三季度增长3.0%。出口14954亿美元，同比增长7.4%，比上年同期回落15.3个百分点。其中，第一季度增长7.6%，第二季度增长10.5%，第三季度增长4.4%。一般贸易出口增长快于加工贸易。前三季度，一般贸易出口7298亿美元，增长8.3%，回落21.6个百分点；加工贸易出口6309亿美元，增长3.0%，回落12.3个百分点。对主要国家或地区出口均有所回落。前三季度，对印度出口同比下降4.6%，上年同期为增长26%；对欧盟出口下降5.6%，上年同期为增长17.4%；对美国出口增长9.6%，回落

5.1 个百分点；对日本出口增长 4.5%，回落 20.1 个百分点；对巴西出口增长 3.2%，回落 32.3 个百分点；对澳大利亚出口增长 10.9%，回落 17.6 个百分点；对东盟出口增长 16.6%，回落 8.1 个百分点；对香港出口增长 15.1%，回落 12.8 个百分点。前三季度，进口 13471 亿美元，同比增长 4.8%，比上年同期回落 21.9 个百分点。其中，第一季度增长 6.9%，第二季度增长 6.4%，第三季度增长 1.3%。前三季度顺差 1483 亿美元，同比增加 412 亿美元。

（三）就业收入：就业总体稳定，城乡居民收入较快增长

前三季度，城镇新增就业 1024 万人，超过全年目标，大部分企业用工规模保持稳定。第三季度末，农村外出务工劳动力 16867 万人，同比增长 3.0%，保持常年水平。

前三季度，农村居民人均现金收入 6778 元，同比增长 15.4%，扣除价格因素，实际增长 12.3%，比上年同期回落 1.3 个百分点。其中，工资性收入 2526 元，增长 16.9%；家庭经营现金收入 3545 元，增长 13.3%；财产性收入 166 元，增长 16.3%；转移性收入 541 元，增长 22.4%。前三季度，城镇居民人均可支配收入 18427 元，同比增长 13.0%，扣除价格因素，实际增长 9.8%，比上年同期加快 2.0 个百分点。在城镇居民人均总收入中，工资性收入 12994 元，增长 12.7%；经营净收入 1905 元，增长 15.4%；财产性收入 536 元，增长 12.4%；转移性收入 4755 元，增长 12.4%。

（四）市场价格：居民消费价格同比涨幅逐步回落，工业生产者价格连续下降

前三季度，居民消费价格同比上涨 2.8%，涨幅比上年同期回落 2.9 个百分点。其中，第一季度上涨 3.8%，第二季度上涨 2.8%，第三季度上涨 1.9%。八大类商品价格同比七涨一降。前三季度，食品价格同比上涨 5.5%，涨幅比上年同期回落 7 个百分点；居住上涨 2.0%，回落 4 个百分点；医疗保健和个人用品上涨 2.1%，回落 1.3 个百分点；娱乐教育文化用品及服务上涨 0.3%，回落 0.2 个百分点；家庭设备用品及维修服务上涨 2.1%，回落 0.1 个百分点；交通和通信下降 0.2%，上年同期为上涨 0.5%；烟酒及用品上涨

3.3%，涨幅扩大0.8个百分点；衣着上涨3.4%，扩大1.8个百分点。

工业生产者价格同比下降。前三季度，工业生产者出厂价格同比下降1.5%，上年同期为上涨7%；工业生产者购进价格同比下降1.5%，上年同期为上涨10.4%。

二　经济运行总体平稳，经济增速的回落符合转型期经济潜在增长率下降的一般规律

2012年前三季度，国内外经济环境的复杂性、严峻性超出预期，受此影响，主要经济指标总体上呈现逐季回落走势，增速也明显低于改革开放30多年来的平均增速。但正确认识前三季度经济形势，必须综合考虑各项宏观经济指标组合以及与其他国家经济状况的比较，并结合我国经济发展阶段对我国经济增长作出判断。

（一）与年度预期目标相比，国民经济运行总体平稳，第三季度尤其是9月份企稳态势明显

从各项主要经济指标情况看，前三季度经济发展仍在年初预期区间内。前三季度，国内生产总值同比增长7.7%，居民消费价格上涨2.8%，均保持在年初确定的目标范围内；城镇新增就业1024万人，超过全年目标；城镇居民人均可支配收入和农村居民人均现金收入分别实际增长9.8%和12.3%，均高于经济增速。

从第三季度尤其是9月份情况看，经济企稳态势趋明显化。一是第三季度主要指标增速回落幅度收窄或有所加快。第三季度，国内生产总值同比增长7.4%，比第二季度回落0.2个百分点，回落幅度比第二季度收窄0.3个百分点；规模以上工业增加值同比增长9.1%，回落0.4个百分点，收窄1.7个百分点；社会消费品零售总额同比增长13.6%，回落0.3个百分点，收窄0.6个百分点；前三季度固定资产投资（不含农户）同比增长20.5%，增速比上半年加快0.1个百分点。二是9月份主要指标增速均有所加快。9月份，规模以上工业增加值同比增长9.2%，比上月加快0.3个百分点；社会消费品零售总

额增长 14.2%，加快 1.0 个百分点；固定资产投资（不含农户）累计增长 20.5%，加快 0.3 个百分点；出口额同比增长 9.9%，加快 7.2 个百分点；货运量增长 11.8%，加快 2.2 个百分点；财政收入增长 11.9%，加快 7.7 个百分点。三是经济发展预期指数回暖。9 月份，制造业采购经理指数（PMI）为 49.8%，比上月回升 0.6 个百分点，为 5 月份以来连续 4 个月回落后的首次回升。消费者信心指数为 100.8，比上月回升 1.4 个点，4 个月来首次回升至临界点以上。四是大宗生产资料价格企稳。9 月份，工业生产者出厂价格环比下降 0.1%，降幅比上月收窄 0.4 个百分点；工业生产者购进价格环比上升 0.1%，改变了 5 月份以来环比连续下降趋势。同时，自 9 月中下旬以来，黑色和有色产品市场价格普遍小幅回升。9 月下旬，螺纹钢价格为 3627 元/吨，比 9 月上旬上涨 5.9%；线材价格为 3670 元/吨，上涨 4.9%；电解铜价格为 59230 元/吨，上涨 2.9%；锌锭价格为 15438 元/吨，上涨 2.8%。

（二）与国际其他经济体相比，我国经济增速仍然较快

2012 年以来，国际金融危机的深层次影响不断显现，全球经济复苏乏力，世界主要国家经济持续低迷。据有关机构预测，美国第三季度 GDP 环比折年率仅增长 1.6%，欧元区环比下降 0.2%，日本环比零增长。新兴经济体总体增长放缓。根据英国共识公司 2012 年 9 月预测，第三季度印度经济同比增长 5.8%，巴西增长 3.9%，韩国增长 2.4%，马来西亚增长 4.6%。

（三）与现阶段资源要素现状相比，经济增速回落符合转型期经济潜在增长率下降的一般规律

2012 年以来经济增速的回落，既有外部需求乏力、国内有效需求不足等短期需求因素，也有经济发展进入新的发展阶段的客观因素。经过三十多年的高速发展，我国经济规模已经位居世界第二，与此同时，支撑我国经济高速增长的优势有所弱化，资源环境约束日益突出，经济潜在增长水平趋于下降，经济增速不可避免地会出现放缓，这符合经济增长阶段演进的一般规律，日本、德国、韩国等主要追赶型经济体的发展实践也证明了这一点。而且，经济增速适度放缓对于促进经济全面健康发展是有利的。从宏观层面看，经济增速放缓

形成的倒逼机制为结构调整提供了契机；从微观层面看，市场持续低迷和竞争加剧促使企业加快创新步伐，主动提高产品的科技含量和附加值，这些变化有利于促进经济实现更长时期、更高质量的发展。

三　经济运行中不稳定、不确定因素依然较多，稳定增长的基础尚不牢固

一是外部需求乏力与要素成本上升“双碰头”，外需增长乏力。2012 年以来，世界贸易大幅放缓。据世界贸易组织预测，2012 年世界贸易量仅增长 2.5%，比 2011 年大幅下降 2.5 个百分点。其中，发达国家出口增长 1.5%，回落 3.1 个百分点；进口增长 0.4%，回落 2.5 个百分点。发展中国家出口增长 3.5%，回落 1.8 个百分点；进口增长 5.4%，回落 2.9 个百分点。贸易保护主义加剧，针对我国产品的反倾销调查持续增加。其中，9 月份欧盟对我国光伏产品发起的反倾销调查，成为我国涉案金额最大的贸易争端案件。与此同时，劳动力等要素成本持续上升对我国出口竞争力的影响日益显现。据广东省相关调查显示，74.9% 的企业认为生产经营成本上升是当前影响企业出口的最主要因素。第三季度，我国出口额同比仅增长 4.4%，比第二季度回落 6.1 个百分点。9 月份，反映制造业外贸情况的新出口订单指数为 48.8%，连续 4 个月位于临界点以下。

二是国内有效需求不足与产能过剩矛盾突出“双叠加”，供过于求矛盾凸显。进口需求持续低迷。第三季度，进口同比仅增长 1.3%，比第二季度回落 5.1 个百分点。前三季度，原油进口额同比增长 13.0%，比上年同期回落 30.2 个百分点；铁矿砂及其精矿下降 11.8%，上年同期为增长 50.3%；钢材下降 16.2%，上年同期为增长 9.3%；初级形状的塑料下降 2.9%，上年同期为增长 11.0%。房地产投资增速仍在回落。前三季度，房地产投资累计同比增长 15.4%，比上半年回落 1.2 个百分点。国内有效需求不足与前期部分行业产能扩张过快，加剧了产能过剩问题。以钢铁行业为例，目前粗钢产能大约为 8 亿多吨，由于需求大幅下滑，钢铁行业利润大幅下降，产能利用率也随之下降。

三是生产成本上升与价格下跌“双挤压”，企业生产经营仍比较困难。生

产成本持续增加。1～8 月份，规模以上工业企业每百元主营业务收入中的成本为 85.47 元，比上半年提高 0.22 元，比第一季度提高 0.54 元。工业产品价格同比持续下降。9 月份，工业生产者出厂价格同比下降 3.6%，连续 7 个月同比下降。其中，采掘工业价格下降 7.8%，连续 5 个月同比下降；原材料工业价格下降 5.0%，连续 5 个月同比下降；加工工业价格下降 4.2%，连续 9 个月同比下降。成本上升和产品价格下降导致企业效益下滑。1～8 月份，全国规模以上工业企业实现利润同比下降 3.1%，降幅比 1～7 月份扩大 0.4 个百分点，8 月份同比下降 6.2%，为连续 5 个月同比下降；亏损企业亏损额同比增长 64.2%，持续高位增长；41 个工业大类行业中，16 个行业利润同比下降，比上半年多 3 个行业。其中，煤炭开采和洗选业利润同比下降 13.9%，黑色金属冶炼和压延加工业下降 67.4%，化学原料和化学制品制造业下降 20.2%，石油和天然气开采业下降 3.5%，计算机、通信和其他电子设备制造业下降 2.9%，石油加工、炼焦和核燃料加工业由同期盈利转为亏损。

四　2013 年经济有望进一步企稳回升，但回升幅度取决于国内外深层次结构调整的进展

根据前三季度国民经济运行情况及变化趋势，综合考虑国际经济环境变化和国内稳增长政策的影响，第四季度投资需求有望进一步回升，出口在欧债危机缓和、各国政策刺激力度加大带动下基本稳定甚至小幅回升的可能性较大，消费仍将保持平稳增长，总体上看，第四季度我国经济将进一步企稳，为实现全年 7.5% 的预期增长目标奠定了坚实基础。

展望 2013 年，我国经济发展仍具有较多有利条件，但国际环境仍然复杂严峻，国内经济运行中深层次问题的解决尚待时日，不稳定、不确定因素依然较多。

从国际看，在扩张性货币政策刺激下，全球经济形势可能会比 2012 年略有改善。国际货币基金组织在近期发布的《全球经济展望》报告中，预计 2013 年世界经济将增长 3.6%，比 2012 年高出 0.3 个百分点。其中，预计欧元区经济将由负增长 0.4% 转为正增长 0.2%。但也要看到，国际金融危机的深层次影响仍在持续，美国“财政悬崖”日益逼近，欧洲主权债务问题的解决尚待

时日，日本增长前景黯淡，新兴经济体增长也有所放慢，与此同时，贸易投资保护主义日益加剧，国际大宗商品价格受全球流动性宽松影响上涨压力增大，世界经济复苏势头仍是脆弱和不稳定的，这些都加剧了我国外贸增长的不确定性。

从国内看，促进经济增长的有利因素主要有：一是我国仍处于工业化、城市化、农业现代化加速发展时期，高技术产业等战略性新兴产业快速发展，中西部地区发展步伐加快，将为经济增长提供持续动力。二是中央十八大胜利召开将进一步调动发展热情，同时，从历史经验看，受投资建设周期影响，五年规划中第二、三年的投资增速往往趋于上升。2013 年是“十八大”后的第一年和“十二五”规划的第三年，投资增速有望保持较快增长。三是随着居民就业和收入的持续改善，社保体系的逐步完善，网络购物等新型消费的迅速发展，以及各种促消费政策效应的逐步显现，教育、娱乐、旅游等方面消费需求不断上升，居民消费结构升级有望加快，有利于保持消费的平稳增长。四是当前我国财政状况总体较好，国债余额占国内生产总值比重较低，外汇资金较为充裕，物价涨幅较低，财政政策和货币政策的调控空间仍然较大。但经济运行中的不稳定、不确定因素也不少，在外部需求萎缩的背景下，国内产能过剩的问题短时间内难以得到根本性解决；劳动力、资源、环境等经营成本持续较快上升，企业生产经营仍面临较多困难。

综合上述因素，随着近期国内外环境趋于缓和以及稳增长政策效应的不断显现，推动经济增长回升的有利因素逐渐增多，2013 年经济增长有望进一步企稳并温和回升。但也要看到，国际经济结构的深层次调整和国内过剩产能的消化将会持续较长时间，国内资源要素环境成本上升带来的经济潜在增长水平放缓日益显现，这些因素将会影响回升的时间和幅度。粮食丰收和工业供给能力充足为保持物价稳定创造了有利条件，在需求总体平稳的情况下，物价上涨的压力不大。但美国等国量化宽松货币政策的推出导致国际流动性更趋宽松，大宗商品价格走高可能性增大；劳动力工资等的上涨也具有刚性和长期性，因此对物价走势也不能掉以轻心。

五　立足当前稳定经济增长，着眼长远促进结构转型

总体上看，在稳增长政策措施作用下，第三季度以来经济运行总体上

呈现筑底企稳态势，预计第四季度乃至 2013 年，我国经济增速有望进一步企稳并温和回升。就宏观调控而言，一方面，经济增速的适度放缓，有利于淘汰落后产能，有利于提高资源配置效率，有利于调结构转方式；另一方面，经济下行压力的缓解为调控提供了更多的腾挪空间。总体上看，当前我国经济发展正处于难得的战略调整期，调控得当将为更长时期的全面协调可持续发展奠定坚实基础。下阶段，宏观调控既要确保短期经济目标的实现，更要着眼长远，加快改革步伐。

（一）当前首要任务是以稳政策来稳预期，提高经济增长的稳定性

企业家对未来发展的信心总体不足，第二季度企业家信心指数为 121.2，比第一季度回落 1.8 点，其中即期指数回落 1.1 点，预期指数回落 2.3 点。信心是战胜危机的力量源泉，稳定企业家、消费者信心是稳定市场预期的关键。要适时释放积极的政策信号，避免市场悲观情绪蔓延；要提高政策透明度，引导投资者和消费者形成稳定的市场预期。

（二）长远来看要以促创新来促转型，促进国民经济长期可持续发展

当前企业生产经营困难产生的原因表面上看是国内外有效需求不足，但深层次原因则在于企业创新能力不足。要认真研究并及时出台财税、金融、科技等综合性政策措施，制定恰当的激励机制，下更大力气支持、鼓励、推动引导企业加大研发投入，提高产品竞争力和企业利润率；要切实通过税费减免等政策措施，降低企业的运营成本。要利用经济增速放缓的倒逼机制，发挥市场优胜劣汰的功能，适时淘汰落后技术和落后产能，加快新技术和新兴产业的发展步伐；提高中西部基础设施建设力度，引导劳动密集型和能源资源密集型产业向具备条件的中西部地区转移；继续加大鼓励消费的政策力度，挖掘农村地区的消费潜力，提高居民对旅游等新兴消费热点的消费能力，增强消费对经济增长的带动作用。而要加快推进创新和转型步伐，必须以更大的决心和勇气推进改革，建立有利于创新转型的体制机制环境。

Economic Condition in the First Three Quarters of 2012 and Outlook For 2013

Liu Aihua

Abstract: In the first three quarters of 2012, China's economy presents many features as following. Firstly, agricultural situation is good, while industry and services slow down. Secondly, China maintains a rapid growth of domestic demand, but the external demand dropped significantly. Thirdly, employment is generally stable, and the incomes of urban and rural residents grow rapidly. Last, the growth of CPI gradually slows down. Although China's economy runs well in 2012, and the growth rate fits for anticipation, instability and uncertainty of China's economy still exist, such as, the overlay between weak external demand and rising factor costs, between lack of effective domestic demand and overcapacity prominent contradictions, and between rising production costs and falling prices. In 2013, according to prediction, the economy will be in further stabilization and recovery, but the recovery rate might depend on the progress of the domestic and international deep-seated structural adjustment. Therefore, China should focus on the current stable economic growth, and promote the structural transformation for long-term perspective.

Key Words: Outlook; Situation Analysis; Structural Transformation

B.7
2012年的“三农”形势的简略分析

李周　党国英*

摘　要：

2012年，粮食将再次获得丰收，实现“九连增”，农民人均纯收入增速继续超过城镇居民。农业向商业化发展阶段继续迈进。耕地流转面积继续增加，土地流转合同签订率提高，但流转耕地用于种植粮食作物的比重继续下降。农村劳动力转移的数量仍在稳步增加，但还有“招工难”和“就业难”并存等问题。中西部地区农村金融服务明显改善，涉农金融产品更加丰富。农业补贴总额和支持水平继续提高，对农业综合服务支持持续增加。

关键词：

“三农”　农民收入　农村劳动力　农业补贴

一　农业生产情况

（一）粮食生产

2012年，全国夏粮总产量达到12995万吨，比2011年增加356万吨，增长2.8%；其中冬小麦产量11430万吨，比上年增加334万吨，增长3%。夏粮总产量超过1997年12768万吨的历史最好水平。据中国气象局卫星遥感数据，2012年，我国秋粮播种面积7787万公顷，同比增加61.8万公顷；北方地区降雨偏多，旱地作物长势明显好于往年；虫害得到遏制，台风和强降雨对

---

* 李周、党国英，中国社科院农村经济与发展研究所。

主产区的影响有限，粮食将再次获得丰收，实现“九连增”。我国粮食连年丰收，库存充裕，库存消费比达40%以上，大大超过国际公认的17%～18%的安全线水平。这为我国保增长提供了重要的物质基础。

2012年粮食增产的主要因素是：秋冬播面积增加，适播期墒情好，支农惠农政策的强力支持，继续提高粮食最低收购价。2012年生产的白小麦、红小麦和混合麦最低收购价分别比2011年提高7元、9元和9元，提价幅度分别达到7.4%、9.7%和9.7%。2012年进一步推广万亩高产示范片，科技支撑作用加大，支撑了粮食单产的稳步提高。

入世以后中国农产品贸易开始出现逆差，且逆差越来越大。2011年农产品进出口贸易额为1557亿元，其中进口额949亿元，出口额608亿元，逆差341亿元。2012年上半年这个态势更加严峻，玉米、小麦、水稻都出现了净进口的态势，三种谷物的进口量已经超过了600万吨，这个势头非常值得关注。

（二）其他主要农产品生产

2012年上半年，猪牛羊禽肉产量为3927万吨，禽蛋产量为1338万吨，牛奶产量为1567万吨，同比分别增长5.5%、3.7%、3.6%。工业饲料总产量为7800万吨，同比增长13%。1～5月份生猪平均存栏量同比增长5.3%，仔猪平均存栏同比增长3.2%，能繁母猪存栏连续两个月同比增幅超过5%，这意味着2012年下半年乃至2013年上半年，生猪的供应仍然极为充足。

据全国20个渔业主产省统计月报数据显示，2012年1～5月全国水产品产量1893.40万吨，同比增长4.90%。其中，水产养殖产量1354.21万吨，同比增长6.61%。海洋捕捞产量539.19万吨，同比增长0.86%。远洋渔业产量42.53万吨，同比增长约4.06%。

（三）现代农业建设

北京和上海的农业劳动力份额都已经降至6%，农业增加值占GDP的比例分别为1.1%、0.8%，已经进入发达地区的综合现代化水平。天津、浙江、广东、江苏达到中等发达地区的综合现代化水平，其余25个省份均处于初等发达地区的综合现代化水平阶段。

中国农业开始进入商业化的发展阶段，劳动力和土地投入不计成本的时代已经结束。2012 年，农业雇工的日工资在 100 元左右，平均每亩耕地的流转价格在700 ~ 800 元之间，劳动力和土地成本已经成为农产品成本的主要组成部分。随着国民经济的继续发展和农业规模化、集约化水平的提高，这两个因素占农产品成本的份额会进一步提高。这是农产品价格上涨的主要原因。农业发展阶段跃迁引发的农产品价格上涨是阶段性现象，社会对这样的农产品价格上涨，应该有更大的容忍度。

随着农产品价格的上涨，农业成为投资热门之一。先进的管理、优秀的人才、高新科学技术和良好的商业模式，将会伴随着资本的进入而进入农业，这些都有利于农业的转型升级，有利于妥善处理好“谷贵伤民”和“谷贱伤农”的关系。

二　要素市场发育情况

（一）耕地承包与流转

截至 2011 年底，全国实行家庭承包经营的耕地面积 12. 77 亿亩，比 2010 年增长 0. 25%；家庭承包经营农户 2. 288 亿户，比 2010 年增长 0. 14%。村集体经济组织机动地面积 2393. 9 万亩，比 2010 年减少 3. 1%。

1. 流转面积继续增加

“十一五”期末，农户承包土地流转面积增加到 18668 万亩，与“十五”期末相比增加 13201 万亩，平均每年增加 2640 万亩，年均增长 27. 8%，比“十五”时期年均增速高 3. 2 个百分点。流转面积占家庭承包耕地面积的比重提高到 14. 7%，与“十五”期末相比增加 10. 1 个百分点。

2. 互换和出租面积增长较快

转包、出租、互换、股份合作、转让流转的比重分别为 51. 1%、27. 1%、6. 4%、5. 6% 和 4. 4%，以互换和出租方式流转的耕地面积比 2010 年分别增长了 52. 5% 和 25. 4%。另有 5. 5% 的耕地通过临时代耕等其他方式流转，比 2010 年下降 0. 4 个百分点。

3. 农户间流转的比重继续下降

在全部流转耕地中，流向农户的占 67. 2%，比 2010 年降低 1. 6 个百分点；

流向农民专业合作社的占13.4%，比2010年上升1.5个百分点；流向企业的占8.4%，比2010年上升0.36个百分点；流向其他主体的占10.6%，比2010年降低0.3个百分点。流向合作社面积占流转总面积比重较大的省份依次是：青海33.4%、江苏28.9%、上海28.3%、湖南19.6%、安徽18.6%、贵州16.4%、山东16.3%、山西16.3%、浙江15.4%、重庆14.1%。

4. 土地流转合同签订率提高

截至2011年底，全国转出承包耕地的农户达3877多万户，占家庭承包农户数的16.9%，比2010年上升2.4个百分点；签订流转合同2520.8万份，涉及流转耕地面积为1.39亿亩，分别比2010年增长24.9%和31.5%；签订流转合同的占流转总面积的61.1%，比2010年增加4.7个百分点。流转合同签订率前10位省份依次是：上海94.5%、青海80.6%、新疆77.7%、江苏76.8%、北京76.6%、云南73.4%、吉林71.5%、浙江70.2%、重庆69.8%、广东68.6%。

5. 流转耕地用于种植粮食作物的比重继续下降

农户流转出的承包耕地中，用于种植粮食作物面积为1.25亿亩，占流转总面积的54.7%，比2010年降低0.4个百分点。流转出耕地用于种植粮食作物的比重较高的省份依次是：黑龙江85.8%、吉林81.5%、安徽69.5%、内蒙古68.0%、河南62.7%、江西62.4%、湖北58.5%、宁夏56.3%、湖南53.5%、山西50.1%。

2011年底，耕地流转总面积达到2.28亿亩，占家庭承包经营耕地面积的17.8%，比2010年提高3.1个百分点。耕地流转面积比重较大的前10个省份依次是：上海58.2%、北京46.2%、江苏41.2%、浙江40.3%、重庆38.2%、黑龙江30.5%、广东25.8%、湖南23.6%、河南20.6%、福建19.3%。较上年增长幅度较大的10个省份依次是：甘肃88.3%、河南50.9%、山西49.5%、河北45.8%、宁夏41.4%、辽宁39.3%、湖北35.2%、贵州29.6%、山东27.4%、安徽26.8%。

截至2012年6月底，全国农村土地承包经营权流转面积占家庭承包耕地总面积的比重超过20%。江苏省昆山市农村土地流转率已达90%以上。

截至2012年上半年，全国农村集体土地所有权确权登记发证率为78%，有7个省份的发证率不足50%。集体建设用地使用权确权登记发证率达到85%，宅基地使用权确权登记发证率达到80%。为了确保2012年底完成农村集体土地所有权确权登记发证，各地普遍规定：凡是到2012年底未按时完成农村集体土地所有权确权登记发证工作的，农转用、土地征收审批暂停，农村土地整治项目不予立项。

（二）农村劳动力流动

2011年，全国农民工25278万人（见表1），比上年增长4.4%。其中，外出农民工15863万人，增长3.4%。住户中外出农民工12584万人，增长2.6%；举家外出农民工3279万人，增长6.8%。本地农民工9415万人，增长5.9%。

表1　农民工数量的变化

单位：万人

年　份	2008	2009	2010	2011
农民工总量	22515	22978	24223	25278
1. 外出农民工	14041	14533	15335	15863
(1)住户中外出农民工	11182	11567	12264	12584
(2)举家外出农民工	2859	2966	3071	3279
2. 本地农民工	8501	8445	8888	9415

从输出地看，东部农民工10790万人，增长3.1%；中部农民工7942万人，增长4.2%；西部农民工6546万人，增长6.7%。东中部农民工所占的份额分别由43.2%、31.5%下降到42.7%、31.4%，中西部农民工所占份额由25.3%提高到25.9%（见表2）。

表2　按输出地分的农民工地区构成

单位：%

	2011年			2010年		
	东部	中部	西部	东部	中部	西部
农民工	42.7	31.4	25.9	43.2	31.5	25.3
外出农民工	31.6	36.6	31.8	31.8	36.6	31.6
本地农民工	61.4	22.7	15.9	62.9	22.5	14.6

从输入地看，在东部务工的农民工 16537 万人，增长 2.0%，所占份额为 65.4%，下降了 1.5 个百分点；在中部务工的农民工 4438 万人，增长 8.1%，所占份额为 17.6%，提高了 0.7 个百分点；在西部务工的农民工 4215 万人，增长 9.6%，所占份额为 16.7%，提高了 0.8 个百分点。分省份看，广东、浙江、江苏、山东 4 个省吸纳的农民工占总数的近一半。

2012 年，长三角、珠三角、京津唐对就业的贡献下降，中西部地区对就业的贡献上升，企业用工规模保持稳定，用工总量与上年比基本持平，农村劳动力转移的数量仍在稳步增加。6、7 月份返乡农民工数量比上年有所增加，但是增幅不大。根据对 20 个省份的调查，没有出现大规模裁员和大规模返乡现象。目前全国农民工总量达到了 2.53 亿人，其中外出的农民工是 1.59 亿人，有稳定就业岗位的有 8000 多万人，占 50% ~60%。随着经济总量越来越大，增长 1 个百分点对新增就业的作用会逐渐增大。

现实中的主要问题有三：一是“招工难”和“就业难”并存。为此，一方面要进一步强化针对农民工为主体的培训来解决结构性失业，并通过加强公共就业服务来减少摩擦性失业；另一方面要改善能容纳大量中低技能劳动者就业的小微企业的发展环境。例如，小微企业的增值税可以下降一个档次，17% 的可以降到 13%，原来 13% 的再往下调一个档次。二是农村劳动力大多数进入的是非正规部门。尽快提高其进入正规部门就业的速度，是当前要解决的重要问题。三是农民工初次就业时间越靠后，每份工作的平均持续时间越短。2000 年初次就业的农民工平均每份工作持续 3.8 年，2008 年就业的农民工每份工作只持续 1.4 年。离职的主要原因是对用工单位给予的条件和机会不满意。

与第一代农民工相比，新生代农民工受教育程度更高，更重视发展预期的实现，更关注自身权益的保护；同时，与第一代农民工相比，新生代农民工更缺少归属感，更不容忍环境条件的限制。他们的主动离开实际上充满了被动和无奈。从长期来看，“短工化”无法使劳动者在特定行业积累自己的专业技能，无法帮助劳动者形成稳定的职业发展台阶，难以通过制度方式把劳动关系固定下来，其权益就非常难以得到充分保护。“短工化”可以降低企业的短期成本，但会增加企业的培训成本；由于无法持续拥有具有熟练技术的员工，企业难以实现长远发展和产业升级。劳动者发展预期下降而产生的“社会不公”的怨恨，对社会稳定具有非常巨大的潜在负面影响。

（三）农村金融市场发育

村镇银行发展速度明显加快。2007 年末为 19 家，2008 年末为 104 家，2009 年末为 148 家。2010 年以后开始提速，2011 年末为 726 家，同比增长 159%。截至 2012 年 5 月末，我国村镇银行已经组建了 817 家，农村金融机构的 80% 的贷款投向“三农”和小企业。村镇银行之所以获得银行的青睐，主要有三个原因：①申请不到跨区域发展许可的股份制银行，特别是城市商业银行和农信社，开村镇银行来满足其跨区域发展的需求。②近几年县域经济快速稳定发展，几年前撤并县级网点的大行，又将建立村镇银行作为再次抢占县域市场的手段。③国家为村镇银行连续出台扶持政策。一是银行存款准备金率比照当地农村信用社执行，比大型商业银行存款准备金率低 4.5 个百分点；二是允许村镇银行在五年内逐步达到存贷比考核要求；三是进一步将主发起行最低持股比例由 20% 降低到 15%。

涉农信贷投放总量持续增加。截至 2011 年末，银行业金融机构涉农贷款余额 14.6 万亿元，比年初增长 2.7 万亿元，比上年同期增长 24.9%，高于各项贷款平均增速 8.8 个百分点。其中，农村中小金融机构占涉农贷款增量的 30%。

农村薄弱环节信贷支持显著加强。截至 2011 年末，银行业金融机构农户贷款余额 3.1 万亿元，当年增加 5079 亿元，增长 19.1%。银行业金融机构小企业贷款余额（含票据融资）10.8 万亿元，增加 1.9 万亿元，比上年同期增长 25.8%，高于各项贷款平均增速 10 个百分点。

中西部地区农村金融服务明显改善。在新组建的金融机构中，473 家设在中西部地区，占 60%。已开业机构各项贷款余额 1316 亿元，其中农户贷款余额 435.5 亿元，小企业贷款余额 631.5 亿元，中西部贷款农户数占到全部贷款农户数的 70% 以上。

2011 年共解决了 616 个空白乡镇机构覆盖问题，实现乡镇机构和服务双覆盖的省份（含计划单列市）增加到 24 个，偏远农村地区金融服务发生了历史性变化。

县域支农服务合力进一步增强。从 2011 年初开始，80% 的农村合作金融机构当年新增可贷资金 70% 以上都投放到当地运用，县域信贷资金进一步得到保证。

截至 2011 年末，全国已有 402 家由农村信用社改制组建的农村银行机构，其中农村商业银行 212 家、农村合作银行 190 家。县域农村商业银行涉农贷款占比从 2009 年末的 57.2% 上升到 67%，农村合作银行从 66.1% 上升到 70%。

涉农金融产品更加丰富。2011 年，林权抵押、涉农信贷与保险合作等信贷政策，开发了农业设施贷款、烟农贷款、蔗农贷款等新的贷款品种和产品。

三　农村发展情况

（一）农民收入

2012 年上半年，我国农村居民人均现金收入 4303 元，名义增长 16.1%；其中，工资性收入名义增长 17.3%，家庭经营收入增长 14.4%，财产性收入增长 15.3%，转移性收入增长 22.9%。农村居民人均现金收入扣除价格因素实际增长 12.4%，城镇居民人均可支配收入实际增长 9.7%，增速超过城镇居民收入；但增速比上年同期回落 1.3 个百分点，而城镇居民人均可支配收入增速比上年同期加快 2.1 个百分点。农村居民人均现金收入中位数 3690 元，同比增长 16.9%。城镇居民人均可支配收入中位数 10937 元，同比增长 14.6%。

在农民收入中，务农收入在家庭收入中的比重已降到 50% 以下，务工收入呈现上升态势，农业补贴的力度在不断加大，部分地缓解了农业生产投入不足的状况，财产性收入除沿海一些地方有所增长外，其他地方变化不太明显。

2011 年，各级财政扶持资金总额达 44.6 亿元，共扶持合作社 2.9 万个，平均每个合作社获得扶持资金 15.6 万元，比 2010 年增长 6.4%。

（二）政府财政支农

2012 年，中央财政年初预算安排用于“三农”的支出 12286.6 亿元，比上年增长 17.9%。其中，农业生产支出 4724.2 亿元，比上年增加 634.5 亿元，增长 15.5%；粮食直补、农资综合补贴、良种补贴、农机购置补贴等四项补贴支出 1628 亿元，比上年增加 222 亿元，增长 15.8%；农产品储备费用和利息等支出 620.5 亿元，与上年持平。初步汇总，用于粮食生产的相关支出约 5360 亿元，占“三农”总支出的 43.6% 和促进农业生产发展支出的 76.9%。其中，用于保护种粮农民和主产区利益的支出约 3122 亿元，用于支持提高粮食综合生产能力的支出约 2238 亿元。

拨付成品油价格改革补贴 397.08 亿元，用于对渔业、林业、农村客运等行业的油价补贴。拨付农业保险保费补贴 127 亿元，将糖料作物纳入中央财政补贴范围，将补贴区域扩大至全国，支持各地提高农业保险保障水平，安排产粮（油）大县奖励资金 280 亿元。

2012 年，用于农业科研、农业技术与服务体系等方面的资金 240 亿元，比上年增长 28.3%。通过动支预备费追加预算 22.75 亿元，对农业生产关键环节应用防灾减灾技术及良法给予补助。

拨付农业生产救灾资金 10.4 亿元，拨付云南省特大抗旱补助费 1.1 亿元、农业生产救灾资金 3000 万元，拨付黑龙江等 13 个省份特大抗旱补助费 5 亿元，拨付河北等 12 个省份人工影响天气补助资金 3300 万元。

中央一系列补贴支持农业的政策措施的基本特征是：价格支持政策成为补贴支持农业的基础性措施；政策性补贴由流通环节转向生产环节，对农民直接补贴逐步成为支持农业的重要方式；农业补贴总额和支持水平大幅提高；对农业综合服务支持持续增加。

（三）农村社会保障体系建设

新农合制度自 2003 年开始试点，截至 2012 年 6 月底，参合人数 8.12 亿人，参合率达到 95% 以上。

新农合人均筹资水平由 2003 年的 30 元提高到 2012 年的 300 元左右。

2012年，新农合政策范围内住院费用报销比例进一步提高到75%左右，最高支付限额提高到全国农民人均纯收入的8倍以上，且不低于6万元。

2012年3月底，全国有1914个新农保试点县、1902个城镇居民养老保险试点县，参保人数达到3.43亿人，其中9543万人领取养老金。18个省份的345个县自行开展新农保试点，11个省份的181个县自行开展城镇居民养老保险试点，16个省份已经实现制度全覆盖，10个省份统一实施了城乡居民养老保险制度。2012年底，新农保和城居保实现全国覆盖，比预定计划提前8年完成了任务。到2011年底已经有6800多万名农民工被工伤保险制度覆盖，4000多万人被纳入养老保险和医疗保险制度。

参考文献

《2011年农村土地承包经营及管理情况》，《农村经营管理》2012年第5期。

《"十一五"时期农村土地承包管理情况统计分析》，《农村经营管理》2012年第2期。

《农民工短工化就业趋势研究报告》，http：//www.doc88.com/p－014654320366.html

A Brief Analysis of the Situation of the "Three Rural" in 2012

Li Zhou et al.

Abstract: In the year of 2012, which is a harvest year, the yield of grains in China achieve nine consecutive growth, and the growth of per capital net income in rural continues to exceed that in urban. Furthermore, agriculture continues forward to the commercialization stage. Although the area of transferred cultivated land and the sign rate of land transfer contract continue to increase, the proportion of the land used for crops is declining continuously. The number of rural labor transferring is steadily increasing, but the condition of "recruitment difficulties" and "employment difficulties” co-exist. Furthermore, the rural financial service in the central and western regions improves significantly, and agriculture-related financial products become more abundant. Total agricultural subsidies and support levels continue to improve, and the comprehensive agricultural support services are increasing continuously.

Key Words: Three Rural Problems; Farmers' Income; Rural Labor; Agricultural Subsidies

B.8

2012年前三季度工业经济形势分析与展望

金碚　原磊*

摘　要：

2012年前三季度，中国工业经济整体上处于下行趋势，而且增速下滑的幅度超出了预期。造成工业经济下滑的原因，既有供给层面，也有需求层面。其中，供给层面主要体现为潜在产出增长率的下降。需求层面主要体现为产出缺口为负，而且偏离程度很高。下一阶段，中国工业经济运行将呈现四个特征：一是工业经济增长将中速企稳；二是产业转型升级将成为工业增长的重要动力；三是装备制造业、材料工业等重化工业仍将是工业经济的重要增长点；四是县域经济在工业经济中的地位将变得更加重要。对此，国家应放低工业增速预期，避免出台大规模的经济刺激政策，加大推动企业转型升级的政策支持力度，加快推动体制机制改革。

关键词：

工业经济　转型升级　分析与展望

当前中国工业发展正进入一个新的发展阶段，增长动力机制将发生转变，增长速度将从接近两位数的高速增长逐步下调到8%左右或再略低一些的速度。在这种情况下，工业发展方式和发展战略也必须进行根本性调整，从主要依靠平推式的投资扩张实现生产规模的迅速扩大，转向更加注重向上抢占各产业制高点，向各产业领域的“高、精、细”发展，这也已经成为中国工业发展战略的必然选择。

---

* 金碚，中国社科院学部委员，中国社科院工经所所长，研究员；原磊，中国社科院工经所，副研究员。

一 2012 年前三季度工业经济运行基本情况

2012 年前三季度，工业经济整体上处于下行态势。重工业和轻工业增速趋近，但重工业增速回落的幅度要大于轻工业。东、中、西部地区工业增加值增速普遍回落，尤其是大多数经济发达省份增速明显较低。与此同时，制造业投资增速明显回落，工业品出口增长率总体上大幅下滑。工业企业经营效益显著下滑，至 9 月份才有所好转。

1. 工业生产增速放缓

2011 年，中国工业经济增速保持了平稳较快增长，虽然增速逐季有所放缓，但波动性降低。进入 2012 年以后，情况发生了超出预期的变化。先是在 2012 年 1 ~2 月份达到了 21.3% 的高位，然后逐月显著下降，到 8 月份破“9”仅为 8.9% 的低位，9 月份略微回升到 9.2% （见图 1）。实际上，如果单从增速本身来看，这一速度仍在政府宏观调控的目标区内，但其趋势性态势也引发了一定的担忧，即这种增速下滑的趋势，以及对未来的不确定性产生了相当的压力。因为，从 2011 年下半年开始，中国工业经济增速就进入了下滑轨道，而进入 2012 年以后增速下滑的幅度进一步加大。尽管工业经济增速下滑是符合很多研究者预期的（中国社会科学院工业经济研究所工业运行课题组，2010；刘世锦，2010），但增速下滑的幅度却出乎意料。

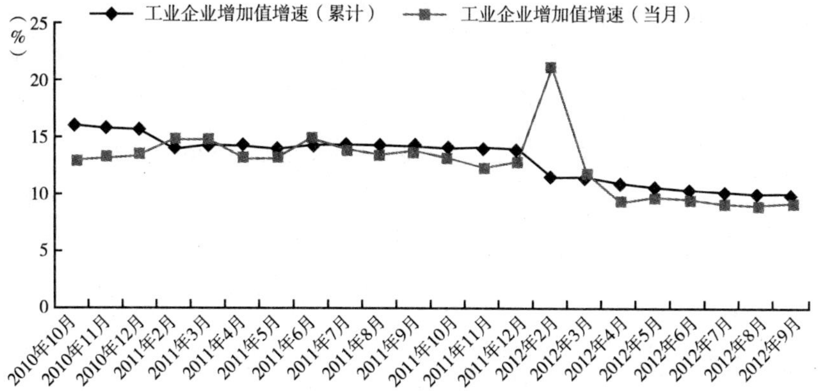

图 1 工业企业增加值累计增速

资料来源：中经数据。

2. 轻、重工业增速趋近，但重工业下滑幅度明显高于轻工业

长期以来，中国工业增长大多数情况下是重工业增速快于轻工业，从而使得重工业在工业中的占比逐步提升，这符合中国重化工业化发展阶段的客观规律。然而，进入2012年，这一情况发生了改变。轻、重工业增速趋近，甚至在很多月份轻工业增速反而快于重工业（见图2）。

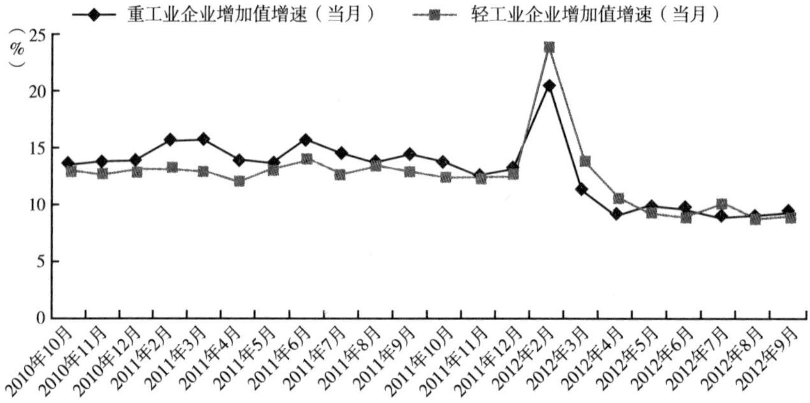

图2　轻、重工业企业增加值累计增速

资料来源：中经数据。

2012年1～8月，增加值累计增速最低的10个行业中轻、重工业比例相近，分别为：其他采选业，水的生产和供应业，电力、热力的生产和供应业，石油加工、炼焦及核燃料加工业，纺织服装、鞋帽制造业，通用设备制造业，黑色金属冶炼及压延加工业，造纸及纸制品业，烟草制品业，电气机械及器材制造业（见表1）。

表1　2012年1～8月工业增加值累计增速最低的10个行业

单位：%

行业	2011年1～8月	2012年1～8月	下滑幅度(个百分点)
其他采选业	20.4	-3.5	-23.9
水的生产和供应业	4.7	4.4	-0.3
电力、热力的生产和供应业	13.4	4.8	-8.6
石油加工、炼焦及核燃料加工业	11.1	5	-6.1
纺织服装、鞋帽制造业	13.1	7.3	-5.8
通用设备制造业	21.4	8.2	-13.2

续表

行业	2011 年 1 ~ 8 月	2012 年 1 ~ 8 月	下滑幅度(个百分点)
黑色金属冶炼及压延加工业	14.8	8.5	-6.3
造纸及纸制品业	17.3	9.2	-8.1
烟草制品业	11.8	9.4	-2.4
电气机械及器材制造业	18.8	9.4	-9.4

资料来源：中经数据。

2012 年 1 ~ 8 月，增加值增速下滑幅度最大的 10 个行业中重工业占了绝大部分，包括：其他采选业，通用设备制造业，非金属矿采选业，专用设备制造业，废弃资源和废旧材料回收加工业，电气机械及器材制造业，非金属矿物制品业，木材加工及木、竹、藤、棕、草制品业，电力、热力的生产和供应业，造纸及纸制品业（见表 2）。

表 2　2012 年 1 ~ 8 月增加值增速下滑幅度最大的 10 个行业

单位：%

行业	2011 年 1 ~ 8 月	2012 年 1 ~ 8 月	下滑幅度(个百分点)
其他采选业	20.4	-3.5	-23.9
通用设备制造业	21.4	8.2	-13.2
非金属矿采选业	23.9	11.6	-12.3
专用设备制造业	20.9	9.6	-11.3
废弃资源和废旧材料回收加工业	27.3	17	-10.3
电气机械及器材制造业	18.8	9.4	-9.4
非金属矿物制品业	20.5	11.3	-9.2
木材加工及木、竹、藤、棕、草制品业	22.1	13.5	-8.6
电力、热力的生产和供应业	13.4	4.8	-8.6
造纸及纸制品业	17.3	9.2	-8.1

资料来源：中经数据。

3. 东、中、西部增速普遍回落，大多数经济发达省份增速较低①

从前三季度来看，东、中、西部地区工业增加值增速均经历了一定幅度的

① 东部地区包括北京、天津、河北、辽宁、上海、江苏、浙江、福建、山东、广东、海南 11 个省（市）；中部地区包括山西、吉林、黑龙江、安徽、江西、河南、湖北、湖南 8 个省；西部地区包括内蒙古、广西、重庆、四川、贵州、云南、西藏、陕西、甘肃、青海、宁夏、新疆 12 个省（市、自治区）。

回落。其中，中部地区回落趋势最为明显，2012 年 1～2 月到 2012 年 9 月份期间，工业增加值增速下滑了 8 个百分点；东部地区回落幅度最小，3 月份最高点与 8 月份最低点仅仅相差 2.5 个百分点。但从增速来看，中西部地区增速明显高于东部地区，2012 年 9 月西部地区和中部地区增速分别快于东部地区 4.1 个和 1.2 个百分点（见图 3）。

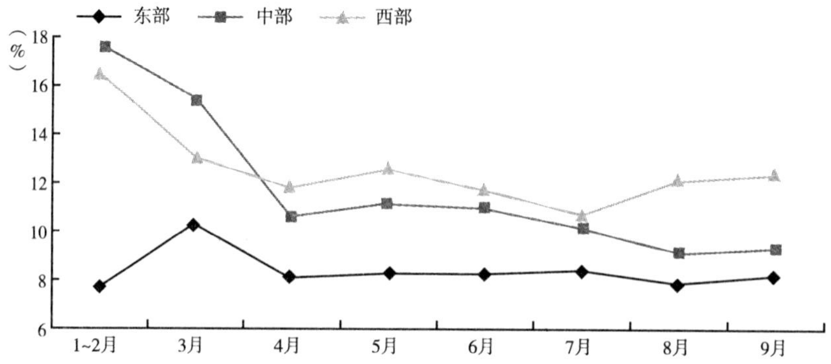

图 3　2012 年前三季度东中西部地区工业增加值当月增速

资料来源：中经数据。

从不同省份来看，2012 年前三季度西部地区省份增速较快，天津、山西、湖北、重庆和四川工业增加值累计增速均达到 24% 以上，处于全国 31 个省、市、自治区排名的前五位，相比之下，东部一些经济发达省份增速较慢，长三角地区、珠三角地区和环渤海地区省份工业增加值增速均处于较低水平，山东、江苏、广东、浙江等传统经济大省工业增加值增速均处于平均水平之下（见表 3）。

4. 制造业投资增速明显回落，高耗能产业投资增速有所回升

2012 年前三季度，制造业投资虽然仍保持了较高增速，高于固定资产投资增速 3 个百分点，但相比于 2011 年下半年有了明显的回落。2011 年全年，制造业投资增速达到 31.8%。而 2012 年前三季度仅仅为 23.48%，下降超过 8 个百分点。在制造业整体投资增速下滑的同时，技术改造投资增速却有所增长。2012 年 1～5 月，技术改造投资 1.9 万亿元，同比增长 25.5%，增速比上年同期提高 3.9 个百分点，技术改造投资占工业投资比重为 40.3%，比上年同期提高 0.5 个百分点。事实上，技术改造投资更多体现了国家对企业技术改

表 3　2012 年前三季度不同省份工业增加值增速排名

单位：%

排名	省份	增速(累计)	排名	省份	增速(累计)
1	天津市	24.2	17	辽宁省	17.8
2	山西省	24	18	内蒙古自治区	17.5
3	湖北省	24	19	河北省	17.2
4	重庆市	24	20	浙江省	17.2
5	四川省	24	21	海南省	17.1
6	湖南省	23.7	22	甘肃省	17
7	安徽省	23.5	23	广东省	16.6
8	广西壮族自治区	23.4	24	江苏省	16.2
9	江西省	22.3	25	云南省	15.7
10	宁夏回族自治区	21.1	26	黑龙江省	15.5
11	福建省	20.8	27	山东省	15.5
12	青海省	20.4	28	北京市	15.4
13	陕西省	20.3	29	贵州省	14.4
14	吉林省	20.2	30	西藏自治区	13.9
15	上海市	20.1	31	新疆维吾尔自治区	13.8
16	河南省	19.6		全国	16.1

资料来源：中经数据。

造的支持，企业技术改造投入的增长主要是因为国家对技术改造贷款补贴力度的加大。制造业投资增速的下滑，反映了投资者对于未来前景的不确定性，也体现了当前工业经济尚未真正进入回升阶段。

在制造业投资增速下滑的同时，高耗能产业投资增速有所回升。六大高耗能产业中，除有色金属冶炼及压延加工业外，其他几个产业 2012 年前三季度的投资增速相比于 2011 年同期均有较大幅度增长（见图 4），化学原料和化学制品制造业投资比上年同期增长 10.56 个百分点，石油加工、炼焦及核燃料加工业比上年同期增长 6.2 个百分点，电力、热力的生产与供应业比上年同期增长 13 个百分点。[①] 高耗能产业投资增速的提高，反映了中国地方政府投资冲动依然存在，以及中国仍处于工业化进程的重化工业化阶段的事实，而这也对下一阶段节能环保工作提出了新的挑战。

① 由于数据缺失，未考察黑色金属冶炼和压延加工业、非金属矿物制品业 2012 年投资增速情况。

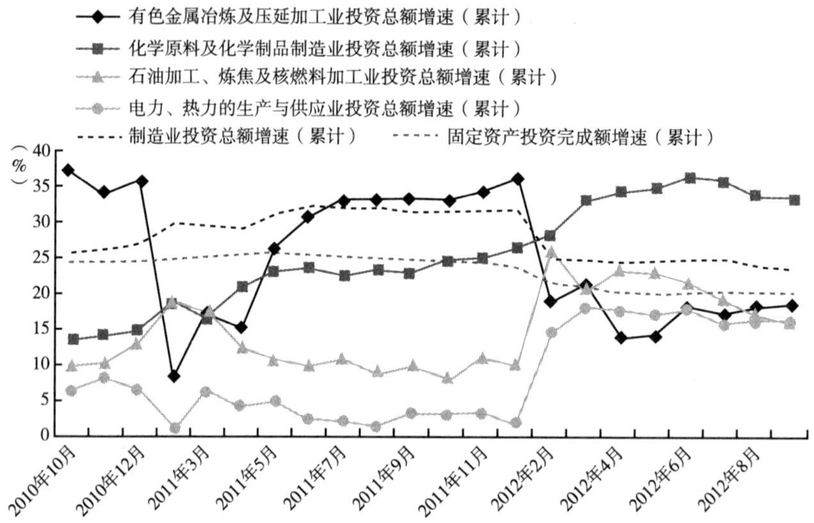

图4　不同类型产业的投资累计增速

资料来源：中经数据。

5. 工业品出口增速大幅下滑，但近期出现回升

出口一直是拉动我国工业增长的重要力量，并且对于解决就业、促进企业参与国际分工都有着不可替代的作用。2012 年前三季度，中国工业品出口增速出现了较大幅度的下滑，2012 年 1 ~ 9 月工业品出口交货值累计增长 5.8%，而上年同期增速为 18.4%，下降了 12.6 个百分点。据估算，工业品出口增速的下滑对于工业增加值增速的下滑直接产生了 1 ~ 2 个百分点的影响，是当前工业增速下滑的重要力量。造成中国工业品出口下滑的原因，既有外部原因，包括国际市场不景气、国际贸易保护主义盛行等，也有内部原因，包括劳动力成本上升导致劳动密集型产业竞争力减弱、产业结构不合理等。

从月度来看，2012 年 8 月、9 月，工业品出口交货值增速出现了回升态势（见图 5）。2012 年 7 月份出口交货值当月增速为 3%，而 8 月份和 9 月份增速分别回升到了 3.6% 和 5.8%。出口增速的回升与上半年以来国家的“稳出口”政策有着直接的关系。上半年，商务部出台了一系列的政策稳定出口，主要包括三个方面：扩大出口信用保险的覆盖面；加大对出口融资的支持，信贷资金将向三类出口企业（有订单的企业、有刚性外需的日用消费品出口商以及对新兴经济体出口的企业）倾斜；进一步加快出口退税进度等。2012 年 9 月 12 日，国务院会议进一步出台的《关于促进外贸稳定增长的若干意见》提出八项政策，涉及外贸企业最为关心的出口退税、融资、出口信保、贸易便利化等方面。另外，除政策性因素以外，我国出口增速回升同样也与外部市场因素有关。一是季节性利好因素推动，9 月通常为欧美采购旺季；二是受近期欧、美、日主要发达经济体联手量化宽松刺激，全球宏观经济紧张局面的暂时放缓有利于我国出口增长。

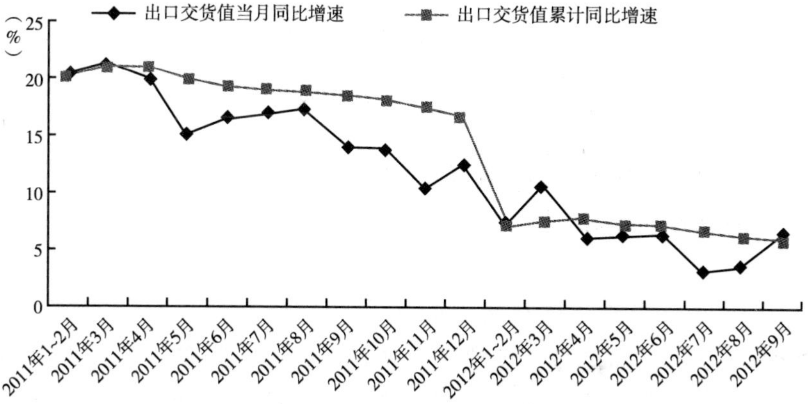

图 5　工业品出口交货值增速

资料来源：中经数据。

6. 工业企业经营效益下滑，但 9 月份明显好转

进入 2012 年以后，工业企业经营效益变得十分严峻。2012 年 1 ~ 9 月份全国规模以上工业企业利润总额同比下滑 1.8%，而工业企业主营业务收入同比增长 10.2%（见图 6）。工业企业利润总额增速下滑幅度大大高于主营业务收入增速下滑幅度，这主要反映出两个问题。一是过去很多工业企业进行了房地产、金融等方面的投资，这些投资的收益提高了工业企业的利润水平。目前，房地产、金融等方面的投资收益降低，成为工业企业盈利水平下降的重要原因。二是目前企业经营困难不仅仅在于需求侧，或者说是市场需求的减少，更在于供给侧，或者说主要是劳动力等生产要素成本的上升使企业经营成本大大提高，从而造成企业盈利能力下降。随着生产要素成本的上升，中国工业企业过去那种粗放式的经营模式已经难以为继，优胜劣汰现象将更加明显。

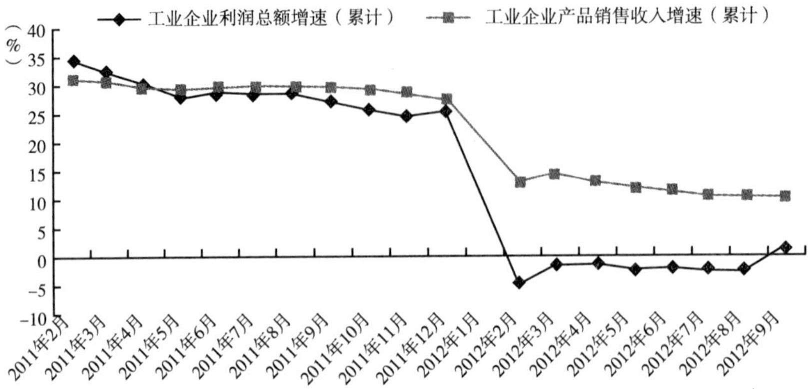

图6　工业企业利润和主营业务收入总额增速

资料来源：中经数据。

2012年9月当月实现利润4643亿元，同比增长7.8%。从数据上看，这是一个十分积极的信号，反映了企业经营效益的好转。企业经营效益好转的原因，主要有三个方面。一是工业品出口回升导致了外向型企业盈亏状况的扭转。“稳出口”政策提振了工业出口企业的信心，增加了出口企业议价空间，保持了我国一些传统优势产品的国际市场份额。也正因如此，外向型产业利润总额增速出现大幅扭转，计算机、通信和其他电子设备制造业利润总额增速由1～8月份的下降2.9%，转为1～9月份的增长5.7%。二是国家“扩内需”的政策促进了工业企业整体效益的好转。2012年以来，国家加大了“扩内需”政策力度，提出“工业化”、“城镇化”和“农业现代化”的“三化融合”。积极多渠道增加城乡居民特别是中低收入群体的收入；实施扩大节能家电等产品消费的政策，积极发展网络购物等新型消费业态。切实落实促进民间投资“新36条”实施细则，支持民间资本进入符合国家产业政策的行业和领域；积极推进国家重点在建续建项目建设，保证工程按期竣工。这些政策产生了积极效果，但在时间上具有一定的滞后性，对工业企业效益的提升作用将在下半年以后逐步显现。三是工业企业的主动调整改善了自身经营状况。在经营困难时期，很多工业企业积极对自身的经营模式和管理水平进行提升，加快技术改造，实施转型升级，取得了十分积极的进展。工业企业的主动调整是中国工业转型升级的客观要求，也是工业企业实现持续性效益改善的唯一途径。

二　当前工业经济下行的宏观因素分析

当前经济增速的下滑既有供给层面的原因，也有需求层面的原因。其中，供给层面的原因主要体现为潜在产出增长率的下降。[①] 需求层面的原因主要体现为产出缺口的变化，2011 年和 2012 年我国的产出缺口为负，而且偏离程度很高，处于历史较高水平。目前，中国经济正处于新一轮经济周期的下行阶段，此轮下降持续时间长、下降幅度深，但波动幅度有所降低。据测算，2007 年以来，中国的全要素生产率出现明显的下滑趋势，反映了改革开放带来的制度红利、企业技术创新和技术改造带来的技术红利正在逐步减弱。

1. 潜在产出增长率下降是我国工业经济增速下滑的根本原因

按照斯蒂格利茨的定义，潜在产出增长率是指“经济中所有资源得到充分利用时国内生产总值可以达到的数值”。国内学者对于潜在产出增长率的一个流行观点认为，“潜在产出增长率指的是在一定时期内，在不引发或加剧通胀或失业的条件下，各种生产要素潜能得到充分发挥所能达到的生产率”。从这个定义我们可以看出，潜在产出增长率指的是潜在的总供给的增长率，是以生产要素的潜能得到充分发挥为前提的。

对于潜在产出增长率的测算有很多不同的方法，这些方法分别被不同的研究者所采用，而且各自具有不同的优势和不足，[②] 其中最具代表性的主要有两

---

① 利用消除趋势法计算，2011 年潜在产出增长率比 2006 年下降了 1.81 个百分点；利用生产函数法计算，2011 年潜在产出增长率比 2006 年下降了 0.86 个百分点。

② 郭庆旺、贾俊雪（2004）采用消除趋势法、增长率推算法、生产函数法估算了我国 1978 ~ 2002 年的潜在产出和产出缺口，认为消除趋势法和生产函数法与实际更为相符。张成思（2009）运用多变量动态模型系统下的 Beveridge-Nelson 分解方法估算了我国 1985 年第一季度至 2008 年第二季度的产出缺口，通过在统计属性和对货币政策调节预测效果方面与传统单变量估算方法比较，认为基于多变量系统测算的产出缺口对货币政策的预测效果更优。

种。一是消除趋势法。借助计量工具，对实际 GDP 进行去势处理，直接分解出潜在产出增长率和产出缺口。这种方法的优点是数据要求比较低，仅仅是需要使用 GDP 增长率数据即可，而且处理过程相对简单。二是生产函数法。对生产函数形式进行设定，然后通过索洛余值的测算获得全要素生产率，再经过进一步处理获得潜在产出增长率。这种方法的优点是较为全面地考虑了生产要素利用率和技术进步的影响，系统性和逻辑性较强，但运算过程较为复杂。本文将同时采取这两种方法对潜在产出增长率进行测算①，然后对二者的结果进行比较分析。

两种方法均能够获得一个相同的结论，那就是近年来潜在产出增长率的下降，而且从大趋势上看，中国潜在产出增长率的下降是从 2007 年开始的（见图 7）。换一句话讲，从 2007 年开始，中国经济增长事实上已经面临较强的下行压力。造成中国潜在产出增长率下滑的原因有以下几个方面。

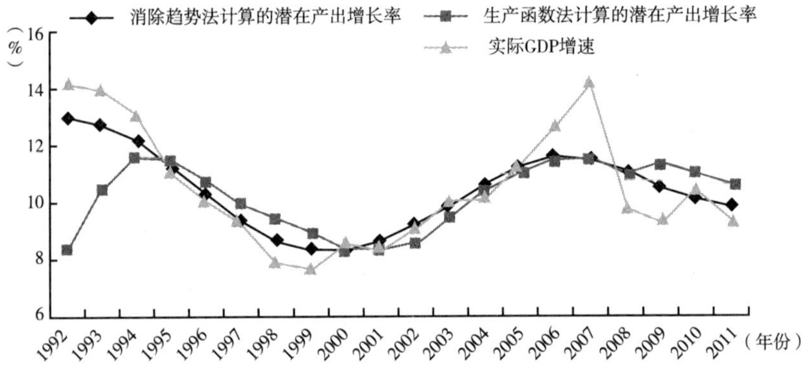

图 7　两种方法计算的潜在产出增长率与实际 GDP 增速的比较

资料来源：笔者计算。

① 具体实施为：(1) 趋势消除法。在我国可比价 GDP 的基础上，使用 X－12－ARIMA 季节调整方法，选择乘数模型，获得季节调整后的 GDP 序列。采用 HP 滤波的方法，对季节调整后的 GDP 序列取对数后进行分解。利用其趋势成分序列获得潜在产出。利用波动序列，去除不规则成分以后，获得产出缺口。(2) 生产函数法。采用两要素（资本和劳动力）的 C－D 生产函数 $Y_t = AK_t^{\alpha}L_t^{\beta}$，采用永续盘存法来估计每期的资本存量，全国固定资产基期资本存量采用了郭庆旺、贾俊雪（2004）推算的 1978 年全国固定资产净值为 3837 亿元（1978 年价格）。

（1）劳动力供求关系的变化及劳动力成本的上升。在 20 世纪 50 年代，美国著名经济学家刘易斯提出了“二元经济”理论。他认为，发展中国家的经济发展是劳动力和其他资源由传统农业部门不断向现代部门转移的工业化过程。随着农业部门的剩余劳动力向非农部门的逐渐转移，滞留在农业部门的剩余劳动力越来越少。剩余劳动力转移完毕之日，就是所谓的“刘易斯拐点”到来之时。目前，断言中国的“刘易斯拐点”已经到来可能尚待更充分的证据，但全国很多地区出现“民工荒”和“招工难”现象，以及劳动力成本上升却是不争的事实。“民工荒”和劳动力成本上升直接的后果就是对我国传统的经济发展道路造成了挑战，表明中国过去那种主要依靠低成本迅速扩张的外延式发展道路已经难以持续。

（2）资源环境约束日益趋紧。随着工业化、城镇化进程加快，经济总量不断扩大，资源消耗呈刚性增长。然而，传统的资源终究会消耗殆尽，新的替代能源在短时期之内难以真正取代传统能源，因此在资源保障方面，中国工业面临着越来越大的压力。同时，我国生态环境总体恶化趋势没有得到根本扭转，一些地方生态环境承载能力已近极限，水、大气、土壤等污染严重，固体废弃物、汽车尾气、持久性有机物、重金属等污染持续增加。这些问题都会对我国下一阶段的经济增长造成压力和约束。

（3）体制改革所释放的动力和能量明显减弱。改革开放 30 多年来，中国经济取得了巨大的成绩，这有很大一部分是来源于改革开放所释放出来的动力和能量。目前，中国的“渐进式改革”发展到了一个新的阶段，按照中央的表述是“改革已进入攻坚期”。如果改革再不能取得新的进展和突破，那么过去改革所释放的动力和能量将逐步消失。甚至，随着一些问题进一步显现和固化，一些半途而止的改革很可能变成阻碍经济增长的障碍，甚至影响社会稳定。

2. 产出缺口为负且处于低位加剧了工业企业的经营困难

产出缺口是指实际产出与潜在产出的偏离程度，反映了现有资源的充分利用程度。如果产出缺口为正，则说明经济在超过潜在供给能力的水平上运行；相反，如果产出缺口为负，则说明经济在低于潜在供给能力的水平上运行。以两种方法进行的测算均显示，目前产出缺口为负，且均处于 1995 年以来的最低点（见图 8）。从消除趋势法来看，2012 年第二季度的

产出缺口为 -1.90%，为1991年以来的最低点；从生产函数法来看，2011年的产出缺口为 -2.53%，为1992年以来的最低点。这反映了当前产出水平较大程度的偏离于潜在产出。造成产出缺口为负，而且偏离幅度较大的原因主要在于需求层面，具体有三个方面。

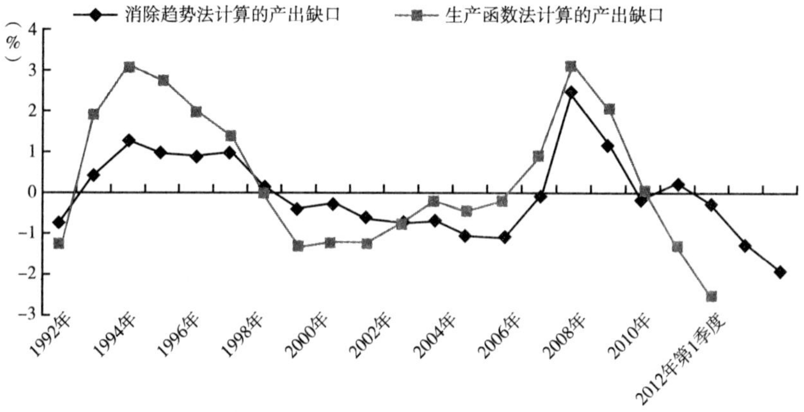

图8 两种方法计算的产出缺口比较

资料来源：笔者计算。

（1）国民收入分配机制不合理，导致国内需求不足。中国在改革开放初期，国民收入分配状况明显改善。但此后出现恶化趋势，居民收入尤其是劳动报酬占国民收入比重持续下降，收入差距不断扩大。造成这一状况的原因主要有两方面：一是工资增长滞后于经济增长，主要由于劳动力城乡转移导致劳动力供给过剩等发展阶段的原因，以及缺乏工资协商谈判机制。二是制度缺陷导致的腐败、灰色收入膨胀，收入分配秩序混乱。收入差距扩大的直接结果是国内消费需求不足。事实上，2003～2006年期间，中国国内消费出现了较大幅度增长的态势，当时很多学者认为中国进入了消费升级的阶段。然而到了今天，中国消费增长反而大大放缓，其根本原因是收入分配机制不合理导致了收入差距过大。

（2）世界经济不景气导致外需大幅下滑。2011年全球经济增长低于预期，无论是发达国家，还是新兴经济体均面临着经济增速下滑的压力。受主要发达国家经济增长乏力、新兴经济体面临较强通货膨胀压力、欧洲国家主权债务危机等因素影响，国际货币基金组织、世界银行纷纷调低了世界经济增长预期。

在这种情况下，国际市场需求出现了较大幅度的下滑。事实上，中国与东盟、印度、南非、巴西、俄罗斯等新兴市场双边贸易增长较快，但中国与美国、日本、欧盟等发达国家和地区的贸易增长较慢，而且增速出现较大幅度下滑。

（3）4万亿投资计划和重点产业调整振兴规划等经济刺激政策的退出也导致了实际需求的减少。反危机的经济刺激政策对于避免国际金融危机下中国经济的过快下滑起到了重要的作用，但同样也带来了一些问题，需要在政策退出后逐步消化。1.6升及以下汽车购置税减免，家电、汽车、农机三下乡等消费刺激政策在一定程度上透支了居民的消费能力，会对未来居民消费能力造成影响。4万亿投资同样加剧了某些传统产业的产能过剩问题。例如，4万亿投资直接拉动了建材、钢铁、水泥等传统行业的投资大幅增长，而这些产业早已存在严重的产能过剩问题。大幅投资的新增产能将逐步释放，使国民经济面临较大调整压力。

3. 中国全要素生产率（TFP）逐步下降

从20世纪90年代开始，中国全要素生产率（TFP）进入了上升的轨道（见图9），这反映了中国改革开放带来的制度红利和技术红利，然而进入21世纪以来，这种增长的幅度逐渐变缓，甚至从2007年（如果从全要素生产率HP趋势来看是从2004年）开始，逐步进入了下滑轨道，而且下降速度很快。全要素生产率的提高最主要来源于两个方面：一方面是企业由研发投入或技术引进带来的微观生产技术的进步；另一方面则是改善资源配置（即生产要素

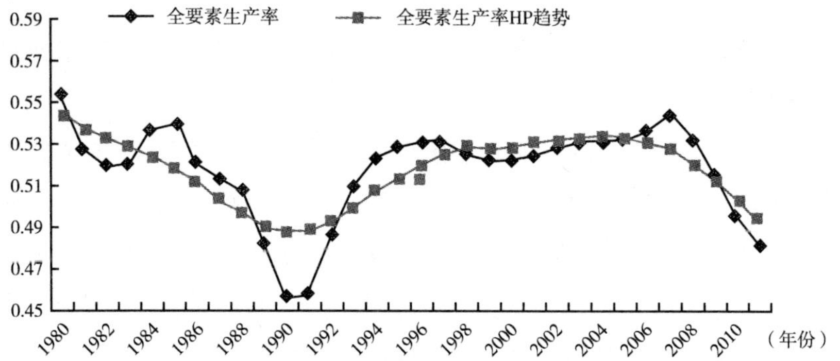

图9　中国全要素生产率的变化

资料来源：笔者计算。

由生产率低的企业、部门或地区流向生产率高的企业、部门或地区）带来的效率提高。因此，如果政策性或制度性的因素导致资源无法由生产率低的企业配置到生产率高的企业，就会带来资源配置上的损失，从而降低全社会的生产率（樊纲、王小鲁、马光荣，2011）。

三 工业经济运行趋势展望

受内部因素和外部因素的共同作用，中国工业经济将进入一个新的发展阶段。在这个阶段里，工业经济运行的传统模式将发生改变。工业运行的特征以及作用机制，都将发生深刻的变化。

1. 工业经济增速将中速企稳

改革开放30多年来，中国工业经历了一轮又一轮的快速增长，形成了门类齐全、层次多样、具有国际竞争力的现代工业体系。目前，中国经济总量已经仅次于美国跃居世界第二，工业经济总量超过美国跃居世界第一。据美国研究机构HIS测算，2010年中国占世界制造业产出的19.8%，略高于美国的19.4%，而制造业世界第一的“宝座”，美国从1895年一直保留至2009年。事实上，如果利用联合国数据库公布的各国制造业增加值，通过当前汇率进行换算，那么中国在2009年制造业增加值就已经达到17453.78亿美元，高于美国的17316.71美元，成为世界第一。在经济总量比较小、产业门类尚不齐全、劳动力资源快速增长、资源环境约束不强的情况下，通过粗放式发展，实现高增长是有可能的，但随着发展环境的改变，中国工业要想长期维持过去的高增长已经变得不可能。

为更好地判断下一阶段工业经济增速的走势，本文建立了VAR模型对2012年第四季度和2013年第一季度的工业经济增速进行预测。指标的选取以对工业增加值同比增长率有预测效果的各种经济变量为数据集，以格兰杰因果关系为选择依据，选择那些对工业增加值有预测效果的指标。具体来讲，主要从以下指标中选取：工业增加值同比增长率、居民消费价格指数（CPI）同比增长率、商品零售物价指数（RPI）同比增长率、生产者物价指数（PPI）同比增长率、动力购进价格指数（PPIRM）同比增长率、进出口金额同比增长率、出口金额同比增长率、进口金额同比增长率、M0 同比增长率、M1 同比增长率、M2 同比增长率、金融机构各项贷款余额同比增长率、财政预算支出同比增长率。

通过格兰杰因果关系检验以后，发现在 5% 的显著水平下，有 7 个变量对工业增加值同比增长率有预测效果，其中代表价格的有 CPI 同比增长率、RPI 同比增长率、PPIRM 同比增长率，代表货币因素的有 M2 同比增长率、金融机构各项贷款余额同比增长率，代表对外贸易的有进出口金额同比增长率和进口金额同比增长率。由于同一组的变量之间有着共同因素，因此本文从每组指标中选取一个指标作为该组的代表，选取的准则以 F 统计量的大小作为依据。这样本文选取的代表性指标为 CPI 同比增长率、金融机构各项贷款余额同比增长率和进出口金额同比增长率。综合运用 LR、FPE、AIC、SC 和 HQ 准则来选择最优滞后阶数。选取标准为以常用的 AIC 和 BC 准则为基准，其他指标作参考。AIC 显示滞后四阶是最优选择，而 SC 显示滞后二阶是最优选择，综合考虑 FPE 和 HQ，选择滞后四阶作模型形式。我们的测算采用了 2001 年 1 月至 2012 年 9 月国家统计局数据。具体结果见表 4。

表 4　模型测算结果

Lag	LogL	LR	FPE	AIC	SC	HQ
0	-1609.046	NA	402248.9	24.25633	24.34326	24.29166
1	-1121.359	938.7055	334.2644	17.16330	17.59794	17.33992
2	-1070.592	94.66343	198.3049	16.64049	17.42284*	16.95840
3	-1043.143	49.53319	167.2194	16.46831	17.59837	16.92752
4	-1016.270	46.87563	142.4409*	16.30481*	17.78258	16.90532*
5	-1004.124	20.45596	151.7022	16.36277	18.18825	17.10458
6	-989.1127	24.37970	155.1235	16.37763	18.55083	17.26074
7	-980.7994	13.00113	175.9460	16.49322	19.01413	17.51762
8	-960.8139	30.05349*	168.0213	16.43329	19.30191	17.59899

从预测结果来看，2012 年 9 月开始，中国工业经济将出现中速企稳的走势。2012 年 10 月、11 月、12 月，以及 2013 年 1～2 月、3 月，工业经济增速的预测值分别为 10.57%、10.54%、10.35%、11.43%、11.93%。从增速走势上看，目前工业经济已经改变了增速持续下滑的趋势，而是将逐步进入企稳回升阶段（见图 10）。

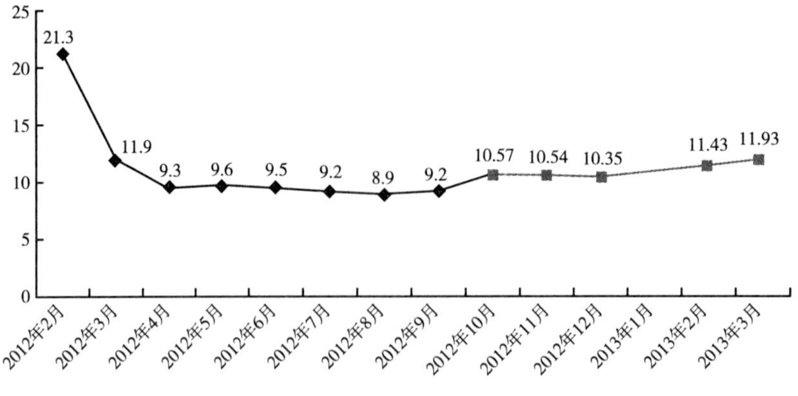

图 10　2012 年第四季度和 2013 年第一季度工业增加值增速预测

资料来源：笔者计算，2012 年 10 月后为预测值。

2. 产业转型升级将成为工业增长的重要动力

经济增长可以分为外延式增长和内涵式增长，外延式增长是指主要依靠资本投入来实现经济增长；内涵式增长是指主要通过科技进步和创新提高效率来实现增长。早期的发展经济学者认为经济增长的主要动力在于资本积累，尤其是赶超型国家必须依靠不断扩大的资本投入来实现自身经济规模的扩张，而现代经济增长理论则认为技术进步是经济增长的决定因素，应当依靠扩大对人力资本的投资，实现知识创新，从而实现经济的内涵式增长。事实上，外延式增长和内涵式增长之间应当是一种相互依存、相互推动的关系。任何一个国家都无法仅仅通过一种增长类型来实现经济的长期繁荣，而是在不同发展阶段，由不同的增长模式占据着主导地位。当经济规模较小的时候，应当依靠扩大资本投入、提高产出以满足现有或潜在的需求；当经济总量达到一定规模以后，继续增加的产业规模无法找到新增的有效需求，因此应当通过技术进步更好地满足现有需求，提高产业的国际竞争优势。当一个新的产业出现以后，也将会继续重复这一过程，而从国家层面来看，也就出现外延式增长和内涵式增长长期共存和交替占据主导地位的情况。

过去中国工业在生产要素成本较低、尚未形成完备的工业体系的情况下，更多采取了迅速的“开阔地推进”发展路径，在短短几十年的时间里实现了规模的迅速扩张；然而到了今天，过去的这种道路已经难以持续，中国工业增长动力机制正在发生转换，必须要对自身的发展战略进行根本性的调整，必须在已铺开的产业基础上向上发展，占据各产业制高点，实现各产业的“高、精、细”发展。“开阔地推进”发展路径从增长动力机制看，主要体现为依靠资本投入来实现经济增长。中国经济增长与宏观稳定课题组（2010）通过测算认为，中国的资本积累增长率及其对经济增长的贡献率与全要素生产率所代表的技术进步对经济增长的贡献率表现出明显的此消彼长关系，即在快速资本积累、资本化扩张主导经济增长的时期，全要素生产率作用相对较弱，而当资本积累较慢、作用下降时期，全要素生产率作用就会上升。因此，在“开阔地推进”发展路径下，全要素生产率增长缓慢，甚至出现下降趋势，也是不难理解的。也正因如此，在 2007 年以后，尤其是国际金融危机后，随着固定资产投资的快速增长，全要素生产率出现了明显下滑的趋势。实施“向上发展占据产业制高点”的发展战略将体现为科技进步和创新带来的效率提高，要求全要素生产率的提高形成对经济增长的强有力拉动作用。

3. 装备制造业、材料工业等重化工业仍将是工业经济的重要增长点

工业发展有其特定的内在规律，经历重工业加快、比重提高的阶段是西方许多国家工业化历史中的共性。装备制造业、材料工业等重工业的发展往往是整个工业技术进步的来源和国家经济安全的保障，也代表了一个国家工业的整体竞争力水平。新型工业化道路并不是不发展重工业，而是要改变生产和使用重工业产品的方式和效率。目前，受国际金融危机冲击，重工业增加值增速出现较大幅度的下滑，但从长远来看，中国重化工业化的进程尚未结束，重化工业比重仍有可能保持一定时期的上升趋势。在过去产业门类不齐全、产业规模较小的条件下，我国的重化工业化主要通过资产扩张来实现，具体体现为产业门类的不断齐全、产业规模的快速扩大；中国下一阶段的重化工业化主要通过技术水平提升来实现，体现为产业分工不断升级、企业竞争力的不断提升。

中国工业将经历一场“工业母机革命”，即以装备制造业为代表的重工业将实现重大技术进步和实力增强。“工业母机”一般是指生产机器的机器，主要涉及材料产业和装备制造业。中国目前很多行业中，产品已经在国际上具有很强的竞争优势，但设备却不得不依赖进口。这样的结果是，高价格的国外设备增加了产品生产的成本，同时使中国企业在技术上依赖国外，降低了产业发展的自主性。中国的“工业母机革命”主要是指中国工业企业通过自主研发实现技术水平的提高，从而对进口设备实现进口替代，并进一步出口到其他国家。从历史经验来看，中国工业企业一旦实现对某种设备的成功攻关，往往能够迅速建立起巨大竞争优势，甚至在进口价格 1/2 的水平上进行销售仍然能够获得盈利，从而也将对全球产业的发展模式和竞争格局产生根本性的冲击。目前，中国在“工业母机”领域有着巨大的发展空间，如果能够成功地对现有的进口“工业母机”进行替代，并进一步扩展到国外市场，则能够对整个工业的增长产生巨大的带动力，同时也将大大带动工业竞争力的整体提升。

4. 县域经济在工业经济中的地位将变得更加重要

在中国工业化进程中，实体经济有三大“造血”机制：工业企业、中心城市和县域经济。过去，人们更多地关注前两者。其实，县域经济可以在农业基础、劳动力供应、土地开发、村镇工业、市场需求等各方面对工业化产生极大的推进作用。目前，相对于创造了巨大财富的企业和长足发展的中心城市，我国县域经济总体上相对薄弱，而且各县之间的差距非常大。三者间处于明显的不平衡状态。当前，中国总体上已进入工业化中期，工业化必须向深度推进，其主要标志：一是工业生产的进一步高效化、节约化、清洁化、精致化。二是产业发展空间向纵深拓展。目前，中国与发达工业国之间的差距主要表现为县域经济，因此，中国经济发展必须进一步向各县域“腹地”推进。县域经济发展肩负着从根本上改变“发达城市，落后农村”和“高级产业在城市，落后产业到县镇”格局的历史使命。而且，中国经过 30 多年的发展，在客观上也正在出现地区经济社会发展水平的均态化趋势。

县域经济对工业的作用主要可以体现在三个方面。一是县域经济的增长将成为拉动工业增长的重要力量。2008 年金融危机前，县域经济增长速度要低于全国总体增长，但近年来，县域经济增长速度明显高于全国总体水平。2010 年，县域范围的经济占全国 GDP 的比重首次超过一半。这个变化表明，在未来一个时期，县域经济对我国经济增长的重要性将不断增加。二是县域经济将成为工业转型升级的重要“战场”。县域经济粗放式的增长模式仍很普遍，县域工业技术装备水平低，很多是拼资源、拼消耗的项目。对这些高污染、高耗能的产业进行淘汰，实现县域经济的可持续发展是我国工业转型升级的关键任务。三是县域经济将成为承接产业转移的“腹地”。东部地区企业在进行产业转移的时候，在很多情况下，不会选择将产业转移到中西部的大城市，而是将产业转移到周边的县域。这有利于这些企业保留原有的市场和渠道，从而更好地为核心城市的企业进行配套。

四　政策建议

当前中国企业面临着严峻的挑战。在经营效益下滑的情况下，如果成功实现转型升级，那么有可能实现竞争优势转型，在价值链更高端环节塑造出新的竞争优势；相反，如果在转型升级中失败，那么传统优势将逐步消失，而未来的中国工业也将面临着更大的困难。为促进中国企业的转型升级，国家应在放低工业经济增速预期的基础上，出台更大力度的转型升级促进政策。

1. 适度调整工业经济增速预期

近年来，随着劳动力、资源、环境等生产要素约束强度的上升，中国经济潜在增长率进入下降趋势，中国工业经济也将逐步进入中速增长阶段（相对于中国过去的高增长率可称为“中速”，而相对于其他国家中国工业增长仍将保持较高速度）。而且，由于工业经济的转型升级不可能在短期之内完成，因此工业经济面临着较大的调整压力。因此，未来几年里，中国工业经济将不可能再继续保持 2003 年以来那样的高速增长，而是有所减速。预计整个“十二五”期间或者到“十二五”后期，工业经济的潜在增长率将接近于 9%。工业经济增长的动力机制也将逐步发生转变，“腹地经济”发展将进一步促进工业化和城镇化融合发展，投资依旧是工业增长的重要力量，但技术进步在经济增长中的贡献也将越来越大。在这种情况下，国家应始终将促进工业转型升级作为政策的重心，避免部分地方政府因为过度追求经济增长速度而放松了对“调结构”的要求。要把全面贯彻落实“十二五”规划作为重要任务，抓紧落实和组织实施好规划中促进产业转型升级的各项政策措施，努力完成规划确定的各项目标。同时，注重研究中国工业在“后危机时代”中面临的新情况、新问题，积极探索新形势下结构调整的新思路、新办法。

2. 避免实施过度强烈的经济刺激政策

本轮经济增速下滑是多种因素引起的综合性问题。既是因为周期性波动、政策退出等短期性因素的影响，也是因为中国工业经济发展模式本身的矛盾积累到一定程度需要释放。速度的降低是中国工业实现转型升级以前的过渡，是中国企业实现竞争优势转型的必经阶段。受劳动力成本快速上升、市场规模萎缩、节能环保要求提高等因素影响，企业主动实施转型升级的苗头目前已经十分明显。企业纷纷通过提高自动化水平、加大技术改造投入、加强研发、推动商业模式创新等手段，实现自身的转型升级，争取在价值链的更高端环节建立起新的竞争优势。如果在这个时期，国家实施过度强烈的经济刺激政策，重新启动依靠粗放式投资拉动经济增长的方式，可能会对企业转型升级造成负面作用，不利于产业的转型升级。另外，现阶段的工业经济下滑并没有引起大规模的失业，甚至很多地区“民工荒”问题依然严重。这也是国家不需要出台大规模的经济刺激政策的重要理由之一。

3. 加大政策支持力度，推动企业转型升级

现阶段是中国企业转型升级的关键期，这一时期的政策走向将直接决定中国企业能否成功实现转型升级。如果能够解决企业在转型升级中面临的关键性障碍，从政策上支持和推动企业转型升级，那么中国企业转型升级的步伐将大大加快。①加大财政扶植力度，推动企业加大研发投入、加快技术改造升级，实现产学研体一体化，鼓励企业创新商业模式，开发新市场。②切实减轻企业的税收和各种非税负担。实体产业税负和各种非税负担沉重已成为阻碍企业实现技术进步和转型升级的重要不利因素，只有下决心把企业的总体负担减下来，才可能让企业具有技术创新的活力和实现转型升级的条件。③为企业转型升级提供金融支持。鼓励银行对于那些寻求金融支持以进行转型升级的企业给予重点支持，拓宽投、融资渠道，搭建融资平台；拓宽企业直接融资渠道，鼓励各类金融机构与担保机构及其他投融资机构紧密合作，开发直接融资产品，支持符合条件的企业上市融资。我们常常习惯于说，“经济下滑期间是促进企业转型升级的良好时机”，事实上这句话不完全正确。危机能够使企业具有很强的转型升级愿望，但同样也可能会造成企业缺乏转型升级所需的资金，而且国家反危机政策也可能会对企业转型升级造成负面影响。因此，为促进企业转型升级，国家要对企业行为进一步深入分析，让政策扶持更科学、更切实。

4. 加快推动体制机制改革

国家提出要引导社会资源流向实体经济，认为实体经济是国家竞争力的根本。然而，目前制约实体经济发展的最根本因素是体制机制问题。由于市场经济体制的不完善，导致了某些暴利行业的存在，吸引了很多实体经济企业将大量的资源向这些暴利行业集中，加大了经济运行的风险，也抽取了实体经济发展的“血液”。下一阶段，国家应加快推动体制机制改革，推动社会主义市场经济体制的完善。①推动生产要素市场改革。深化财税体制、土地管理体制、金融体制、环境保护体制等方面的改革以及完善干部考核与晋升制度，避免地方政府追求地方利益而造成生产要素价格扭曲。②规范市场竞争秩序。避免政府自由裁量权过大扰乱市场机制，从规范市场秩序着手，增加信息透明度，加强监管，促进公平竞争。③加快推动垄断行业改革。对垄断行业进行区分，对有条件引入竞争机制的行业，应坚决推动垄断行业改革，利用竞争机制，提高资源配置效率。对于那些尚没有条件打破垄断的行业，应加强政府监管和社会监督，防止垄断企业滥用市场支配地位。

参考文献

金碚：《在经济发展大趋势下把握经济形势》，《人民日报》2012年10月9日。

金碚：《资本为何追捧“产业新城”》，《中国经营报》2012年3月3日。

樊纲、王小鲁、马光荣：《中国市场化进程对经济增长的贡献》，《经济研究》2011年第9期。

郭庆旺、贾俊雪：《中国潜在产出与产出缺口的估算》，《经济研究》2004年第5期。

张成思：《基于多变量动态模型的产出缺口估算》，《统计研究》2009年第7期。

中国经济增长与宏观稳定课题组：《资本化扩张与赶超型经济的技术进步》，《经济研究》2010年第5期。

中国社会科学院工业经济研究所工业运行课题组：《2011年中国工业经济运行形势展望》，《中国工业经济》2011年第3期。

Analysis and Prospect of Industrial Economic Situation in the First Three Quarters of 2012

Jin Bei et al.

Abstract: In the first three quarters of 2012, China's industrial economy, as a whole, is in a downward trend. The reasons are the decline in the growth rate of potential output and the negative high degree output gap. China's industrial economy would present four characteristics in next phase: firstly, the industrial economic growth will be in stabilized speed; secondly, industrial transformation and upgrading will become an important driving force for the growth; thirdly, equipment manufacturing, materials and other heavy industry will remain important growth sections in the industrial economy; fourthly, county economy will become more important in the industrial economy. Therefore, China should lower expected industrial growth, avoid the introduction of large-scale economic stimulus policies, strengthen policy support to promote enterprise restructuring and upgrading, and expedite the reform of institutional mechanisms.

Key Words: Industrial Economy; Restructuring and Upgrading and Outlook

宏观经济政策与宏观调控篇

Macro Economic Policy and Macroeconomic Regulation and Control

B.9

尊重客观规律　坚持“稳中求进”

汪同三*

摘　要：

2012年，我国面临严峻的经济形势，但总的来看宏观经济呈现缓中趋稳态势，经济增速可以达到预期。金融危机和主权债务危机波动性很强，影响是严重的和长期性的。由于我国经济实力增强、深具活力，发展空间大、宏观调控经验丰富以及尚存积极的世界经济政治格局，我国宏观经济呈现缓中趋稳态势。对此本文提出要把提高经济效益放在重要位置、宏观注重审慎求稳、努力创新微观经济措施。

关键词：

宏观经济形势　经济增速　政策措施

* 汪同三，中国社会科学院数量经济与技术经济研究所。

一　当前面临严峻的经济形势

自 2008 年美国金融危机爆发以来，世界经济进入一个动荡的时期。作为世界最大的经济体，美国经济长期萎靡不振，受其金融危机波及影响，世界各国经济均程度不同地出现增长减速。2009 年世界经济出现了自二战结束以来第一次负增长。美国金融危机余波未尽，欧洲国家主权债务危机接踵而来，为世界经济的艰难恢复雪上加霜。近两年随着欧洲国家主权债务危机的愈演愈烈，国际经济环境的不稳定性、不确定性、不安全性日益加剧。无论是发达国家，还是新兴经济国家都程度不同地受到明显而严重的影响。特别是西方发达国家经济增长乏力，失业率居高难下，财政状况窘迫，金融危机阴影挥之不去。当前，国际政治经济形势复杂多变，以及国内经济发展现阶段存在的深层次的矛盾和问题凸显，使得我国经济发展面临的困难极大增多，稳定经济增长的任务十分艰巨。我国目前经济发展，面临的困难和问题在微观方面主要表现为，企业经营环境困难加大，企业经济效益明显下滑，企业经营者信心受到负面影响；在宏观方面主要表现为，季度 GDP 增长速度连续 9 个季度下降，工业增加值增长速度连续数月在一位数水平，社会消费品零售额增速和消费者信心指数均有缓慢下降。特别是对外贸易状况明显受到欧洲国家主权债务危机影响，近几个月进口和出口增速均在低位徘徊，形势严峻。外需萎缩已经成为使得我国经济增速下降的重要制约因素。此外，受经济增长速度下降的影响，各级财政收入增速也出现较为明显的减慢，也是不容忽视的问题。

面对这样错综复杂的困难局面，党中央、国务院在 2011 年底的中央经济工作会议上提出了克服困难保持经济平稳较快增长的“稳中求进”的总要求，近一年来，我们坚持实施积极的财政政策和稳健的货币政策，加强和改善宏观调控，不断提高政策的前瞻性、针对性和灵活性，注意处理好保持经济平稳较快发展、调整经济结构和管理通货膨胀预期的关系，把稳增长放在更加重要的突出位置，有效把握住了总体政策大方向。在宏观调控实践中，我们根据国际经济环境和国内经济运行出现的新情况、新问题，有针对性地及时出台一系列多方位政策措施，不断加大预调微调力度，经过各方面的共同努力，宏观调控取得了较好效果。总体来看，宏观经济运行呈现缓中趋稳态势，经济社会发展态势良好，经济增速可以保持在年初提出的预期目标区域内。随着已经出台的政策措施逐步落实到位并充分发挥作用，可以期盼我国经济增长可以进一步趋稳，并为下一轮平稳较快的发展奠定基础。

世界各主要经济机构，如世界银行、IMF 等，均预期世界经济增长 2013 年可能略高于 2012 年的水平。我们应该尊重客观规律，认真落实“稳中求进”的方针，争取实现宏观经济更加稳定和可持续的较快增长。

二　密切关注并积极应对国际经济环境出现的动荡

此次我国经济运行出现波动的一个重要的直接原因是国际经济环境动荡的影响，因此有效应对各类国际性经济危机的必不可缺的工作是要密切关注国际经济环境中金融危机和主权债务危机的动向，正确分析外部形势变化的原因，缜密判断形势变化的走势，及时采取灵活适度的对策。

当前国际经济形势的变化有以下几方面特点。

第一，发达国家经济面临重重困难，美国经济总量虽然已经基本恢复到金融危机以前水平，但是进展迟缓复苏乏力；欧洲主权债务危机仍在继续发酵，欧元区经济已经陷入整体衰退；日本挣扎在维持微弱正增长的边缘，居高不下的沉重财政债务使其有可能也陷入危机。当前发达国家普遍面临四个困境：一是沉重的主权债务，发达国家普遍财政赤字不断攀升，居高难下，虽然各国艰难进行调整，但远未达到维持财政可持续的水平。二是金融系统仍然十分脆弱，引发美国金融危机的大量不良资产尚需继续消化，欧洲主权债务危机又产生的需要处理的不良资产超过万亿美元，金融难题繁乱丛生。三是失业率居高不下，美国失业率仍然在高位徘徊，欧洲一些国家失业率甚至接近 25%。当前西方国家的高失业率既是目前重重危机的结果，也是未来爆发更严重危机的导火索。四是受各自国家政治、社会、经济因素的重重制约，以及各国之间利益冲突的影响，或国内受财政窘况限制，或难以达成多国协议，致使发达国家应对危机的政策空间十分狭窄有限。这四方面问题形成恶性互动，不仅使问题难以解决，更会延长危机的衰退萧条期，对世界经济产生短期内难以消除的负面影响。

第二，发展中国家经济也面临严重的问题。在 2008～2010 年美国金融危机期间，相对于发达国家经济的不景气，发展中国家经济增长曾经有过较为强劲的表现。但是受到发达国家危机日益严重的拖累，以及因国内通胀压力而不得不从应对美国金融危机时采取的刺激政策逐步退出，特别是发展中国家本身结构性问题在外部环境发生变化时的暴露，使得发展中国家经济增长明显减速，缩小了我们在保持外需的过程中通过加强与发展中国家经济交往来克服发达国家经济不景气影响的回旋余地。

第三，这次发达国家连续出现的金融危机和主权债务危机波动性很强，造成的影响不仅十分严重，而且是长期性的，危机后世界经济格局必将出现影响广泛的结构性调整。世界性的经济结构调整将表现在多方面：一是实体经济的调整，资本、劳动力等生产要素从泡沫部门转移出来重新配置，同时企业也要对自身产品和市场结构进行调整。二是国际经济结构的调整，包括各国贸易结构的调整、国际金融资本流动的重新配置、全球生产链的重新打造，以及国际收支平衡的调整。三是经济机制体制的调整，特别是在对金融体制的加强监管和创新，以及对危机的防范和应对方面。四是各类资产负债表的调整，包括金融资产负债、政府资产负债，以及居民资产负债等。危机引发的世界性经济结构调整，既给我们带来挑战，更为我们带来难得的机遇，我们应该从容应对挑战，牢牢抓住机遇，实现科学发展。

三　我们具备保持经济平稳较快发展的重要优势

虽然国际政治经济形势复杂多变，我们面临着许多困难和挑战，但是我们依然处于重要的战略机遇期，具备继续保持经济平稳较快发展的有利条件。

第一，改革开放 30 多年来我国经济持续较快增长，经济实力明显增强，物质基础更加雄厚。2011 年我国国内生产总值达到 47 万亿元，折合美元约为 7.5 万亿美元，人均国内生产总值提高到 5432 美元，经济总量稳居世界第二。2011 年我国出口接近 1.9 万亿美元，占全球贸易比重约 12%，成为世界第二大贸易国。我国财政收入超过 10 万亿元，赤字率不足 2%，财政实力雄厚。

我国外汇储备超过3万亿美元，社会资金比较充裕，金融体系基本稳定。经济结构正在优化调整之中，经济规模累计效应不断增强，防范外部风险和抗击国际经济危机冲击的能力大大提高。事实表明，在美国金融危机和欧洲国家主权债务危机的冲击过程中，无论是与发达国家相比，还是与新兴国家相比，我国的宏观经济总体实力都明显的较强，为世界经济作出了重要贡献。

第二，改革开放持续深入发展，极大调动和焕发了经济社会发展的动力和活力。社会主义市场经济体制的建立和不断完善，为多种所有制经济的发展创造了有效的制度体制空间，特别是近年来出台的“新36条”的各项实施细则，鼓励民间投资进入更多领域，促进了民营经济的发展。在国内外市场经济环境的磨炼下，我国企业的竞争力不断提高，抗风险能力不断增强，企业的自主创新能力不断发展，“走出去”的规模和质量不断提升。区域经济协调发展上升到新水平，东部地区创新发展能力进一步增强，中西部地区和东北老工业基地发展潜力得到有序释放。特别是经济结构调整的力度不断加强，结构调整的成效逐步显现。这些经济社会发展活力增强的表现，为我国在不利的国际环境中实现较高水平和较好质量的发展创造了条件。

第三，我国仍是发展中国家，存在进一步发展的多方面空间，扩大内需的潜力很大。受美国金融危机和欧洲国家主权债务危机冲击，我国的外需明显下降，甚至出现较为严重的萎缩，外需对经济增长的贡献几近为负。内需能否弥补外需不足，成为拉动经济平稳增长的关键。我国近年来高度重视经济社会协调发展，高度重视保障和改善民生，居民收入保持了较快增长，特别是农民收入增速和水平有明显提高，同时覆盖城乡的社会保障体系建设取得重要进展，为扩大国内消费需求奠定了重要基础。我国高度重视不断加强基础设施建设，为未来的经济社会发展夯实了基础。面对国际金融危机和主权债务危机的冲击，我们不仅要进一步加强基础设施建设，更要注重推动基础设施建设的体制改革和国际化进程，提高投资效益，实现可持续增长，同时起到了拉动内需的作用。

第四，改革开放以来，在建立和完善社会主义市场经济体制的过程中，我们经历了各种经济波动的考验，不断加强和改善宏观调控工作，已经积累了丰富的宏观调控工作的经验，宏观调控水平不断提高。进入21世纪以来，我国宏观调控取得了十分重要而显著的成绩。在充分发挥市场在配置资源的基础性作用的同时，科学运用宏观调控手段，纠正市场失灵，应对外部冲击，比较有效地防止了经济出现大的起落和价格的剧烈波动。宏观调控实现了经济较高增速，而且波幅较小；价格虽有起伏，但总体可控。在不断加强和完善宏观调控的过程中，我们在宏观调控方向、力度和时机的把握上，以及调控手段的选择、调控工具的使用方面都总结和积累了越来越丰富的经验，成为我们今后应对更为困难、更为复杂的局面的宝贵财富。

第五，世界经济政治格局中仍然存在有利于我国和平发展的积极因素，我们仍然处于重要的战略机遇期。尽管国际金融危机已经持续多年，世界经济全面走出困境远非一两年内可以实现，但是各国以及相关国际组织都在积极采取提振经济的各种措施。从根本上看，保持世界和平与发展是各国共同的利益诉求，进行更广泛更有效的国际合作是必要的，也是有基础的。虽然世界经济复苏缓慢路途曲折，各种形式的保护主义明显抬头，但是和平发展与合作依然是当今时代不可逆转的潮流。认真做好自己的事情，积极参与国际合作，抓住战略机遇期，是当前发挥我们自身优势的重要内容。

四　坚持“稳中求进”是当前做好宏观调控工作的基本方针

宏观经济运行出现波动本是市场经济的应有之义。世界经济是在周期波动中运行的，中国经济运行也概莫能外。特别是党的十四大提出建立社会主义市场经济体制以来，我国对外开放不断深入发展，在全球化浪潮中我国经济越来越深层次地融入世界经济之中，国内经济波动与世界经济周期波动的联系越发紧密。当经济运行出现下行波动时，我们不仅要减弱或避免下行波动带来的负面影响，更要因势利导，争取在下行波动中取得积极成果。当前面对复杂多变的形势，我们应该坚持“稳中求进”的方针，顺应经济规律，把握经济周期，做在经济下行时期应该做的事情，努力争取积极成果。

第一，要把提高经济效益放在重要位置。经济周期波动是市场经济条件下一种固有的现象，经济周期波动通过市场的自我完善功能对经济进行调节，以达到经济活动的均衡。在资本主义制度下，经济周期的下行波动往往是在对社会生产造成破坏的基础上实现均衡的。在社会主义市场经济中，我们不仅要通过宏观调控最大程度减小下行波动带来的负面影响，而且应该使经济经过下行波动之后，在更高水平、更高层次上实现新的均衡。要实现这样的目标，就要要求无论在宏观层次还是微观层次，都要把提高经济效益和质量放在首要位置，而不是仅仅简单地追求数量。党的十七大报告提出，为了实现全面建设小康社会、加快推进社会主义现代化全局的目标，必须加快转变经济发展方式，调整经济结构。完成这一战略任务的重要原则，是要在资源节约、环境友好的约束条件下实现经济社会发展效益最大化。在当前受国际经济环境不利影响，我国经济运行处于下行波动时，更应该强调这一原则。也只有坚持这一原则，才能在下行波动中取得积极成果，实现可持续发展。

第二，宏观注重审慎求稳。针对美国金融危机以后国内外经济形势的变化和欧洲主权债务危机的影响，我们制定的积极的财政政策和稳健的货币政策框架，充分体现了“稳中求进”的指导思想。在宏观层次上，“稳中求进”首先是要审时度势，审慎地注重保持宏观经济政策的稳定，保持经济增长的稳定，保持物价总水平的稳定，保持社会大局的稳定。在稳定的基础上，争取实现转变经济发展方式的新进展，实现改革开放的新突破，实现改善民生的新成效。宏观审慎求稳还要求，在采取一项宏观调控措施之前，不仅要看到其短期内产生的作用，而且要审慎分析其在中长期可能的各方面的影响。

从长期经济社会发展的需求看，保持适度较高的储蓄率和投资率是必要的关键因素。在当前形势下，特别要重视发挥投资对稳增长的重要作用。做好这一工作，一是要把握投资方向，防止对制造业的盲目投资，避免造成新的产能过剩；在基础设施建设中，要投资于关乎国民经济大局的基础设施项目，防止好大喜功的面子工程；在生产性投资中，要高度重视对技术改造的投资，参加内涵式扩大再生产。二是要重视投资对就业的带动作用，不仅要使投资能保障劳动力得到工作岗位，还要通过政府加强社会投资，以及建立必要的制度，保障劳动力本身的物质利益，并为他们提供接受培训、调整就业结构的机会。三是要高度注重引导民间投资，努力消除各种显性和隐形的阻碍民间资本进入的门槛和障碍，发挥民间资本投资的主力军作用。另外，要进一步发挥积极财政政策功能，解决投资资金来源瓶颈，避免因过度依靠金融扩张而产生的通货膨胀压力。

第三，微观努力创新求进。微观经济是宏观经济的基础，微观活力决定着宏观经济的总体状态。微观活力表现为旧的落后的成分的淘汰和新的先进的成分的成长。企业是否具有发展的活力，取决于企业的竞争能力，取决于企业的创新能力。企业能否通过创新提高竞争力，决定了企业能否在困难甚至恶劣的环境中得以生存和未来能否得以发展。与经济上行时期相比，下行波动时期更能为企业提供创新求生存求发展的压力和动力。竞争性的市场在下行波动时期通过淘汰落后的产品、工艺和技术以及企业组织形式，乃至落后的企业，才能使创新的产品、创新的工艺和技术、创新的企业组织形式，乃至创新的企业群体，成为在更高水平、更高层次上推动下一轮经济增长的主力军。因此，在某种意义上说，经济出现下行波动对企业成长是具有积极意义的，是企业应该抓住的机会。从宏观层次来看，经济下行波动是经济结构调整的重要时期，经济下行波动时期微观层次中企业的优胜劣汰是结构调整的重要内容。当前形势下，我们应该积极有序地因势利导，主动引导和推动微观主体的资产重组、设备更新、优胜劣汰，实现企业创新成长、行业发展壮大，经济发展和社会进步实现多赢。

Respecting the Objective Laws, and Stability for the Progress

Wang Tongsan

Abstract: In 2012, although facing a severe economic situation, China's macroeconomic economy, general speaking, presents slow and stable feature, and will achieve the desired economic growth. As one of the reasons for China's economic situation, grim international economic situation presents that economy of developed and developing countries are all facing serious problems, and the financial crisis and the sovereign debt crisis are in situation of strong volatility, serious and long-term characteristics. Because of tremendous strength and vitality, large development space, prolific macro-control experience of China's economy and the surviving positive world economic pattern, China's macroeconomic economy will turn into good situation. This paper considers that China should improve economic efficiency, prudentially treat with macroeconomic policy, and raise the innovative of macroeconomic measures.

Key Words: Macroeconomic Situation; Economic Growth; Policies and Measures

B.10
多重宏观经济政策目标下的结构性减税

高培勇*

摘 要：

尽管当前中国的经济形势存在一些不确定因素，但经济的总体形势仍然在震荡中前行。在严峻而复杂的经济形势下，需要把稳增长放在更加重要的位置。当前的结构性减税尚有较大空间，关系着宏观调控的成败。结构性减税的规模界定可从财政赤字规模、增支减税对比、财政收入形势等方面入手。在结构上，应以增值税作为主要减税对象；在路径上，应使增值税“扩围”与“降率”二者并进。

关键词：

宏观经济 政策调控 结构性减税

当前经济形势下的宏观调控，必须同时锁定稳增长、调结构和控物价三个目标，并在三者之间百般周旋，左右逢源。“多重目标”非“单一目标”，并且，受困于“多重目标”的牵制，从而不得不在多重目标之间徘徊，可能是对当前中国宏观经济政策抉择状况的恰当概括。

颇有戏剧性的是，在当前的中国，每当提及启用财政扩张措施、再度增加公共投资支出规模时，总会有人发出不同声音。每当提及启用货币扩张措施、再度实施天量货币驱动时，也总会有人发出不同声音。然而，一旦提及实施减税，不论是操用结构性减税的概念，还是采用全面性减税的说法，人们的意见便立刻变得出奇地一致。不仅可获得普遍的认同，而且，还会伴之有诸如“加快推进”、“加大力度”等方面的一片“促进”之声。

---

* 高培勇，中国社会科学院财政与贸易经济研究所所长，研究员。

看起来，在当下以及未来一年的宏观经济政策抉择中，减税确实是最能赢得国人共识的一个宏观调控举措。在某种意义上，减税已经成为当前中国宏观经济政策的主线索或主战场。

对于多重宏观经济政策目标下的减税，其中主要是结构性减税相关问题的讨论，构成了本文的主题。

一　在震荡中前行：关于当前经济形势的基本判断

在经济全球化深刻变化和深入发展的今天，对于中国经济形势的任何分析或判断，都需尽可能全面地把当前国内外经济形势的各种表现或因素一一收入视野。果真如此去做，可以看到，尽管尚有一系列不确定因素存在，但沿袭2012年以来的运行轨迹，继续“在震荡中前行”可谓是今后一段时间我国经济运行的大势所在。

这一判断，至少包括两层含义：其一，中国经济的运行免不了震荡。其二，这种震荡，无论如何，属于复苏进程中的震荡，而非另一轮危机的到来。

之所以说中国经济的运行免不了震荡，首先是因为，欧美等国正在经历的新一轮持续经济震荡，通过经济全球化链条的传递，必将拖累全球的经济环境。只要全球经济不太平，包括中国在内的任何国家和地区都难以独善其身。最重要的是，这一进程还在继续，其影响范围还在扩展。故而，起码在未来的一年甚至更长的时间内，中国经济的前行之路充满变数。其次也是因为，中国经济自身面临着结构调整的重重压力。而且，在持续了为期几年的以扩大政府投资换取经济增长的扩张性操作之后，这种压力，较之2008年之前，非但没有减弱，反而变得更加强烈。鉴于经济结构的调整必将伴随着经济的震荡，转变经济发展方式的努力也非短期可以奏效，不仅中国经济很可能由此而进入一个增长速度的下滑期，也很可能由此而进入一个持续的震荡期。

之所以说它是属于复苏进程中的震荡，而非另一轮危机的到来，首先是因为，从迄今为止的这一轮国际金融危机的运行轨迹看，2008年末和2009年初无疑是全球经济最为困难的区间。将其作为参照系并仔细审视处于震荡中的全球经济态势，可以发现，尽管多数经济指标差强人意，但大都未跌至2008年和2009年的地步。其次是因为，尽管欧美经济短期内难以走出持续震荡的局面，但从根本上来说，它绝非无药可医、无路可走。更为重要的是，经过了为期几年的反国际金融危机操作，相对于危机爆发之初的那种不免心中无底，不免惊慌失措，甚至不免超剂量用药的短时格局，在今天，面对国际金融危机，我们毕竟得到了一些历练，积累了一些经验，也摸索出了一些应对危机的办法和规律。故而，尽管外部的不确定性会给中国经济造成持续拖累，但从总体上看来，这种不利影响的程度不会高于2008年末和2009年初。只要经济运行处于2008年末和2009年初水平之上的区间，尽管免不了波动，免不了震荡，它也仍属于复苏进程中的波动和震荡。

二　结构性减税关系着此轮宏观调控的成败

如此严峻而复杂的经济形势，自然要求我们把稳增长放在更加重要的位置，进一步加大预调和微调的力度。然而，在经历了为期几年的几番扩张性宏观调控操作之后，当前的宏观经济政策抉择正在遭遇至少来自两个层面的困难。

其一，在边际效用递减规律的作用下，对照2008年和2009年，扩张性经济政策的药效已经减弱。这意味着，即便我们再操用类如2008年和2009年那样的大规模、超剂量的经济扩张措施，其所能产生的作用也不会达到当年的程度。

其二，在扩张性经济政策自身规律的作用下，对照2008年和2009年，无论是来自财政政策的“粗放型”扩张，还是来自货币政策的“粗放型”扩张，它们对于经济结构和物价水平的副作用已经显现。这意味着，倘若我们再操用类如2008年和2009年那样的大规模、超剂量的经济扩张措施，其所可能带来的副作用不仅会依然存在，甚至可能大于当年的程度。我们不应、也不能再以牺牲调结构和推高物价水平为代价，而硬性实施财政扩张和天量货币驱动。

注意到上述的情形并搜索一下目前可供操用的各种宏观经济政策手段，便会发现，相对于以往，留给我们实现稳增长的政策空间事实上已经变窄。一方面要稳增长，另一方面要调结构、控物价，在不以牺牲调结构和推高物价水平为代价的前提下实施有利于稳增长的政策操作，正是我们在今天所面临的最紧迫、最富有挑战意义的任务。

受制于多种因素的制约或牵制并权衡各方面利弊得失，可以发现，能够兼顾稳增长、调结构、控物价三重政策目标需要且较少副作用的一个可行选择，就是推进结构性减税。有别于以往以“增支”为重心的操作，以减税作为积极财政政策的主要载体，主要通过民间可支配收入的增加而非政府直接投资的增加实施经济扩张，将有助于在实现稳增长目标的同时，兼收调结构、控物价的功效。也许正因为如此，在几乎所有涉及当前经济形势和宏观经济政策的讨论中，完善结构性减税，加大结构性减税力度，是这一段出现频率颇高的字眼。

这便意味着，在当前的中国，要把实现稳增长的重点放在推进结构性减税上。可以说，结构性减税能否落到实处，在很大程度上，关系着这一轮宏观经济调控的成败。

三　当前的结构性减税，尚有相当大的空间

进入 2012 年以来，政府围绕结构性减税所推出的措施，尽管种类、项目不能算少，但从总体上看，尚有相当大的空间。

这些结构性减税措施，所针对的，大都是小微企业。而且，多属于零敲碎打型的。但是，注意到中国税收 80%、甚至 90% 以上的份额来自大中型企业，即便把来自小微企业的税收全部免掉，它对于中国税收所形成的减税冲击，也是一个很小的数字。此其一。

正在上海等地进行的营改增改革试点，应算是迄今规模最大的一个结构性减税措施。但是，在上海的地域内，迄今为止，其所涉及的减税规模，大约在 170 亿元上下。在其他地区，一方面启动试点的安排是渐进式的，分次、分批进行；另一方面，启动的时间毕竟临近年末（分别于 9、10、11 月和 12 月开始）。故而，其所涉及的减税规模，至多几百亿元。此其二。

严格地讲，始自 2011 年 10 月份提高个人所得税工薪所得减除费用标准和调整税率结构的措施，发生在 2011 年末举行的中央经济工作会议之前，不应算作今年的结构性减税项目。即便考虑到它的所谓“翘尾效应”并往宽里估

算，2012 年所能涉及的减税规模，不会超越 1000 亿元。此其三。

将上述这些项目所涉及的减税规模加总计算，显然同结构性减税的政策目标，特别是同其在今年积极财政政策中所应担负的角色，并不相称。

四　关键要拿出结构性减税的总体方案

检讨起来，在推进结构性减税问题上之所以进展迟缓，是因为，结构性减税是一个相对笼统的提法，迄今为止，尚无总体的设计方案。在既无量化目标，又无对象设定的条件下，其操作上便留有很大的回旋余地。注意到减税本身直接牵涉政府部门的切身利益，其推进过程，肯定会遇到主要来自政府部门内部的重重阻力。

有鉴于此，结构性减税的顺利推进，关键是要锁定将结构性减税落到实处的目标，做好方案的总体设计。这对于当下以及未来一年的宏观经济调控，格外重要。

这个总体方案，至少要解决两个问题：

其一，究竟要减多少税？要清晰界定好结构性减税的规模，否则，只有定性而无定量，只有方向而无规模，结构性减税便会停留于抽象层面，满足于零敲碎打，跟着感觉走。这既难以保证结构性减税的实施效果，更可能导致一些似是而非的说法或实践。

其二，究竟要减什么税？要清晰界定好结构性减税的对象，否则，不问青红皂白，统统砍上一刀，或者眉毛胡子一把抓，见什么减什么，结构性减税便会陷于盲目状态。这既与税收的一般常识相违，更可能偏离既有税制改革的轨道和目标。

也就是说，结构性减税的总体方案，应当也必须在总量和结构两个层面有明确界定。

五　在总量上，从三个层面界定减税规模

结构性减税的规模界定，至少可从以下三个层面入手。

第一，财政赤字的规模。结构性减税，当然要在财政赤字的约束下加以实施。一笔特定的财政赤字，既可以用于支撑增加支出的安排，也可以用于支撑减少税收的安排。换言之，财政预算赤字的规模，是界定结构性减税量限目标的基本出发点。比如2012年，根据正式公布的政府财政预算，将通过举借国债弥补的赤字（8000亿元）和动用中央预算稳定调节基金弥补的赤字（2700亿元）合并计算，我国的预算赤字为10700亿元。照此推算，即便将2012年财政赤字的一半用于支撑结构性减税，那么，结构性减税的最低规模也应为5350亿元。

第二，增支减税的对比。前面说过，有别于以往以“增支”为重心的操作，在当前以及未来的一段时间，“减税”已成为积极财政政策的主要载体。既然主要载体是结构性减税而非增加政府支出、扩大公共投资，那么，比如2012年，在10700亿元财政预算赤字的约束下，即便是向结构性减税稍作倾斜，而不是让“减税”和“增支”平分秋色，实施结构性减税的规模，当以超过5350亿元计算，以至少6000亿元为量限目标。

第三，财政收入的形势。可供操用的有关财政收入形势的衡量或测度指标，至少有两个。一是相对于上年同期的财政收入增幅，另一是相对于财政预算的财政收入增幅。两者固然都很重要，但对于结构性减税的实施而言，后一个指标更有实际参考价值。比如，2012年1~9月份，全国财政收入较之上年同比增长11.9%。这个数字，尽管较之上年同期回落10多个百分点，但是，按照2012年9%的预算收入增幅指针计算，则是“超出”2.9个百分点。它意味着，我国财政收入的形势走向，不过是以往增速的放缓，而非低于预算指标的增长。它所能影响的，至多是超收收入规模的多与少。以超出预算收入增幅指针2.9个百分点计算，2012年可能形成的财政超收收入规模，起码在3000亿元上下。故而，鉴于超收收入的机动财力性质，至少6000亿元的减税规模，不仅是有必要的，而且是有能力实施的，甚至是可以超越的。

六　在问题上，以增值税作为主要减税对象

结构性减税的对象也不难界定。这可以从对我国现实税收收入结构的判断和“十二五”时期的税制改革规划入手。

以2011年为例。在当年全部税收收入中，来自流转税的收入占比为70%以上。除此之外，来自所得税等其他非流转税税种的收入合计占比，不足30%；来自各类企业缴纳的税收收入占比，为92.06%。除此之外，来自居民缴纳的税收收入占比，只有7.94%。可以说，走商品价格信道、由企业法人缴纳，集中揭示了我国现行税制结构以及由此而形成的现实税收收入结构的失衡状况。

我们已经看到，这种严重失衡的现行税制结构和现实的税收收入结构，不仅在国内的经济社会发展进程中遭遇了一系列的麻烦，而且在全球经济走入持续震荡的背景下，其弊端也越来越充分地显露出来。

正因为如此，在"十二五"规划纲要第四十七章第三节中，专门写入了如下一段话："按照优化税制结构、公平税收负担、规范分配关系、完善税权配置的原则，健全税制体系。"所以，从优化税制结构和税收收入结构的目标出发，应当进入减税视野的，主要是那些走价格信道转嫁、由企业缴纳的间接税或流转税。

进一步看，在中国现行的税制结构下，可归入间接税或称流转税的税种主要有四个：增值税、消费税、营业税和关税。除了关税有其自身的特点、同进出口贸易的状况直接相关之外，在其余的三个税种中，增值税块头儿最大。它的收入占比，在2011年，是全部税收收入的41.1%。消费税和营业税的收入占比，则分别为8.79%和15.25%。

上述格局，提醒我们注意如下三个基本事实：①增值税在所有流转税中的块头儿最大，牵涉它的减税效应可能是最大化的。②营业税改征增值税，不仅已经纳入"十二五"规划并公布了改革试点方案，而且试点范围正在由上海向全国推展，营业税终归要被增值税"吃掉"的趋势已经不可逆转。③消费税的特殊性质——系主要针对奢侈品、能源资源类产品等征收的附加税，由于它所牵涉的群体主要是高收入者和涉及能源资源类产品，围绕它的增减变化，历来争论很大，难以达成共识。所以，兼顾税制改革的方向和尽可能放大结构性减税效应两重目标，结构性减税的主要对象，无疑应当锁定于增值税。

并非是巧合，目前正处于试点中的营业税改征增值税（或称增值税扩围）

方案，为实施增值税税负的削减搭建了一个很好的平台：①通过增值税逐步“扩围”至营业税的征税领域，原适用营业税的纳税人所承受的重复征税现象将得以减少，从而减轻税负。②通过增值税逐步“扩围”至营业税的征税领域，因增值税转型改革所带来的营业税税负相对上升现象将趋于减少，从而减轻原适用营业税的纳税人所承受的税负。

七　在路径上：增值税“扩围”与“降率”并进

锁定结构性减税规模目标并以增值税作为主要减税对象，其操作的基本路径可做如下选择。

选择之一：进一步加快推进扩大“营改增”试点范围进程。从目前情形看，营业税改征增值税或称增值税扩围，既是一项涉及减税规模最大的改革项目，又是以增值税为主要减税对象的改革，故而，“营改增”试点的地区范围越大，涉及的产业领域越多，结构性减税的总量和结构效应也就越大。瞄准“营改增”试点范围和领域的扩大目标并采取切实有效的行动加以推进，显然有助于实现落实结构性减税之效。

选择之二：在扩围的同时，相应调低增值税税率。必须注意到，始自1994年的现行增值税税制，毕竟是专门为制造业量身打造的。将原本基于制造业的运行特点而设计的增值税税制“扩围”至服务业，一方面不能不考虑服务业的运行特点并作适应性调整，另一方面，也不能不将包括制造业和服务业在内的两个产业相对接，在两者融为一体的条件下重启制度安排。目前在上海等地所实施的以追加6%和11%两档新税率为代表的调整措施，至多能够应付试点的短时之需，并非长远安排，特别是难以保证结构性减税的效果。

所以，着眼于长远，在“扩围”的同时，还须立即着手“降率”——从整体上降低增值税的现有税率，使其平均税负水平有实质性下降。根据初步测算，增值税标准税率每下调1个百分点，将减税2000亿元左右。并且，以增值税收入为税基的城建税、教育费附加、地方教育费附加等三项税费，也会随之减少240亿元上下。两者相加，综合减税规模约为2240亿元。照此计算，如将标准税率从目前的17%减少至15%，则其涉及的减税规模有可能达到5000亿元左右。

对于结构性减税，我们抱有种种期待。不过，在当前间接税高居70%以上份额、企业缴纳的税高居90%以上份额的中国税收收入格局现状下，即便仅仅出于均衡税收收入体系的考虑，减少间接税、减少来自企业缴纳的税，无疑是推进结构性减税的重点。

进一步说，在现行税制体系中，属于间接税且主要由企业缴纳的税，主要是增值税、消费税和营业税。在其中，鉴于营业税的前途已经锁定为改征增值税，至迟在“十二五”结束，它就要纳入增值税体系之中。鉴于消费税的基本征税对象是奢侈品和与能源、资源消耗有关的商品，对于消费税的任何减少，都要牵涉到国家的收入分配政策和节能减排政策安排，不能不格外谨慎。又鉴于增值税块头儿最大，系当前中国的第一大税种，在全部税收收入中占据41%的份额，它的任何变动，哪怕是轻微的变动，都会极大地影响到税收收入全局。故而，相比之下，减少增值税，或者说，以减少增值税为主，显然是此轮实施结构性减税的几乎唯一的选择。

令人不无欣慰的是，伴随着实施结构性减税且以减少增值税为主的宏观经济政策基调的确立，自2012年起在上海试行的“营改增”方案，不仅本身就是一项旨在较大规模减税的改革，而且，在进入9月份之后，其试点的范围也开始呈扩大之势，近期扩展至北京、天津、江苏、浙江、安徽、福建、湖北、广东和厦门、深圳10个省市，进而推广至全国，已在决策层的战略规划之内。可以肯定地讲，迄今为止，“营改增”是一项既已得到包括决策层、企业圈以及社会各界的高度认同，而且，已经大致铺就了前行之路的涉及规模最大、影响范围最广的结构性减税举措。扭住“营改增”不撒手，是我们可以依循的把结构性减税落到实处的基本路径。

接踵而来的问题是，在当前国内外经济形势亟待以结构性减税为主线索的宏观经济政策出手相援的背景下，我们还能做些什么？

“营改增”是一项旨在减税的改革。基于上海的测算已经表明，在上海的地域内，其所能涉及的减税规模，大约在100亿元上下。来自国家税务总局的测算也表明，在全国范围内实施“营改增”所涉及的减税规模，可达1000亿元以上。它的实施范围越广，减税的规模效应就越大。所以，抓住当前的有利契机，加快推进“营改增”的试点范围，甚至在全国一次推开，是非常必要的。此其一。

“营改增”应当也必须伴之以“降率”。在“营改增”之后，倘若其他税种不作相应调整，增值税在全部税收收入的占比就会一下子跃升至55%以上。这既不利于防范财政收入风险，更不利于税收收入体系的均衡布局。所以，一方面，鉴于“扩围不增（份）额”是应当尽可能争取实现的目标，另一方面，也鉴于进一步加大“营改增”减税规模效应的考虑，很有必要在实施“营改增”并扩大其试点范围的同时，启动降低增值税税率的改革。以目前的增值税标准税率水平计，每降低1个百分点，可收获减税2000亿元的规模效应。再加上附属于增值税之上的教育费附加、城建税和地方教育费附加由此而带来的减税，其减税总规模可望达到2500亿元上下。此其二。

这就是说，在当前宏观经济政策抉择异常艰难的情况下，作为推进结构性减税的主要举措的“营改增”，其意义不可小视。以“营改增”为主要抓手，着眼于“扩围”与“降率”同时并举，把有关结构性减税的安排一一落到实处，是目前可以勾画出的一幅事关宏观经济政策布局的基本图景。

Structural Tax-Reduction on the Multiple Macroeconomic Policy Objectives

Gao Peiyong

Abstract: Despite there are some uncertainties in current economic situation in China, the overall economic situation is still forward with vibration. Under the severe and complex economic situation, we should put stable growth in a more important position. There is a large space of the current structural tax reduction, which related to the success or failure of macroeconomic regulation. The scale of the structural tax reduction can be calculated from the fiscal deficit size, the contrast between expenditure increase and tax reduction, fiscal income situation and so on. In the structure, we should take VAT as major tax cut, and we should take the path through both making VAT expand the scope and reduce the tax rate.

Key Words: Macroeconomic; Policy Regulation; Structural Tax Reduction

B.11

增速回调较明显　恰当应对稳中进

——2012年中国经济形势分析及2013年展望

郑京平*

摘　要：

本文回顾了2012年中国经济运行情况，对2013年中国经济发展趋势进行了分析和展望。主要结论是：2012年中国经济运行的基本特征是“增速回调较明显　恰当应对稳中进”。2013年，由于世界经济仍处于缓慢且不稳定复苏阶段，中国经济也面临着如何正确看待和适应经济增速回落、加大结构调整的重任，继续追求稳中求进是较好的选择。2012年和2013年的经济增长率均为7%~8%。

关键词：

中国经济　增速

2012年，随着世界经济走弱，中国经济增长速度出现回调，且回调的幅度超过了许多机构在2011年底和2012年初时的预期。由于中央宏观调控应对比较恰当，中国经济实现了稳中有进。展望2013年，世界经济仍将处于调整阶段，中国经济也将在这样的大背景下，继续追求稳中求进。

一　2012年中国经济回顾

关于2012年的中国经济，早在2011年底许多机构就已经对其增长速度会回调达成了共识，有了心理准备。但是，大多数机构和个人预测的回调幅度有

* 郑京平，国家统计局。

限，普遍认为会在8%以上。作为具有导向意义的中央政府工作报告提出的预期目标，也从前七年连续8%的水平，下调至7.5%。可实际运行的结果与大多数预测存在较大差异，与中央政府预期的7.5%的目标大体相当。这也是多年来首次出现经济实际运行结果与中央政府预期目标大体相当的情况。与2011年增长9.3%的速度相比，2012年经济增长速度回调近1.5个百分点以上，相对回调幅度接近20%，回调比较明显。

分季度看，经济增长率已经从2012年第1季度的8.3%回落到第3季度的7.4%，是从2010年第一季度的12.1%开始的几乎连续10个季度回落（除2010年第四季度略有回升）（见图1）。

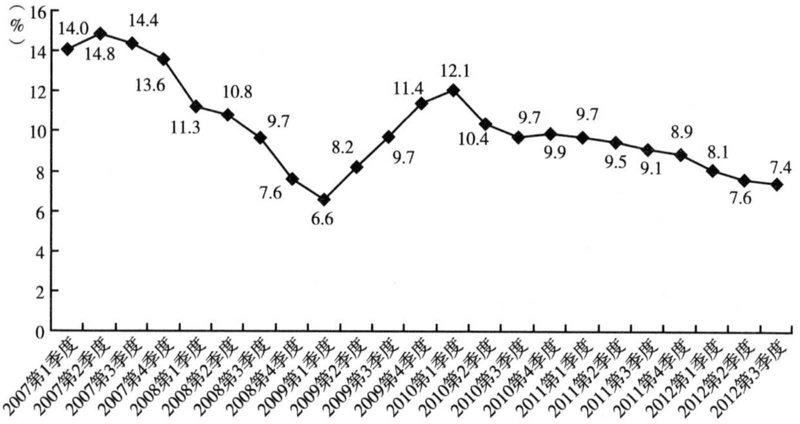

图1　GDP分季增长速度

值得肯定的是，由于中央宏观调控应对比较恰当，全年经济增长仍在7.5%左右，而且，在经济回调过程中，通货膨胀水平继续得到了较好的控制，就业状况也没有明显恶化，国际收支状况大体稳定。

——通货膨胀水平回落。作为衡量通货膨胀水平的重要指标之一——居民消费价格指数（CPI），自2011年7月达到本轮涨幅最高的6.5%之后，连续14个月维持回落趋势（见图2）。特别是从2012年5月份以来，已经连续5个月在3%以下的基本稳定区间运行。预计全年居民消费价格指数的涨幅仅略高于2.5%。

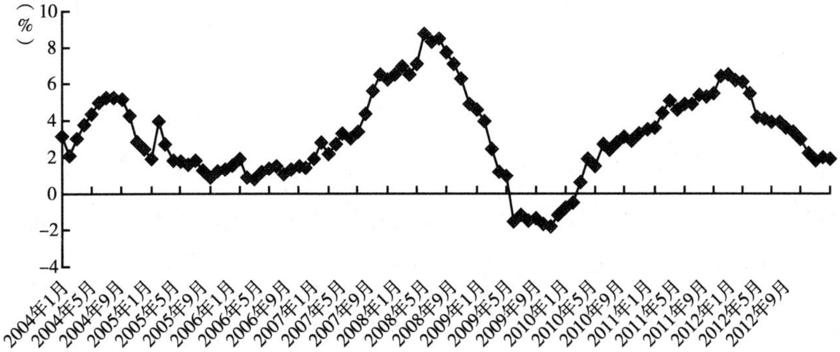

图 2　2004 年以来中国月度 CPI 走势

——就业状况尚好。截止到 2012 年 9 月末，全国城镇新增就业 1024 万人；全国农村外出务工劳动力人数达到 16867 万人；城镇登记失业率基本稳定。

——进出口贸易顺差扩大。2012 年以来，中国出口贸易受世界经济不景气影响，低速增长，但由于内需扩大有限，加上国内制造产品的替代效应，以及加工贸易所占比重仍然超过 40% 这一特点，与出口贸易增幅回落相伴，中国进口贸易的增速更低。进出口贸易顺差仍增长较快。2012 年前 9 月累计，出口 14954 亿美元，进口 13471 亿美元，进出口贸易顺差为 1483 亿美元，比上年同期增加 39.1%（见图 3）。

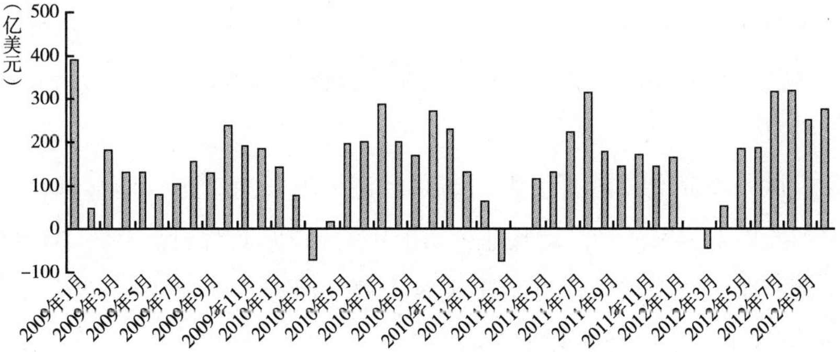

图 3　中国进出口贸易顺差变化情况

2012 年中国经济增长速度回调超过预期的原因主要有两个方面。

一是世界经济比预料的差。以欧元区为代表的主权债务危机持续发酵。按照主权债务余额占 GDP 的比重应小于 60% 这一标准看，美国、日本、英国，甚至整个 OECD 都或多或少存在着主权债务问题，其中尤以欧元区为甚。欧元区作为一个整体，其主权债务对国际金融和世界经济的影响相对较大，欧元区作为主权国家的集合体，其主权债务危机的处理难度比起单一主权国家来说更大，更需要时日，会经常反复，至今仍未看到确定的光明前景。一年来，主权债务危机时好时坏，拖累了全球经济的复苏进程。

美元信用危机也一直挥之不去。由于美国主权债务已经远远超过安全线，加上 2008 年金融危机以来，美联储数次实行量化宽松或准量化宽松的货币政策，以及共和、民主两党在债务上限问题上的激烈争论，使国际社会看到了美元独大、主导国际货币储备体系的弊端。尽管暂时还没有更好的货币来替代美元，没有更好的方法来改革现行国际货币储备体系，解决这些问题还需很长的时间，但美元信用危机的大幕已经开启，随着美国第三次实施量化宽松的货币政策 QE3，美元信用危机也在不断地影响世界经济发展。

高失业率、经济不景气引发的社会动荡危机仍在继续。由于世界经济复苏缓慢，加之世界经济再平衡调整的需要，高失业率一直伴随着欧洲（10% 左右），尽管美国的失业率在 9 月份回落到 7.8% 以内，但全年平均仍将在 8% 以上。此外，一些国家居民收入差距过大，因主权债务问题需要实行紧缩的财政政策，降低了民众现有的生活和福利水平，民众不满情绪增加，罢工示威活动不断，不仅在发展中国家存在，在欧元区、英国、美国等发达国家也此起彼伏。一些国家甚至因此而引发了社会动荡。这也给世界经济的发展带来负面冲击。

作为世界经济增长重要引擎的新兴经济体增长速度出现明显回落。2012 年新兴和发展中国家的经济增长速度由上年的 6.2% 回落到 5.3%，其中印度、巴西和俄罗斯的经济增长速度均出现较大幅度回落，分别从 6.8%、2.7% 和 4.3% 回落到 4.9%、1.5% 和 3.7%。

据国际货币基金组织 2012 年 10 月给出的最新预测，2012 年世界经济增长速度仅为 3.3%，比前两年平均 4.5% 的增长速度有明显回落。

二是内需扩张乏力。由于 2009 ~ 2010 年较高投资和消费的“透支”效应，由于房地产业，特别是居民住宅产业发展的总体思路仍不甚清晰，由于社会保障体系仍在建立过程之中，由于居民的消费环境还不能令人满意等一系列原因，2012 年中国固定资产投资增长速度回落到 20% 以内，与前几年 25% 以上的增长速度相比，已经明显放缓。反映居民消费变化的社会消费品零售总额的增长幅度仍保持在 14% 左右，也比上年有所回落。上述变化使中国经济的内需扩张力度明显不足。

此外，结构调整进展较慢，过度依赖外需，过度依赖投资拉动经济的问题虽然有一定程度的缓解，但远未得到解决。2012 年前三季度外汇储备继续增加 3000 多亿美元，使得总规模超过 3.2 万亿美元。

二　2013 年中国经济展望

2013 年中国经济所处的国际经济等外部环境仍不乐观，欧债危机、美国“财政悬崖”、新兴经济体经济增长速度回落等三大难题仍悬而未决，全球经济缓慢且不稳定增长之势仍难改观。中国国内由于经济结构调整压力日益增长，社会矛盾比较突出，养老等社会保障体系的建立和完善尚需时日等，面临的挑战也不小。好在推动经济长期增长的动力和所处发展阶段带来的需求没有发生根本变化；从短期看，一些先行指标尚可，经济增长供给和需求基本因素也没有发生大的变化；只要宏观调控应对恰当，中国经济仍可保持在 7% 以上的速度，可以做到稳中有进。如何看待和应对经济增长速度的回调已成为目前中国经济可持续发展的关键所在。与前几年对比，经济增速回调到 7% 似乎快了些。但是，能保持在这一速度运行 10 ~ 20 年仍是相当不错的业绩，符合中国经济发展阶段特征，其结果会使中国经济实力再上一个大的台阶。

首先，2013 年及今后较长一个时期国际经济仍将在不稳定中缓慢增长。

2013 年世界经济仍将动荡不定，继续为缓慢复苏而努力。全球经济将直面“三大难题”：欧洲债务和金融危机、美国“财政悬崖”（2013 年减税措施自动失效，削减支出措施自动生效），以及新兴经济体经济减速。这“三大难题”将互相影响，弄不好会持续发酵。其中新兴经济体的减速直接与前两个危机的发展和走向息息相关。中日关于钓鱼岛之争在客观上也会给国际经济带来负面影响。全球经济仍会低速增长。国际货币基金组织给出的预测是，2012

年世界经济将增长 3.3%，比上年少增 0.5 个百分点，2013 年则只是略升到 3.6%（见表 1）。而且，由于主权债务危机、美元信用危机、新兴经济体经济增长减速、偿还前几年透支欠账、实现全球经济的再平衡等均不是短期能够缓解的问题，会持续几年。因此，今后较长一个时期国际经济仍将在不稳定中缓慢增长。

表 1　IMF 关于世界经济的预测（2012 年 10 月）

单位：%

年　份	2008	2009	2010	2011	2012e	2013e
世界 GDP 增长	2.8	-0.7	5.1	3.8	3.3	3.6
发达国家	0.2	-3.7	3.0	1.6	1.3	1.5
美国	0	-3.5	2.4	1.8	2.2	2.1
欧元区	0.5	-4.3	2.0	1.4	-0.4	0.2
德国	1	-5.1	4.0	3.1	0.9	0.9
法国	0.1	-2.6	1.7	1.7	0.1	0.4
意大利	-1.3	-5.2	1.8	0.4	-2.3	-0.7
西班牙	0.9	-3.7	-0.3	0.4	-1.5	-1.3
日本	-1.2	-6.3	4.5	-0.8	2.2	1.2
英国	-0.1	-4.9	1.8	0.8	-0.4	1.1
加拿大	0.5	-2.8	3.2	2.4	1.9	2.0
新兴和发展中国家	6	2.8	7.4	6.2	5.3	5.6
俄罗斯	5.2	-7.8	4.3	4.3	3.7	3.8
中国	9.6	9.2	10.4	9.3	7.8	8.2
印度	6.4	6.8	10.1	6.8	4.9	6.0
巴西	5.1	-0.6	7.5	2.7	1.5	4.0
墨西哥	1.5	-6.2	5.6	3.9	3.8	3.5
世界贸易量增长速度	2.9	-10.7	12.6	5.8	3.2	4.5
商品价格(按美元计)						
原油	36.4	-36.3	27.9	31.6	2.1	-1.0
非燃料类	7.5	-15.7	26.3	17.8	-9.5	-2.9
消费品价格						
发达国家	3.4	0.1	1.5	2.7	1.9	1.6
新兴和发展中国家	9.2	5.2	6.1	7.2	6.1	5.8

资料来源：IMF 网站，2012、2013 年为预测值。

其次，中国国内经济增长因素不会明显改变。

从先行指标看，2012 年前 9 个月，制造业采购经理人指数 PMI 还没有出现明显回升，从 5 月份以来，一直在 50% 这一景气值分界点徘徊（见图 4）。固定资产投资新开工项目计划总投资同比增幅虽保持了近 25% 的较高增长，但也还是略低于上年同期。

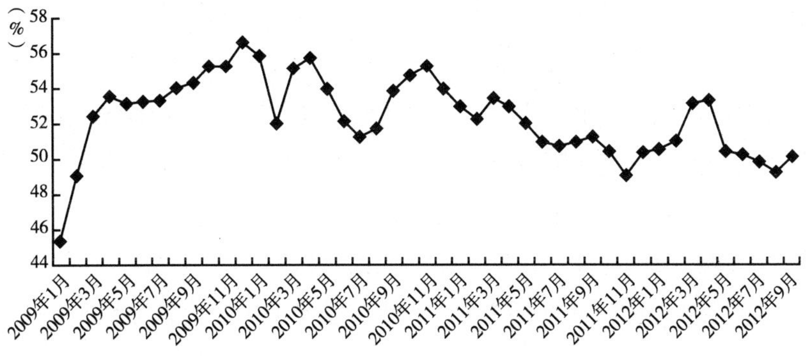

图 4　2009 年以来 PMI 走势

从经济增长动力看，虽说影响经济走势的长期因素，如发展阶段、发展动力等没有发生根本改变，但影响经济走势的短期因素还不支持经济增速回升。

从长期因素看，中国仍处在工业化、信息化、城镇化、市场化和国际化的“五化”发展阶段。特别是其中的城镇化将为经济增长提供庞大的需求，而信息化等其他“四化”将为经济增长提供强大的创新动力。支撑中国经济增长的体制转换、全球化、人口结构、后发展优势和县际政府竞争发展模式等“五大红利”会有所下降，但仍将会发生积极作用。其中，人口结构的变化正在悄然发生，从 2011 年开始劳动年龄人口占总人口的比重已经露出掉头向下的迹象。

从短期因素看，投资仍缺乏重大支撑，制造业投资受产能过剩、发达国家再工业化和世界经济不景气影响，难有大的提升。基础设施投资虽仍有较大空间，但短期内增速也会低于前几年。因为，政府投资会受到财政收入增长速度回落、地方财政债务负担较高、融资困难等影响，而民间投资则要受到基础设施投资回报率较低的影响。房地产投资仍会受制于总体思路不够明晰和目前存量资产较大的限制，难以有前几年的快速增长。消费的增长也只能维持在目前的增长水平。因为随着经济增长速度的减缓，就业的扩大和居民收入的增长速度也会相应减缓；而社会保障体系的建立、消费环境的改善、居民消费理念的转变和更新等，都不是短期内能够发生质变的。但从中国正处在全面建设小康的发展阶段、人均 GDP 已超过 6000 美元水平，以及在旅游、保健、文化等方面实际出现的旺盛需求看，消费的增长速度也不会有太多回落。外部需求增长速度减弱难以避免。一方面是国际经济复苏乏力；另一方面是中日关系的影响。关于中日钓鱼岛之争，我们在主权问题上决不应该，也绝不会让步，但在经济全球化的今天，任何贸易双方的争斗，客观上都会带给双方一定的损失。因此，在对外贸易方面，中国难免也会由此受到一定影响。

总之，综合国内国外、长期短期、供给需求等多方面的因素，2013 年中国经济会保持 7% ~8% 的增长速度，通货膨胀水平仍会比较温和。

三　正确评估和应对当前中国经济增速回调

中国经济增长速度回调已经成为现实，关键是如何看待、如何应对这种回调。

从回落的原因看，既有客观原因，也有主观原因。客观原因有两个方面。一是世界经济不景气。自 2007 年夏美国房地产泡沫破裂引发的“次贷危机”开始，国际金融危机、世界经济衰退相继而至。尽管在各主要国际组织和国家政府及金融监管机构的共同努力下，控制住了国际金融危机的蔓延，并避免了世界经济的大衰退，但也引发了美国、日本、欧元区国家的主权债务危机，至今仍在动荡之中。国际经济复苏步履蹒跚，进入了明显调整期。二是中国经济增长的瓶颈制约因素增强。资源短缺凸显，原油的对外依存度已超过 56%，铁矿石也在大量依赖进口；生态环境更加脆弱，空气、水、土地等污染的重大环境事件明显增多；人口红利正在减弱，2011 年，15 ~65 岁的劳动力年龄人口占总人口的比重 45 年来首度出现下降，老龄化水平不断提高；社会保障压力增大，特别是养老保障压力增大，政府更加注重民生问题。主观原因则是中央意识到了经济长期紧绷高速发展的弊端和不可持续性，主动调低了经济增长的预期目标，把科学发展确定为主题，把调整经济结构、转变发展方式确定为主线。“十二五”规划时期的经济增长预期目标由“十一五”规划时期的7.5%调低为7.0%；2012年的经济增长预期目标则由此前连续7年的8.0%调低为7.5%。

从经济运行的自身规律看，波动起伏是各国经济发展的普遍现象。不能指望经济增长速度长期处于“恒温状态”。

以上分析表明，目前中国经济增长速度的回落是正常的；在复杂困难的国内外环境下，也是十分不容易的。只要采取有效措施，阻止这种回落继续下去，将经济增长稳在7%~8%的水平即可。

从更加积极的角度看，适度降低增长速度也是中国转变经济发展方式、调整经济结构、实现可持续发展的需要。

一是过分依赖投资和外需的增长方式难以为继。改革开放30多年来，特别是1994年中国汇率体制改革和2001年加入WTO之后，中国贸易顺差大幅度增加，国民经济对外部需求的依赖越来越大，对固定资产投资需求的依赖也越来越大。1979~1993年的15年间，中国贸易还是逆差，年均25亿美元；1994~2001年的8年间，贸易由逆差逆转为顺差，年均水平达到243亿美元；而加入WTO后的2002~2011年10年间，年均贸易顺差已经迅猛扩大到1462亿美元。国家外汇储备也从1993年的212亿美元猛增至2011年的31811亿美元，年均增加30.2%。固定资本形成占GDP的比重也不断提高，1979~1990年平均为28.2%，1991~2002年平均为33.1%，而2003~2011年平均已上升到41.7%（见图5）。

二是继续保持高速度难以调整结构，难以实现可持续发展。近10年来，中国经济高速增长主要是靠投资的快速扩张实现的。要想把目前过度依赖固定资产投资支持经济增长的局面扭转过来，调整一下经济结构，就必须提高消费在GDP中的比重，这也就意味着消费的增长率要高于固定资产投资的增长率。但过去10年，中国居民收入和总体消费的增长速度已经较高了。2003~2011年城镇居民人均可支配收入和农村居民人均纯收入的年平均实际增长率分别为9.2%和8.1%，社会消费品零售总额的年平均实际增长率为13.4%。在这种情况下，再要提高消费增长率难度很大。因为，消费需求的改变和提高涉及消

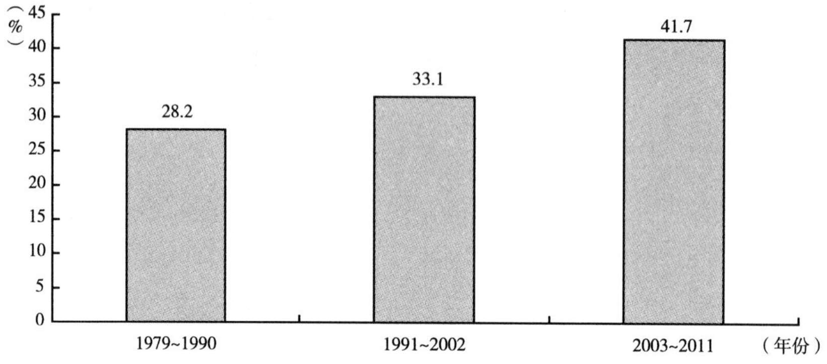

图5　固定资本形成占支出法 GDP 比重的平均值

费观念（消费文化）、消费环境、社会保障、收入水平等诸多因素，其中，消费观念、社会保障等因素的改变非一日之功，收入水平的提高则必须与劳动生产率的提高相适应，不是说提高就能提高的。无法靠提高消费增长率来实现消费增长率高于固定资产投资增长率的目标，就只能让固定资产投资增长率适当降一降。这种“一平一降”（即消费增长率保持现状，投资增长率下降）搭配的结果就只能是降低经济增长速度（这里忽略外需和库存变动的影响）。经济增长降低的幅度则取决于投资增长率的降低幅度。一方面，由于 2003 ~ 2011 年，中国的固定资产投资的年平均实际增长率超过 20%，支撑着年均 10.7% 的高经济增长率。应该说适当降低固定资产投资增长率，并进而适当降低经济增长率是可行的。另一方面，一国的经济增长如果要长期依赖投资的高增长，势必会导致产能过剩（相对于内需而言），此时，又势必要依赖外需，靠高出口和贸易顺差来消化过剩的产能。这种模式在经济起飞之初可以有效，但长此以往是难以为继的。对于我们这样一个发展中大国，长期依赖外需、靠外贸顺差填补内需不足发展经济就显得更加不可思议。更何况长期依赖投资、依赖外需已使中国本来就短缺的资源更加紧张、本来就脆弱的环境更加脆弱。而一旦外部需求急剧收缩、一旦投资资金的链条断裂，长期积累起来的产能过剩等矛盾将会导致灾难性的后果。与其被动受冲，不如主动防范和调整。

此外，中国已具备承受适度降低增长速度的条件。进入 21 世纪以来，中国的人口自然增长率明显下降。1998 年开始，中国的人口自然增长率降至

10‰以下，到2011年已降到4.79‰，1998～2011年年均为6.15‰，比1979～1997年年均10.18‰降低了4个千分点。这意味着人口增长对经济增长率的要求、就业对经济增长率的要求都大大降低了。根据以往的经验，经济增长速度低于8%，失业问题就会凸显。但现在经济增长7%～8%时，就业仍比较充分。另外，7%～8%的经济增长率既能够满足人口自然增长的需要（0.5个百分点）、民生改善的需要（4.5个百分点），还能够有3个百分点左右的增长用于追赶发达国家。因此，从改善民生、解决就业、追赶发达国家等诸方面需要看，中国都已具备了适当降低经济增长速度的承受力。

综上所述，当前中国经济增长速度适度回落符合经济规律，有利于调整经济结构、转变经济发展方式、促使经济步入可持续发展轨道。长期看，能够保持一个7%～8%的速度也是非常不容易的。为此，我们应该积极评价、正确看待当前经济增长速度的稳步回调，并采取积极措施，稳住经济增长速度，而不是刺激出更高的经济增长速度，顺势而为，把国民经济引入可持续发展轨道。

1. 努力统一认识，使各方面对经济增长的预期回归到7%～8%的合理水平

要通过广泛的讨论和解释，使市场的各个主体都认识到，中国经济应该，也可以从过去30多年年均增长10%的高增长阶段，进入年均增长7%～8%的较高增长阶段。其中，特别重要的是各级政府的认识要到位，并能够落实到经济社会发展规划和行动之中。

2. 努力扩大消费需求

一是要在保持正利率的前提下，适当降低存贷款利率，创新消费信贷工具，改善消费信贷环境。二是要通过对个体户和小微企业的结构性减税，提高个人所得税起征点，提高最低生活保障标准，完善收入分配机制等措施，提高居民收入，增加居民消费能力。三是要健全完善社会保障体系，解除居民消费的后顾之忧。四是要扩大对居民居住性住房消费的保护和鼓励。五是要不断提高食品安全保障能力。

3. 从体制改革入手，消除高投资的体制诱因

一是加快以法治为基础的市场经济体制改革，建立和完善以法治为基础的市场经济体制，让政府、企业、机构和个人均有明确的规则可依，均有比较明确合理的未来预期。二是兴利除弊，改进“县际政府竞争发展模式”。所谓“县际政府竞争发展模式”是指以县政府为主体、以一个县的地域为边界的县与县之间相互竞争的发展模式。这实际是“地方政府间竞争发展模式”的简化或提炼。中国有2800多个县级行政区域，平均国土面积3000平方公里，人口45万，县级政府能够运用的资源，特别是土地资源较大。如此众多、具有相当规模的经济体之间开展竞争，能量是巨大的，它为中国经济快速发展提供了强大的动力。但是，这一发展模式也具有天生的缺陷，市场经济竞争负外部性的监管主体缺位或大大弱化，运动员或准运动员同时兼任裁判员，竞技场上不乱套才怪。一些干部往往将政绩看得很重，导致决策扭曲，竞争行为短期化，甚至会抑制市场正常竞争。“县际政府竞争发展模式”的上述固有缺陷，是目前中国经济发展所面临主要困难的重要诱因，尤其是高投资的重要诱因。因为作为政府，尽管行政动员能力很强，但是，要直接干预或鼓励居民消费很难奏效。而搞招商引资、搞投资却是政府的拿手好戏，特别是当土地出让转换的大权掌握在政府手中的时候，特别是当经营土地、经营城镇的理念被当做成功经验传颂的时候，高投资会成为必然。加上地方政府领导的任期往往与“政绩”成反比，只要能够尽快搞出“政绩”，提拔走人，其他诸如投资项目的产品销路、投资回报率等长期问题往往会被忽视。不计成本，不顾环境承受能力，不管资源条件，重复投资也就在所难免。也许一时一地看，问题还不大，但从全国范围看，高投资造成的产能过剩也就不可避免。接下来便只好通过挤压劳动报酬，忽视劳动者社会保障，低价恶性竞争扩大出口，去拼国际市场。因此，必须采取强有力的措施，兴利除弊，逐步规范县际政府竞争，打破由此带来的高投资和高出口。首先，要靠民众（扩大直选范围等）、新闻舆论，以及上级政府加强对“县际政府竞争发展模式”的监督和制约。其次，要在税收、土地转让等经济政策方面作出调整，让县级政府从自身经济利益出发，克服负外部性问题，使“县际政府竞争”更规范、更理性。如开征不动产税、消费税，逐步改变地方政府收入主要依靠增值税等流转税的状况。从长期看，要在条件成熟时，逐步弱化县级政府的市场功能，让企业真正成为市场竞争的主体。

总之，为使中国经济保持7%～8%的增长速度，宏观经济调控宜继续采取中性的货币政策和财政政策。并利用当前经济形势总体稳健的时机，适时重点推出一些立足当前、着眼长远，推动经济发展方式转变和经济结构合理调整的整体发展目标、改革举措和配套措施。

参考文献

International Monetary Fund（IMF），*World Economic Outlook*. October，2012. www. imf. org.

国家统计局：《中国统计年鉴2012》，中国统计出版社，2012。

Drop Was More than Expected，Fulfilling Steady Progress under Appropriate Policies

—China Economy 2012 Review and 2013 Outlook

Zheng Jingping

Abstract：After reviewing of 2012，this paper gives an analysis and prediction of China economy in 2013. The main conclusion is that the thematic characteristic of China economy in 2012 is “the drop of growth rate was more than expected，fulfilling steady improvement under appropriate policies”. The growth rate of China economy both in 2012 and 2013 will be around 7% ～8%.

Key Word：China's Economy；Growth Rate

B.12

经济增长放缓下的货币信贷运行

王 毅　石春华*

摘　要：

2012年，我国稳健的货币政策发挥了巨大作用，呈现外汇占款持续少增，基础货币增速下滑，货币供应量增速下降，存款和贷款平稳增长，市场利率先降后升，人民币汇率双向浮动增强的特点。本文得出以下判断：人民币汇率逐步接近均衡水平；货币被动投放压力减小；贷款规模仍然较大，负债表外信贷类资产扩张强劲；M2增长适度；银行业盈利水平下降，不良资产下降；等等。

关键词：

货币政策　信贷政策　经济增长　汇率

2012年中国经济增速放缓，物价上涨压力减轻。在这样的经济背景下，货币信贷运行呈现一些新的特点：一是国际资本流动发生变化，外汇占款新增大幅减少，基础货币增速下滑；二是外汇占款少增使得国外资产支撑国内金融机构负债扩张的力量减弱，广义货币M2增速下降且其作为调控目标可以适当下调；三是表内信贷投放较多，足以支撑当前减弱的信贷需求，再考虑到表外业务的发展，实际贷款投放规模更大；四是在货币政策的操作中，先后两次下调存款准备金率，两次下调存贷款利率，并通过逆回购向市场注入流动性；五是人民币汇率双向浮动增强，逐步接近市场均衡汇率。金融体系资产负债的上述变化将会对宏观金融调控产生深远影响。

---

* 王毅、石春华，中国人民银行调查统计司。本文仅反映作者的观点，不代表所服务机构的意见。
本文受国家自然科学基金委应急科学研究项目资助（项目批准号：71241009）。

总体看，2012 年货币供应将平稳增长，预计全年 M2 同比增长 14%，人民币贷款新增 8.5 万亿元。未来仍有必要继续坚持稳健的货币政策，加大适度微调预调的力度，将保持经济平稳较快发展、调整经济结构和管理通胀预期更好地结合起来。

一　稳健的货币政策及运行效果

（一）外汇占款持续少增，基础货币增速下滑

截至 2012 年 9 月末，基础货币余额为 23.6 万亿元，比年初增加 1.14 万亿元，同比少增 1.85 万亿元，同比增长 11.2%，增速分别比上月末和上年末低 0.2 个和 12.0 个百分点。

基础货币增速连续下滑主要是由于外汇占款持续少增（见图 1）。自 2011 年 10 月份以来，外汇占款（人民银行口径）月度新增出现净减少。2011 年第四季度，累计减少 1465 亿元。2012 年第一季度恢复正增长，但仅增加 3411 亿元，同比少增 7299 亿元，第二季度累计减少 610 亿元，第三季度累计增加 107 亿元，同比大幅减少 7360 亿元。前三季度累计，外汇占款增加 2908 亿元，同比大幅减少 2.42 万亿元。

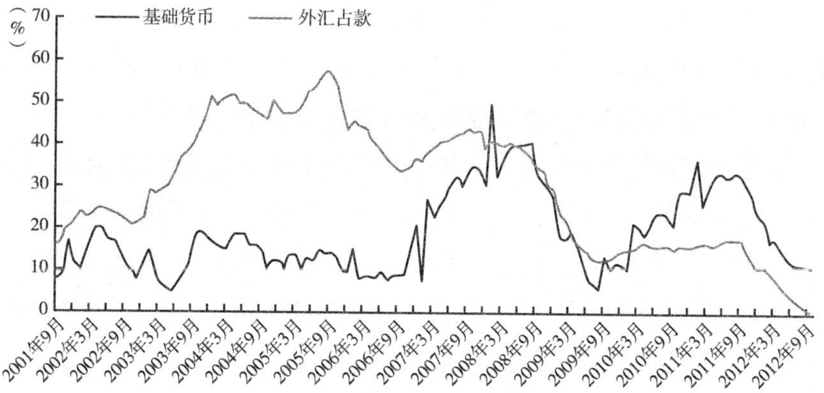

图 1　基础货币和外汇占款增速

资料来源：中国人民银行。

（二）货币供应量增速下降，人民币存款平稳增长

2012年9月末，广义货币（M2）余额94.37万亿元，同比增长14.8%（见图2），增速分别比上月和上年末高1.3个和1.2个百分点。狭义货币（M1）余额28.68万亿元，同比增长7.3%，增速比上月高2.8个百分点，比上年末低0.6个百分点；流通中货币（M0）余额5.34万亿元，同比增长13.3%。前三季度累计净投放现金2684亿元，同比多投放126亿元。

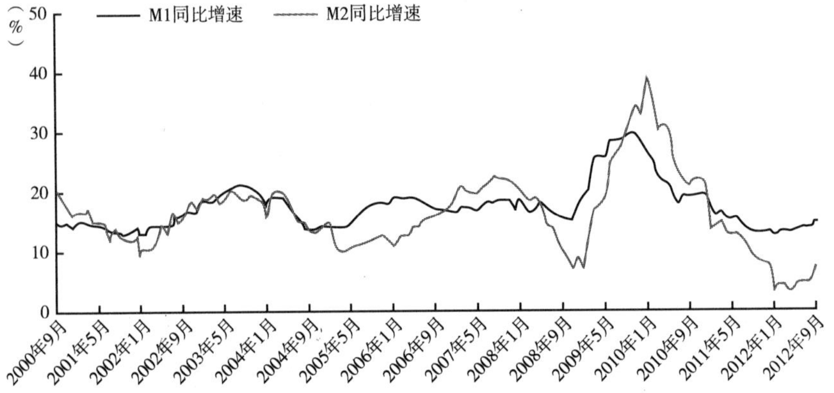

图2 货币供应量增速

资料来源：中国人民银行。

人民币各项存款增速略有回升。9月末，金融机构人民币各项存款余额89.96万亿元，同比增长13.3%，比上月末高1.1个百分点，比上年末低0.2个百分点。2012年以来，人民币存款增速总体较为平稳（见图3）。

前三季度，人民币存款新增9.03万亿元，同比多增9243亿元，其中9月份人民币存款增加1.65万亿元，同比多增9212亿元。从结构看，住户存款新增4.89万亿元，余额同比增长18.1%；企业存款新增1.40万亿元，余额同比增长7.9%；财政存款新增6296亿元，余额同比下降14.8%；机关团体存款新增1.76万亿元，余额同比增长21.4%。

（三）人民币贷款平稳增长，同比多增较多

9月末，人民币贷款余额61.51万亿元，同比增长16.3%（见图4），增

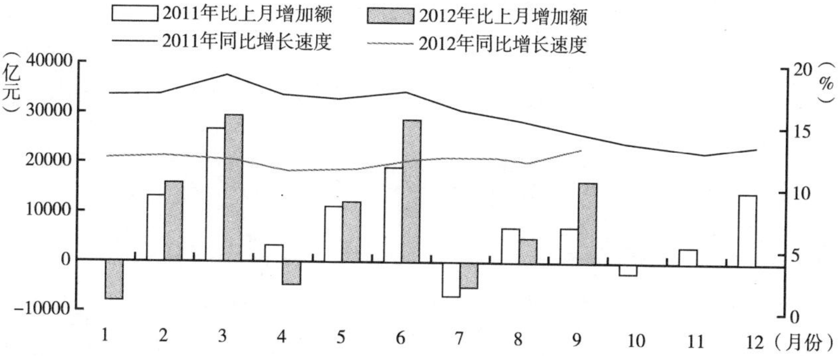

图 3　人民币各月存款变化

资料来源：中国人民银行。

速分别比上月末和上年末高 0. 2 个和 0. 5 个百分点。前三季度人民币贷款累计新增 6. 72 万亿元，同比多增 1. 04 万亿元。

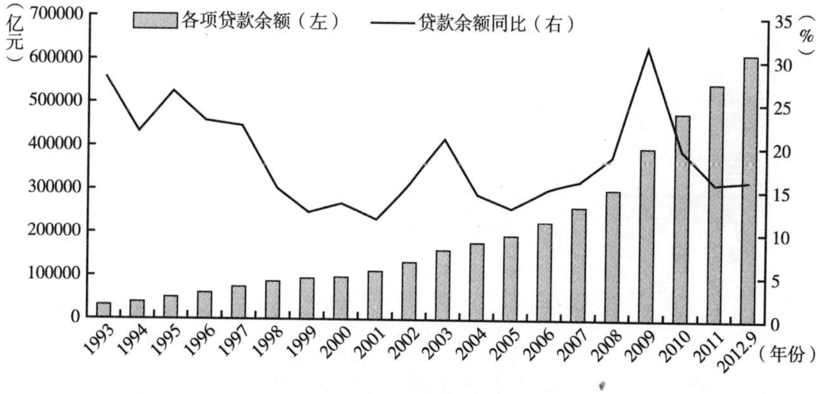

图 4　人民币贷款余额与同比增速

资料来源：中国人民银行。

分期限看，主要是短期贷款和票据融资增加较多。前三季度，中长期贷款增加 2. 36 万亿元，同比少增 0. 52 万亿元；短期贷款增加 3. 33 万亿元，同比多增 0. 64 万亿元；票据融资增加 8313 亿元，而上年同期票据融资为减少 66. 95 亿元。

分部门看，非金融企业部门贷款同比增长慢于住户部门。前三季度，住户部门贷款新增1.93万亿元，余额同比增长17.8%，其中个人短期消费性贷款增长较快，余额同比增长42%；非金融企业及其他部门贷款新增4.78万亿元，余额同比增长15.7%，其中企业部门中长期贷款余额同比仅增长8%。

（四）社会融资规模创历史同期新高

前三季度，社会融资规模为11.73万亿元，创历史同期新高，比上年同期多1.92万亿元。社会融资规模大幅增加，主要是由于5月份后，人民币贷款和信托贷款投放明显增多，企业债券融资活跃。1～9月，这三项合计占社会融资规模的比重为76.6%（见表1），同比多增2.38万亿元。

近年来，我国社会融资规模总体快速扩张，有力地支持了经济增长，但也容易产生通胀压力以及对金融资源的低效使用。从结构看，传统贷款的比重呈下降趋势，反映出金融产品结构多元化发展的良好态势。由于金融创新的不断涌现，银行表外资产的快速扩张，很难及时监测所有融资渠道，彰显出推动货币政策从数量调控为主向以价格调控为主转变的必要性和紧迫性。

表1　社会融资规模构成

单位：%

年份	社会融资规模构成	人民币贷款	外币贷款	委托贷款	信托贷款	银行承兑汇票	企业债券融资	非金融企业股票融资	保险公司赔偿	保险公司投资性房地产	其他
2005	100	78.5	4.7	6.5	—	0.1	6.7	1.1	2.4	—	—
2006	100	73.8	3.4	6.3	1.9	3.5	5.4	3.6	2.0	—	—
2007	100	60.9	6.5	5.7	2.9	11.2	3.8	7.3	1.8	0.0	—
2008	100	70.3	2.8	6.1	4.5	1.5	7.9	4.8	2.1	0.0	—
2009	100	69.0	6.7	4.9	3.1	3.3	8.9	2.4	1.2	0.0	0.6
2010	100	56.7	3.5	6.2	2.8	16.7	7.9	4.1	1.3	0.0	0.9
2011	100	58.2	4.5	10.1	1.6	8.0	10.6	3.4	1.9	0.0	1.5
2012年1～9月	100	57.3	4.6	7.3	6.0	6.5	13.3	1.9	1.9	0.1	1.2

注：表外融资指委托贷款、信托贷款和未贴现银行承兑汇票；其他融资为投资性房地产、保险赔偿和贷款及小贷公司贷款。

资料来源：中国人民银行。

（五）金融机构超储率保持稳定

2012年以来，金融机构超储率在前4个月持续下降，之后基本保持稳定。1月末超储率为3.1%，此后持续下滑，至4月份降至2.1%；随着银行贷款投放平稳增长，金融机构超储率也基本保持稳定（见图5）。9月末，金融机构超储率为2.1%，与上月持平，商业银行资金相对充足。

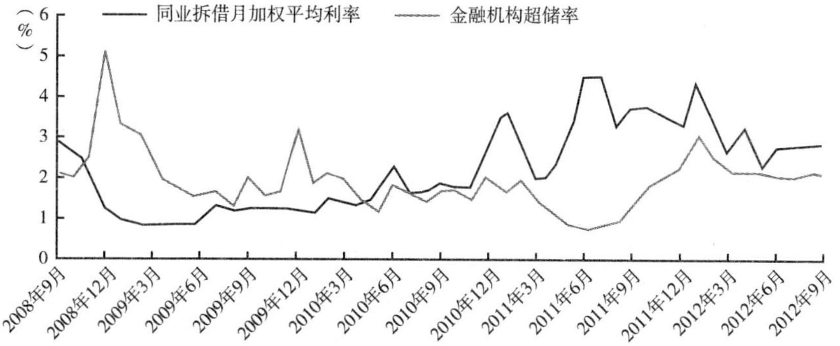

图5 货币市场利率和金融机构超储率

资料来源：中国人民银行。

（六）市场利率先降后升

2012年稳健的货币政策继续实施，根据经济增速有所放缓、通胀压力有所降低等形势变化，在2月份和5月份两次下调存款准备金率各0.5个百分点；在6月份和7月份两次降息，其中6月份下调人民币存贷款基准利率25个基点，7月份非对称下调存、贷款利率25个和32个基点。

在这些政策的综合作用下，市场利率上半年震荡下行，第三季度小幅回升。2012年1月，银行间同业拆借利率为4.37%，之后快速降至3月的2.58%，4月后又小幅反弹至3.38%，5月份降至1~9月的最低点2.19%，6月份开始略有回升。9月份，同业拆借加权平均利率为2.93%，比上月高0.09个百分点，比1月份低1.44个百分点。

（七）人民币汇率双向浮动增强

中国人民银行于2010年6月19日宣布推进人民币汇率形成机制改革，增强人民币弹性；2012年4月16日，又将人民币兑美元汇率日交易波动幅度由原来的0.5%扩大到1%。

自2010年6月19日二次汇改以来，人民币汇率中间价双边波动明显增强，出现阶段性贬值。2012年5月2日，人民币汇率升至汇改以来的最高点6.2670，比二次汇改当日累计升值8.9%；此后又震荡贬值，至9月末累计贬值1.17%；10月份又小幅升值。从外汇即期市场看，在前三季度183个交易日中，人民币对美元交易中间价有89个交易日升值，93个交易日贬值，1个交易日持平；日均贬值0.02个基点，而上年全年日均升值0.13个基点。

从海外远期市场看，香港无本金交割远期外汇（NDF）美元兑人民币一年期合约数据显示，人民币升贬预期交替出现（见图6）。2011年9月23日以来，香港离岸市场上的人民币出现贬值预期，一年期人民币NDF价格持续处于升水状态；2012年1月12日形势出现逆转，人民币呈现升值预期；3月13日以来，人民币又呈现贬值预期，且持续至今。

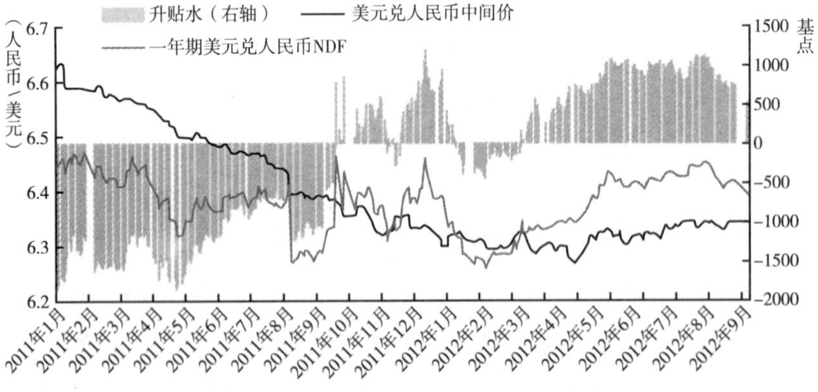

图6 人民币汇率即期及远期变化

资料来源：中国人民银行，CEIC。

二　对当前货币信贷运行的几个观察与判断

（一）人民币汇率逐步接近均衡水平

2012 年以来，人民币汇率双向波动态势明显增强，市场预期升贬交替出现。同时，人民币兑美元波动趋于平缓。2010、2011 年和 2012 年 1 ~ 9 月，人民币汇率中间价的标准差分别为 0.07、0.09 和 0.02；中间价最大值与最小值差值分别为 0.21 个、0.33 个和 0.08 个百分点。2012 年人民币汇率波动明显减小。总体判断，2012 年人民币兑美元汇率的波动更多地体现市场供求的变化，人民币汇率已经接近市场均衡水平，处于合理区间。

在人民币汇率双向变动、波幅收窄的背后，是中国国际收支趋于平衡，经常项目顺差（CAB）规模渐趋合理。2007 年以来，我国经常项目差额占 GDP 的比重不断降低，从 2007 年的 10.1% 降至 2011 年的 2.76%（按年均汇率折算）。2012 年上半年，经常项目差额占 GDP 比重为 2.14%（见表 2），比上年末低 0.62 个百分点。国际金融危机后，国际社会曾就国际收支失衡提出 CAB 占 GDP 的比重在 ±4% 区间内的衡量标准。以此判断，中国经济外部失衡状况已大为改善。

表 2　中国经常项目差额占 GDP 比重（按年均汇率和期末汇率计算）

年份	现价 GDP（亿元）	经常项目差额（亿美元）	人民币兑美元汇率		CAB/GDP		
			平均汇率	期末汇率	平均汇率（%）	期末汇率（%）	差异
2000	99215	205	8.278	8.278	1.71	1.71	0.00
2001	109655	174	8.277	8.277	1.31	1.31	0.00
2002	120333	354	8.277	8.277	2.44	2.44	0.00
2003	135823	431	8.277	8.277	2.62	2.62	0.00
2004	159878	689	8.277	8.277	3.57	3.57	0.00
2005	184937	1324	8.192	8.07	5.86	5.78	0.09
2006	216314	2318	7.972	7.809	8.54	8.37	0.17
2007	265810	3532	7.604	7.305	10.10	9.71	0.40

续表

年份	现价 GDP（亿元）	经常项目差额（亿美元）	人民币兑美元汇率		CAB/GDP		
			平均汇率	期末汇率	平均汇率（%）	期末汇率（%）	差异
2008	314045	4206	6.945	6.835	9.30	9.15	0.15
2009	340903	2433	6.831	6.828	4.87	4.87	0.00
2010	401513	2378	6.770	6.623	4.01	3.92	0.09
2011	472882	2017	6.459	6.301	2.76	2.69	0.07
2012 年上半年	227098	772	6.308	6.325	2.14	2.15	-0.01

注：平均汇率为人民币对美元中间价日数据平均数；CAB/GDP 差异 = 按年均汇率计算 CAB/GDP - 按期末汇率计算 CAB/GDP。

资料来源：国家统计局、国家外汇管理局、CEIC。

（二）外汇占款下降，货币被动投放压力减小

从中央银行资产负债表看，影响储备货币（或称基础货币）的变动主要有三个渠道：国外资产、对政府债权和对金融机构债权的变动。其中国外资产的变动主要是黄金、外汇资产的变动，特别是外汇占款所导致的货币被动投放；对政府债权变动主要是增加或减少国债，对金融机构债权的变动主要是对金融机构提供或回收贷款。

1993 年以来，我国中央银行主要资产项目发生显著变化，外汇资产占比持续上升，而对其他存款性公司债权占比逐步下降。对其他存款性公司债权占总资产比重从 1993 年的 70.3% 降至 2011 年的 3.6%，18 年间规模仅增加了 638 亿元，由 1993 年的 9609.5 亿元增至 2011 年的 10247.5 亿元；同期，外汇资产占总资产比重则上升了 72.2 个百分点至 2011 年的 82.7%，规模扩张了 162.3 倍。我国基础货币的增长主要是由于国外资产的快速扩张，即国际收支双顺差带来的外汇储备成倍增长导致的货币被动投放。2000 ~ 2011 年间，中国外汇储备年均增长 28.7%，外汇占款年均增长 26.3%。为了对冲巨额的被动货币投放，人民银行通过发行央票、提高存款准备金率等手段来收回流动性，以保持市场流动性合理增长，最终使得 2000 ~ 2011 年间 M2 年均增长 17.7%，贷款年均增长 15.5%。

但自 2011 年 10 月份以来，由于外汇占款新增额显著减少，甚至出现负增

长，我国外汇储备增长放缓，使人民银行基础货币对冲压力减弱，由外汇占款导致的流动性在2011年第四季度开始发生逆转。2012年1～9月，外汇占款新增2908亿元（见表3），同比大幅减少2.42万亿元，相应的对冲压力也大为减轻，由此直接影响到央行央票这一对冲工具。2012年央行票据发行余额持续降低，9月末余额17464.2亿元，比上年末减少5872.5亿元，占总负债的比重由2007年4月最高的27.8%降至2012年9月的6.0%。而且，作为对冲外汇占款的手段之一，外汇占款的下降，也使法定存款准备金率有了下调的空间。

未来，随着经济结构的调整，国际收支长期将趋于平衡，国际资本流动也可能转向，央行被动的货币投放也将趋于减少，货币投放的主要渠道也可能会发生改变，对冲的工具也会有所不同。

表3　中国人民银行资产负债表

单位：亿元

资产	1993年	2011年	2012年1～9月
一、国外资产	1550	237898	240191
外汇	1432	232389	235297
黄金	12	670	670
其他国外资产	106	4839	4224
二、对政府债权	1583	15400	15314
三、对其他存款性公司债权	9610	10248	17902
四、对其他金融性公司债权	252	10644	10234
五、对非金融部门债权	682	25	25
六、其他资产		6763	5993
总资产	13676	280978	289658
负债	1993年	2011年	2012年1～9月
一、储备货币	13147	224642	236033
货币发行	6314	55850	59178
金融性公司存款	5541	168792	176855
二、不计入储备货币的金融性公司存款*	—	908	1297
三、发行债券	0	23337	17464
四、国外负债	—	2699	1242
五、政府存款	473	22734	28149
六、自有资金	310	220	220
七、其他负债	-255	6438	52534
总负债	13676	280978	289658

注：2011年起，人民银行采用IMF推荐的储备货币定义，不再将其他金融性公司在货币当局的存款计入储备货币。*栏2008年增设。

资料来源：中国人民银行。

（三）贷款规模仍然较大，表外“信贷类”资产扩张强劲

2012年1~9月，人民币贷款累计新增6.72万亿元，为历史同期次高，仅比2009年同期低1.93万亿元。从未来几个月的经济形势判断，货币政策不太可能会进一步收紧，贷款增速将延续之前几个月的平稳走势甚至会略有上扬，因此2012年有可能成为仅次于2009年的表内信贷投放最多的一年。从贷款与实体经济的关系看，2012年贷款投放较为强劲。前三季度，新增人民币贷款与名义GDP的比值为19.0%，比上半年低2.4个百分点，比第一季度低3.8个百分点，比2002~2011年的平均值高2个百分点，如果剔除货币高增长的2009年，则比2002~2011年的平均值高3.2个百分点。

考虑到表外业务，实际贷款投放规模更大。目前“隐身贷款”模式较多，主要通过银信合作和表内回购业务两种方式发放。2012年前7个月，银信合作发放贷款新增3743亿元，表内转移贷款新增1.7万亿元，两者合计新增规模2.1万亿元。除上述两类方式外，金融机构还通过海外代付、应收账款转让、信托收益权转让等方式隐匿表内贷款。2012年8月末，银行业金融机构表外项目共计37.4万亿元，占各项贷款的比重为57.9%，比上年末提高0.9个百分点；占表内总资产的比重为30.2%，比上年末提高0.5个百分点。

（四）M2增长适度，考虑到表外业务影响M2实际增速较高

9月末，M2余额94.37万亿元，同比增长14.8%，增速比上年末高1.2个百分点。由于外汇占款持续少增，其对M2增长的贡献率9月份仅为1.2%，比上年末大幅下降25.7个百分点；人民币贷款对M2增长的贡献率9月份为70.7%，比上年末回落7.7个百分点；其他项对M2增长的贡献率为28.1%，比上年末高33.4个百分点。从1997年到2011年，广义货币M2增长扣除经济增长和物价变化后的缺口（M2-GDP-CPI）平均为5.4，如果扣除货币高增长的2009年，平均则为4.4，与9月末的水平（为4.3）基本相当。考虑到3.7%的货币流通速度下降（2000年到2008年的平均水平），2012年以来差额

货币供给为0.6个百分点，M2增长较为适度。

但近年来，银行业表外业务发展迅猛，包括理财业务、同业代付等金融活动对银行体系货币分流、派生能力和货币流通速度测算都带来很大的影响。以表外理财为例，由于表外理财资金不计入银行资产负债表，导致原有口径衡量的表内存款以及货币供应量增速低于真实情况，同时也导致货币乘数被低估。理财产品中，开放式产品的流动性与活期存款类似，而收益率高于活期存款，因而分流了部分活期存款。2011年下半年以来，M1同比增速的下降总是伴随着开放式理财产品金额的上升。2012年6月末，表外理财资金余额3.22万亿元，同比增长46.9%，比同期企业和个人存款增速高35.1个百分点；M2余额92.5万亿元，同比增长13.6%，基础货币余额22.8万亿元，货币乘数为4.06。如果将表外理财资金来源计入广义货币，广义货币M2同比增速将至少提高0.9个百分点至14.5%，货币乘数则提高至4.20。银行业表外业务的发展，对现行的金融货币统计及货币政策调控提出了新的挑战。

（五）银行业金融机构不良资产略有上升

受需求不足、成本高企等影响，企业经营困难加大，利润率不断下滑。而2012年以来财政收入大幅下降，地方投融资平台部分贷款偿付资金来源不足的风险有所上升。这些都可能导致商业银行信贷资产质量恶化，潜在风险上升。自2011年第四季度开始，银行业金融机构不良贷款余额有所增长。根据银监会的统计，2012年第二季度末，商业银行不良贷款余额4564亿元，同比增长7.9%，增速比上季度末高6.8个百分点；不良贷款率0.9%，与上季度持平，比上年同期低0.1个百分点。尽管银行业总体不良贷款率仍保持下降趋势，但部分商业银行不良贷款率已出现上升。一些衡量商业银行资产质量的前瞻性指标有所恶化。从部分省份的调查情况看，不良贷款对象以中型企业和小微企业为主。

（六）银行业盈利水平下降

2012年上半年，银行业金融机构净利润同比增长26.3%，增速比上年同期低 13.1 个百分点，比 2008 ~ 2011 年同期平均水平低 2.3 个百分点。由于净利息收入和手续费净收入两项收入合计占营业收入的 95%，其增速下降是引起上半年银行业营业收入增速和净利润增速下滑的主要因素。

净息差①增幅放缓拖累净利息收入增速下滑。2012 年上半年，银行业金融机构净利息收入 16189 亿元，占营业收入的 81%，同比增长 23.6%，增速比上年同期下滑 8 个百分点。净利息收入由生息资产规模和净息差决定。上半年，银行业生息资产规模同比增长 19.4%，比上年同期下滑 0.9 个百分点，带动净利息收入提高 19.8 个百分点；净息差同比提高 11 个基点，增幅比上年低 14 个基点，带动净利息收入提高 3.8 个百分点。

手续费净收入增速大幅下滑。受规范银行服务收费的影响，上半年银行业金融机构手续费净收入 2749 亿元，同比增长 11.9%，低于上年同期 54.4 个百分点。手续费净收入在营业收入中的比重降至 13.8%，比上年同期低 1.5 个百分点。

三　应继续坚持稳健的货币政策取向

虽然 2012 年中国经济增速下滑，全球经济增长疲软，但由于长期以来我国 M2 持续高增长，M2 与 GDP 的比例不断攀升，其比值不但高于已经完成货币化进程的发达国家，而且高于正处于货币化进程之中的发展中国家（见表 4）。另外，从中长期看，国内企业经营成本上升，国际宽松货币政策对流动性的注入会推动全球物价的上升，未来通胀压力较大。当前不能过于关注增长速度，而轻易放松货币政策。应继续实施稳健的货币政策，适时适度预调微调，综合运用多种货币政策工具，引导货币信贷平稳适度增长。

在货币政策不宜放松的情况下，由于中央政府财力充裕，债务规模不大，资金筹措能力较强，财政政策可以有更多作为。继续完善结构性减税政策，积

① 净息差 =（净利息收入 + 债券投资利息收入）/生息资产平均余额 × 100%。

极促进经济结构调整，提高居民收入；调整财政支出结构，优化投资项目，推动产业结构升级；不断推进税制改革，支持中小企业发展。

表 4　世界主要国家 M2 与 GDP 的比值

年份	中国	美国	日本	英国	韩国	俄罗斯	印度	巴西
1995	1.02	0.49	1.07	0.78	0.90	0.00	0.17	0.25
2000	1.37	0.50	1.23	0.84	1.17	0.16	0.17	0.24
2005	1.63	0.53	1.39	0.97	1.18	0.28	0.21	0.27
2006	1.60	0.53	1.40	1.05	1.26	0.33	0.21	0.28
2007	1.51	0.54	1.40	1.10	1.31	0.39	0.22	0.29
2008	1.50	0.58	1.47	1.28	1.39	0.31	0.21	0.35
2009	1.78	0.61	1.60	1.36	1.47	0.39	0.22	0.36
2010	1.82	0.61	1.61	1.42	1.42	0.44	0.21	0.36
2011	1.80	0.65	1.72	1.35	1.42	0.45	0.20	0.39

资料来源：CEIC、Wind、IMF。

依据当前经济和物价走势，初步判断今后一段时间货币供应将平稳增长。促进因素主要有：一是法定存款准备金率存在下调空间，广义货币乘数提高；二是财政政策相对积极，财政存款同比少增较多。抑制因素主要有：一是外汇占款同比少增，基础货币投放减弱；二是经济增长趋缓，存贷款派生能力减弱。

从信贷投放看，积极因素主要有：一是货币政策按照总量适度、审慎灵活、定向支持要求，调节信贷供给；二是房地产市场回暖，房地产信贷需求上升；三是平台贷款政策有所松动，信贷投放支持政府项目建设，政府项目投资引致的信贷需求上升。消极因素主要是外需走弱，进出口企业贷款需求下滑；其次，债券市场迅速发展，债券融资对贷款融资的替代作用增强。

初步预计，2012 年 M2 增长 14%，新增人民币贷款 8.5 万亿元。以此衡量，2009～2012 年间 M2 年均增速为 19.6%，比 2002～2008 年平均增速高 2.6 个百分点。2012 年 M2 增速的适度放缓是与货币投放渠道的变化和经济平稳较快增长的需要相适应的。

Monetary and Credit Policy When Economic Growth Slowed Down

Wang Yi et al.

Abstract: In 2012, China's prudent monetary policy has played a significant role in China's economy. The policy presents some features, such as: foreign exchange continuing to be in less growth, the growth of monetary base being shrinking, money supply growth slowing, steady growth in deposits and loans, the market interest rate increasing after drawing first, the two-way floating RMB exchange rate enhancing. The paper draws the following judgments: the RMB exchange rate gradually closing to the equilibrium level, passive pressure of currency decreasing, still large loan size, strong expansion in credit assets out balance sheet, moderate M2 growth, decreased level of profitability of the banking industry, decline in non-performing assets. Therefore, the paper proposed to continue to prudent monetary policy.

Key Words: Monetary Policy; Credits Policy; Economic Growth; Foreign Exchange

B.13

中国经济开始进入转型背景下的平稳增长期

——2012~2013年经济形势分析与展望

张立群*

摘　要：

2011年中国宏观调控的重点是控制通货膨胀与价格上涨，这些措施的效果在2012年明显显现。价格涨幅与经济增速回落的共同原因是市场需求降温，市场需求增速回落是政策调控与经济发展阶段性变化的共同结果，中国经济已经显现筑底企稳迹象。展望2013年，经济增长趋于平稳，中国经济进入重大转型期。经济增长率预计在7.5%左右，投资增长预计在20%左右，消费增长为11.5%左右。中国经济已进入重大转型期，经济体制改革和城镇化进程加快正在为中国经济不断注入新活力。

关键词：

经济增速　市场需求　分析与展望

一　2012年：价格涨幅与经济增速双回落，宏观调控由控物价转向稳增长

（一）价格涨幅明显回落，经济增速持续下降

2011年宏观调控的重点是控制通货膨胀与价格上涨，这些措施的效果

* 张立群，国务院发展研究中心宏观经济研究部。

在2012年明显显现。CPI、PPI同比涨幅持续回落（见表1），房价走稳。

表1　2012年1~8月份CPI、PPI当月同比涨幅

指标	1月	2月	3月	4月	5月	6月	7月	8月
CPI	4.5	3.2	3.6	3.4	3	2.2	1.8	2
PPI	0.7	0	-0.3	-0.7	-1.4	-2.1	-2.9	-3.5

资料来源：根据国家统计局月度数据编制。

进入2012年后，房价涨幅明显趋稳。8月份70个大中城市房价指数整体平均为98.8点（以上年同期为100）。

与价格涨幅回落同时发生的，还有经济增速降低。进入2012年以后，经济增速总体呈下行态势（见表2）。

表2　2012年1~8月份GDP增长率、工业增长率

指标	3月	4月	5月	6月	7月	8月
GDP	8.1			7.6		
工业增加值当月	11.9	9.3	9.6	9.5	9.2	8.9
工业增加值累计	11.6	11	10.7	10.5	10.3	10.1

资料来源：根据国家统计局月度数据编制。

（二）价格涨幅与经济增速回落的共同原因是市场需求降温

房地产市场需求的稳定，特别是投机、投资性买房需求被控制，是房价走稳的主要原因。受资金紧张和订单减少影响，企业持续的去库存活动，导致对各类原材料购买需求减少，是PPI涨幅回落的主要原因。CPI涨幅与食品价格关系密切，因此市场需求（主要是对工业消费品需求，例如汽车、家电等）仅决定了部分CPI涨幅的变化，但也使其涨幅出现了一定下降。

投资、出口两大需求增速降低，则是导致经济增速下降的主要原因。其传导过程是：投资、出口增速下降——企业订单减少——企业降低开工率，减少

生产。2012年与投资密切联系的重工业，特别是钢铁等重化工原材料行业，增速下降明显。下半年以后，受出口增速大幅下降影响，与出口密切相关的轻工业增速也出现下降（见表3）。需要注意的是，需求变化传导到生产领域，需要一定时间。2012年经济增速下行，是2011年下半年以来投资、出口增速下降（见表4）累积效果的综合反映。

表3　2012年1~8月轻重工业、投资、出口当月增长率

指　　标	3月	4月	5月	6月	7月	8月
轻工业	13.9	10.3	9.1	9	10.1	8.6
重工业	11.2	8.9	9.8	9.6	8.8	9
投　　资	20.9	20.2	20.1	20.4	20.4	20.2
出　　口	8.9	4.9	15.3	11.3	1	2.7

资料来源：根据国家统计局月度数据编制。

表4　2011年下半年投资、出口当月增长率

指　　标	7月	8月	9月	10月	11月	12月
投　　资	25.4	25	24.9	24.9	24.5	23.8
出　　口	20.4	24.5	17.1	15.9	13.8	13.4

资料来源：根据国家统计局月度数据编制。

（三）市场需求增速回落既有政策调控的原因，也有经济发展阶段性变化的原因

2011年控制通货膨胀、稳定物价的政策，一个重要方面是稳定需求。其中货币政策持续收紧，对需求产生了广泛的紧缩作用。广义货币供给量M2余额同比增长率由2010年的19.7%下降到13.6%，2011年第四季度因贷款指标限制，购买第一套房的人无法取得按揭贷款。这必然会控制房地产市场需求；银根紧缩还导致贷款难、贷款贵，全面约束了投资需求和企业的生产经营需求。而财税政策调整特别是政府投资的较快撤出，也是投资增速下降的原因之一。

市场需求增速下降还由于经济发展阶段性特点的变化。出口增速下降主要与国际金融危机发生后世界经济的深刻调整、国际贸易环境的变化相关；消费增长与住行为主的消费结构升级活动特点变化相关；投资增长与城市建设活动降温、产能过剩导致产业投资降温相关。这些中长期发展特征变化，是导致市场需求增速下降的另一类重要原因（后面还要分析）。因此，仅靠政策调整已难以将市场需求恢复到2008年前的增长水平，对此必须有清醒认识。

（四）中国经济已经显现筑底企稳迹象

在物价上涨和通货膨胀压力明显降低后，针对经济增速持续回落，宏观经济政策的重点开始转向“稳增长”。随着政策调整，中国经济筑底企稳迹象越来越明显。

1. 投资增长开始稳定

1～5月份固定资产投资（不包括农户）同比增长20.1%，1～6月份提高到20.4%，1～8月份略降到20.2%。投资增长企稳态势比较明显。从投资的三个主要构成部分看，政府主导的基础设施投资（主要有电力热力，交通运输仓储邮政业，水利与城市公共设施管理等），1～5月份同比增长5.6%，1～8月份同比增长10.8%，随着项目审批速度加快、对重大建设项目支持力度加大，预计这部分投资增速将进一步提高。房地产投资止降回升。受房地产市场销售形势影响，2012年4月份开始，房地产投资增速持续下降。但1～8月份房地产投资同比增长15.6%，较1～7月份提高0.2个百分点。这与5月份以后房地产市场形势明显好转有密切关系。制造业投资增长率一直保持在24%左右，高于投资增幅。尽管8月份制造业投资增速有所降低，但仍然保持在23.9%的水平。随着企业转型升级活动的推进，预计制造业投资将稳定在这一增长水平上。

2. 消费增长稳中略升

随着房地产市场的好转，与买房活动密切相关的家具、家电、装修材料的销售情况明显好转，对社会消费品零售额增速形成推动。预计未来汽车市场也将逐步恢复，消费增长将呈现稳中略升的态势。

3. 出口增长在波动中下台阶，近期看不会发生大的波动

原来预期的前高后低的出口增长形势未能出现。7 月、8 月两个月出口同比增速较上半年明显下降，由 9.2% 分别下降到 1% 和 2.7%。近期欧洲推出了直接货币交易计划（OMT），美国推出了第三轮量化宽松货币政策（QE3），日本也推出了增加 10 万亿日元资产收购资金额度的举措。这对金融市场稳定和经济稳定短期看都是利好因素。预计发达国家经济年内出现大的衰退的概率比较低。从国内看，2009 年以来我国出口企业进行了持续的适应新环境和新的发展条件的调整，整体竞争力逐步增强。预计未来出口增长将在 7～8 月份的水平上逐步恢复。

4. 受投资、消费和出口等三大市场需求的影响，预计经济增长回落态势将在第三季度基本结束

近期企业订单水平预计将趋于稳定或略有增加，去库存活动将结束，生产活动将趋稳或略有回升。全年经济增长有望保持在 7.5%～8% 之间。

二　2013 年：经济增长趋于平稳，中国经济进入重大转型期

在 2012 年的运行基础上，预计 2013 年市场供求总量进一步趋于平衡，经济增长和价格涨幅大体平稳。

（一）市场需求总体趋稳，经济增长率预计在 7.5% 左右

1. 世界经济低位震荡调整，出口增幅预计在 10% 左右

2013 年政治周期对世界经济的影响大体结束，债务危机继续发酵，量化宽松货币政策将使货币发行量不断增加，通货膨胀阴影挥之不去。受就业和收入、信用透支能力的制约，预计美欧市场需求总体仍将保持在较低增长水平，房地产、制造业以致整个实体经济的恢复之路艰难而漫长。世界经济仍将在深刻的结构调整中低位震荡徘徊。欧债危机引发经济大规模衰退的概率仍然较低。在这一形势下，考虑我国出口企业综合竞争力水平，预计出口增长基本平稳，全年增速在 10% 左右。

2. 投资增长趋稳，全年增长预计在20%左右

受“稳增长”相关政策影响，基础设施投资增速预计将恢复到18%左右；受房地产市场销售形势影响，房地产投资增速预计将继续恢复，但保障房建设规模预计将有一定收缩，综合分析，房地产投资增速有望保持在18%左右；在经济增长趋稳、企业转型升级活动增加的背景下，制造业投资增长将大体平稳，增长率预计在23%左右。综合分析，全年投资增长可能在20%左右。

3. 消费增长大体平稳，实际增长率预计在11.5%左右

在继续控制投机、投资性买房需求，支持自住型买房需求的背景下，预计房地产需求增速大体平稳，基本保持2012年下半年以来的水平；汽车市场需求将有一定恢复，但不会很高。受住行为主的消费结构升级活动主导，消费大体保持平稳增长，实际增长率预计在11.5%左右。

综合需求因素分析，预计2013年经济增长率在7.5%左右。

（二）中国经济已进入重大转型期

随着市场供求关系趋紧和要素成本水平提高，中国经济已进入重大转型期。受其影响，潜在经济增长率水平和经济运行特点都已发生深刻变化。与2002~2008年的经济高增长相比，主要是潜在经济增长率降低，企业转型和经济结构调整活动全面展开。

1. 市场总体已由供不应求转变为供大于求

第一，外贸出口市场扩张速率减慢，竞争越来越激烈。一方面，2001~2007年，世界货物贸易进口额年均增长14.1%，2008~2011年降低到3.8%①，这表明国际金融危机之后国际市场的扩张速率明显减慢了。另一方面，经过持续快速扩张，中国出口产业已经形成相当大的规模。2002~2011年，工业企业出口交货值由19916亿元扩大到101946亿元。与此同时，新兴国家劳动密集型制造业规模持续较快扩大，美国近年开始启动再制造业化活动。随着国际市场的生产和供给规模持续扩大，中国产品出口市场供求关系已由供不应求转变为供大于求，竞争日益激烈。

---

① 根据《2011年国际统计年鉴》数据计算。

第二，国内住行为主的消费结构升级活动进入调整期。随着大城市特别是特大城市发展空间的限制，城市住行为主的消费结构升级活动进入了调整期。2002～2010年，轿车产量年均增长31.2%，2011年仅增长5.8%，[①] 2012年1～8月份同比增长8.4%。受城市交通状况、对汽车保有量承受能力的限制，预计轿车进入家庭步伐将放慢。2002～2009年，城镇商品房销售面积年均增长19.8%，2010年较上年增长10.6%，2011年增长4.9%，2012年1～8月份同比下降4.1%。[②] 受城市特别是大城市、特大城市发展空间和土地供给潜力限制，预计城镇居民居住水平提高速率也将减慢。这些情况意味着住行为主的消费结构升级活动进入调整期，汽车和房地产市场需求增速降低，对相关产业的带动作用减弱。

第三，国内投资增长速度减慢。受城市发展空间、地下设施配套能力、地方政府资金能力的限制，预计以城镇建设为主的地方投资扩张能力将减弱；随着产能过剩问题的发展，以及企业对未来市场预期的转差，预计企业和产业投资活动也将趋缓。这些都将导致投资增速下降。

综合以上情况，出口、消费、投资等三大需求增速都出现了阶段性降低，国内外市场由供不应求转变为供大于求，这是经济发展环境的一个重大改变。

2. 要素成本水平明显提高

2002～2011年，城镇单位就业人员平均货币工资由12373元/年增加到41799元/年，增长了237%；工业生产者购进价格指数上涨了70%，建筑安装工程价格指数上涨了52%，固定资产投资价格指数上涨了35.8%。[③] 劳动力、土地、资金、资源等生产要素价格持续上涨，企业生产成本大幅提高。这一变化预计是趋势性的，因此是企业和经济发展条件的又一个重大变化。

3. 经济发展方式正在由粗放、低水平数量扩张向集约和质量效益型转变，潜在经济增长率出现了阶段性下降

市场需求增速下降，必然使企业订单增速下降；供求关系改变和市场竞争加剧，必然迫使企业提高市场竞争力。这些必然会改变企业和整体经济低水平

---

① 根据《中国统计年鉴》数据计算。

② 根据《中国统计年鉴》和2012年月度统计数据计算。

③ 根据《中国统计年鉴》数据计算。

数量扩张的发展模式。要素成本的明显提高，必然使粗放的，高投入、高消耗、高污染、低效益的发展模式遇到成本方面日益加大的压力，必然迫使企业越来越注意节约人力和各类物质资源的投入。这意味着发展环境和发展条件的重大变化，已经使转变经济发展方式成为客观必然趋势，能否成功转型，已成为企业能否继续存在发展的生死之搏。中国经济已进入重大转型期，企业转型和经济结构调整成为各个经济层面生死攸关的现实任务。

从未来的相关条件分析，预计出口年均增长率将降低到10%左右，国内投资的年均增长率将降低到18%左右，消费（剔除价格因素）的年均增长率保持在11%左右。从需求增长角度分析，未来我国潜在经济增长率将下降到7%～8%之间。基于这一判断，经济增长的预期目标应该定在7%～8%之间。

三　经济体制改革和城镇化进程加快正在为中国经济不断注入新活力

发展环境和发展条件的变化决定了转变经济发展方式、进行经济转型的客观必然性。这一进程要求经济体制改革予以保障。包括与市场竞争和市场配置资源相关体制的改革，放开市场准入、严格破产和市场退出机制、完善市场定价机制等；也包括完善企业治理结构，特别是增强责任约束的相关机制的建立；还包括政府自身改革，减少对经济活动的直接参与，增强公共服务和社会基本保障方面的责任和职能，增强政府社会管理方面的职责和能力。改革的推进将不断促进经济发展方式转变，促进企业转型升级，进而使我国企业和产业不断适应新的市场环境和成本条件，不断增强市场竞争力和开拓发展能力。这些将为经济发展不断注入新的活力。另一方面城镇化进程加快，将为经济发展开辟广阔空间。随着政府公共职能的增强，户籍制度改革将加快推进；随着长远规划工作和规划立法工作的加强、基础设施建设问责制的建立，财税体制改革推进，城市基础设施建设水平将不断提高，城市发展空间和后劲将不断扩大和提高。这些都将加快城镇化步伐，促进人口和劳动力向城市的转移，促进住、行为主的消费结构升级活动，扩大汽车、住房市场和产业发展空间，进而为工业化和经济发展开辟广阔空间。

预计随着经济转型的推进，中国经济潜在增长率将经历一个由低到高的平稳变化。在工业化、城市化快速推进的大背景下，预计将恢复到9%左右。

China's Economy Makes Steady Growth in the Transition Period: Analysis and Prospects of Economic Situation in 2012 -2013

Zhang Liqun

Abstract: In 2011, the focus of China's macro-control is to control inflation and rising prices, the effect of these measures appear visible in 2012. The common cause of the price increase and economic growth rate drop is the market demand cools down. As the policy control and the period of economic development, the growth rate of the market demand declines. China's economy has begun to show signs of bottoming stabilized. In 2013, economic growth will be stabilized, the economic growth rate is expected to be around 7.5%, investment growth is expected to be around 20%, the consumption growth is about 11.5%. China's economy will enter into transition period, and the accelerate of the process of economic restructuring and urbanization make a new life for the Chinese economy.

Key Words: Economic Growth; Market Demand; Analysis Prospect

B.14
2013 年中国经济发展的政策选择

李泊溪*

摘　要：

本文主要是讲2013 年经济发展的若干政策选择问题。通过对中国经济发展进入新阶段；对中国经济发展速度变化的认识；中国经济结构调整要有实质性推动；地区间的经济发展情况差异，对宏观政策提出新要求；对经济风险的防范；重视主要国家经济发展战略变化影响等作出分析，为2013 年中国经济发展的政策选择提供参考依据。

关键词：

经济发展　政策选择　结构调整

2013 年是党的十八大之后的第一年，又是政府换届年，国家进入战略提升期。改革开放的全面推进和经济发展转型都会有进一步的谋划，如何保持经济持续、稳定、协调发展，是政策选择的核心，如何在新形势下实现宏观调控政策——财政和金融政策的连续性与稳定性，是 2013 年政策选择必须考虑的。

一些重要的国际机构预测，未来几年，全球经济将增长乏力，世界经济疲弱的发展前景已成定局，有的机构将 2014 ~ 2016 年的世界经济增速预测再次调低为 3.2%（此前预测 3.5%）。国际货币基金组织认为欧债危机本质上已成为泛欧层面的问题，如政策措施滞后于危机传播，欧债危机的影响可能广泛外溢等。国际经济环境可能会对我国对外贸易和吸引外资造成不利影响。

我国经济发展进入转型期，经济结构调整升级，国家经济发展进入新阶

* 李泊溪，国务院发展研究中心。

段，而改革开放又进入攻坚期，国内经济形势也是机会与挑战并存，既有成绩又有要解决的问题，情况复杂。要在辉煌成绩的基础上更上一层楼，需要全面谋划。2013 年经济发展的政策选择，需要对我国经济发展的若干战略性问题作出判断。

一 中国经济发展进入新阶段

按世界银行的分类标准，中国已进入上中等收入国家，这能集中展现改革开放的成效，2011 年中国实现国内生产总值 47.156 万亿元，年末总人口 13.4735 亿，人均 3.5 万元，若按全年平均汇率 6.4588 计，中国 GDP 约合 7.3 万亿美元，人均 GDP 为 5420 美元（按购买力评价约为 7864 国际元）。

按世界银行的分类标准（见表 1），中国已进入上中等收入国家。从数据看，改革开放前中国是低收入国家，这个变化是了不起的成就。

表 1 世界银行按收入对国家的划分标准

单位：美元

项　　目	1990 年	2000 年	2009 年
低收入	< =610	< =755	< =995
下中等收入	611 ~ 2465	756 ~ 2995	996 ~ 3945
上中等收入	2466 ~ 7620	2996 ~ 9265	3946 ~ 12195
高收入	>7621	>9265	>12195

经过 30 多年改革开放，中国成为世界第二大经济体，人均达到上中等收入水平，这一变化的同时，塑造了中国的经济结构、消费结构、贸易结构、投资结构等，出现了相应的产业链、价值链。国际经验表明，当前经济发展到这种程度后，经济结构要转型，经济发展的动力要改变，中国经济发展的迹象也表明了中国经济进入转型期的特点。

后发国家利用先发国家（发达国家）的技术、资金和市场以及本国廉价劳动力，生产本国和世界需要的产品，加速经济增长，压缩了发展时期，有专家之为称挤压式增长。简言之是依靠人、财、物、技术等要素的增长，如果靠这些要素，不足以支持发展，而要同时靠智力和创新时，意味着挤压式增长接近尾声，就像中国东部有些地区那样。

高速增长促进该国该地区发展水平的提高和加速工业化，往往从初级工业化到中期工业化。中国是发展不平衡的大国，东中西部发展水平相差大，发展程度不同，高速增长阶段结束的时间也会有差异。

中国经济发展的阶段性变化，意味着在中国经济实力提升之后，进入更高水平的发展层次，经济发展质量要有新的提升，国家竞争力要有大的增强，这是发展机遇，同时又是激烈的挑战。中国经济 2013 年的政策选择要考虑这一因素。

二　对中国经济发展速度变化的认识

从发展特性看，日本、韩国、德国等都属于享受后发优势的国家，有类似的经济发展规律。日本经济 1946～1973 年，处高速增长阶段，此阶段 GDP 的平均增速约为 9.3%；1974～1991 年为中速增长阶段，GDP 平均增速约为 3.7%；1992 年至今，日本进入低速增长阶段，GDP 平均增速为 1.1%。无论是高速、中速，还是低速增长时期，日本人均 GDP 都在不断上升，达到 1973 年的 11400 国际元（购买力评价，以下同），1991 年的 19350 国际元和 2008 年的 22800 国际元。

德国和韩国也有类似的情况，当前韩国处在中速增长阶段，德国处于低速增长阶段。这些国家在各个阶段的时间速度以及阶段变化点不同，各阶段 GDP 增速也不一样，但总变化规律一致。

日本、韩国、德国的实践表明，经过高速增长期，人均 GDP 达到一定水平后，这三个国家经济增速逐步下降，可以认为是享受后发利益、追赶式发展的一般规律。从国际比较看，日本、韩国、德国在人均 GDP 达到 11000 国际元时结束经济高速增长阶段而进入中速增长阶段，经济增长速度下降 40%～60%。GDP 增长速度会下降，有一定的规律性，但下降的程度和数值与国情有关，也与国家经济发展战略有关。从低速期如何进入另一个高速期，需要付出艰苦努力。

中国是经济发展不平衡的大国，改革开放以来，各地都有很大发展，但仍有地区差异，各地发展水平和工业化程度不一样，在以前的发展中，东、中、西部 GDP 增速依次减小，从 2007 年开始出现 GDP 增速西、中、东依次减小情况，以致在 2011 年 GDP 增速北京最低，上海倒数第二。这表明东部发达地区进入新的发展阶段，除了生产要素（人、财、物）外，更需要智力与创新。

中国地区发展特点，使得中国经济从高速到次高速（国际上仍属高速），不会下降很多，仍能维持 7% ~8% 的较高增速，按国际标准仍是高速。对于中国经济高速增长期接近尾声，将进入次高速，是许多专家的共识，但具体何时到达，有不同的研究意见，有的认为在 2014 年左右，有的认为要到“十二五”规划时期末等。

在新形势面前，中国经济如何发展，东、中、西部的经济如何创新发展模式，建立新型经济结构，不是以前发展经验的重复，而是要选择新道路。着眼未来，我们需要观念的转变、思维的深化、战略的提升、行动的推动。

三　中国经济结构调整要有实质性推动

中国提出经济结构调整已有多年，在国家“十二五”规划等文件中有专门的阐述，结构调整的问题受到重视，各地都开展相关工作，国家提出发展战略性新型产业，对经济结构调整是个推动。总体看来，经济结构调整工作要有进一步的实质性的推动，得进行全面的深入谋划。

1. 要确定结构调整的目标

在确定结构调整方向的基础上，制定结构调整的具体目标，其中要考虑不同产业的结构比例、环境友好、物质消耗、能源消费、质量要求等目标。结构调整的目标既有定性目标，也要考虑定量目标。确定目标要考虑市场需求和需求结构，以及未来趋势。

2. 结构调整目标的产业分解

结构调整的总体目标要具体在产业间进行分解。结构调整是要达到新的结构目标，并非全部发展高新产业，从国际经验看，高新产业在国民经济中有一定比重，不是比重越高越好。每个产业从产业链和价值链的角度看，往往都包括高中低产业。要根据经济发展基础、阶段和市场科学确定不同产业的发展目标。

3. 结构调整目标的阶段性

结构调整的预期目标不是固定值，要根据经济发展阶段进行动态调整。我国正在进行经济发展方式的转变，结构调整表现出阶段性特征，是逐步到位，再走向高层次。要结合结构调整的方向和目标，科学划分阶段，制定不同阶段结构调整目标，引导结构调整持续发展。

4. 政府和市场在结构调整中的作用

结构调整需要有持续的动力，政府和市场都会推动结构的调整，政府主要是战略引导和政策支持，主要动力来自市场。因此，总的原则是市场因素在结构调整中起主导作用，政府要通过规划和政策引导结构调整方向，使市场活动有利于实现结构调整目标。

在2013年经济发展的政策选择中讲经济结构调整问题，是说明2013年的经济结构调整政策，要出于较长期的考虑，在确定结构调整阶段性目标的基础上，对经济结构政策做出阶段性设计，2013年经济结构政策主要是支持结构调整方向的政策，可考虑从支持装备制造业等先进制造业和战略性新兴产业的发展，到提高经济长期供给能力和效率。为稳增长，政府有关部分可能考虑适当出台财政刺激政策，但这些政策必须与解决经济发展的长期问题结合起来，如提高要素的利用效率、增加环境友好程度等。解决这些长期问题，根本在于提高经济发展的资源配置效率和水平。

四 地区间的经济发展情况差异，对宏观政策提出新要求

从2012年经济运行情况看，东部、中部和西部地区，经济增速差异加大，东部地区增速最慢，中部、西部依次提高（天津除外）。从调研的情况看，不同区域经济运行状况、发展趋势出现明显分化。外向型产业集中的地区，由于出口增速回落，工业生产下降幅度较大；资源型产业和重化工业占比较高的省份，经济增速和效益均出现滑坡；承接产业转移较为集中的地区，经济活力较

强；产业转型升级进展较快的地区，面临一定困难。总体看可以承受。

区域经济发展出现些亮点，有些粮食主产区因为农业保持稳定，粮食有望“九连增”，农业形势较好；一些地区主动转方式、调结构，出现了较好的发展势头，如广东；一些中西部地区承接产业转移效果明显，一些地区民生投入增长较快，对经济有所推动；等等。产能过剩问题突出，经济效益下滑，各地区平衡发展有所改善。

从总的情况看来，需求不足影响工业生产，导致各地经济增速普遍下降；财政收入增速回落，有些地区收支平衡压力较大；投资增速连续下降，稳增长困难加大；物价涨幅回落，但涨价压力依然存在；房地产投资增速下滑，对地方经济带动作用减弱；中小企业贷款难、贷款贵的问题仍然突出；等等。这些问题既有一定普遍性，又有地区差异性。问题和亮点的不同组合，地区之间在对经济形势分析判断上出现多样性，使得各地对宏观政策的要求不一样。从总体上看，除积极财政政策和稳健货币政策塑造大环境外，还要对政策进行细致设计，对不同的重要问题，必要时，给出功能性政策，如对降低能耗、物耗的鼓励政策，对环境友好的支持政策，等等。这些都对宏观政策选择提出了新要求。

五　对经济风险的防范

外部有国际金融危机，造成发达国家经济衰退，欧债危机的影响、欧洲经济剧烈波动、市场低速等因素，使我国对外贸易不稳定。此外，我国经济发展状况成为外部世界判断全球经济和大宗商品价格走势的重要依据，大宗商品价格的波动是我国经济的不稳定因素，对物价波动也会有影响；贸易保护主义的抬头，也是影响我国贸易的不确定因素之一。这些都给我国经济带来风险。

从国内来看，部分地区金融领域风险有增强态势。受经济增速下行影响，有些企业出现亏损，影响偿债能力，金融领域风险有增强趋势。我国广泛存在的地方融资平台，许多地区进入还偿高峰期，而地方财政收入增速回落，收支平衡压力加大，影响还贷能力，加大了金融风险。杠杆率已处于历史高位，若经济再杠杆化，风险将越来越大。

各地普遍反映房地产交易量下滑，商品房库存增加，开发商拿地意愿下降，房地产增速继续下滑，使各地政府收入中，卖地收入大量减少。土地收入是地方城市化资金的重要来源，而城市化又是推动经济增长的重要因素。地方财力不足对城市化的影响也是经济发展的风险因素。

以上列举了近期经济中出现的一些不确定性和风险。对这些问题要专题研究，综合解决，虽然有些表现在地区，实质上是宏观因素。

特别需要说明的是，长期经济高速发展，增强了实力，解决了发展中的一些社会问题，但仍有许多社会矛盾需要解决。社会矛盾的存在是经济发展的最大风险，要引起我们关注。

提出经济发展的风险，是为了认识它、规避它、防范它，尽量减少影响。这就需要在经济发展的政策选择过程中，考虑风险的可能影响，并为风险的发生作必要的应急准备。对正在执行的政策要进行梳理和评估，确定政策的取舍、完善和提升，使党的十八大后的政策水平有新提升。

六　重视主要国家经济发展战略变化影响

由于世界金融危机的深刻影响，各个国家都在从战略角度，反思国家的发展问题。主要的国家都酝酿和提出了新的国家战略，力图利用第三次工业革命的机遇，用创新赢得国家发展战略提升，求得在世界经济格局中更有利的地位，使国家发展进入新高度，甚至争当世界发展的制高点。在选择我国的经济政策时，要特别关注这种情况，因为战略是政策的基础，而政策是战略执行的重要举措。

论证近期发达国家的战略变化，是专门的课题。这里举两个例子，说明它对我国的可能影响，一是发达国家的再工业化，另一个是美国的能源独立战略。

以美国为首的发达国家提出再工业化战略，美国的再工业化不同于通常的工业化，而是用更高技术和创新支持的工业化，对此美国已列为国家战略，并要求各大学要为再工业化培养500万名专门人才，全面推行美国再工业化。

从去“工业化”到“再工业化”的过程，反映了从实体经济到服务经济再到实体经济的回归，更体现了服务经济要真正服务实体经济的发展战略。

“再工业化”是对制造业产业链的重塑，重点是对高附加值环节的再造。再工业化与第三次工业革命的兴起和全球化传播有关，并应对全球可持续发展面临的压力和挑战。

第三次工业革命和再工业化，可能带来人类的生产生活方式的根本性变革。第三次工业革命促进的工业化，必然对全球产业尤其是制造业的发展，以及各国产业结构的调整，乃至世界经济格局产生重要影响。

1980 年，中国制造的增加值远低于美国和德国，但 1990 年以来，中国制造业增长很快，制造业增加值先后超越德国、美国等制造业强国，2010 年中国成为世界制造业第一大国，但还不是制造业强国。在再工业化的挑战面前，要确定战略选择，并制定相应政策。

美国的再工业化和其“新能源革命”分不开，美国的“能源独立”战略取得突破性进展，“页岩气革命”使美国迅速摆脱了对中东石油的依赖，并形成美国能源价格洼地，利用其实现再工业化，也是其政治上的战略转换的基础。自尼克松政府以来，美国一直谋求“能源独立”。近年来奥巴马政府将“能源独立”提升到前所未有的战略高度，并且制定了强有力的配套政策，收到了显著成效。

美国石油对外依存度快速下降。美国进口能源的 86% 是石油，摆脱对进口石油的依赖是美国“能源独立”战略的出发点和核心（参见国务院发展研究中心产业研究部报告）。2011 年，美国石油对外依存度为 44.8%，比 2005 年的历史最高点下降了 15.5 个百分点。原油进口的来源更加可控，一次能源自给率大幅回升，自 1992 年以来首次超过 80%。美国走向“能源独立”的系列做法和立足国内，用国内能源取代进口能源的思路值得借鉴。特别需要关注的是，美国凭借能源成本优势可以提升其产业竞争优势，即较低的能源价格降低了企业成本，加速了海外投资回流美国，将可能使美国有条件先于其他工业化国家“制造业复兴”。

在这样的国际背景下，我国应进一步提升能源战略，保障我国的能源安全，促进我国能源来源特别是石油来源的多元化，减少对某一来源的石油的进口依赖。特别是要加速从我国南海获取石油的进程，促进我国丰富的页岩气的工业化。在此基础上，制定相应的政策体系。

随着党的十八届中央委员会的产生，中国进入新一轮政治周期，新领导班子定会从战略高度审视我国经济发展的重大问题，对经济转型期作出全面谋划。从党中央、国务院对中国改革顶层设计的准备和要求看，用进一步改革开放促进社会主义市场经济基本制度的完善，下力气改革攻坚，对继续推进开放的坚强决心等是新领导班子推进国家发展的基本思路，在此基础上提升国家战略是重要着眼点。对此，全党和全国人民充满期待。

参考文献

国务院发展研究中心有关对外研究报告和笔者研究成果。

Policy Choice of Chinese Economic Development in 2013

Li Boxi

Abstract: This paper focuss on several issues of choice of policies of economic development in 2013. Several aspects are analyzed for China's economic development in 2013: China's economic development is entering into New Stage; some understandings of change of economic growth rate of China, economic restructuring of China needs an real effort to be pushed forward; regional disparity in economic development raises new requirement for macro-economic policy; prevention of economic risks, impact of change of economic development strategy of major countries should be focused. Analysis and recommendations given in this paper may provide references of choice of policies for China's economic development in 2013.

Key Words: Economic Development; Policy Choice; Structure Adjustment

消费、投资与进出口形势分析篇

Analysis of Consumption, Investment, Import and Export Situation

B.15

2012年我国贸易形势分析与预测

裴长洪　余颖丰*

摘　要：

我国外贸形势呈现以下特点：一是2012年前8个月进出口总体保持正增长，但同比增速低于前两年；二是中国对欧出口负增长，与新兴市场贸易增长较快；三是机电、高新技术以及原油仍是我国进口重点；四是劳动密集型产品出口低迷，机电产品出口增长平稳；五是民营企业进出口份额增大，加工贸易比重持续下降；六是国际贸易保护主义抬头，继续干扰我国外贸增长。2012年是我国外贸形势发展较为严峻的一年，但预计全年总体仍能维持10%的增长。

关键词：

贸易保护主义　竞争优势　跨境人民币结算

* 裴长洪，中国社会科学院经济研究所所长，研究员，博士生导师；余颖丰，中国社会科学院研究生院，博士研究生。

一 2012年前8个月我国外贸形势分析

（一）2012年前8个月进出口总体保持正增长，但同比增速低于前两年

2012年1～8月，全国进出口总值为24976.2亿美元，累计同比增长6.2%，其中：出口13091.1亿美元，累计同比增长7.1%；进口11885.1亿美元，累计同比增长5.1%。全球政治经济形势极不明朗，发达经济体再度陷入发展低迷的状态，导致全球市场需求萎缩，同时也导致全球市场竞争加剧以及贸易保护主义进一步抬头，使我国外贸发展面临巨大的压力和考验，在这样的背景下，我国前8个月仍保持了6.2%的正增幅实属不易。2012年前8个月（见表1），1月进出口总额出现了同比7.8%的负增长，主要来自进口大幅萎缩，而进入2月或因春季因素，进口同比大幅上升，该月出现了同比29.6%的增长，其后的3月、4月进出口总额同比分别迅速下滑至7.1%和2.6%，其中出口同比增长较平稳，分别为7.6%和6.8%，但进口环比增长波动较大，分别为5.3%和0.2%，进入5月进出口总额同比有较大恢复，至14.2%，主要是因为进口同比大幅增加至13.1%。进入6、7、8月，进出口总额同比再次大幅滑坡，增速分别为8.9%、2.7%和0.3%，主要原因是进口同比波动较大，8月进口同比出现2.6%的负增长。

表1 2011年9月至2012年8月月度进出口额变化情况

单位：亿美元，%

	2011年				2012年							
	9月	10月	11月	12与	1月	2月	3月	4月	5月	6月	7月	8月
金额	3248.3	2979.5	3344	3329.2	2726.3	2607.9	3259.5	3077.7	3440.0	3284.4	3287.6	3292.9
同比变动	18.9	21.6	17.6	12.6	-7.8	29.6	7.1	2.6	14.2	8.9	2.7	0.3

资料来源；《海关统计》2012年8月。

从我国净出口差额分析（见图1），大体而言，我国进口和出口保持了增速同步，但波动幅度较大，尤其是第一季度，1～3月我国出口增长率分别为-14.2%，-23.66%和44.73%，而进口增长率分别为-22.4%，

19.2%，9.6%，从4月开始进口和出口增长率的差异开始缩小，进入5月，增幅收窄基本平稳同步。由图1也可以看出，我国在经历了2月份的大幅逆差后，3月开始我国进出口水平开始恢复到顺差水平，维持在月平均200亿美元水平。

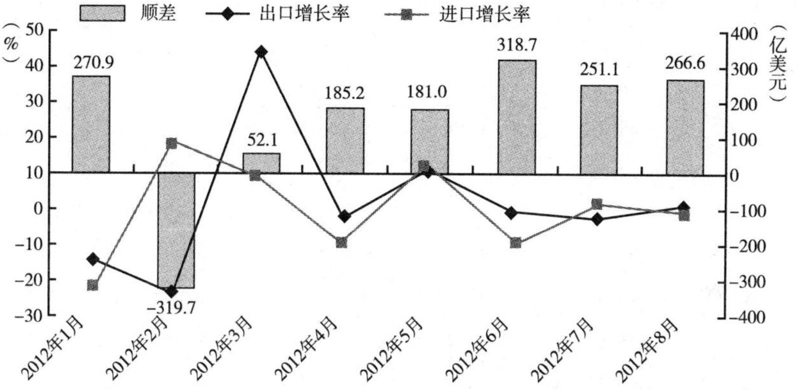

图1　2012 年 1~8 月度进出口增速和顺逆差

资料来源：《海关统计》月报。

（二）中国对欧出口负增长，与新兴市场贸易增长较快

从出口角度分析，2012年前8个月，美国仍是我国主要贸易出口目的地，出口金额为2264.1亿美元，同比增长10.2%，其次是欧盟、香港和东盟，分别为2222.4亿、1948.8亿、1263.6亿美元，同比增幅分别为-4.9%、12.9%、15.4%（见表2）。由此可见，除欧盟外，我国其余三个经济体都实现了两位数的增长，主要原因是欧洲债务问题迟迟未能解决，市场需求萎缩同时伴随贸易保护主义抬头等因素，影响了我国对该地区的出口，其中对意大利下降26.0%，对德国下降7.9%，且欧盟出口占比份额也在下滑，与上年同期相比下滑2.1个百分点。随着市场多元化战略的积极推进，中国与新兴市场国家贸易增长仍然较快，对金砖国家出口增长3.4%，其中对俄罗斯增长最快高达13.4%，但对于印度下跌4.7%。我国与东盟出口贸易额也有加大增长，同比增长15.4%，东盟作为中国第三大贸易伙伴的地位进一步巩固。

表 2　2012 年前 8 个月我国与主要贸易伙伴出口情况

单位：%，亿美元

经济体*	1~8 月累计数额	同比增加	占总出口额总量比重	上年同期出口比重	2011 年全年出口比重
欧　　盟	2222.4	-4.9	17.0	19.1	18.8
美　　国	2264.1	10.2	17.3	16.8	17.2
东　　盟	1263.6	15.4	9.7	9.0	9.0
日　　本	986.1	4.8	7.5	7.7	7.8
香港地区	1948.8	12.9	14.9	14.1	14.2
韩　　国	583.5	7.3	4.5	4.4	4.4
台湾地区	223.1	-5.8	1.7	1.9	1.9
澳大利亚	235.0	10.3	1.8	1.7	1.8
俄 罗 斯	282.5	13.4	2.2	2.0	2.1
巴　　西	215.4	1.7	1.6	1.7	1.7
印　　度	309.7	-4.7	2.4	2.7	2.7
南　　非	91.1	9.3	0.7	0.7	0.7

* 排序按我国与该经济体进出口总额排序。

资料来源：《海关统计》月报。

从进口角度分析，2012 年前 8 个月，我国自欧盟、美国、日本和东盟的进口额分别为 1428 亿、865.7 亿、1200.9 亿和 1265.1 亿美元，分别增长 3.1%、8%、-6%和 9%（见表 3），日本对中国出口大幅减少，其中包括汽车发动机在内的重型机械发动机等，主要原因是日本受欧债危机拖累，外贸形势严峻。① 此外，我国与金砖国家累计进口金额 1102.2 亿美元，同比增长 16.8%，其中南非和俄罗斯增幅最大，分别为 50.5% 和 16.3%，但 2012 年前 8 个月我国从印度的进口同比增幅呈现负增长，下降 9.1%。

从贸易差额分析（见表 4），我国与美国的贸易差额仍在增长，达到 1398.5 亿美元，同比增加 11.5%。我国与东盟的贸易结构变化最大，上年同期我国与东盟贸易逆差 150 亿美元，2012 年 1~8 月累计逆差仅为 1.5 亿美元，

① 日本于 2012 年 7 月份创下 1979 年以来的单月最高赤字纪录，达到 7174 亿日元（约合 441.7 亿元人民币）。

表 3　2012 年前 8 个月我国与主要贸易伙伴进口情况

单位：亿美元，%

经济体	1～8 月累计数额	同比增加	占总进口额总量比重	上年同期进口比重	2011 年全年进口比重
欧　　盟	1428.0	3.1	12.0	12.2	12.1
美　　国	865.7	8.0	7.3	7.1	7.0
东　　盟	1265.1	9.0	10.6	10.3	11.1
日　　本	1200.9	-6.0	10.1	11.3	11.2
香港地区	111.1	8.5	0.9	0.9	0.9
韩　　国	1054.7	4.0	8.9	9.0	9.3
台湾地区	822.4	-1.1	6.9	7.4	7.2
澳大利亚	570.6	10.1	4.8	4.6	4.7
俄 罗 斯	301.6	16.3	2.5	2.3	2.3
巴　　西	358.7	9.2	3.0	2.9	3.0
印　　度	142.2	-9.1	1.2	1.4	1.3
南　　非	299.7	50.5	2.5	1.8	1.8

资料来源：《海关统计》月报。

进口与出口基本持平。此外，我国与欧盟、日本的贸易结构更为合理。我国与欧盟之间的贸易差额不断缩小，1～8 月累计顺差 794.5 亿美元，相比同期下降 16.6%。我国与日本之间贸易差额也在不断缩小，1～8 月累计逆差 214.8 亿美元，相比同期上升 36.3%。我国与主要的资源输出国（如俄罗斯、巴西、澳大利亚）逆差进一步扩大。1～8 月我国与澳大利亚、俄罗斯以及巴西逆差分别为 335.6 亿、19.1 亿、143.3 亿美元，同比增长分别为 10.2%、100.4%、22.7%。

表 4　2012 年前 8 个月我国与主要贸易伙伴贸易差额情况

单位：亿美元，%

经济体	2012 年 1～8 月贸易差额	2011 年同期贸易差额	同比增加	2011 年贸易差额
欧　　盟	794.4	952.5	-16.6	1449.0
美　　国	1398.5	1254.6	11.5	2023.4
东　　盟	-1.5	-150.0	-99.0	-226.9
日　　本	-214.8	-337.2	-36.3	-462.9
香港地区	1837.7	1623.4	13.2	2525.3

续表

经济体	2012 年 1～8 月贸易差额	2011 年同期贸易差额	同比增加	2011 年贸易差额
韩　　国	-471.2	-506.1	-6.9	-797.9
台湾地区	-599.3	-594.0	0.9	-898.1
澳大利亚	-335.6	-304.5	10.2	-488.1
俄 罗 斯	-19.1	-9.5	100.4	-14.4
巴　　西	-143.3	-116.8	22.7	-205.2
印　　度	167.5	168.5	-0.6	271.7
南　　非	-208.6	-115.4	80.8	-187.0

资料来源：《海关统计》月报。

（三）机电、高新技术以及原油仍是我国进口重点

由于国内需求不足，以及大宗商品价格波动等不确定因素，前 8 个月机电产品、高新技术产品以及原油进口金额分别为 5010.3 亿、3156 亿以及 1476.9 亿美元，同比增幅仅分别为 1.7%、4.5%、14.6%，分别占总进口额的 63.4%、39.0%、16.5%。从同比增幅来看，机电产品、高新技术产品以及原油进口金额同比增幅低于 2011 年全年，此三项商品同比增幅分别为 14.1%、12.2%、45.3%。从该三项产品在我国进口总额的比重来看，三者在我国进口中的份额相对于 2011 年全年大幅增加，其中机电产品进口比重提升最大，提升了 20.4 个百分点，而高新技术进口次之，提升了 12.4 个百分点，原油提升了 5.3 个百分点。此外，受 2012 年夏天美国玉米歉收影响进而引发的全球粮食恐慌，我国农产品和粮食进口金额同比都有较大增长，分别为 25.2% 和 26.8%，其中谷物和谷物粉进口数量增长 244.0%，进口金额同比增长 205.0%。此外因全球铜价 2 月后走低，刺激了我国铜的需求，锻造铜及铜材同比量增 37.3%，同比金额增长 19.9%。煤炭价格也遭遇了全球下滑，1～6 月份，澳大利亚纽卡斯尔港动力煤平均价格累计下降 22.3%，从另一个侧面也刺激了我国煤炭的进口，1～8 月煤及褐煤同比量增 46.3%，同比金额增长 49.5%。此外，钢铁累计进口 932 万吨，总计金额为 123.1 亿美元，同比分别下跌 12.3% 和 15.9%，若结合钢材出口数据，进出口皆大幅下跌，说明全球经济危机的深化将在很大程度上影响国际钢材市场需求。

（四）劳动密集型产品出口低迷，机电产品出口增长平稳

2012 年前 8 个月，轻纺类产品出口低迷，服装、纺织品出口额出现负增长，皆为 -0.7%，鞋类以及箱包出口额分别仅增长 8.8% 和 6.4%。机电产品进出口总额 12498.7 亿美元，同比增长 4.9%，占同期全国外贸进出口总额的 50.0%。其中，机电产品进口 5010.3 亿美元，同比增长 1.7%，占同期全国进口总额的 42.2%；机电产品出口 7488.4 亿美元，增长 8.3%，超过整体增速 1.2 个百分点，占同期全国出口总额的 57.2%。“两高一资”① 产品出口下降，成品油、煤炭出口数量分别下降 10.17% 和 36.6%。此外全球市场需求疲软，贸易保护主义抬头，欧美各国针对我国优质钢出口的限制，或多或少影响了我国钢制品出口，钢坯及粗锻件出口量额齐齐下跌，与同期相比分别下跌 78.4% 和 47%。初级农产品中，玉米出口量和总额高速增长，分别为 201.2% 和 271.9%（见表 5），主要原因是由于美国 2012 年夏季遭遇 50 年不遇的特大旱情，致使玉米大幅减产进而导致了我国玉米出口的大幅增加。

表 5　2012 年前 8 个月我国主要出口商品同比量额涨跌幅排名（左：涨幅；右：跌幅）

单位：%

商品名称	出口数量	出口金额	商品名称	出口数量	出口金额
玉米	201.2	271.9	焦炭及半焦煤	-74	-74.4
贵金属或宝贵金属的首饰	26.5	145.7	钢坯及粗锻件	-78.4	-47
灯具、照片装配及零件	—	56.8	煤及褐煤	-36.6	-40.4
集成电路	12.5	36.6	集装箱	-25.3	-28.5
塑料制品	7	36.3	食糖	-23.9	-16
原油	3.7	31.4	彩色电视接收机	-3.7	-11.5

资料来源：《海关统计》月报。

（五）民营企业进出口份额增大，加工贸易比持续下降

从贸易主体来看，相对于国有企业和外商投资，其他企业（主要指民营

① 高能耗、高污染、资源消耗性。

企业）进出口比例有大幅上升，远高于同期总出口增长率。从出口来看，2012 年 1 ~8 月，国有企业同比减少 4.4%，而外商投资企业和其他企业都出现正增长，分别为 3.2% 和 18.2%（见表 6）。但从总金额角度看，外企仍是主要出口占比大户，但比例略有下降，从 2011 年的 52.4%（过去五年平均值为 55%）下降到 50.1%，而其他企业（包括民营企业和集体企业）占比从上年的 33.5%（过去五年平均值为 28.6%）上升到 36.5%，由此可见，民营及集体企业在我国出口领域发挥出了越来越大的作用。就进口而言，仍然是民营企业和集体企业等其他贸易主体同比增幅较大，达到 18.8%，国有企业和外商投资企业同比增幅分别为 1.9% 和 1.1%。三种贸易主体贸易比重分别是：国企占比 28%，外企占比 47.9%，其他企业占比 24.2%。其中民营企业和集体企业占比不断提升（五年平均值为 18.7%，2011 年该值为 22.1%），而外企的占比不断下滑（五年平均值为 52.4%，2011 年该值为 49.6%），而国企在总体的占比略有轻微下降，但变化不大，为 28%。由此可见，民营企业等非国企以及非外企企业对我国净出口增量贡献增大，外企增长乏力。中国民营企业转型升级步伐加快，得益于我国政府在金融危机来临后采取的一系列应对金融危机的政策举措，使得我国民营企业在经历了金融危机的洗礼后，在激烈竞争中积极拓展市场能力，创新意识明显增强，从而使民营企业的进出口增速明显快于其他主体。

表 6　2012 年 1 ~8 月我国进出口贸易情况（按所有制企业分）

单位：亿美元，%

出口	1 ~8 月累计（亿美元）	同比	进口	1 ~8 月累计（亿美元）	同比
总值	13091.1	7.1	总值	11885.1	5.1
国有企业	1694.3	-4.4	国有企业	3324.7	1.9
外商投资企业	6607.9	3.2	外商投资企业	5690	1.1
其他企业	4789	18.2	其他企业	2870.4	18.8

资料来源：《海关统计》月报。

从贸易方式而言，2012 年前 8 个月，一般贸易出口总额为 6381.7 亿美元，高于同期增长 7.7 个百分点（见表 7），占同期出口总额的 48.7%。一般贸易进口总额为 6835.7 亿美元，同比升幅 4.9%，占同期进口总额的 57.5%。加工贸易出口总额为 5566.4 亿美元，高于同期增长 3.5 个百分点，占同期出口总额的 42.5%。一般贸易进口总额为 3090.7 亿美元，同比升幅 0.4%，占同期进口总额的 26%。其他贸易方式有大幅提高，就出口而言，金额为 1143.1 亿美元，同比升幅 24.6%，而进口方面为 1958.7 亿美元，同比升幅 14.3%。从三种进出口贸易方式的占比变化分析，出口方面三者格局变化不大，一般贸易占比 48.7%（2011 年为 48.3%，过去四年平均为 47.4%），加工贸易占比 42.5%（2011 年为 44%，过去四年平均为 45.3%）。但进口方面，三者比重变化不大，但加工贸易占比从 2008 年的 33.4% 下降到 26%，而一般贸易占比从 2008 年的 50.5% 上升到 57.5%。特别值得一提的是，其他贸易在总体的占比在经历了 2009 年的下滑后（当年为 14.9%，而 2008 年为 16.1%）开始回升，目前占比 16.48%，回升到 2008 年的水平。由此可见，金融危机以来，我国的外贸发展方式正趋向于更为合理、更多元化的布局，多种形式的贸易主体也在经历着更为合理的产业结构优化调整。

表 7　2012 年 1～8 月我国进出口贸易情况（按贸易方式分）

单位：亿美元，%

贸易方式	出口金额	同比增长	进口金额	同比增长
一般贸易	6381.7	7.7	6835.7	4.9
加工贸易	5566.4	3.5	3090.7	0.4
其他贸易方式	1143.1	24.6	1958.7	14.3
总　值	13091.2	7.1	11885.1	5.1

资料来源：《中国统计年鉴 2011》、2011 年统计公报、海关统计。

（六）国际贸易保护主义抬头，继续干扰我国外贸增长

最近，商务部产业损害调查局《全球贸易摩擦研究报告（2011）》称，目前，国外对我国贸易摩擦涉案产品逐渐走向高端，对华贸易救济调查肯定性裁决占比不断加大。以中美经贸为例，截至 2012 年 5 月 25 日，美国对中国采取反补贴救济措施的 22 类产品，累计涉案金额 72.86 亿美元。金融危机

以来，国际贸易保护主义抬头有以下几个发展趋势：一是保护主义措施由过去的产品和产业层面延伸到汇率制度、知识产权保护、外资企业投资环境、政府补贴、国有企业等领域；二是中国与发达国家之间的贸易摩擦领域由以往的传统的低端制造业转向更高端的制造业，甚至延展到战略性新兴产业；三是利用绿色壁垒和技术型贸易壁垒为主要的贸易保护工具，将加重我国外贸企业负担，致使企业成本上涨；四是以光伏产业为代表的新兴产业出口产品沦为贸易保护的重灾区，制约我国培育出口竞争优势行业；五是由于新兴市场国家对我国实施的贸易救济增多，或对出口市场多元化以及劳动密集型产品出口稳定增长带来不利影响。

二　2012年全年我国贸易形势展望

2012年是我国外贸形势较为严峻的一年，但并非我国外贸形势最差的一年。金融危机以来，2009年是我国外贸形势最为严峻的一年，该年进出口均出现两位数的负增长，分别为 -16% 和 -11.2%，该年贸易顺差相比于2008年减少1957亿美元。而2012年前8月，我国进出口分别实现了同比5.1%和7.1%的增长，实现贸易顺差1205.9亿美元，但进出口增速远低于2010年和2011年（见图2）。欧债主权债务危机导致的欧洲市场需求衰退、发达经济体增长陷入停滞、全球经贸与贸易增速明显放缓、中东地区尤其是伊朗问题悬而未决导致的石油价格波动，以及诸如以上问题形成的合力效应等诸多因素，都加剧全球市场竞争以及各地区贸易保护主义不断抬头，致使我国外贸发展面临严峻挑战。此外，外部形势的严峻也间接或直接地导致我国内部生产要素成本的上升；外贸企业融资瓶颈以及人民币汇率波动带来的企业外汇风险暴露，又进一步恶化了我国外贸企业的生存环境。由此可见，就目前而言，我国2012年进出口增速虽不及过去两年，但在这样恶劣的外部和内部环境下，能取得正增长已属不易。

预计2012年全年仍能实现进出口同比增长10%以上，贸易顺差维持在1500亿美元左右。

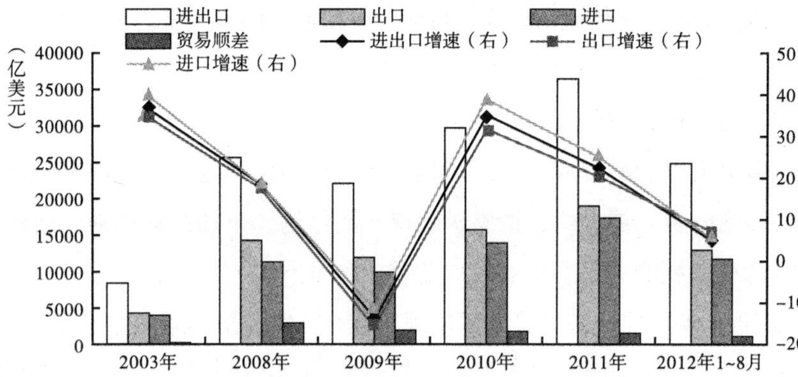

图 2　近年来我国外贸出口基本情况

资料来源：《中国统计年鉴 2011》、2011 年统计公报、海关统计。

三　2013 年全年我国贸易形势展望

在全球一体化高度发展的今天，一国的外贸发展不可能不受国际政治经济形势的影响。2013 年我国外贸发展在国际方面仍将受以下几个方面的制约。①全球经济复苏乏力，国际市场需求不振。IMF 以及世界银行等国际机构最近纷纷再次调低全球经济增长预期，欧洲问题难在 2013 年彻底解决，欧洲市场需求仍可能不足。②全球流动性宽松加剧，带来全球性通胀以及大宗商品价格波动压力。2012 年 9 月欧洲央行推出的直接货币交易计划（OMT）以及美联储推出的无限量版 QE3，其威力都将在 2013 年全面爆发，这无疑加大国际生产要素价格上涨压力并伴随全球资本流动的随意性和无序性，进而带给新兴国家输入型通胀，增加我国外贸企业成本，同时流动性泛滥还带来了人民币升值压力。③贸易保护主义将呈现加剧之势。当前，世界经济下行风险增大，国际贸易增速放缓，主要经济体失业率居高不下，多种社会矛盾集中显现，经贸问题更易政治化，传统贸易保护主义易被滥用，新兴贸易保护手段层出不穷。④非经济因素干扰，一旦爆发后果难以预料。不排除一些国家为转移国内社会矛盾，将经贸问题政治化，干扰我国与周边国家及地区的正常经贸往来，甚至试图利用领土主权问题，在我国周边地区挑起军事争端，企图阻挠我国和平崛起和民族复兴的大业。此外，也应慎防全球区域性政治风险。目前，中东地区局势动荡，美国伊朗战争危机不断升级，这都将严重影响 2013 年全球能源价格走势。

而在国内方面，我国外贸企业主要面临劳动力工资、原材料价格、人民币汇率、融资渠道以及融资成本、厂房租金等生产经营问题。从我国外贸行业发展来看，转变外贸发展方式，调整进出口产品结构、市场结构和地区结构，增强外贸可持续发展能力仍是行业发展的重点和难点。

虽然 2013 年全球经济形势并不乐观，IMF 首席经济学家布兰查德[①]甚至认为全球将经历“失去的十年”，但我们也将看到 2013 年带给我国外贸发展的机遇与挑战，简单概括起来有以下几点值得我们相信 2013 年我国外贸仍能保持平稳增长，贸易平衡状况能得到进一步改善。

1. 全球政治不确定因素 2013 年将大幅减弱

2012 年被称为“选举之年”，各国在 2012 年迎来选举换届，这无形中给全球经济复苏带来政治不确定性。但随着我国“十八大”的召开，以及美国大选的结束，全球政治确定性增强，这将向全球市场传递明确的政治信号，使市场建立正确的市场预期，有利于 2013 年全球经济的发展。此外，随着欧美等发达国家大选的结束，这些国家的政客也无须将经贸问题政治化，这都将使得中国与这些国家的经贸政策重回政策轨道，这无疑对 2013 年我国外贸发展是一种利好。

2. 我国外贸政策利好将于 2013 年见成效

由于我国政府已高瞻远瞩地预见到了 2012 年复杂的国际形势，并对我国外贸发展可能出现的若干问题作了周密的部署。国务院 2012 年 9 月发布了《关于促进外贸稳定增长的若干意见》（以下简称《意见》），《意见》出台了 8 项措施稳定外贸增长，其中包括：着力降低外贸企业经营成本、着力优化外贸内外环境、着力稳定外贸稳定增长、着力立足当前谋划长远工作。该 8 项措施必将在 2013 年切实起到减轻外贸企业负担、提高贸易便利化水平的作用。此外，商务部、国税总局以及海关总署也出台了相应的关于落实《意见》的相关政策及办法。有理由相信，我国政府的这些举措将在 2013 年对我国外贸发展起到实质性的推动作用。

---

① 资料来源：《IMF 首席经济学家称摆脱金融危机至少需要 10 年》，新浪网，http：//finance. sina. com. cn/world/20121007/090113297582. shtml。

3. 我国良好的经济基本面是对我国外贸发展最有利的支撑

虽然外部经济形势变幻莫测，我国经济发展过程中需要的各方面的有利条件、内在优势和长期向好趋势并未改变。虽然 2012 年是我国经济形势较为困难的一年，但前 8 个月我国经济发展与 2008 年金融危机有很大的不同。2008 年是所有的企业、行业都不景气，而 2012 年重化工业有困难，但轻工业相对较好；传统产业比较困难，但高新科技和服务业较好；东部地区比较困难，但中西部地区相对较好。这说明我国正经历着经济结构优化转型，有些行业已在金融危机的洗礼中涅槃，实现了稳重求进，增强了我国经济社会发展的内生动力和活力。因此，我们有理由相信 2013 年我国经济也将继续保持平稳较快增长态势，这都将对 2013 年我国的外贸发展形成强有力支撑。

4. 我国外贸企业经历了 2008 年金融危机后，抗风险能力增强

裴长洪（2009）指出，在金融危机期间，我国外贸企业已摸索出了若干创新的企业联合和合作模式以应对和抵御国际金融危机的影响，这些模式包括"抱团取暖"、"集体过冬" 等。经过国际金融危机磨炼和洗礼的这几年，我国外贸企业抵御风险、拓展市场和创新发展能力都已明显增强，新的竞争优势正在逐步形成，不少我国大型外贸企业全球多元化战略布局也在稳步推进。此外，我国外贸的诸如人力成本优势、价格优势等传统比较优势依然存在，这也为我国外贸企业应对全球经济下行风险提供实力支撑。

5. 人民币跨境贸易结算助力企业规避汇率风险

汇率风险一直是困扰我国外贸企业发展的一个主要的经营风险。目前我国跨境人民币贸易结算已扩展到全国以及境外多个地区。根据央行《2012 年上半年金融统计数据报告》，上半年跨境贸易人民币结算业务发生 12519 亿元，2011 年全年累计跨境贸易人民币结算高达 2. 08 万亿元。越来越多的外贸企业熟悉和了解了人民币跨境贸易结算的业务流程及好处，我们有理由相信在 2013 年人民币跨境贸易结算会被越来越多的外贸企业所接受，并利用人民币作为贸易结算币种，这将增强我国外贸企业开拓国际市场的信心，更好地应对变化莫测的国际经济形势。

综上所述，我们认为 2013 年我国总体贸易顺差占 GDP 的比例预计将继续下降，不排除个别月份出现贸易逆差现象，但总体会保持稳定增长，贸易平衡状况将进一步改善。人民币全年大体保持升值，人民币跨境贸易结算或会缓解因汇率波动带给外贸企业的风险和压力。2012年出台的诸多外贸利好政策将在2013年发挥作用，我国贸易总体水平仍能保持10%以上的增长。此外，外贸国际市场布局会更为优化，非洲、拉美、东南亚、中东欧等新兴市场的比重将上升，而外贸的国内区域布局也将更为合理，中西部地区会进一步加大对外开放力度。

参考文献

裴长洪：《2009年我国进出口贸易形势分析与预测》，参见《2010年中国经济形势分析与预测》，社会科学文献出版社，2009。

Analysis and Forecast of China's Trade Situation in 2012

Pei Changhong et al.

Abstract: China's foreign trade situation shows the following characteristics in the former 8 months of 2012: Firstly, the overall conditions of import and export maintain positive growth, but the rate is lower than the previous two years in the same periods. Secondly, exports of China to the EU present negative growth, while trades between China and emerging markets country have rapid growth. Thirdly, mechanical and electrical products, high-tech as well as crude oil are still the focus of China's imports. Fourthly, exports of labor-intensive products in China are still in downturn condition, which the export of machinery and electronic products grows steadily. Fifthly, the proportion of the import and export from private enterprises increases, while the proportion of processing trade continues to decline. Sixthly, more and more serious international trade protectionism continue to interfere with the growth of China's foreign trade. Although it is tough for China's foreign trade situation in 2012, the growth rate of it in the whole year is able to maintain 10%.

Key Words: Trade Protectionism; Competitive Advantage; Cross-border RMB Settlement

B.16
我国 2012 年和 2013 年固定资产投资分析与预测

张汉亚*

摘　要：

2012 年，我国固定资产投资增速呈现下降趋势，前三季度增长 20.5%，同比增速下降了 4.4 个百分点。主要原因是国家采取了实际上是“从紧”的货币政策和“最严厉”的房地产业调控政策。预计，2012 年全年的投资增长达到 21% 左右；消费增长达到 14% 左右；外贸进出口增长达到 9% 左右；规模以上工业增加值增长达到 11% 左右；GDP 增长 7.8%，高于年初确定的 7.5% 的计划指标。根据我国固定资产投资的促进和制约因素，预计 2013 年投资增长将超过 2012 年，达到 24% 左右，对 GDP 增长的贡献约为 5 个百分点；CDP 增长达到 8.4%；CPI 达到 3%。

关键词：

固定资产投资　投资分析

一　2012 年投资发展分析与预测

1. 总体情况

2012 年我国的固定资产投资（不含农户，下同；以下简称投资）的增长延续 2011 年下半年的趋势，继续下滑，前三季度投资的增长率为 20.5%，比 2011 年同期增长 24.9% 下降了 4.4 个百分点，各种分类投资增长的情况如表 1 所示。

---

* 张汉亚，中国投资协会。

表1　2011年和2012年前三季度投资（不含农户）的增长对比

单位：%

	2011年1~9月	2012年1~9月
投资增长	24.9	20.5
各产业投资		
第一产业	25.5	32.2
第二产业	26.9	22.4
第三产业	23.4	19.4
各地区投资		
东部地区	22.3	18.4
中部地区	29.9	25.8
西部地区	29.5	24.1
项目隶属关系		
中央项目	-7.5	2.3
地方项目	27.7	21.8
企业类型		
内资	25.7	21.2
港澳台资	22.3	9.7
外商投资	15.7	11.2
房地产开发投资	32.0	15.4
民间投资	34.8	25.1

2. 结构分析

从产业看，第一产业的投资比上年同期增幅提高了6.7个百分点，主要是国家2012年继续加大支持农业发展投资的结果，但由于上年同期（下同）农业投资占总投资的比重只有2.3%，其增长对总投资的影响很小。第二产业投资占上年同期总投资的比重为43.7%，其增幅下降4.5个百分点，影响总投资增长下降2个百分点。第三产业投资占总投资的比重达到54.0%，其增幅下降4.0个百分点，影响总投资增长下降将近2.2个百分点。导致第三产业投资增幅下降较多的主要是房地产开发投资，上年同期房地产开发投资占总投资的20.8%，其投资增速下降16.6个百分点，导致总投资增长下降3.5个百分点。另外，交通运输投资增速下降也有一定的作用，铁路运输投资比上年同期下降12.4%，道路运输投资仅比上年同期增长4.0%，而交通运输投资占第三产业投资比重为11.4%。

从地区看，东部和中部下降 4.0 个百分点左右，西部则下降了 5.4 个百分点，上年同期东部地区投资所占比重为 47.9%，影响总投资增长下降 1.9 个百分点，中西部投资下降影响总投资增长下降 2.5 个百分点。

从企业类型看，内资企业的投资增速远大于境外企业的投资增速，境外投资增长幅度较低受招商引资数量负增长的影响。但内资企业投资占总投资的 93.2%，其增幅下降 4.5 个百分点，影响总投资增长下降 4.2 个百分点，境外企业投资的影响只有 0.2 个百分点。

3. 原因分析

2012 年是国家执行“十二五”规划的第二年，按历史的规律，一般在执行五年规划的第一年新开工的项目较多，由于项目的投资高峰期是在开工之后的第二年，正常情况下规划第二年的投资增速要快于第一年。改革开放以来的各个五年规划时期，第二年投资增速低于第一年的有“七五”时期的 1987 年和“九五”时期的 1997 年，都是国家为防止经济“过热”加大调控力度的结果。这一次也不例外。主要是国家采取实际上是“从紧”的货币政策和“最严厉”的房地产业调控政策导致的。

高达 20% 以上的存款准备金率造成社会资金的短缺和民间借贷利率大幅上涨，企业能够获得用于投资的贷款减少，成本上升，是民间投资增幅下降的重要原因。对房地产业采取了最严厉的调控政策，使建成的商品房销售困难，房地产开发企业资金回收困难，盈利下滑甚至亏损，降低了投资的能力和积极性。同时，导致房地产开发的上下游产业链的产品过剩和销售困难，经济效益下降甚至亏损，投资能力和积极性下降。另外，主要依靠土地财政进行建设的地方政府土地收入大幅减少，用于项目建设的资金供应困难。

4. 全年投资和经济增长预测

由于上年底和本年初经济增长速度出现快速下滑，为防止经济增长过低，国家按照“增强调控的针对性、灵活性、前瞻性”原则，采取措施促进投资保持较快增长。在上年 12 月和本年 2 月人民银行两次下调了金融机构存款准备金率之后，国家发改委从 3 月份开始加快建设项目和企业建设债券的审批速度；银行扩大了贷款规模，3 月当月新增贷款超过 1 万亿元，是前 9 个月新增最多的月份；一些地方政府则想方设法变相放松对房地产业的调控，意图保持本地经济的增长。5 月 18 ~ 20 日，温家宝总理在武汉市就经济运行情况进行调研时提出："把稳增长放在更加重要的位置"之后，国务院有关部门采取一系列措施促进经济增长，除国家发改委继续不断加快建设项目、企业建设债券的审批速度之外，银行两次下调存贷款利率，各部门制定出台了 42 个促进民营经济发展的政策，在税收等方面为小微企业减轻负担，为居民购买节能家电提供补贴，加快出口退税，等等。

由于国家的政策措施从出台到见效一般要经过半年左右的时间，在上年调控政策的影响下，2012 年前 8 个月各项主要经济增长指标都呈现持续下滑的状态，大多在 7 ~8 月达到最低点。前三季度 GDP 比上年同期增长依次为 8.1%、7.6%和7.4%，合计增长 7.7%。投资增长从 4 月份以后一直低于 20.5%（见图 1）。

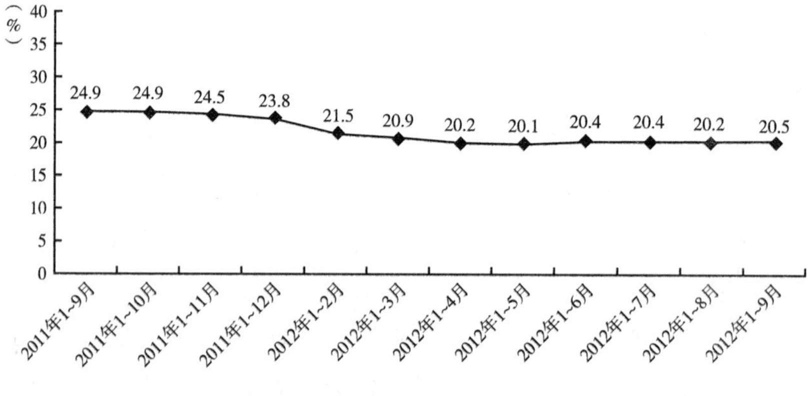

图 1　固定资产投资（不含农户）同比增速

资料来源：国家统计局网站（2012 年 10 月）。

国家从 3 月份开始采取的政策措施在 9 月份已开始见效。当月的各项主要经济增长指标除了房地产业投资之外，都呈现上升的态势。我们预计，随着国家各项稳增长的政策措施逐渐落实见效，第四季度的经济增长将比第三季度有较大的回升：全年的投资增长达到 21%左右；消费增长达到 14%左右；外贸进出口增长达到9%左右；规模以上工业增加值增长达到 11%左右；GDP 在第四季度增长 8.1%，全年增长 7.8%，高于年初确定的 7.5%的计划指标。

由于翘尾因素的不断释放，以及各种涨价因素有较大的缓解，前三季度居民消费价格指数同比上涨2.8%，预计第四季度各月的指数在2%左右，全年上涨2.6%，低于年初计划的4%。

二　2013年投资发展分析与预测

我国目前还处于以投资建设为主要推动力的经济和社会发展阶段，保持投资平稳较快的增长是非常必要的。从政治、经济形势的发展和变化看，2013年投资的发展既有促进因素，也有制约因素。

1. 投资保持稳定增长的促进因素

一是国家要继续保持经济平稳较快发展的局面。2013年是中央政府的换届年，从历次政府换届之后的表现来看，新一届政府都非常关心第一年的经济发展业绩，特别是在经历了2012年经济发展不太景气之后，保持经济平稳较快发展尤为重要，而这离不开投资建设增长的支持。国家仍然会把投资作为促进我国经济发展的主要动力，实施积极的财政政策，“增强调控的针对性、灵活性、前瞻性”，采取措施保持投资的较快增长。

二是国家在2012年制定并实施的一系列保持经济平稳较快增长的政策措施将逐渐发挥作用。2012年3月之后国家推行的扩大内需政策和措施，绝大多数是促进投资增长的，特别是在5月份之后中央和地方政府加快项目审批、扩大企业建设债券发行规模、改善民营经济投资环境等直接促进投资保持稳定增长的措施，将在2013年上半年开始明显见效。

三是进入了“十二五”规划投资项目建设的高峰期。2013年是我国“十二五”规划时期的中间年，也是能否完成规划各项目标的关键时期。我国投资项目建设的周期在3年左右，为保证按时完成规划的各项战略目标，规划确定的绝大多数投资项目必须在2013年全面展开建设。

四是地方政府投资建设的积极性依然不减。2013年也是各级地方政府换届之后的第一年。经济发展一直是地方政府关注的重点，投资的快速增长是促进地方经济快速发展的主要手段。没有一个地方政府不重视投资建设，特别是经济相对比较落后的中西部和东北地区的政府，一直在想方设法增加建设项目，扩大投资规模，以提高经济发展的速度。2012年在国家提出“把稳增长放在更加重要的位置"之后，许多地方政府积极响应，提出了宏伟的投资项目建设计划，开工了许多新的项目，这些项目中的大部分要在2013年才能进入投资建设的高峰期。

五是民营企业的投资环境将获得一定改善。国家各部门在2012年制定出台的《国务院关于鼓励和引导民间投资健康发展的若干意见》（新36条）配套政策将在2013年深入贯彻执行。虽然一些政策的落实仍有许多困难和阻力，但总有一部分政策会真正落实，使2013年民营企业的投资环境有所改善。

2. 制约投资较快增长的因素

一是投资建设的资金来源依然偏紧。2012年，国内外经济环境使企业的整体经济效益下降，有相当数量的企业盈利减少甚至亏损，在2013年可用于投资建设的资金难以有较大的增长。企业效益差直接导致政府财政税收的增幅下降，加上土地收入的大幅度下降，使地方政府可用于投资建设的资金能力减弱。企业效益不佳也导致银行等金融机构贷款更加谨慎，对企业投资项目建设的贷款数量同样难以有较大的增加。2012年外商在我国新建企业和投资数量的下降预示着2013年外资企业的投资增长将出现下滑甚至负增长。

二是行业竞争依然激烈，企业缺乏投资热点。近十几年以来，现代科学技术的发展促进了生产力的不断提高，使全世界都处于生产能力过剩的状态。国内也不例外，许多行业都到国际市场消化过剩的生产能力。在国际市场上，我国的高科技产品受到发达国家的挤压，中低档产品一直与发展中国家竞争。在人民币汇率的不断升值和我国不断提高普通劳动力报酬的情况下，生产企业承受的竞争压力会更强烈，加上各国不断对我国的产品进行反倾销和政府补贴调查，使我国许多行业在国际竞争中处于更加不利的地位。一些企业不得不将竞争转向国内，继续加剧国内的竞争。生产能力过剩使许多行业微利甚至亏损运行，并使企业难以找到新的投资目标，一些社会资本不得不退出实业。加上中小企业融资难等一些问题一直难以彻底解决，占全社会投资60%以上的民间投资难以保持较快增长的势头。

三是东部沿海地区的投资增长将继续放缓。东部地区近几年投资的增长一直低于全国和中西部地区的增长（见表2），北京和上海2011年的投资增长分别只有5.7%和0.5%，广东和浙江的增长都不到20%。2008年以前东部地区的投资占全社会投资的比例一直在50%以上，2008年为50.7%，2009年以后下降到50%以下。下降的主要原因是30多年的快速建设，需要大量投资的基础设施和基础产业的建设已趋于完善或饱和，建设项目数量不断减少，同时还有一些产业已向中西部地区转移。虽然东部地区在战略性新兴产业发展方面将发挥较大的作用，但发展这些产业与基础设施和基础产业的建设相比，在投资的数量上还有一定的差距。东部地区投资增长速度和比重下降的趋势在2013年将继续，由于占全社会投资的比重很大，其增速的下降会对全社会投资的增长产生较大的影响。

表2　近几年我国东、中、西部地区城镇投资增长情况

单位：%

地区	全国	东部	中部	西部
2009年	30.5	23.9	36.0	35.0
2010年	24.5	22.8	26.9	26.2
2011年	23.8	21.3	28.8	29.2
2012年1~9月	20.5	18.4	25.8	24.1

注：2011年以后不包括农户投资的数据，东部地区包括北京、天津、河北、辽宁、上海、江苏、浙江、福建、山东、广东、海南11个省（市），中部地区包括山西、吉林、黑龙江、安徽、江西、河南、湖北、湖南8个省，西部地区包括内蒙古、广西、重庆、四川、贵州、云南、西藏、陕西、甘肃、青海、宁夏、新疆12个省（直辖市、自治区）。

四是房地产业调控政策将继续影响投资的增长。从目前的状况看，国家在2010年出台的对房地产业调控的一系列政策虽然制止了“部分城市房价的过快上涨”，但到2012年还没有出现一些人所预期的商品住宅价格大幅度下跌的局面，看到的只是销售面积的小幅下跌和价格的小幅上涨。2012年前9个月商品房销售面积比上年同期下降4.0%，其中商品住宅下降4.3%，商业营业用房下降0.2%；销售收入分别增长2.7%、3.3%和2.3%，表明整体价格还在上涨。调控的主要结果是房地产开发投资的大幅度下降。我国大部分反映经济增长的指标在2012年9月比8月有较大回升，但房地产开发投资增幅继续下降。图2所示的是全国房地产开发投资增长的情况，投资中包括国家和地方政府在保障房和租赁房建设方面的投资，2011年和2012年大量开工的保障房和租赁房对房地产开发投资数量增长起了非常重要的支撑作用。实际上，房地产开发商在商品房建设上的投资从2011年第四季度开始就已经进入了负增长。商品房销售量的下降导致房地产开发商投入建设的资金回收困难，直接影响房地产开发商开工新项目的能力和积极性。2012年前9个月房屋新开工面积下降8.6%，其中，住宅新开工面积下降12.9%，房地产开发商土地购置面积下降16.5%。这两个数据预示着2013年商品房开发项目的数量和投资将有较大下降。

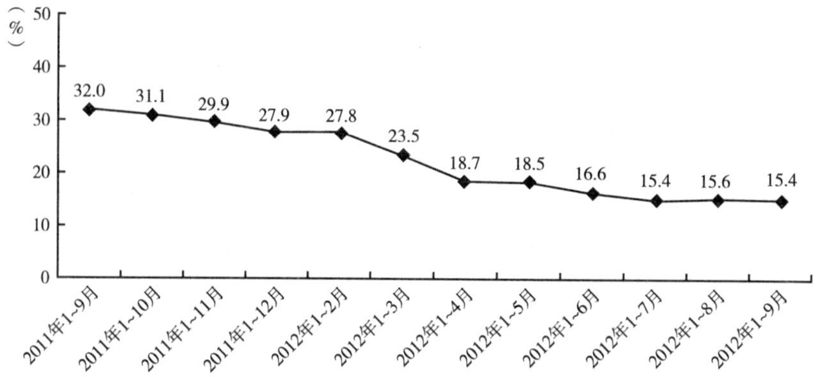

图2　全国房地产开发投资增速

资料来源：国家统计局网站（2012年10月）。

3. 全年投资和经济增长预测

2013年投资发展同时存在诸多的促进因素和制约因素，据我们分析，促进因素起的作用会更大一些，其中起主要作用的是国家宏观经济调控政策和措施的影响。因此，预计2013年投资增长将超过2012年，达到24%左右，对GDP增长的贡献约为5个百分点。

投资的加快增长会带动工业生产的增长，使企业的效益得到改善，增加职工的收入，扩大消费，使消费增长达到15%左右，对GDP增长的贡献约为3.7个百分点。

发达国家的经济在2012年第四季度已有起色，2013年世界经济会比2012年好一些，我国的外贸条件将有所改善，外贸增长将达到15%左右，但顺差将下降，对GDP增长的贡献约为-0.3个百分点。

根据以上的分析，预计我国2013年GDP增长达到8.4%左右。

经济增长的加速一般会带动物价的上涨，2013年居民消费价格指数将比2012年有所提高，上涨3.0%左右。

Analysis of Fixed Asset Investment of China in 2012 and 2013

Zhang Hanya

Abstract: In the first three quarters of 2012, China's fixed asset investment increases by 20.5%, and its growth shows a downward trend according to the year-on-year growth rate falling by 4.4 percentage. The main reasons are "tight" monetary policy and most severe real estate control policies. According to prediction, China's annual fixed asset investment growth in 2012 will reach 21%; consumption growth will reach 14%; import and export growth will reach 9%; growth of above-scale industrial added value will reach 11%; GDP growth will reach 7.8%, which is higher than 7.5% of the planned targets. According to the factors of promotion and constraints of China's investment in fixed assets, China's fixed asset investment growth in 2013 will be greater than that in 2012, reaching about 24%, about 5% of the contribution to GDP growth; the GDP growth in 2013 will reach 8.4%, and the CPI of China will be 3%.

Key Words: Fixed Asset Investment; Investment Analysis

B.17

2012 年我国宏观经济亮点

——消费带动经济增长

金柏松*

摘　要：

2012 年我国宏观经济中个人消费增长超出预期，成为保持平稳增长的亮点，说明我国政府调结构取得阶段性成果。预计 2012 年社会零售商品总额同比增长 14.2%，2013 年我国宏观经济增速将提到 8%~9%，在继续改善结构的基础上，略微提高一些增速，我国社会零售商品增长将比 2012 年略高，达到 12.2%，并且继续保持现有消费特点，如农村消费增幅快于城镇，三、四线城市消费快于一、二线城市等。

关键词：

宏观经济　消费增长　结构调整

根据国家统计局数据，前三季度我国宏观经济增长 7.7%，前所未有地接近政府设定的增长目标。带动经济增长的“三驾马车”，固定资产投资基本上按预期增长，出口增长则低于预期，而个人消费增长超出预期，成为 2012 年我国宏观经济保持平稳增长的亮点，说明我国政府调结构取得阶段性成果。具体情况分析如下。

---

* 金柏松，商务部研究院对外贸易研究部，副主任，研究员。

一　预计 2012 年社会消费品零售总额同比增长 14.2%

国家统计局公布我国前三季度社会消费品零售总额 149422 亿元，同比名义增长 14.1%（见图 1），扣除价格因素实际增长 11.6%。按照这一增速，及考虑到我国“双节”消费带动人气上升和国家鼓励消费政策持续产生效应等因素，预计 2012 年第四季度消费有所加快，全年我国社会消费品零售总额增速 14.2%（预计我国全年 CPI 在 2.5%），扣除物价因素，实际增长 11.7%。应该说在 2012 年国民经济总体增长大幅低于 2011 年的情况下，社会消费品零售总额超过上年 11.6% 的增速实属难得，近年来我国政府扩内需、调结构、保增长政策指导下消费终于开始发力，扮演起“主动力”角色。

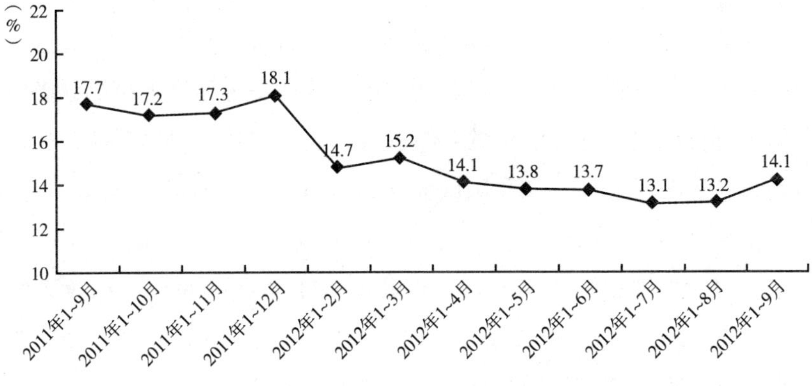

图 1　社会消费品零售总额分月同比增长速度

1. 2012 年消费特点

首先，2012 年 1 ~9 月我国消费增长最多的商品是通信器材，增 33.3%，家具增 26.2%，建筑装潢材料增 25.7%。其背后显然存在房地产发展的带动因素。其次，前三季度我国消费增长最慢的商品是家用电器和音像器材，仅增 6.1%，汽车增 6.9%。这两项商品消费增速放慢主要是由前段时期我国实施刺激经济增长的政策，鼓励购买家电和汽车，提前“支付需求”所致。再次，我国“节日消费”展现出我国居民消费潜力十分惊人。10 月我国黄金周长假消费较热。商务部 10 月 8 日公布的数据显示，9 月 30 日至 10 月 7 日，我国重点监测零售和餐饮企业销售额8006亿元，比2011年国庆黄金周期间增长15%左右。国家旅游局发布旅游信息通报显示，两节长假期间，全国纳入监测的119个直报景区点共接待游客3424.56万人次，同比增长20.96%；旅游收入17.65亿元，同比增长24.96%。由于上述统计是抽查，从各地媒体报道的实际情况分析，假期消费似乎比“统计数字”更火。而长假消费也给我国居民第四季度消费带旺了人气，根据经验判断，第四季度我国消费还可能进一步提升。

2. 消费结构改善

首先，我国农村消费增速快于城镇。据统计按经营地划分，前三季度我国农村零售商品增长14.4%，城镇零售增长14.0%。这说明我国农村消费长期慢于城镇的“城乡差距”在缩小，消费结构在改善。其次，家电和体育用品消费经历了增速由慢转快过程。前三季度，我国家电消费增速6.1%，但8月增速12.1%，9月增速13.7%，显然增速有所加快。有媒体报道，我国三、四线城镇家电销售增速超过一、二线大城市，这在一定程度上也印证了我国农村消费出现可喜变化。这种消费城乡结构改善应该归功于我国政府，其调控经济政策效果已经有所显现。如我国政府实行西部大开发战略，支持中部崛起，有目标地出台一些重视弱势群体，关心“三农问题”，提高最低收入等政策，开始改变我国收入结构存在的不合理现象。2011年我国农村居民收入实际增长11.4%，2012年前三季度我国农村居民收入实际增长12.3%。如今不仅收入增加带动我国消费规模扩大，消费总体水平在提高，而且收入结构改善也带动我国消费结构改善。

3. 存在几点不足

首先，在应对金融危机时期，我国政府刺激消费是通过鼓励购买家电、汽车实现，提前“支付需求”为后面经济增长产生负面效果，实践证明此举不能真正起到刺激消费的作用。其次，我国政府对宏观经济调控措施的效果“估计不足”。如我国政府抑制房价过快上涨政策和保障房建设同步实施，意在防止投资过分下滑。但在保障房建设出资问题未能落实的情况下，仓促上马，结果保障房建设迟迟达不到预期，对此不可否认存在“宏观失算”问题。再次，2009、2010年我国宏观经济政策鼓励购买家电和汽车消费。

2011、2012 年国家取消了鼓励措施，而地方政府却实行 180 度大转弯，直接限制购买汽车，我国宏观政策变化过快致使企业来不及作出调整。进而汽车限购和国家限制购买房地产两项政策叠加之后，2012 年我国居民手中有钱却不能买房地产，不能买汽车，家电需求已经提前消费，大宗花钱处于“失去目标”状态，这对宏观经济的影响就是增速“突然放慢”，对企业来讲则是经营计划全部被打乱。最后，面对突然萎缩的国内市场，我国企业以前可以开拓国际市场，而 2012 年恰逢欧债危机，许多企业基本上找不到“生存空间”，盈利状况直线下滑，这对微观经济造成了一定“伤害”。以上教训值得汲取。

二　展望 2013 年国内贸易与政策建议

2013 年我国新一届党和国家领导人将就任，新一代领导将继往开来，审时度势，根据国内外变化，调整布局。估计我国宏观经济增速将提到 8% ~ 9%，起步之年定在 8.5% 比较合适。在继续改善结构的基础上，略微提高一些增速，可以给企业经营保留一定的盈利空间。我国房地产限购政策也将采取更加市场化的手段，估计房地产投资将有所加快。在国际国内经济温和增长基调下，2013 年我国 CPI 也将在低位延续。在此情况下，我们预计 2013 年我国社会消费品零售总额增长将比 2012 年略高，达到 12.2%，并且继续保持现有消费特点，如农村消费增幅快于城镇，三、四线城市消费快于一、二线城市等。为此，建议我国政府采取以下政策措施。

1. 改革收入分配制度与提高劳动生产率相结合

长期以来我国各界人士提出改革收入分配体制，特别是通过国家财政实施二次分配的体制改革。但遇到的阻力、反对却是方方面面都有，因而一直难以推进。在此不宜详细论述，仅就其中一点必须达成共识，就是改革收入分配体制，不是单纯增加国民收入，而是应该在不断提高劳动生产率基础上实现。片面强调提高收入和提高资本回报都不可取。而我国政府和经济界人士对提高收入议论较多，对提高劳动生产率却关注度不够。世界经济发展成功的经验告诉我们，克服“中等收入陷阱”，实现经济长久发展，关键是要提高全要素劳动生产率。

2. 提高劳动生产率关键在研发

从国内外经济发展形势分析，我国经济发展将越来越取决于技术研发。而我国各级政府、司法和执法部门对保护知识产权的战略重要性认识仅仅停留在“口头上”，保护知识产权、保护专利没有落实到具体行动上。因而企业没有，也不敢轻易决策投资于技术研发，从而使我国大量工程技术人才未能很好发挥作用，跟随、学习国际先进技术的发展空间日益狭小。实践证明技术研发和经营管理是提高劳动生产率的不二法则。

3. 建议尽快出台鼓励变卖房地产，引导其收入投入消费的政策

据我国人口老龄化办公室研究报告，我国65岁以上老人接近10%，未来2015、2020、2030年将是我国人口加快老龄化的三个关键年份。等我国老龄化自然达到高峰期时，人们自然决定变卖房产，投入消费，我国可能陷入人们大规模出卖房地产，大规模变现消费的“泡沫泥沼”中，房价将“一泻千里”，而变现投入的消费却十分有限，国民经济将大大缩水。而适当提前变现消费，可以稀释泡沫，抑制房价上涨，平摊可能集中释放到市场的房地产，引导均量的收入进入消费领域，促进国民经济健康发展。

Bright Point of China's Macro Economy in 2012: Consumption Promotes Economic Growth

Jin Bosong

Abstract: In 2012, personal consumption growth beyond the expectation in China's macro economy, which becomes a bright point in the process of maintaining steady growth, and indicates that the structural adjustment of China's government obtaines the staged achievements. It is expected that the total social retail goods year-on-year growth will reach 14.2%, and the macro economic growth rate will increase to 8% -9% in 2013. On the basis of structural improvement, the economic growth rate will be slightly increased. The social retail commodity growth rate will be slightly more than that of 2012, to be 12. 2% , and will continue to maintain the existing consumption characteristics, such as rural consumption will grow faster than town, consumption of third-tier and fourth-tier cities will grow faster than first-tier and second-tier cities.

Key Words: Macro Economy; Consumption Growth; Structure Adjustment

市场价格与收入分配篇

Market Price and Income Distribution

B.18

中国人口变化及潜在产出增长趋势

蔡昉 陆旸*

摘 要：

随着15～59岁劳动年龄人口于2010年开始负增长，推动过去30余年高速经济增长的劳动力和资本供给以及全要素生产率增长条件，都趋于减缓经济增长。我们的估计表明，中国潜在产出年均增长率将下降为“十二五”期间的7.2%和“十三五”期间的6.1%。保持未来经济增长的关键在于通过改革提高潜在增长率。本文模拟了两个最重要途径，即分别通过提高劳动参与率和全要素生产率来提高潜在增长率的效果，并提出相关政策建议。

关键词：

人口变化 产出增长 全要素生产率

* 蔡昉、陆旸，中国社科院人口与劳动经济研究所。

一 引言

在过去的30多年中，人口红利推动了高速经济增长，其传导机制是：劳动年龄人口增长保证劳动力充分供给，抚养比下降产生了高储蓄率，而高储蓄率正是资本供给的重要条件。同时，由于劳动力无限供给打破了新古典增长理论的资本边际报酬递减规律，进而保证了高资本投入可以成为高速经济增长的源泉。人口红利并非人口总量问题，而是人口结构问题。简单概括来说，当劳动年龄人口占总人口的比重较大、抚养比较低时，整个国家会呈现高储蓄、高投资、高增长的局面，此时就出现了人口红利。在经济高速发展的时期，人们很少能够预见到，人口年龄结构可能成为制约中国经济发展的因素。但是，人口结构是一个动态变化的过程。因此，“红利”总会消失，随之而来的将是不可避免的“债务”，即劳动力供给不足、资本报酬递减、储蓄率降低，导致经济增长放缓。

潜在增长率受供给方面的因素影响，从增长核算方程来看，供给因素包括劳动力、资本和全要素生产率。在增长核算方程中，在劳动参与率和自然失业率不变的前提下，劳动年龄人口数量减少将直接降低中国未来的潜在增长率。此外，劳动力无限供给条件被打破，将直接引起资本边际报酬开始递减，与此同时，抚养比上升又会引起储蓄率下降，进而将不能继续维持原有的高投资率。在其他条件不变的情况下，当劳动年龄人口减少和投资率下降时，中国的潜在增长速度势必降低。

事实上，中国人口转变进程要快于一般人们的认识。特别是，中国特色劳动年龄人口（15～59岁人口）① 减少的速度更快。中国发展研究基金会《中国发展报告2012》在“六普”数据基础上预测了中国人口结构变动情况，报告显示：按照现有趋势，中国15～59岁的劳动人口从2010年已开始减少。即使从现在开始执行“单独二胎”政策（夫妻一方是独生子女可生二胎），也无

① 虽然我们通常采用15～64岁作为劳动年龄人口，但是中国的退休年龄中，男性为60岁，女性大部分为55岁。而且中国最大的特点不仅仅在于受教育年限低，而且在于随着年龄的提高，其受教育程度是在迅速下降的。即我们的退休年龄是官方规定的，而由于年龄偏大的劳动者受教育水平是很低的，因此超过60岁，退休人员继续就业的可能性是微乎其微的。因此，15～59岁人口是中国特色劳动年龄人口。

法改变中国劳动年龄人口绝对数量递减的趋势。这一基础性变化进而改变储蓄率、资本报酬率以及全要素生产率提高的趋势。

基于最新的人口结构变动数据，本文的模拟结果显示，“十二五”和“十三五”时期GDP年平均潜在增长率分别将降低到7.2%和6.1%。为此，如何促进中国经济的可持续发展将成为未来很长一段时间内的重要课题。在给出具体政策建议之前，我们首先需要针对潜在经济增长率问题强调以下两点。

第一，潜在增长率不应人为超越。因为潜在增长率是现有的要素在充分就业的情况下所能达到的水平。如果人为刺激经济增长，实际经济增长率远离潜在经济增长率时，可能会产生一系列负面的经济和社会影响，例如，过度刺激导致通货膨胀、在产业政策支持下形成产能过剩、产业结构偏离比较优势、保护落后的产业和企业，以及资源和生态环境超过“生态阈值”导致对生态环境产生毁灭性伤害。

第二，潜在增长率是可以改变的。通过改变劳动供给、资本供给、提高生产率的方法，可以改变潜在增长率。但是要改变这些因素，就会涉及各种改革，而改革正是保持长期可持续发展的关键。例如，户籍制度改革使农民工市民化，这就意味着劳动力的供给更充分、更稳定，这本身就是提高潜在增长率的重要因素。如果能够创造更好的制度环境，清除制度障碍，让资源持续从低生产率的部门和企业转向生产率更高的部门和企业，就可以提高整体经济的效率，进而提高潜在增长率。因此，提高潜在增长率是保证经济可持续发展的唯一源泉，而途径则是加快转变经济发展方式。

本文根据变化了的人口结构，估计中国未来的GDP潜在增长率。在今后10年潜在增长率显著降低的情况下，如果寄希望于政府出台各种产业政策、区域发展战略和宏观经济刺激手段，达到保增长的目标，则不可避免地会看到各种扭曲的结果，欲速则不达。因此，本文从提高劳动参与率和全要素生产率角度，阐述经济增长所应依托的源泉。

二　估计中国的潜在增长率

我们根据15～59岁劳动年龄人口的下降趋势，对投资增长率和全要素生产率做出一定假设之后，估计了中国 GDP 的潜在增长率及其变化趋势（见图 1）。我们采用的增长核算方程及其对中国潜在 GDP 增长率进行的估计，基于一定的外生假定条件，这些假设锁定了中国未来潜在 GDP 增长率和其他相关变量的发展轨迹。下面，我们分别论述这些假设。

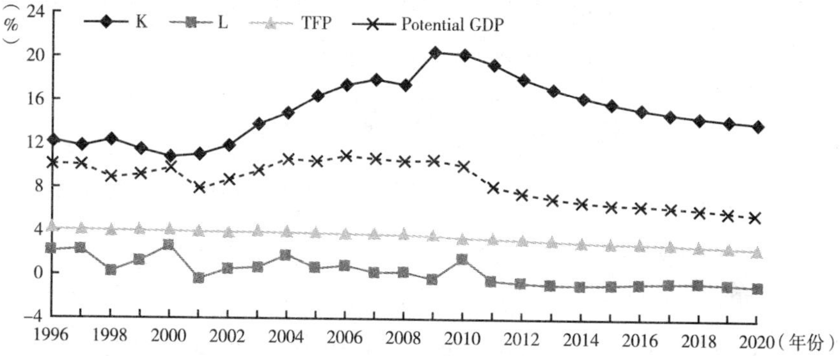

图 1　资本存量增长率、潜在就业增长率、TFP、GDP 潜在增长率的变化趋势（1996～2020 年）

注：图中 K 为资本存量增长率，L 为潜在就业增长率，TFP 为全要素生产率增长率，Potential GDP 为 GDP 潜在增长率。

假设Ⅰ：未来 10 年投资平均增长率将趋于降低

从历史数据中看到，1978～1994 年除去通货膨胀因素后，中国平均全社会投资增长率为 13.43%。1995～2009 年这一指标增加到 16.89%。其间，2003～2007 年全社会投资增长率均超过了 20%。特别是，中国政府为了应对金融危机对经济增长带来的负面影响，2009 年的资产投资增长率达到了历史性的高位 33.15%。如果不考虑 2009 年的特殊因素，1995 年之后中国投资增长率也高达 15.64%。

但是，我们认为中国未来的投资增长率将出现下降趋势，其原因有如下三点。第一，中国经济增长过程需要通过转变经济发展方式实现再平衡。而目前中国面临的问题主要已经不是内需与外需的失衡，而越来越是投资需求和消费需求的失衡。因此，从可持续增长的要求来看，中国的投资增长率应有所放缓。第二，随着劳动年龄人口绝对数量下降、抚养比提高，人口红利已经消失，储蓄率也倾向于降低，投资率将随之下降。第三，由于投资增长率受资本回报率的影响，因此，资本回报率的大幅度下降将抑制中国投资增长率。

我们采用白重恩等（2006）对资本回报率的估计结果，并将其作为解释变量 wK——“资本回报率”（%）；被解释变量 I 为“不包含国家预算内投资的全社会投资增长率”（%）。采用普通最小二乘法，对 1982～2005 年的时间序列数据进行估计，可以得到如下基本方程：

$$I = -6.13954099435 + 0.945869473894 \times wK$$
$$(19.73116) \qquad (0.842181)$$
$$R^2 = 0.054227 \qquad D.W. = 0.976468$$

根据模型估计结果，我们将原始数据中 1996～2005 年中国资本回报率的平均值 20.22 代入以上方程，可以得到平均投资增长率为 12.99（单位为%）。因此，在预测潜在增长率时，我们假定 2012～2020 年中国平均投资增长率约为 13%。应该说，这样的假设主要还不是依据上述模拟，而是从理论和经验角度作出的，同时不考虑政府对投资作出过度干预的可能性。根据上述投资增长率的假设前提，我们可以观察中国未来的资本存量及其增长率变动情况。

假设Ⅱ：15～59 岁劳动年龄人口持续减少

我们假定劳动力市场中的自然失业率水平与 2009 年中国自然失业率水平保持一致，即 NAIRU = 4.132%（都阳和陆旸，2011），劳动参与率等于趋势劳动参与率水平。从 15～59 岁的劳动年龄人口数据来看，2010 年中国劳动年龄人口已达到峰值。此后，2011～2015 年，15～59 岁的劳动年龄人口平均增长率为 -0.33%；2016～2020 年劳动年龄人口平均增长率为 -0.31%。这也就意味着，在“十二五”期间平均每年就业增长率为 -0.76%，在“十三五”期间平均每年的就业增长率为 -0.74%。实际上，由于中国 15～59 岁劳动年龄人口从“十二五”初期就开始减少，在自然失业率和趋势劳动参与率一定的前提下，劳动年龄人口减少将对中国未来潜在 GDP 增长率产生负向影响。

假设Ⅲ：全要素生产率下降但仍保持相对较高水平

高路易（Kuijs，2009）认为，在 1994～2009 年，中国 TFP 增长率处于较高水平的一个主要原因是：国企改革、中国加入世界贸易组织，以及中国制造业非常成功地融入了世界经济。然而，在未来 10 年里，上述因素对 TFP 增长率的影响将会变小，因此高路易认为中国 TFP 增长率每年将下降0.5%～2.3%。通过我们对趋势全要素生产率的 HP 滤波分解，得到了中国 2011～2020 年的趋势全要素生产率增长率。研究发现，2011～2015 年中国平均每年 TFP 增长率约为 3.10%，2016～2020 年平均每年 TFP 增长率约为 2.70%。

根据上述假设前提，15～59 岁劳动年龄人口绝对数量和 TFP 增长率都呈下降趋势，投资增长率保持在 13%水平（剔除通货膨胀因素）。因此，在增长核算方程框架内，我们可以估算出 2011～2020 年中国潜在 GDP 增长率。我们发现中国未来潜在产出增长率很可能持续下降，而且这种趋势将是一个持续的过程。在“十二五”时期（2011～2015 年），中国平均潜在 GDP 增长率约为 7.2%；“十三五”时期（2016～2020 年），中国平均潜在 GDP 增长率进一步下降到 6.1%。我们的估计结果要远低于高路易（Kuijs，2009）对潜在产出增长率的估计结果。但是考虑到大规模劳动力转移不再发生的情况，全要素生产率的提高趋势并没有被我们低估（见表 1）。

表 1　2011～2020 年中国潜在 GDP 增长率

单位：%

“十二五”时期	2011 年	2012 年	2013 年	2014 年	2015 年
潜在 GDP 增长率	8.143	7.527	7.058	6.733	6.510
“十三五”时期	2016 年	2017 年	2018 年	2019 年	2020 年
潜在 GDP 增长率	6.448	6.295	6.117	5.890	5.632

资料来源：笔者根据增长核算方程估计得出。

三　提高劳动参与率

中国第六次人口普查数据显示，16 岁以上人口的劳动参与率为 70.80%，16～64 岁劳动年龄人口的劳动参与率为 77.26%。按照地区类型分，城市、镇和乡村 16 岁以上人口的劳动参与率分别为 62.20%、67.32%、77.62%，16～64 岁劳动年龄人口的劳动参与率分别为 68.18%、73.27%、84.92%。与 20 世纪 90 年代的劳动参与率相比，中国目前的劳动参与率有所下降。此外，如果考虑到两个因素的影响，中国的劳动参与率还会更低。

第一，我们按照通常口径计算的劳动参与率都包含了农业，在这种情况下，只要是务农就当做参与劳动力市场并有工作。但是，如果按照美国的口径，计算劳动参与率时将除掉农业的情况，则更能真实反映劳动力市场的变化情况。因此，我们计算了非农劳动参与率指标，并发现以这一口径计算的结果显著低于通常口径计算的结果。以 20 ~25 岁年龄组来看，常规口径下计算的劳动参与率为 72. 55%，但是除去农业后的劳动参与率下降为 62. 76%。因此，考虑到指标计算问题，中国的劳动参与率在“六普”调查中显示的结果并不乐观（见表 2）。

表 2　按年龄组和性别划分的中国劳动参与率

单位：%

年龄组（岁）	劳动参与率(包含农业)			非农劳动参与率		
	总体	男性	女性	总体	男性	女性
16 ~20	32. 44	33. 06	30. 72	21. 78	22. 53	21. 31
20 ~25	72. 55	76. 66	69. 70	62. 76	68. 91	58. 95
25 ~30	88. 88	95. 73	82. 10	84. 33	94. 01	74. 61
30 ~35	90. 30	97. 01	83. 47	85. 98	95. 73	75. 79
35 ~40	90. 62	96. 92	84. 18	85. 53	95. 36	75. 02
40 ~45	90. 73	96. 63	84. 74	84. 43	94. 50	73. 41
45 ~50	87. 73	95. 06	79. 58	78. 49	91. 64	62. 87
50 ~55	76. 31	89. 90	62. 62	56. 99	81. 62	32. 19
55 ~60	67. 29	80. 41	53. 71	37. 57	60. 88	15. 04
60 ~65	49. 59	58. 14	40. 11	13. 80	22. 41	5. 89

资料来源：笔者根据第六次人口普查 1‰样本计算得到。

第二，劳动参与率随着年龄的变化呈现典型的倒“U”形（见图 2）。这一结果很容易得到解释：在低年龄组中，由于仍然有部分劳动年龄人口处于学习状态，劳动参与率相对较低；随着年龄的增加，当进入 30 ~45 岁的年龄组后，劳动参与率将大幅提高；当进入高年龄组时，又会因为年龄与工作岗位之间匹配程度的下降，以及养老意愿的增强，劳动参与率开始急速下降。在整个过程中，男性劳动参与率始终高于女性劳动参与率，非农劳动参与率始终低于传统口径的劳动参与率。

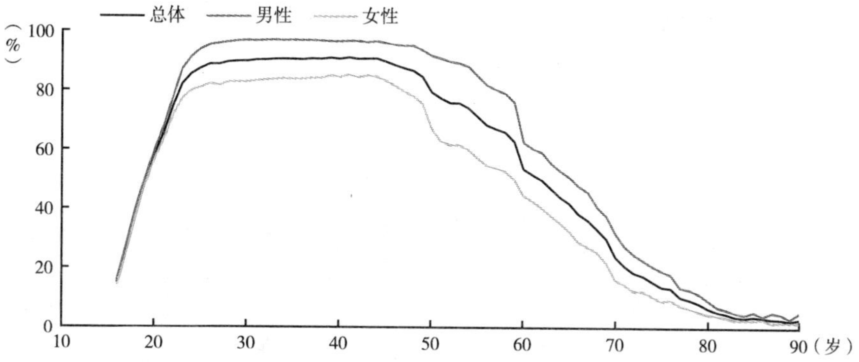

图 2　2010 年中国劳动参与率："六普" 数据

值得注意的是，由于中国已进入人口老龄化阶段，虽然目前中国的劳动参与率仍然处于较高的水平，但是，人口结构变化将带来中国劳动参与率的急速下降。随着人口老龄化程度的上升，劳动参与率将下降到相对较低的水平。我们知道，在劳动年龄人口一定的情况下，劳动参与率决定了就业规模，进而决定了中国潜在经济增长速度。

我们看到，在"十二五"时期，中国潜在就业增长率将开始为负值，平均每年的潜在就业增长率为 -0.76%；到"十三五"期间（2016~2020 年）为 -0.74%。产生这个问题的主要原因是，中国 15~64 岁劳动年龄人口在 2013 年左右开始下降，15~59 岁劳动年龄人口总量的峰值出现得更早，在 2010 年 15~59 岁劳动年龄人口开始下降。从理论上来看，随着未来潜在经济增长率的下降，中国的劳动参与率也会有所下降。因此综合以上因素，中国的潜在就业人数将呈现递减的趋势。这无疑会影响中国的资本—劳动比甚至中国未来的潜在经济增长率。因此，提高劳动参与率将成为提高潜在经济增长率的重要途径。

为了对此进行验证，我们在已有的模型基础上，假设在 2011~2020 年期间，在中国劳动参与率原有水平的基础上，每年的劳动参与率水平提高 1 个百分点。根据我们的模拟结果，劳动参与率提高 1 个百分点后，将使 2011~2015 年的平均潜在产出增长率提高到 8.09%；2016~2020 年平均潜在产出增长率提高到 6.94%。在图 3 中，实线表示在现实条件下中国的潜在产出增长率；虚线表示在 2011~2020 年期间，每年劳动参与率提高 1 个百分点后对未来潜在产出增长率的影响。事实上，如果中国能够平均每年将劳动参与率提高1个百分点，将会使平均每年的潜在GDP增长率提高0.88个百分点。

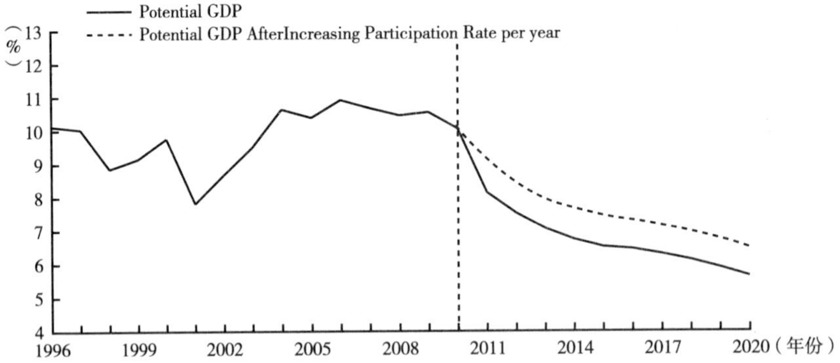

图3　劳动参与率年提高1个百分点对中国未来潜在产出增长率的影响

注：实线表示在现实条件下中国的潜在产出增长率；虚线表示2011～2020年在原有趋势劳动参与率基础上，劳动参与率提高1个百分点后对未来潜在产出增长率的影响。

提高劳动参与率可以有多种途径，从理论和实践的角度看，具有最为显著效果的包括以下三种。第一是延长就业时间或提高退休年龄。在大多数发达国家，挖掘劳动力供给潜力的一个政策手段是提高退休年龄以便扩大老年人的劳动参与率。然而，中国劳动年龄人口的人力资本分布特征是，随着年龄的提高，受教育年限显著降低，意味着临近退休的劳动者有着很大的就业难度。因此，至少在近期内这条路难以产生明显的提高劳动参与率的效果。第二是推进劳动力从农业向非农产业转移。与经济发展水平相近的国家相比，中国农业劳动力的比重仍然较高，仍然有着较大的劳动力转移空间。进一步推动劳动力转移有赖于深化户籍制度改革，促进农民工的市民化。第三是提高就业率或降低失业率。在劳动力市场具有新古典特征的情况下，中国面临着周期性、结构性和摩擦性失业的挑战，需要坚持就业优先战略，通过宏观经济政策和更加积极的就业政策，促进城乡居民的最大化就业。

四　提高全要素生产率

在面对潜在增长率下降的条件下，借助产业扶持政策、区域发展战略和刺激性宏观经济政策，以追求一个超越潜在增长率的实际 GDP 增长速度，既是一种简单易行的政策手段，又具有看得见摸得着的特质，容易被决策者接受，实施起来也比较直截了当，但是最终会伤害长期增长的可持续性。而改变潜在增长率的办法，大多有赖于在诸多领域的全面深化改革，通常要求长期和艰巨的努力。但是，中国经济出现的资本报酬递减现象，说明靠生产要素投入驱动的经济增长模式已经走到了尽头，进一步的增长必须依靠全要素生产率的提高。

产出增长率超出要素投入增长率的部分被称为全要素生产率增长率。通常情况下全要素生产率包含技术进步、资源配置效率和制度创新。从 20 世纪 90 年代开始，中国的全要素生产率增长率在 3% 左右。如前所述，中国改革措施促使生产要素得到释放。在很大程度上全要素生产率来自改革带来的资源重新配置。事实上，全要素生产率对经济增长率的贡献巨大。在存在大量农业剩余劳动力的条件下，即在典型的二元经济发展阶段，劳动力转移带来巨大的资源重新配置效率，成为全要素生产率提高的主要源泉，也是一种“低垂的果子”。

随着剩余劳动力被逐渐吸纳，急风暴雨式的资源重新配置不再可得，此外，更高的经济发展阶段也意味着中国与发达国家之间技术差距的缩小。因此，需要在更深的层次挖掘全要素生产率提高的源泉，作为提高潜在增长率的至关重要的途径。

在现有模型基础上，我们假设：在 2011 ~ 2020 年期间，全要素生产率在原有水平的基础上每年提高 1 个百分点。例如，假设目前全要素生产率年增长率为 3.01%，那么提高后的全要素生产率为 4.01%。根据我们的模拟结果，提高全要素生产率将使 2011 ~ 2015 年的平均潜在产出增长率提高到 8.19%；2016 ~ 2020 年平均潜在产出增长率提高到 7.07%。在图 4 中，实线表示在现有条件下中国的潜在产出增长率，虚线表示从 2011 ~ 2020 年每年提高 1 个百分点的全要素生产率对未来潜在产出增长率的影响。事实上，如果中国平均每年都能够将全要素生产率提高 1 个百分点，那么平均每年的潜在 GDP 增长率将提高 0.99 个百分点。

随着中国的新古典增长时期的来临，三次产业之间的资源重新配置效率

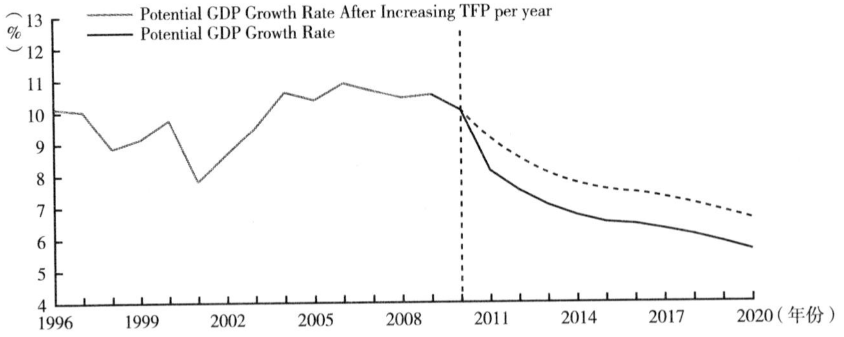

图4　全要素生产率增加1个百分点对中国未来潜在产出增长率的影响

注：实线表示在现有条件下中国的潜在产出增长率；虚线表示在2011～2020年期间，在原有趋势基础上，全要素生产率增加1个百分点后对未来潜在产出增长率的影响。

终将式微。每年提高1个百分点的目标具有很大的难度，既要有坚定的决心，又需要清楚地知道怎样才能获得新的源泉。新加坡政府在对待经济学家对其增长模式的批评时，就采取了正确的态度，认识到全要素生产率对于经济增长可持续性的重要性，因此设下了全要素生产率每年提高2%的目标（Felipe，1997）。

对中国来说，今后全要素生产率提高将更多地来自以下源泉。第一，由于非农产业各行业之间存在着生产率的差异，包括资本、劳动和土地资源在内的生产要素向生产率更高的行业流动，可以继续获得资源重新配置效率。第二，各个行业内部的企业之间也存在着生产率的差异，允许更有效率的企业生存、扩大和发展，相应地淘汰那些长期没有效率改进的企业，可以提高行业进而整体经济的生产率水平。

从这些源泉实现全要素生产率的提高，要求拆除行业进入和退出壁垒，消除生产要素流动的制度性障碍，通过竞争机制实现优胜劣汰。特别是进一步界定国有经济的经营范围，从行政许可、财政扶持、金融支持等方面为非公有经济创造平等的竞争环境。可见，提高全要素生产率的根本途径在于推进经济体制的进一步改革。

参考文献

Jesus Felipe, Total Factor Productivity Growth in East Asia: A Critical Survey, EDRC Report Series, No. 65, 1997, Asian Development Bank, Manila, Philippines.

Louis Kuijs, (2009), "China Through 2020 - A Macroeconomic Scenario", World Bank China Office Research Working Paper, No. 9.

白重恩、谢长泰、钱颖一:《中国的资本回报率》,《布鲁金斯经济问题论文》第2期(中文翻译稿),2006。

蔡昉主编《中国劳动与社会保障体制改革30年研究》,经济管理出版社,2008。

蔡昉:《刘易斯转折点——中国经济发展新阶段》,社会科学文献出版社,2008。

都阳、陆旸:《中国的自然失业率水平及其含义》,《世界经济》2011年第4期。

郭庆旺、贾俊雪:《中国潜在产出与产出缺口的估算》,《经济研究》2004年第5期。

张军、章元:《对中国资本存量K的再估计》,《经济研究》2003年第7期。

中国发展研究基金会:《中国发展报告2012》,中国发展出版社,2012。

The Population Change and Resulting Slow-down in Potential GDP Growth in China

Cai Fang et al.

Abstract: As a result of the shrinkage of working age population at ages between 15 and 59, all factors which have driven the fast economic growth in the past over 30 years tend to diminish after 2010. This paper estimates annual growth rate of potential output to be 7.2 percent in 12th Five-year Plan period and 6.1 percent in 13th Five-year Plan period. To maintain future sustainable growth requires economic reform in related areas to enhance potential growth rate. This paper simulates two scenarios in which both increase in labor force participation and improvement in total factor productivity can significantly enhance potential GDP growth rate. It also draws some policy suggestions.

Key Words: Population Change; Growth of Output; Total Factor Productivity

B.19

2012 年中国货币政策与金融形势

董 昀*

摘 要：

2012 年，中国人民银行采取了多种手段实施扩张性的货币政策，增加货币供应量，以托住不断下滑的经济增长率。2012 年前三季度的货币政策是在经济增长速度有所放缓，通货膨胀水平有所降低的新形势下制定并实施的，货币政策的主要目标已从防通胀转向稳增长。人民银行综合运用公开市场操作、法定存款准备金率调整、利率调节和窗口指导等多种货币政策工具，适时适度加大预调微调力度，着力增强政策的针对性、灵活性和前瞻性，保持了金融体系的稳定和宏观经济的平稳运行。

关键词：

货币政策 金融形势 通货膨胀

一 2012 年中国货币政策的实体经济背景

2012 年，欧美各发达经济体的债务危机仍在持续蔓延，经济增长率过低、失业率高企的状况未能得到显著改善；在后危机时代曾一度实现强劲增长的新兴经济体在 2012 年也出现了增长乏力的迹象。总体而言，全球经济继续呈现在长期波动中低速增长的态势，经济复苏面临新的不确定性。世界经济的低速增长和不确定性通过贸易、金融等渠道对中国经济产生了负向外部冲击，显著降低了中国总需求的扩张速度。从国内政策层面看，自 2010 年以来，为抑制

* 董昀，中国社会科学院金融研究所。

不断上升的通胀率、控制房地产泡沫，中国政府综合运用各种政策工具，在经济繁荣期实施了紧缩的宏观经济政策。此外，为了“引导各方面把工作着力点放到加快转变经济发展方式、切实提高经济发展质量和效益上来”[①]，中央政府在年初将2012年GDP增长目标从8%略微调低至7.5%。在国内外多重因素的叠加作用之下，中国经济在2012年延续着自2011年第一季度开始的持续回落态势。2012年第一季度急速跌至8.1%；第二季度增速跌破8%，仅为7.6%；第三季度则进一步降为7.4%，略低于年初设定的宏观调控目标值7.5%，这也是2009年第一季度以来的最低值。面对宏观经济形势的新变化，中央政府按照稳中求进的工作总基调，加大预调微调力度，把稳增长放在更加重要的位置，不断提高政策的针对性、灵活性和前瞻性。随着各项政策措施的逐步落实到位，宏观经济运行中的扩张性因素将逐渐增加，中国经济有望在2012年第四季度呈现缓中趋稳、企稳回升的积极态势，全年GDP增速预计将略高于7.5%的目标值。2013年，中国宏观经济政策的首要目标仍将是稳增长，财政支出的扩张、货币信贷的适度宽松、非公有制经济36条和结构性减税等改革措施的推进、地方政府换届导致的投资冲动等诸多因素叠加，将促使GDP增速继续稳定回升，可望达到8%以上。

从国内生产总值的总需求构成来看，投资、消费和进出口的增长态势各不相同。2012年前三季度全社会完成固定资产投资256933亿元，同比名义增长20.5%，增幅较2011年同期回落4.4%；但比2012年上半年高出0.1%。扣除价格因素后的实际投资增长18.8%，略高于2011年同期的16.9%。可见2011年以来固定资产投资持续降温的态势已经初步得到遏制，房地产开发和基础设施等领域投资增速的下滑被战略性新兴产业、农业、电力等领域投资的快速增长所弥补。在消费需求方面，2012年前三季度社会消费品零售总额149422亿元，同比名义增长14.1%，增速比上半年回落0.3%，也低于上年同期的17%，扣除价格因素实际增长11.6%，消费增长速度明显低于投资，困扰中国经济多年的消费与投资之间的不平衡格局尚未改变。在进出口方面，2012年前三季度进出口总额28425亿美元，同比增长6.2%，增速比上半年回

---

① 引自温家宝总理2012年3月5日在十一届全国人大五次会议上所作的《政府工作报告》。

落1.8个百分点，比上年同期回落18.4个百分点。其中，出口14954亿美元，增长7.4%；进口13471亿美元，增长4.8%。进出口相抵，顺差1483亿美元，同比增加412亿美元。不过，如果从贸易顺差与进出口总额的比例来看，2012年前三季度的顺差相对规模还不算太大：2009、2010、2011年的比值分别为8.9%、6.2%、4.3%，2012年前三季度为5.2%，仅略高于2011年的水平，外部的贸易失衡程度并未进一步加剧。

综上所述，无论从总量还是从结构角度看，2012年中国经济活动总体上延续了2011年初以来的持续降温态势。受前期物价调控政策效果持续显现、国际大宗商品价格回落等因素的影响，2012年以来，中国的物价涨幅呈现前高后低走势，1~9月份CPI同比增长率分别为4.5%、3.2%、3.6%、3.4%、3.0%、2.2%、1.8%、2.0%、1.9%，总体上呈现逐月下降态势；PPI的下降幅度远高于CPI，9月份已跌至-3.6%。2012年第四季度，中国的GDP增长速度不会出现急剧回升的局面，因而需求拉动型通货膨胀压力不会迅速增加。世界经济的持续低迷将制约大宗商品价格的上涨，使得输入性通货膨胀压力也不会过大。国内粮食生产实现连续九年丰收，农产品供应有较稳定的保证。经济基本面的稳定使得中国通货膨胀率在短期内不大可能急速升高。当然，第二季度以来国内基础设施投资的回升和9月份以来美国第三轮量化宽松政策（QE3）的推行将会增加国内通胀压力，因此2013年的中国通货膨胀率面临新的上升压力。

在国际经济环境方面，2012年以来，欧债危机的蔓延严重影响着欧元区国家宏观经济的稳定运行，对其他经济体的外部需求也造成了较大的负面冲击，全球经济出现明显减速。尽管美、日、欧等发达经济体坚持推行扩张性的货币政策，出台了一系列资产购买计划，例如欧洲央行推出直接货币交易计划以降低成员国的融资成本，美联储推出第三轮量化宽松政策，日本央行将资产购入基金规模由70万亿日元增至80万亿日元，然而这些政策却未能有效恢复市场对于经济增长前景的信心。IMF不断调低2013年全球经济增长的预测值，相对于4月份的预测，2012年10月份发布的《世界经济展望》认为：发达经济体的增长率从2.0%调低到1.5%，新兴市场和发展中经济体的增长率从6.0%调低到5.6%。

2011年，在前两轮量化宽松政策和扭曲操作等一系列超宽松经济政策的影响下，美国的长期利率持续走低，推动美国GDP增长率逐季回升，四个季度的GDP增速分别为0.4%、1.3%、1.8%和2.8%。2012年以来，美国经济未能延续这一势头，前两个季度GDP增速分别为2.0%、1.7%，第三季度预计为1.9%，全年增速预计可维持在1.8%~2.0%，经济运行呈现在低位缓慢、平稳增长态势。然而在经济缓慢复苏的过程中，美国的就业状况至今仍未出现明显改观，2012年1~9月，失业率一直在8%左右的高位运行；特别是8、9月两个月制造业就业连续出现负增长，这是自2010年以来的首次。由此看来，过去几年的财政刺激和宽松货币政策的效果并不尽如人意。雪上加霜的是，美国将在2012年底面临国债触顶、财政悬崖①危局的考验；根据国会预算办公室的测算，如果现行政策不变，美国政府将从2013年开始实施总额达6250亿美元的财政紧缩政策。在财政政策难有作为的情况下，要摆脱经济低迷就只能倚重货币政策了。出于对经济复苏前景不确定性的担忧，美联储在2012年9月13日宣布实施第三轮量化宽松政策（QE3），美联储将以每月400亿美元的规模购入机构按揭证券（MBS）。加上在现有的“扭曲操作”计划下购买的长期美国国债，美联储将以每月850亿美元的力度购买资产，与QE2力度相当。同时，将联邦基金利率目标区间继续设在0~0.25%不变，并预期至少维持到2015年年中。QE3与前两轮QE的最大不同之处在于，前者既没有操作时间限制，也没有总额限制。预计在美国失业率出现明显改善之前，QE3会一直推行下去。可以预见，QE3在降低融资成本、提振投资者信心、鼓励消费、扩大出口等方面发挥积极作用，推动美国经济复苏和就业改善；但同时也将进一步加剧美元下行压力，抬高大宗商品价格，增加通货膨胀压力，亦可能形成全球流动性过剩和新兴经济体短期资本急速流入的局面。

欧洲主权债务危机仍未得到根本解决，欧元区经济仍在持续恶化。2012年，欧元区GDP同比增长率延续了2011年以来逐季下降的态势，前三季度增速分别为0、-0.5%、-0.9%，连续两个季度的负增长表明，欧元区经济已经陷入衰退。不但希腊、意大利、葡萄牙和西班牙等主权债务危机国的经济收

① 财政悬崖是指美国政府实施的一揽子宽松财税政策将在2012年底同时到期，从而形成极大的财政紧缩效应。

缩幅度持续增加，英国和法国也分别从2012年第一季度和第三季度开始出现负增长，就连欧洲经济的火车头德国的GDP增速也持续下滑，从第一季度的1.2%跌至第三季度的0.5%。经济的整体低迷导致欧元区国家的失业率持续攀升，2012年8月，欧元区失业率为11.4%，既高于上年同期的10.1%，也高于2012年第二季度的11.3%。与此同时，2012年前三季度欧元区的通胀率仍高于欧洲央行2%的目标值，而且CPI在第三季度开始出现反弹势头，欧洲央行的直接货币交易计划等非传统的宽松货币政策将使得欧元区未来的通胀压力进一步加大。

日本经济从2012年初的温和复苏迅速转变为持续下滑态势。2012年第二季度，受到外需继续萎缩的影响，日本经济增速出现大幅下滑，GDP环比折年率由第一季度的5.5%降至1.4%。7月份日本的出口额环比下降4.8%，同比下降10.2%。受到钓鱼岛争端持续发酵的冲击，日本未来的出口形势将更不容乐观，经济复苏依旧遥遥无期。日本的就业形势同样没有出现进一步改善的趋势，2012年1~7月，日本的失业率在4.5%上下波动，与2011年相当。受到经济持续下泻影响，日本的通货紧缩问题有所恶化，在2012年2~4月核心CPI出现了短暂的正增长之后，5月份以来这一指标持续负增长。为了抗击通缩、加快经济复苏步伐，日本货币当局将极有可能进一步加大资产购买计划的力度。

在发达经济体主权债务危机的冲击下，新兴经济体在2012年的增长速度明显放缓。印度和俄罗斯2012年第二季度的实际GDP同比增长率分别为5.5%和4%，巴西则更是低至0.5%。第三季度以来，印度和巴西的扩大内需政策开始发挥作用，经济出现触底反弹迹象，俄罗斯、南非等国依旧受困于外需不振，延续着经济下滑态势。QE3实施之后，新兴经济除了面临通胀压力持续增加的问题之外，短期资本将会快速流入，新兴经济体货币升值压力也将加大，出口形势将进一步恶化，有可能加剧主要依赖外需的各经济体的短期波动。

二　2012年中国货币政策与金融运行态势

1. 货币供应量

2012年，中国人民银行采取了多种手段实施扩张性的货币政策，增加货币供应量，以托住不断下滑的经济增长率。尽管 2012 年的中国经济增长继续放缓，导致货币需求相对下降，外汇储备增长率也随着外需增长的乏力而持续下降；但是在央行公开市场操作、存款准备金率、利率、逆周期宏观审慎管理等多项货币政策工具的综合作用下，货币供应量增速呈总体回升态势。2011 年底，中国广义货币 M2 的余额为 85.2 万亿元，较 2010 年底增长 13.6%；狭义货币 M1 的余额为 29 万亿元，较 2010 年底增长 7.9%；分别较 2010 年底下降了 6.1 个和 13.3 个百分点。2012 年 1 月，M2 和 M1 的增速则分别跌至 12.4% 和 3.1%。在各种扩张性货币政策的作用下，从 2012 年第二季度开始，M1 和 M2 增速止跌回升（见图 1）。2012 年 9 月，M2 余额为 94.37 万亿元，同比增长 14.8%，分别比 8 月末和 2011 年末高 1.3 个和 1.2 个百分点；M1 余额为 28.68 万亿元，同比增长 7.3%，比上月末高 2.8 个百分点，比上年末低 0.6 个百分点。M2 增速接近中央政府在 2012 年初设定的宏观调控目标值——14%。2012 年 9 月下旬召开的中国人民银行货币政策委员会第三季度例会强调要“综合运用多种货币政策工具，引导货币信贷平稳适度增长”，在这样的决策思路指导下，预计第四季度的货币供应量将继续保持前三季度的增长率稳定回升态势，不会出现大起大落，年末 M2 增长率将能够稳定在 14% 的目标值左右。

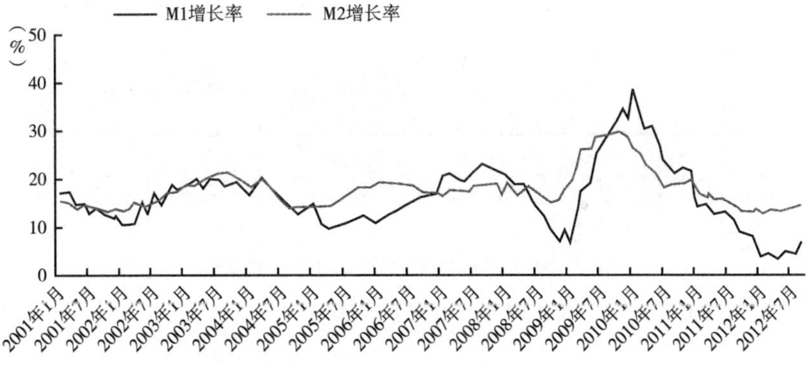

图 1　中国两个层次货币供应增长率的变化

资料来源：中国人民银行网站数据整理。

2. 基础货币

基础货币是影响货币总量的重要因素之一。从图 2 中可以看出，2012 年前 6 个月，基础货币增长率继续急速下降；6 月末，基础货币余额为 22.8 万亿元，同比增长 12.1%，比年初增加 3445 亿元。2012 年上半年基础货币总量增长速度的下降与央行降低法定存款准备金比率有直接关系。2012 年 2 月和 5 月，为保持银行体系拥有充裕合理的流动性，人民银行两次下调法定存款准备金率。由于法定准备金是基础货币的一个重要组成部分，商业银行持有的中央银行票据并不记入基础货币，因此，降低法定存款准备金率自然会抑制基础货币总量的增长速度。这里需要着重指出的是，基础货币总量的变化并不是一个判断货币政策松紧程度的理想指标：提高法定存款准备金比率而导致的基础货币的上升，并不意味着货币政策是宽松的、金融体系的流动性供给充裕，恰恰相反，由于过高的法定存款准备金，商业银行的超额准备金减少了，因此，高法定存款准备金导致的高基础货币余额，反而表明货币政策是趋紧的，货币市场利率、金融机构贷款加权利率均因法定存款准备金比率的上升而上升。反之亦然。

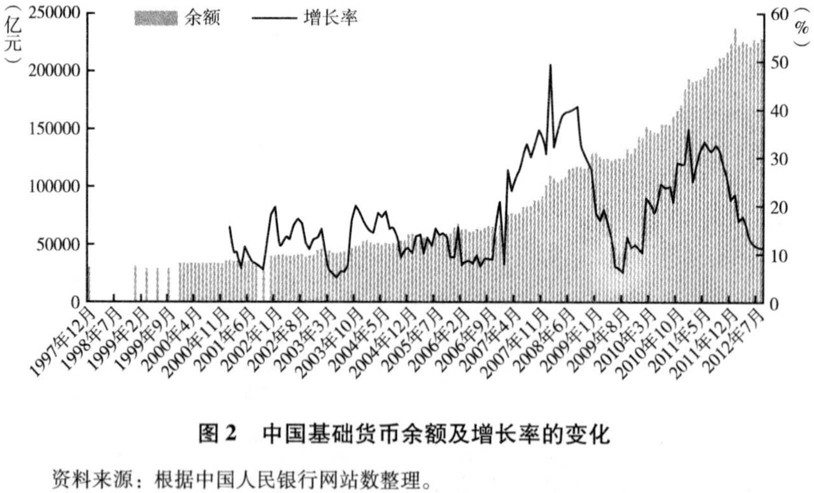

图 2　中国基础货币余额及增长率的变化

资料来源：根据中国人民银行网站数整理。

自 2003 年以来，央行票据就一直是中国人民银行冲销操作的主要工具，外汇储备的增加直接导致了中央银行票据余额的急剧增加，央行还通过设计多种期限结构的央行票据、发行定向票据等手段，降低金融机构的流动性，或者直接对信贷扩张过快的金融机构给予惩罚，它不仅具有基础货币总量调控之功效，而且还具有窗口指导的功能，应当说，它较好地传达了央行的货币调控的意图。但是，在 2006 年之后，由于法定存款准备金比率在流动性冲销操作中的作用更加突出，央行票据日趋式微。这种趋势在 2012 年表现得尤为明显。在 2011 年 12 月发行了 1290 亿元央票之后，2012 年前 9 个月再也没有发行过央票，转而通过逆回购投放基础货币。2012 年上半年开展短期逆回购操作 5660 亿元，6 月份以来更是连续 14 周进行逆回购操作，8 月 21 日和 9 月 25 日，单日逆回购操作规模分别达 2200 亿元和 2900 亿元。央票的停发和逆回购的频繁使用表明，中国人民银行主要通过公开市场操作提供流动性，暂时告别了通过冲销外汇占款投放基础货币的阶段。更进一步地说，2012 年中国货币政策的一大特点是：人民银行一方面通过降低法定存款准备金来注入流动性，另一方面又通过频繁的正回购和逆回购操作配合法定准备金政策的调整，对流动性状况进行预调微调。

3. 信贷

（1）信贷总量及增长率的变动。纵观改革开放以来的中国宏观调控，信贷一直是政府调控经济运行的重要工具。1998 年以来中央政府试图通过公开市场操作、法定存款准备金比率等各种手段来调控货币供应量，进而实现宏观调控目标。但事实上，信贷在政府宏观调控中的地位和作用并没有因此而削弱，信贷总量仍是中国人民银行进行货币调控的重要中介目标，形成了央行既调控货币供应又调控信贷总量的独特货币政策操作方式。其主要原因在于，中国宏观经济的波动主要是由投资波动引起的，而在中国以大银行为主的金融结构之中，银行的信贷投放量直接决定着投资的规模，从而对经济波动产生重要影响。也正因此，信贷总量的变化在一定程度上亦为中央银行的货币政策操作提供了反馈信息，中国货币政策操作的方向和力度不仅取决于通胀、GDP 增长之类的真实变量，也还取决于商业银行的信贷行为与总量的变化。例如，信贷总量的变化与货币供应量的变动趋势总体上是一致的，它既会影响总需求，也会影响物价总水平，信贷高增长之后，往往就会物价总水平上升、通胀压力加大，随后央行又会采取紧缩性的货币政策。

2011 年信贷增长率的大幅回落，主要是 2010 年以来央行紧缩性货币调控的结果。2012 年前 9 个月，金融机构人民币贷款余额 61.51 万亿元，同比增长 16.3%，分别比上月末和上年末高 0.2 个和 0.5 个百分点，呈现稳健回升态势。这是一个较为均衡合理的增长水平，能够为同时实现经济平稳较快增长和物价稳定创造适宜的信贷环境。2012 年第四季度乃至 2013 年，稳增长仍是宏观调控当局的优先目标，央行将综合运用多种货币政策工具，保持信贷规模平稳适度增长；因此，金融机构人民币贷款余额增长率将继续保持稳中有升态势，2012 年全年增速将高于 2011 年的 15.8%，预计为 17% ~18%，2013 年的增速又将高于 2012 年。

（2）信贷结构。首先看对居民户的贷款。过去相当长一段时间里，中国的金融机构并不愿意为居民户提供信贷；形成了居民户单向地向金融机构提供存款，其收益仅仅是被压低的存款利息，而居民户却难以从金融机构获得贷款来实现跨期最优消费的资源误配置格局。这反映了中国的金融体系长期以来在动员金融资源方面颇有成效，但是配置资源的效率却不高。这一局面在进入 21 世纪之后得到了改观，在城市化加速推进、宏观经济政策着力点转向扩大内需、商业银行改革不断深化等诸种因素的推动之下，对居民户贷款成了各金融机构拓展业务的重点。2010 年和 2011 年，对居民户贷款余额分别较上一年增加了 30755.19 亿元和 23471.61 亿元（见表 1），同比分别增长 37.6% 和 20.86%，对居民户贷款增长率明显高于同期各项贷款的增长率。2012 年前三季度，由于房地产调控措施和稳健货币政策的影响，对居民户贷款增长率跌至 17.8%，这表明中国房地产市场的有效需求得到了适度的调节；不过这一增幅仍高于同期各项贷款 16.2% 的增速，说明金融机构仍将零售贷款视为业务拓展的重要组成部分。

其次看对非金融企业和其他部门贷款的情况。在计划经济年代，为了配合中央政府推行的以重工业优先发展为特征的赶超战略，对非金融企业和其他部门贷款构成了中国金融机构贷款活动的主体内容。随着改革开放的不断深化，这种扭曲的状态得到了一定程度的校正，不过对非金融性企业及其他部门贷款仍然占中国银行业信贷资产的 80% 左右，企业的信贷波动状况对宏观经济波动态势有着十分密切的联系。2012 年前三季度，对非金融企业及其他部门的贷款余额为458182.8亿元，比2011年同期增长15.8%，低于各项贷款总体

表 1　人民币信贷（部门结构）

单位：亿元

	2009 年 12 月	2010 年 12 月	2011 年 12 月	2012 年 3 月	2012 年 6 月	2012 年 9 月
一、各项贷款	399684. 82	479195. 55	547946. 69	572474. 82	596422. 59	615100. 00
（一）境内贷款	81786. 9	478976. 47	546398. 25	570829. 47	594661. 73	—
1. 住户贷款	55333. 65	112542. 09	136011. 58	141060. 22	147343. 64	155313. 70
（1）消费性贷款	6377. 85	75063. 64	88716. 86	91110. 28	94535. 96	—
短期消费性贷款	48955. 79	9566. 8	13555. 05	14339. 81	15927. 87	—
中长期消费性贷款	26453. 25	65496. 84	75161. 8	76770. 47	78608. 09	—
（2）经营性贷款	19549. 96	37478. 45	47294. 72	49949. 95	52807. 68	—
短期经营性贷款	14622. 99	24780. 54	30197. 58	31973. 87	33849. 66	—
中长期经营性贷款	6903. 3	12697. 91	17097. 14	17976. 08	18958. 03	—
2. 非金融企业及其他部门贷款	317897. 92	366434. 38	410386. 68	429769. 25	447318. 10	458182. 80
（1）短期贷款及票据融资	144222. 41	146700. 57	174504. 44	187090. 09	199364. 01	206517. 66
短期贷款	120372. 09	131886. 04	159379. 99	169390. 18	176596. 32	183080. 20
票据融资	23850. 32	14814. 52	15124. 45	17699. 90	22767. 68	23437. 45
（2）中长期贷款	166500. 94	210735. 69	231547. 58	237745. 90	242293. 64	245447. 54
（3）其他贷款	7174. 57	8998. 13	4334. 66	4933. 26	5660. 45	6217. 61
（二）境外贷款	—	219. 08	1548. 44	1645. 34	1760. 86	1603. 50

资料来源：中国人民银行网站。

16. 2% 的增速，更低于对居民户贷款 17. 8% 的增速；其占贷款总额的比例也降至 74. 5%。这一现象背后的决定因素是企业微观经营绩效的下降。在中国宏观经济温和放缓的大背景之下，企业的微观经营绩效下降速度更快，2012 年 1 ~6 月份，工业企业利润总额同比增速只有 -2. 7%，较上年同期 28. 3% 的增速下降了 31 个百分点；1 ~ 7 月份，工业企业亏损累计金额同比增长 64. 3%。企业利润的下降将直接影响企业资金链的正常运转：企业对自身盈利前景并不乐观，投资需求不足，从而导致贷款需求不足；商业银行处于对企业盈利能力下降和银行不良资产率上升的担忧，也出现了惜贷动机；需求和供给两个方面的因素叠加，使得企业贷款增速下降。未来的几个月，在适度宽松的宏观政策和经济增长止跌回升等宏观面积极因素的推动下，企业贷款需求可能会相应地回升，非金融企业和其他部门贷款的增速也将适度回升。

（3）贷款利率。在货币金融学教科书描绘的完全市场化的无摩擦环境之下，贷款利率完全由信贷资金的供给与需求决定。不过在现实世界当中，自由放任状态下决定的利率水平并不能保证宏观经济的稳定运行，货币当局必须保留对利率的调控权。发达经济体的中央银行只能通过调整中介目标利率而间接地影响银行贷款利率，而处于转轨与发展进程中的中国则不然。时至今日，中国的利率市场化进程尚未结束；在现行利率体制下，贷款利率仍然受到一定程度的管制，中国人民银行仍然将调节贷款利率作为一种货币政策工具——商业银行的贷款利率在中国人民银行确定的基准利率之上浮动的上限虽然完全放开了，但在2012年6月8日之前，对一般工商业贷款只允许下浮10%①，因此，中国人民银行调整贷款基准利率就对商业银行发放贷款实际收到的利率水平有直接的影响。当中国人民银行上调贷款基准利率后，商业银行贷款加权平均利率也随之上升；反之，贷款加权利率则会相应地下降。

（4）信贷资产质量。2012年前两个季度，商业银行不良资产总额分别为4382亿元和4564亿元，不良贷款率均为0.94%，第三季度的不良贷款率为0.97%，仍低于2011年末1%的水平，信贷资产质量保持较高水平。不过值得注意的是，第三季度不良贷款率已有回升势头，这可能是经济下行态势之下企业经营困难、社会资金链紧张造成的，值得监管部门注意。2012年前两个季度商业银行拨备覆盖率分别为287.4%和290.2%，均高于2011年四个季度230.2%、248.9%、270.7%和268.1%的水平，资本充足率分别为12.7%和12.9%，较2011年四个季度的11.8%、12.2%、12.3%和12.7%又有了稳步提升，表明商业银行抵御风险和吸收损失的能力又得到了一定程度的提高。

4. 社会融资规模

近年来，随着金融改革的深化和金融发展水平的提升，我国金融总量快速扩张，金融结构趋于多元化，金融工具加速创新，证券和保险机构对实体经济资金支持力度加大，商业银行表外业务对贷款的替代效应逐步显现。在这样的背景之下，仅仅依靠金融机构新增贷款数据已不能完整刻画中国金融与实体经

① 2012年6月8日，中国人民银行将金融机构贷款利率浮动区间的下限调整为基准利率的0.8倍，7月6日，这一下限进一步降至0.7倍，金融机构自主定价空间得到扩展，对加快推进利率市场化改革有着积极意义。

济的关系，也不能全面反映实体经济的融资规模。社会融资规模与 GDP、CPI 等宏观经济指标有着密切的联系。在今后的宏观调控实践中，如果仍然像过去那样只盯着贷款和 M2，宏观调控当局将无法全面准确地检测、分析和评估社会整体融资状况，难以有效地把握宏观调控的方向、节奏和力度，可能导致“按下葫芦浮起瓢”的现象。有鉴于此，2010 年 12 月和 2011 年 12 月的两次中央经济工作会议以及 2011 年 3 月和 2012 年 3 月的《政府工作报告》中均提出要“保持合理的社会融资规模”。从 2011 年起，央行正式公布社会融资规模数据。经过了一年多时间的运行后，社会融资规模在 2012 年已成为我国宏观调控的一个重要的中介指标。

央行 2012 年 9 月 13 日发布的《2002 年以来社会融资规模月度数据》和《2002 年以来社会融资规模年度数据及结构》两份报告显示，2002 年到 2011 年间，我国社会融资规模由 2 万亿元扩大到 12.83 万亿元，年均增长 22.9%，比同期人民币各项贷款增长率高 6.1 个百分点。2011 年社会融资规模与 GDP 之比为 27.1%，比 2002 年提高 10.4 个百分点。

从总体发展趋势上看，人民币贷款比重呈不断下降态势，2002 年时除人民币贷款外的其他融资占比很小，当年人民币贷款占社会融资规模的 91.9%，其他融资占比仅为 8.1%，统计社会融资规模的意义并不大。2006 年，这一比重降至 73.8%。而到了 2012 年前三季度，人民币贷款占社会融资规模比重已经降至 57.3%。随着今后中国金融发展水平的不断提高和金融创新能力的持续提升，人民币贷款的比重还将继续下降，直接融资，尤其是债券融资将成为企业融资的基本方式之一，社会融资规模这一综合性指标也将在未来的经济监测和宏观调控中发挥更大作用。

5. 金融机构存款

在中国的货币统计口径中，金融机构存款是 M1 和 M2 的重要组成部分。对于宏观经济分析而言，金融机构存款有着独特的重要性：一方面，金融机构存款是金融机构资产运用的主要资金来源，很大程度上反映着经济体系中资金供给的状况；另一方面，它又刻画了居民收入与支出的变动情况。

2011 年末，全部金融机构本外币各项存款余额为 826701.35 亿元，较 2010 年的 733382.03 亿元增长 12.72%；金融机构人民币各项存款余额

809368.33 亿元，较 2010 年的 718237.9 亿元增长 12.69%。2012 年 9 月末，本外币存款余额 92.59 万亿元，同比增长 14.3%。月末人民币存款余额 89.96 万亿元，同比增长 13.3%。2012 年前三季度人民币存款增加 9.03 万亿元，同比多增 9243 亿元。需要特别指出，自 2008 年初以来，中国金融机构存款增长率经历着倒“V”形变动，2008 年初至 2009 年第一季度，金融机构存款增长率大幅上升，之后，存款增长率就大幅下降。由于金融机构存款增长率大幅下降，这直接导致了统计上的货币供应量增长率也大幅回落。从 2012 年第二季度开始，随着稳增长在宏观调控中占据更加优先的位置，货币政策有所放松，M1 和 M2 增速均开始止跌回升，相应地，中国金融机构存款增长率的倒 V 形变动轨迹也宣告终结，存款增长率呈现小幅回升态势。

中国居民外币存款受人民币汇率变动的影响很大，人民币升值预期越强烈，外币存款余额下降得越多；反之亦然。以近两年的情况为例，2010 年 6 月之后，人民币汇率走高，为了规避汇率升值的损失，外币存款增长率小幅下降；进入 2011 年，受美元升值的影响，居民外币存款又有所增加；2012 年以来，人民币汇率保持基本稳定，汇率预期也保持总体平稳，因而外币存款增长率的波动幅度也比前两年低。就目前情况而言，外币存款在中国居民资产组合中所占的比重仍较低，对中国金融机构的流动性管理并未构成较大的冲击。

6. 货币市场交易与市场利率

对于发达经济体而言，由于货币市场上的金融工具流动性较高、风险较低，具有准货币的性质，因而在货币政策传导中发挥着重要的作用。随着中国金融发展水平的不断提高，货币市场在企业产品销售、资金回笼和加快资金周转速度、提高企业的资金利用效率方面的地位也日益突出。2012 年上半年，货币市场交易量延续着 2011 年大幅增长的态势，银行间市场债券回购累计成交 70.2 万亿元，日均成交 5754 亿元，同比增长 50.9%；同业拆借累计成交 23.7 万亿元，日均成交 1946 亿元，同比增长 63.3%。从期限结构看，市场交易仍主要集中于隔夜品种，回购和拆借隔夜品种的成交分别占各自交易总量的 80.5% 和 88.4%，占比同比分别提高 3.7 个和 1.7 个百分点。

再看货币市场的利率走势。在货币市场交易量大幅增加的同时，2012 年的货币市场利率却一改 2011 年的大幅上扬走势，总体上呈现在波动中逐渐回落的新态势。货币市场利率即货币市场中资金的价格，其决定因素可划分为供给和需求两个层面。从供给面看，货币市场的流动性供给主要表现为商业银行的超额准备金，决定超额准备金的直接因素包括外汇占款、法定存款准备金、存贷款基准利率、央行公开市场操作等。从需求面看，资本市场新股发行状况和金融机构流动性管理需求等因素较为重要。

2012 年货币市场利率的总体走低主要是供给面因素引起的。受春节等因素影响，1 月份货币市场利率达到年内高点；随着中国人民银行连续下调存款准备金率及存贷款基准利率，并通过公开市场操作适时调剂银行体系流动性，货币市场上的流动性供给迅速增加。在流动性需求没有显著变化的情况下，供给的增加推动着货币市场利率逐步回落。2011 年货币政策紧缩曾导致货币市场利率与金融机构贷款利率之间的风险结构被扭曲，2012 年以来货币市场利率的回落在一定程度上减弱了扭曲程度，有利于优化金融机构的资产配置结构。

7. 资本市场

2012 年，中国的股票市场延续了 2009 年以来的持续低迷走势。

第一，股票市场指数持续下跌。2012 年 9 月底，上证综合指数（收盘）为 2199.42 点，比 2011 年末降低 5.15%，10 月 25 日，进一步跌至 2066.21 点；深证综合指数（收盘）为 853.83 点，比 2011 年末降低 1.48%，10 月 25 日，进一步跌至 840.52 点。

第二，股票市场成交量下降较多。2012 年上半年，沪、深股市累计成交 17.5 万亿元，同比下降 29.2%。日均成交 1495 亿元，同比少成交 580 亿元；2012 年 9 月，日均成交金额又跌至 1161.24 亿元。

第三，股票市场筹资额大幅减少。2012 年上半年，各类企业和金融机构在境内外股票市场上通过发行、增发、配股、权证行权等方式累计筹资 1994 亿元，同比少筹资 1368 亿元。

第四，股票市价总值略有减少。2012 年 9 月，中国股票市价总值（A、B 股）为 212947.38 亿元，比 2011 年底的 214758.1 亿元减少了 0.83%。

中国股票市场的低迷由诸多因素决定，困扰中国股市多年的制度设计方面的缺陷自然是其中一个关键因素，不过仅就 2012 年而言，较为独特的因素还在于经济形势和宏观政策的变化。第一，从宏观面看，2012 年前三季度，中国的 GDP 增速持续处于下降状态，消费、投资需求的增速都出现了一定程度的下降；第二，从微观面看，2012 年以来，中国企业的利润下降速度很快，亏损面持续扩大，使得资本市场中的投资机会越来越少，投资者出手日趋谨慎；第三，从政策面看，中央政府的房地产市场调控政策依然没有放松，影响了对房地产及其相关行业的盈利预期，而稳中有松的稳健货币政策所提供的资金总量还不足以为股票市场提供足够的流动性。

2012 年第四季度和 2013 年初，大规模的量化宽松将给中国带来新的通胀压力，加上房价反弹的压力，使得货币当局的政策放松力度不会太大。如果再考虑新股发行重启和产业资本减持压力等股市内部因素，未来一个时期内中国股票市场要走出低迷尚需时日。

与股票市场的低迷不同，债券发行规模总体稳定，债券市场指数略有上涨。发行规模方面，2012 年上半年累计发行各类债券 3.49 万亿元，比 2011 年同期增加 3022 亿元。市场指数方面，2012 年 6 月底，中债综合净价指数为 102.27 点，比年初增加 1.03%；中债综合全价指数为 112.94 点，比年初增加 1.49%；交易所国债指数为 133.71 点，比年初增加 1.73%。债券市场的稳步发展有助于改善长期以来中国金融结构当中直接融资与间接融资比例不合理、直接融资当中股权融资与债券融资比例不合理的扭曲格局，推动中国资本市场的发展，提升企业的公司治理水平。

8. 外汇市场与外汇储备

随着近年来人民币汇率弹性的持续增强，中国外汇市场报价活跃，成交量较快增长，同时，远期及掉期等衍生品市场也得到了快速发展。2012 年以来，外汇市场呈现出交易活跃程度有所下降、掉期交易快速增长、交易主体不断增加的态势。

受到人民币汇率波动以及升值预期波动的影响，外汇储备也出现了较大幅度的波动。2011 年第四季度，中国外汇储备较第三季度减少了 205 亿美元，为 1998 年以来首次出现季度环比下降。2012 年以来，外汇储备在第一季度大幅增长了 1238 亿美元后，第二季度再次出现负增长，较第一季度末减少 650 亿美元，而第三季度则再度恢复了环比正增长。从总量上看，2012 年 9 月末余额为 3.29 万亿美元，与 2011 年 9 月末的 3.20 万亿美元基本相当，这反映了 2012 年中国对外经济活动处于基本平衡状态，无论是经常项目还是资本项目，都已经改变了持续多年的巨额双顺差格局。外汇储备增长的停滞，使得以往外汇储备增长对国内货币政策的冲击效应在 2012 年显得十分微弱，中国人民银行已无必要再使用发行央票等手段来冲销基础货币，货币政策的自主性得到增强。

三　2012 年的中国货币政策操作

尽管中国人民银行近年来一直坚持实施稳健的货币政策，但 2012 年的宏观经济环境已经与 2011 年有很大不同。2012 年前三季度的货币政策是在经济增长速度有所放缓，通货膨胀水平有所降低的新形势下制定并实施的，货币政策的主要目标已从防通胀转向稳增长。人民银行综合运用公开市场操作、法定存款准备金率调整、利率调节和窗口指导等多种货币政策工具，适时适度加大预调微调力度，着力增强政策的针对性、灵活性和前瞻性，保持了金融体系的稳定和宏观经济的平稳运行。下面对 2012 年前三季度几种主要货币政策工具的操作进行简要的描述和分析。

（一）公开市场操作

公开市场操作是最为灵活、最常被货币当局采用的货币政策工具。中央银行通过公开市场操作，不仅可以调节货币总量，也可以实施逆向操作，调节利率的期限结构。

2003 年以来，央行票据曾经长期占据中国央行公开市场操作主要工具的地位。在宏观调控中使用央行票据的主要目的是冲销流动性或者对货币政策取向进行微调。2010 年第三季度，央行票据发行量开始减少；2011 年，央行票据的发行量急剧萎缩。到了 2012 年，国际收支情况的变化使得央行的外汇占款数量急速减少，央行票据已无用武之地，故遭弃用。取而代之的是多年未倚重的逆回购操作。

所谓逆回购，是指央行向一级交易商购买有价证券，并约定在未来特定日期将有价证券卖给一级交易商的交易行为，是央行投放基础货币的途径之一。逆回购为央行向市场上投放流动性的操作，逆回购到期则为央行从市场收回流动性的操作。作为一种在短期内补充流动性、缓解资金压力的工具，逆回购被货币当局用于灵活、精准地调节每一周的资金供求关系。2012 年 1 月，央行曾分两次进行了规模共计超过 3000 亿元的逆回购操作，在 5 月份的一轮逆回购操作之后，从 6 月到 9 月，央行又连续 14 周进行逆回购操作，同时暂停了正回购操作，10 月份之后，逆回购操作仍在继续；截至 10 月 12 日，本轮逆回购操作规模累计达到 2.74 万亿元，向市场释放了充足的流动性。在经济增长率持续下降，市场流动性短缺、房地产市场反弹压力较大的形势下，选择逆回购这样的微调手段，一方面能够为市场注入流动性，保障“稳增长”目标的实现；另一方面也可以避免使用调节法定存款准备金率等力度较大的政策带来的货币超发、通胀压力加大、房价上升等潜在问题。

除了频繁使用逆回购操作之外，央行在 2012 年适度增强了公开市场操作利率的弹性，各期限品种操作利率与年初相比均出现了不同程度的回落，有助于加强对市场预期的引导和发挥市场利率调节资金供求的作用。

此外，央行还继续采取了国库现金管理的公开市场操作，2012 年前三季度总共开展国库现金管理商业银行定期存款业务 9 次，操作规模总共达到了 4900 亿元。国库现金管理操作不仅提高了国库资金的回报率，而且也为金融机构增加了相应的流动性。当然，相对于巨额的逆回购操作，这样的规模显得微不足道，难以对金融体系的流动性产生根本影响。

（二）法定存款准备金比率的调整

调整法定存款准备金比率是 2006 年之后中国人民银行用于对冲外汇占款带来的流动性的主要工具，央行票据退居次席。因为仅仅对冲流动性并不能完全适应宏观调控的需要，在许多时候必须动用调整法定存款准备金比率这类强有力的工具来冻结或保障流动性。在 2011 年，面对通货膨胀率不断攀升的局面，央行曾 6 次提高法定存款准备金比率；而到了年末，欧债危机持续恶化，国内经济增长出现乏力迹象，央行又于第四季度下调了法定存款准备金比率。

过高的法定存款准备金比率固然可以直接限制商业银行的放贷能力，从而遏制信贷膨胀和物价上涨；然而其代价则是货币市场利率高企、金融体系流动性紧张，这一代价在经济增速持续下滑、通胀压力减弱、外汇占款急速降低的2012 年初显得过于高昂了。于是，央行在2012 年2 月24 日和5 月18 日两次下调存款准备金率各0.5 个百分点，以保持银行体系流动性的充足。据市场测算，下调0.5 个百分点的准备金比率，会向市场释放约4000 亿元的流动性，考虑到乘数的影响，实际增加的流动性供给会更多。这两次调整的意义并不局限于此，更重要的是向市场传递了一个信号：未来一段时间中国将实施相对宽松的货币政策环境。这有助于恢复企业家信心、平滑短期经济波动。

2012 年央行在运用存款准备金政策方面的另一个重要举措是完善差别准备金动态调整机制，发挥宏观审慎工具的逆周期调节功能。所谓差别准备金动态调整机制，就是将信贷投放与宏观审慎要求的资本水平相联系，并考虑金融机构的系统重要性和稳健性状况，以及经济周期的景气状况，引导和激励金融机构稳健地、逆周期地调节信贷。在2011 年引入差别准备金动态调整机制之后，2012 年，央行又针对部分经济指标有所回调的状况，适时调节差别准备金动态调整机制的有关参数，以支持金融机构加大对小微企业、“三农”等薄弱环节和国家重点在建续建项目的信贷投放，并根据实际需求灵活调整贷款投放进度。

（三）利率政策

利率政策时至今日仍是中国货币政策工具箱中不可或缺的一类利器。2011 年，为了抑制不断攀升的通货膨胀率，人民银行除了频繁提高法定存款准备金比率之外，还先后三次提高存贷款基准利率，央行提高存贷款基准利率后，商业银行贷款加权利率也相应提高，对抑制总需求、稳定通胀预期、抑制物价水平的上涨发挥了一定的功效。但2012 年以来通胀预期水平不断回落，宏观经济周期进入下行轨道，第二季度中国经济仍未见触底反弹迹象。为了降低借款者的融资成本、刺激总需求，中国人民银行分别于6 月8 日、7 月6 日两次下调金融机构人民币存贷款基准利率。其中，1 年期存款基准利率由3.5% 下降到3%，累计下调0.5 个百分点；1 年期贷款基准利率由6.56% 下降到6%，累计下调 0.56 个百分点。

2012 年利率政策的亮点在于，在这两次降息的同时，进一步推进了中国的存贷款利率市场化改革，具体措施就是调整金融机构存贷款利率浮动区间。允许金融机构存款利率上浮，浮动区间的上限由基准利率调整为基准利率的 1.1 倍。放宽金融机构贷款利率浮动区间，6 月 8 日，贷款利率浮动区间下限由基准利率的 0.9 倍调整为 0.8 倍；7 月 6 日，贷款利率下限继续调整为 0.7 倍。如果说降息是一种旨在熨平短期波动的权宜之计，那么扩大存贷款利率浮动区间则是加大金融机构自主定价空间、加大对中小企业的金融支持力度、提高利率市场化水平的长远之举，其积极意义无须多言。需要仔细分析的是这一政策短期内对宏观经济的影响，由于银行之间对存款的争夺十分激烈，扩大浮动范围之后存款利率的下降幅度不会太大，甚至可能上升；相对而言，贷款利率的下降幅度会比较大。事实上，在这一政策推出之后，大多数银行的存款利率均不低于基准利率，而 6 月份金融机构对非金融企业及其他部门新发放的贷款加权平均利率已较 3 月份下降 0.6%。放贷收益降低，吸收存款成本上升或不变，必然导致商业银行盈利空间收窄，降低其为企业提供资金的意愿，企业获得贷款的难度可能进一步加大，这并不利于巩固中国经济的复苏势头。

China's Monetary Policy and Financial Situation in 2012

Dong Yun

Abstract: In 2012, the People's Bank of China has taken various means to implement an expansionary monetary policy to increase the money supply, and to try to jack up the falling economic growth rate. The implement of the monetary policy in the first three quarter of 2012 is under the new situation of the economic growth rate slow down, and inflation levels reduce. The main objective of monetary policy changes from anti-inflation to steady growth. The People's Bank synthetically makes use of monetary policy tools, such as open market operations, statutory deposit reserve ratio adjustment, the interest rate adjustment and window guidance and so on, to enhance the strength of pre-adjustment appropriately, to increase the pertinence, flexibility and perspectiveness of the policy, to keep the stability of the financial system and to make the macroeconomy running smoothly.

Key Words: Monetary Policy; Financial Situation; Inflation

B.20

2012 ~2013 年中国就业形势分析与展望

杨宜勇　杨亚哲*

摘　要：

面对着外部经济环境的不容乐观，面对着内部经济压力的不容小觑，2012 年就业工作在多项规划的指引下，在多项政策措施综合推进的基础上，实现了总体的稳定性。展望 2013 年，多矛盾交织、多压力并存，就业形势将更加严峻，需切实落实就业优先战略，实施更加积极的就业政策，在保持就业形势稳定的基础上促进社会充分就业。

关键词：

就业政策　就业形势　充分就业

2012 年，全球经济整体复苏缓慢，外部环境不乐观，与此同时国内就业也面临着长期矛盾与短期问题叠加，总量压力与结构性矛盾交织的问题，这些都给就业工作带来不小的压力。不过我们也有许多发展的有利条件。党中央、国务院高度重视就业工作，一直把就业作为保障和改善民生的头等大事，制定就业优先战略，坚持实施更加积极的就业政策。在多项政策措施综合推进和全方位落实的基础上，2012 年的就业形势保持着总体的稳定性。展望 2013 年，就业工作发展面临的国内外经济环境将会更趋复杂，就业形势将会更加严峻，不仅不稳定、不确定因素将不断增加，而且国内经济下行压力加大和产业结构优化升级步伐的加快对就业的影响也将不断凸显，这些都给就业工作的提升带来挑战，对此，我们必须要进一步提高对就业工作极端重要性的认识，切实把

---

* 杨宜勇，国家发展和改革委员会社会发展研究所所长、博士生导师，世界经济论坛全球议程理事会理事；杨亚哲，中国人民大学公共管理学院博士生。

促进就业创业摆在各项工作的优先位置，采取更加有效的措施，通过更加扎实的工作，来全面促进我国的充分就业、体面就业与和谐就业。

一 2012 年中国就业总体形势及面临的挑战

（一）总体形势：十年奠基，局势稳定

就业是民生之本，促进就业是安国之策。党中央、国务院始终高度重视就业工作。正如温家宝总理在全国就业创业工作表彰大会上的讲话所说的，“党的十六大以来，我们坚持以人为本、全面协调可持续的科学发展观，坚持把促进就业作为保障和改善民生的头等大事，确立了就业优先发展战略，制定实施了具有中国特色的积极就业政策，健全了促进就业的法律体系，构建了社会主义市场经济条件下促进就业的体制机制框架，建立了面向全体劳动者的职业培训体系，形成了覆盖城乡的公共就业和人才服务体系”。就业规模不断扩大，就业结构不断改善，劳动者就业能力不断提高，就业法律逐步健全等，都为2012 年就业工作的开展奠定了良好的基础。

虽说国际金融危机对我国就业的不利影响仍在持续，经济增速放缓对就业的影响也逐步显现，但在深入实施就业优先战略基础上，在一系列更加积极的促进就业政策措施的落实下，2012 年就业形势总体上保持了稳定，也没有出现大规模裁员和大规模返乡现象。其中从人社部的调查中，我们可以看到2012 年1 ~8 月份城镇新增就业人数增长较快，城镇新增就业 918 万人，还高于上年同期水平。从调查的600 多户企业看，企业用工规模保持稳定，用工总量与上年比基本持平，没有出现普遍性的规模裁员现象。同时根据对 20 个省的调查，6、7 月份返乡农民工数量虽然比上年有所增加，但是增幅不大，也没有出现大规模返乡的现象。

（二）面临挑战：外部环境不容乐观，内部压力不容小觑

从国外环境来看，受欧债危机影响持续渗透、国际金融市场反复大幅波动、贸易保护主义抬头、发达国家失业率居高不下、新兴市场增速回落、全球

物价上涨和通胀压力加大等影响，2012年低迷震荡的全球经济形势使得外部消费需求下降，出口增长速度放缓，这些对我国就业的发展皆带来不小的挑战。

具体来说，一方面，全球经济复苏趋缓，下行风险加大，这些都使得外部需求疲弱，影响我国出口型企业的发展，进而造成这些企业吸纳就业的能力下降。从全球数据来看，国际货币基金组织预测2012年全球经济、贸易量将分别增长3.5%和4.0%，较2011年实际增速分别低0.4个和1.8个百分点。世界贸易组织预计2012年全球货物贸易量增幅也将从2011年的5.0%收窄至3.7%，大大低于近20年5.4%的平均增速。[①] 从中国主要的出口市场美国和欧洲的表现来看，2012年9月份，美国推出新一轮量化宽松政策（QE3），影响着全球的经济，同时失业也成为美国经济的大问题，目前失业人口超过1300万，近半数是长期失业，以青少年居多，这是过去没有的现象。而欧洲却深陷资金短缺泥潭，不仅拖累实体经济增长，还导致评级机构下调部分欧盟成员国的主权信用评级。从我国数据来看，随着外需弱化、各生产要素及劳动力成本上升，导致我国出口增长速度不仅明显下滑，而且出现大幅波动。1月份出口负增长，2月份增速达到18.4%，4月回落至4.9%，5、6月又有所回升，这是近年来少见的现象。[②]

另一方面，当前全球经济疲软，各国博弈更加激烈，尤其是一些国家大选临近，经贸问题政治化倾向也更加明显，全球范围内贸易和投资保护主义升温，经贸摩擦进一步加剧，这对我国的出口贸易进而对就业也产生了非常不利的影响。我国已连续17年成为全球遭遇贸易摩擦最多的国家，摩擦形式不断翻新，涉及产业不断扩大，发起国别不断增加，体制机制性问题逐渐增多。2012年第一季度国外对我国产品发起贸易救济调查16起，涉案金额近30亿美元，分别是上年同期的1.8倍和2.4倍，而且新贸易摩擦案件的预警信息不断，严重影响国外进口商和我国出口企业的信心。[③] 例如对我国的光伏企业来说，9月初，欧盟提起对华光伏太阳能产品的反倾销调查，范围包括晶体硅光

---

① 《2012年中国外贸发展形势不容乐观》，新华网，2012年4月27日。

② 《2012年上半年经济形势分析及全年展望》，2012年7月31日《中国经济时报》。

③ 《2012年中国外贸发展形势不容乐观》，新华网，2012年4月27日。

伏组件、电池和硅片，涉案金额超过200亿美元，折合人民币近1300亿元，这是迄今为止欧盟对我国最大规模的贸易诉讼。10月10日，美国商务部就对华光伏产品“双反”调查作出终裁，认定中国向美国出口的晶体硅光伏电池及组件存在倾销和补贴行为，将对从中国进口太阳能板与太阳能电池产品征收高额的“双反”关税。①

从国内环境来看，人民币升值、劳动力成本上升、通货膨胀仍处高位、经济结构调整和发展方式转变的进一步深化、经济增长速度放缓等多重因素叠加，新成长劳动力、失业人员再就业、农业富余劳动力转移交织在一起，劳动力总量矛盾和结构性矛盾碰头，将共同增加就业压力，造成结构性、周期性、失衡性的失业。

具体来说，一是从结构性来看，随着经济发展方式转变、产业结构优化升级、企业自主创新能力提高，就业的结构性矛盾进一步显现，“就业难”和“招工难”并存的现象也逐渐趋于常态化，而且有从沿海向内地蔓延的趋势。一方面表现为企业需要更多的技能人才以此来提升自己的企业竞争力，而与用人单位需求所对应的技能人才却相对短缺，从而出现结构性用工短缺的“招工难”问题。另一方面表现为整体劳动力供给、人才培养的结构和需求结构有很大差距，劳动者素质跟不上经济结构调整、技术进步和市场变化步伐的状况越来越严重等造成的“就业难”问题。而就业区域结构的变化，像过去对就业贡献比较大的长三角、珠三角、京津唐等东部地方，对就业贡献出现下降，中、西部地区对就业的吸纳开始上升，这虽说会适当造成就业的波动，但总体来说和我国区域经济发展调整战略相一致，会逐步趋于稳定。

二是从周期性来看，随着我国经济市场化水平的提高和与国际经济接轨的深入，就业受经济周期影响的程度也在逐渐加深，从而产生周期性失业现象。目前我国经济发展所面临的困难和问题在微观方面主要表现为：企业经营风险加大，经济效益下滑。在宏观方面主要表现为：国内生产总值增长速度连续9个季度下降，工业增加值增长速度连续数月在10%以下，社会消费品零售额

① 《中国光伏产业将重新洗牌　光伏企业出路何在》，北仑新闻网，转引自中国玻璃网，2012年10月25日。

增速和消费者信心指数均缓慢下降，对外贸易近几个月进口和出口增速均在低位徘徊，此外，受经济增长速度下降的影响，各级财政收入增速出现较为明显的减慢。① 因为就业是一种派生需求，它的增长是由经济增长所拉动的，而目前我国经济增长速度放缓，也必然影响了经济增长对就业的拉动能力，其中首要表现就是就业岗位的减少，尤其在受经济波动较大的行业表现最为明显。

三是从失衡性来看，主要表现在我国就业市场上劳动力供给与需求总量对比上的失衡，尤其是随着20世纪80年代中期出生的人口陆续进入就业年龄，我国迎来了新一轮就业高峰期，以高校毕业生为重点的青年就业压力日益加大。单是2012年城镇需要安排的就业人数就有2500万人，比“十一五”时期的年均数多100万人，其中高校毕业生规模达到680万人，是2000年的6倍还多，并且还有900万~1000万农村富余劳动力的转移就业②，所以总量的压力是非常大的。

另外，随着产业结构的优化升级，在新的就业机会不断被创造出来的同时，一部分不符合现实需求的岗位也不可避免地消失，在转岗的过程中，劳动力技能的发展与新岗位的需求的匹配将不能做到无缝衔接，因此摩擦性失业现象也会经常存在。

二　2012年我国政府为扩大就业所采取的措施及取得的成效

2012年，国家出台了许多有关就业的规划，这些规划不仅从整体上为“十二五”期间的就业发展奠定了方向，而且很好地指引了2012年就业工作的开展。同时结合多项促进就业的政策措施综合推进，加上“就业援助月”、“春风行动”、“民营企业招聘周”、“高校毕业生就业服务月”和“高校毕业

---

① 汪同三：《当前经济形势和我国的发展优势》，人民网，2012年10月22日。

② 尹蔚民部长、胡晓义副部长就当前我国的就业形势和社会保障事业发展回答中外记者提问（文字实录），中国人力资源和社会保障部网站，2012年3月13日；《2012年城镇就业压力加大　冀促就业措施发力》，《经济参考报》，转引自中国经济网，2012年2月7日；杨宜勇、杨亚哲，《2011~2012年中国就业形势分析与展望》，参见《经济蓝皮书：2012年中国经济形势分析与预测》，社会科学文献出版社，2011。

生就业服务周”等全国性公共就业和人才服务专项活动的全方位落实，2012 年的就业工作整体来说还是非常具有成效的。

（一）政府举措：《促进就业规划（2011～2015 年）》等出台，多项政策措施共同推进

1.《促进就业规划（2011～2015 年）》

2012 年 1 月 24 日，《国务院关于批转促进就业规划（2011～2015 年）的通知》正式颁布，这是第一个促进就业的国家级专项规划，也是党中央、国务院对做好“十二五”时期就业工作所作出的重要部署，是落实我国国民经济和社会发展“十二五”规划纲要的重要抓手。

《促进就业规划（2011～2015 年）》围绕“十二五”时期加快转变经济发展方式的要求，紧密结合保障和改善民生、构建和谐社会的需要，切实把就业作为民生之本，作为经济社会发展的优先目标，以充分开发和合理利用人力资源为出发点，在全面分析就业形势的基础上，阐明了促进就业的指导思想、基本原则、发展目标、主要任务、政策措施及组织实施保障，这是做好“十二五”时期就业工作的行动纲领，是政府履行促进就业职责的重要依据。其中城镇新增就业、城镇登记失业率等重点指标完成情况都将纳入政府综合考核体系，这也意味着“就业优先”有了硬约束。

2.《国家基本公共服务体系“十二五”规划》

建立劳动就业公共服务制度，不仅能够为全体劳动者就业创造必要的发展条件，而且还能够加强对劳动者的保护，改善其工作环境，保障合法权益，促进充分就业和构建和谐劳动关系。因此 2012 年 7 月 11 日，国务院颁布了《关于印发〈国家基本公共服务体系“十二五”规划〉的通知》，其中在劳动就业方面的重点任务就是要建立健全覆盖城乡的劳动就业公共服务体系，以高校毕业生、农村转移劳动力、城镇就业困难人员和零就业家庭为重点服务对象，全面提升就业全过程公共服务能力，努力创造平等就业机会，积极构建和谐劳动关系。

3.《社会保障“十二五”规划纲要》

社会保障作为劳动力资源的重要保护机制，不仅在解除劳动者之忧和提高劳动力素质方面起到了积极的作用，而且也促进了劳动力市场的发育和劳动力

资源的优化配置，同时为劳动力的自由流动提供了保障。2012 年 6 月 14 日《国务院关于批转社会保障“十二五”规划纲要的通知》正式颁布，在坚持“广覆盖、保基本、多层次、可持续”的基本方针，以增强公平性、适应流动性、保证可持续性为重点的基础上，提出要加快建立覆盖城乡居民的社会保障体系，使广大人民群众得到基本保障，共享经济社会发展的成果，促进社会主义和谐社会建设。

4. 统筹做好以高校毕业生为重点的青年群体、农村富余劳动力、就业困难人员等各类人群就业工作

继 2003 年 3 月中央政治局开展就业理论集体学习之后，2012 年 2 月 20 日，中央政治局再次以就业为主题，就实施更加积极的就业政策进行第三十二次集体学习，充分体现了中央对就业工作的高度重视，胡锦涛总书记发表了重要讲话。其中，人力资源和社会保障部①根据胡锦涛总书记在讲话中明确要求，以高校毕业生为重点，统筹做好农村富余劳动力、就业困难人员等人群就业工作。不仅继续将高校毕业生就业放在就业工作的首位，深入贯彻落实《国务院关于进一步做好普通高等学校毕业生就业工作的通知》，畅通高校毕业生到城乡基层、中西部地区、中小企业就业的渠道，还强化就业困难人员就业援助，切实解决好就业困难人员、零就业家庭的就业问题。并且坚持城乡统筹原则，健全城乡劳动者平等就业制度，进一步完善培训、就业、维权三位一体工作机制，促进农业富余劳动力转移就业，加强农民工的就业服务和权益保障，提高农民工就业的稳定性。同时继续做好对复员转业军人、妇女、少数民族群众、残疾人等人群的就业工作。

（二）取得成效：总体稳定

2011 年，全国城镇新增就业达到 1200 万人以上，是实行积极就业政策九年来新增就业最多的一年。城镇失业人员再就业 520 万人以上，就业困难人员实现就业 170 万人以上，超额完成全年目标任务。城镇登记失业率实现低于

① 《关于学习贯彻胡锦涛总书记在中央政治局第三十二次集体学习时重要讲话精神进一步做好就业工作的通知》，中国人力资源和社会保障部网站，2012 年 2 月 22 日。

4.6%的控制目标。这些目标任务的完成，实现了“十二五”时期就业工作良好开局，也为2012年就业工作的开展作出了重要贡献。①

2012年是积极就业政策实施10周年、就业促进法出台5周年，在把促进充分就业作为经济社会发展的优先目标，实施就业优先战略和更加积极的就业政策，落实“十二五”促进就业专项规划，深入推进以创业带动就业，把高校毕业生就业放在首位，统筹做好各类群体就业工作，加强公共就业和人才服务，努力拓宽就业渠道等多项政策措施综合推进的基础上，2012年整体就业局势取得了稳定的成效。

2012年就业工作目标任务是：全年城镇新增就业人员900万人以上，失业人员再就业500万人，就业困难人员再就业120万人，城镇登记失业率控制在4.6%以内。② 目前就业形势总体平稳。人力资源和社会保障部第三季度新闻发布会上的数据显示，1～9月，全国城镇新增就业1024万人，完成全年900万人目标的114%。城镇失业人员再就业完成432万人，完成全年500万人目标的86%。就业困难人员实现就业135万人，完成全年120万人目标的113%。第三季度末，城镇登记失业率为4.1%，与第二季度末持平。③ 这一系列的数字显示，我国稳定就业局势，促进就业发展的各项措施已见成果，2012年的就业工作还需在城镇失业人员再就业和控制城镇登记失业率上继续努力。

三 2013年我国就业形势展望及战略任务

（一）形势展望：多矛盾交织、多压力并存，就业形势将更加严峻，需切实落实就业优先战略，实施更加积极的就业政策，在保持就业形势稳定的基础上促进社会充分就业

作为全面建设小康社会的关键时期，作为深化改革开放、加快转变发展方

---

① 《2011年中国就业十件大事及地方就业创新事件揭晓》，中国人力资源和社会保障部网站，2012年1月10日。

② 《2012年就业促进司工作要点》，中国人力资源和社会保障部网站，2012年2月1日。

③ 《人力资源和社会保障部2012年第三季度新闻发布会》，中国网，2012年10月25日。

式的攻坚时期，就业工作的提升对于保障和改善民生、促进社会和谐稳定具有十分重要的意义。

从国外环境来看，国际金融危机的影响短期内难以消除，全球市场需求低迷、贸易保护主义抬头、通胀压力增大的影响，势必会对我国的就业发展造成不小的压力。从国内环境来看，我国劳动力供求总量矛盾和结构性矛盾并存、长期矛盾和短期问题相互叠加、城镇就业压力与农村富余劳动力转移压力以及高校毕业生就业压力交织的基本状况难以改变，公共就业和人才服务以及职业培训不能满足需要，人力资源市场信息化建设滞后，影响劳动力流动就业的体制机制障碍依然存在，经济增速趋缓、企业转型升级加快等因素交织，这些都增大了促进劳动者充分就业的难度。

在正视困难的同时，我们也要充分认识到做好就业工作的各种有利条件。党中央、国务院历来高度重视就业工作，从就业促进法将积极的就业政策上升为法律规定，到中共十七大将“社会就业更加充分”作为全面建设小康社会奋斗目标；从应对国际金融危机启动更加积极的就业政策，到“十二五”规划提出实施就业优先战略，一系列重大决策和部署，不断丰富着积极就业政策的内涵，形成了更加积极的就业政策体系，[①] 这是做好2013年就业创业工作的根本保证。同时在促进经济增长与扩大就业良性互动；在把发挥市场作用与强化政府责任有机结合起来的基础上，我国的人力资源结构逐步改善，劳动者素质在不断提升，就业和创业能力进一步增强，这些也是做好2013年就业工作的重要基础。

总之，2013年就业工作将面临多矛盾交织、多压力并存的复杂局面，就业形势将更加严峻，就业任务将更加艰巨，对此我们必须有清醒的认识，稳定性应处于首要考虑因素。同时还必须付出更大的努力，切实落实就业优先战略，实施更加积极的就业政策，在保持就业形势稳定的基础上促进社会就业更加充分。

综上所述，预计2013年全年城镇新增就业人员将保持稳定，目标900万

① 参见《人民日报》评论员文章《以充分就业助推发展新局》，《人民日报》，转引自中央政府门户网站，2012年7月18日，

人可以完成；城镇失业人员再就业全年目标也将保持在500万人，就业困难人员实现再就业的人数应该也会保持稳定，全年能完成120万人的目标，全国城镇登记失业率则应尽量控制在4.5%以内。

（二）战略任务：为全面促进充分就业、体面就业、和谐就业而努力

就业是民生之本，促进就业是安国之策。要做好这项民生工作，就要坚持把促进就业作为保障和改善民生的头等大事，摆在经济社会发展的优先位置，确立就业优先战略，制定更加积极的就业政策，建立覆盖城乡的就业服务和职业培训体系，努力实现充分就业、体面就业、和谐就业。

1. 全面促进充分就业

充分就业是指在某一工资水平之下，所有愿意接受工作的人，都获得了就业机会。充分就业并不等于全部就业或者完全就业，而是仍然存在一定的失业。但所有的失业均属于摩擦性的和季节性的，而且失业的间隔期很短。通常把失业率等于自然失业率时的就业水平称为充分就业。为了顺利实现充分就业的目标，我们必须坚持促进就业与经济社会发展相结合：将促进就业放在经济社会发展的优先位置，作为保障和改善民生的头等大事，依靠经济发展带动就业增长，以扩大就业来促进经济持续发展，为转变经济发展方式提供有力保证。必须坚持发挥市场机制作用与政府促进相结合：充分发挥市场机制在人力资源配置中的基础性作用，消除制度性、体制性障碍，进一步强化政府在促进就业中的责任，将促进就业作为制定、实施和调整经济社会政策的基本目标，广泛动员社会各方面力量，充分利用好社会组织，特别是注意充分发挥工会、共青团、妇联、残联等社会团体的作用，调动企业履行社会责任、扩大和稳定就业的积极性，共同做好全社会的就业工作。

2. 全面促进体面就业

体面就业是国际劳工组织总干事胡安·索马维亚2001年在其就职演说中提出的。其含义对劳动者来说，就业不仅是获得一份工作，而是获得一个能充分发挥其生产技能和得到尊重的职位。目前体面就业的精神内涵已经获得广泛的认可。为了顺利实现体面就业的目标，我们必须坚持促进就业与人力资源开

发相结合：适应加快转变经济发展方式，推动发展向主要依靠科技进步、劳动者素质提高、管理创新转变的要求，着力推动就业方式转变，有效强化人力资源开发，大力加强职业培训和创业培训，通过全面提升劳动者职业素质和就业能力扩大就业，提高就业质量。

3. 全面促进和谐就业

和谐就业主要是劳动关系的和谐，即在劳动就业过程中的主体与客体之间和谐，包括人与人、人与物（自然环境劳动条件等）关系的和谐。为了顺利实现和谐就业的目标，“十二五”时期必须坚持促进企业发展与维护劳动者权益相结合：重视劳动者利益诉求，探索形成企业与职工利益共享机制，努力实现劳动报酬增长与劳动生产率增长同步，统筹处理好维护劳动者就业权利与维护劳动者劳动报酬、休息休假等权利的关系，通过构建和发展和谐稳定的劳动关系，促进实现扩大就业规模与提升就业质量的统一。

China's Employment Situation and Prospects in 2012 -2013

Yang Yiyong et al.

Abstract: Under the guidance of a number of planning and the base of a number of comprehensive and effective measures, the employ situation in 2012 realizes the overall stability in the face of the external environment which is not optimistic and the internal pressure which can't be underestimated. Outlook 2013, the employment situation will be more severe with the intertwined contradictions and multiple pressure. We should implement the strategy of employment priority and a more active employment policy to promote full employment of society on the basis of stable employment situation.

Key Words: Policy of Employment; Situation of Employment; Full Employment

𝔹.21

2012年中国税收形势分析与预测及2013年初步展望

付广军*

摘 要：

2012年前三季度税收收入低速运行，且月度波动较大，主要税收收入增速较上年均呈不同程度的回落，沿海主要税源大省税收收入增速明显放缓，直接影响到全国税收收入增速低位运行。2013年假如中国宏观经济形势呈中速运行态势，税收收入也将进入一个低增长时期，并与经济增长保持基本同步。

关键词：

税收形势　分析与预测　税收收入

2012年以来中国税收形势受经济形势和税制改革的双重影响，税收收入及主要税种收入增长均不同程度下降，并处于较强的波动状态。尤其是2008年12月中央经济工作会议提出实行结构性减税，以及2012年1月1日上海市率先启动营业税改增值税（简称“营改增”）以来，中国税收收入增长总体放缓，如果中国宏观经济增长进入一个中速增长时期，税收收入也将进入一个低增长时期。

一　2012年前三个季度税收形势分析

2012年前三季度，全国税收收入①实现84214.57亿元，同比增长8.3%。

* 付广军，国家税务总局税收研究所。

① 本文税收收入是指税务部门统计口径，不包括关税和船舶吨税，未扣减出口退税。

（一）2012年1~9月分季度累计税收收入走势分析

2012年第一季度累计，税收收入实现28555.90亿元，同比增长9.4%，国内生产总值（GDP）实现107995.0亿元，同比增长按可比价8.1%，按现价11.2%，税收收入增速高于GDP增速可比价，低于现价；上半年累计，税收收入实现60005.07亿元，同比增长10.0%，GDP实现227098亿元，同比增长按可比价7.8%，按现价10.4%，税收收入增速高于GDP可比价增速，与现价基本持平；前三季度累计，税收收入实现84214.57亿元，同比增长8.3%，GDP实现353480亿元，同比增长按可比价7.7%，税收收入增速高于可比价GDP增长（见表1）。

表1　2012年税收收入分季度运行状况

单位：亿元，%

指标名称	第一季度累计		第二季度累计		第三季度累计	
	绝对数	同比	绝对数	同比	绝对数	同比
税收收入	28555.90	9.4	60005.07	10.0	84214.57	8.3
GDP	107995.0	8.1(11.2)	227098.0	7.8(10.4)	353480.0	7.7
宏观税负	26.44		26.42		23.82	

注：括号内数据为现价经济增长率。

资料来源：参见国家税务总局收入规划核算司《税收月度快报》，2012年9月。

（二）2012年前三季度分月度税收收入运行分析

2012年前三季度中国税收收入运行特点：一是月度波动较大（见表2、图1），5月份实现11199.68亿元，同比增长16.1%，8月份仅实现6870.83亿元，同比增长0.7%，有5个月税收收入同比增长低于10%。二是各月份增速均比上年同期回落，其中1月份回落35.7个百分点，9月份回落幅度相对最小，也达到12.8个百分点。

（三）2012年前三季度税收收入结构分析

2012年前三季度税收收入运行状况见表3。

表 2　2012 年税收收入分月度运行状况

单位：亿元，%

月份	2012 年		2011 年同比增长	与 2011 年比较
	绝对数	同比增长		
1 月	12294. 16	5. 9	41. 6	－35. 7
2 月	7984. 67	12. 3	28. 1	－15. 8
3 月	8277. 07	12. 1	25. 9	－13. 8
4 月	10098. 56	4. 1	26. 4	－22. 3
5 月	11199. 68	16. 1	29. 4	－13. 3
6 月	10150. 93	11. 6	26. 4	－14. 8
7 月	9723. 21	3. 8	22. 5	－18. 7
8 月	6870. 83	0. 7	22. 5	－21. 8
9 月	7615. 45	7. 9	20. 7	－12. 8

资料来源：参见国家税务总局收入规划核算司《税收月度快报》，2012 年 9 月。

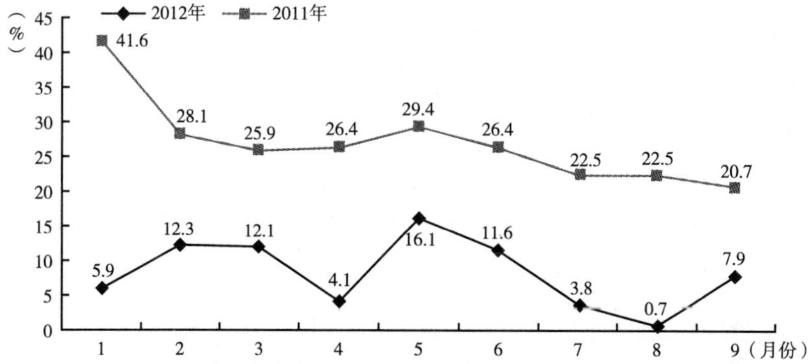

图 1　2012 年分月度税收收入增速

表 3　2012 年前三季度税收收入运行状况

单位：亿元，%

指标		绝对数	同比增加	同比增长	占全部收入比
税收收入		84214. 57	6426. 35	8. 3	100. 0
分产业	第一产业	1267. 77	47. 75	60. 4	1. 5
	第二产业	41168. 86	2577. 13	6. 7	48. 2
	第三产业	42918. 94	3802. 17	9. 7	50. 3
分地区	东部	56497. 46	3717. 65	7. 0	67. 1
	中部	14176. 59	1420. 07	11. 1	16. 8
	西部	13540. 22	1288. 63	10. 5	16. 1
分级次	中央级	48979. 85	2790. 81	6. 0	58. 2
	地方级	35234. 72	3635. 55	11. 5	41. 8

资料来源：参见国家税务总局收入规划核算司《税收月度快报》，2012 年 9 月。

分产业看，第一产业税收收入1267.77亿元，同比增长60.4%，仅占全部税收收入的1.5%，即使是高增长对税收收入影响不大；第二产业税收收入41168.86亿元，同比增长6.7%，占全部税收收入的48.2%；第三产业42918.94亿元，同比增长9.7%，占全部税收收入的50.3%。

分地区看，东部地区税收收入56497.46亿元，同比增长7.0%，占全部税收收入的67.1%，由于占比较大，其增速较低对税收收入增速低位运行影响较大；中部地区税收收入14176.59亿元，同比增长11.1%，占全部税收收入的16.8%；西部地区税收收入13540.22亿元，同比增长10.5%，占全部税收收入的16.1%。

分级次看，中央级税收收入48979.85亿元，同比增长6.0%，占全部税收收入的58.2%；地方级收入35234.72亿元，同比增长11.5%，占全部收入的41.8%。

（四）2012年前三季度主要省份税收收入运行分析

中国税收收入前10名税源大省，除第10名四川省外均为东部沿海经济发达省份。2012年前三季度主要税源大省税收收入增幅均不同程度下降，税收收入前3名的广东省回落10.7个百分点，上海市回落15.9个百分点，北京回落8.7个百分点；税收收入增幅回落最大的是江苏省，回落18.6个百分点（见表4）。

表4　2012年前三季度税收收入前10名省份运行状况表

单位：亿元，%

项　目	2012年		2011年同比增长	与2011年比较
	绝对数	同比增长		
税收收入	84214.57	8.3	27.4	-15.0
1. 广东省	9830.87	5.9	16.6	-10.7
2. 上海市	8276.97	3.7	19.6	-15.9
3. 北京市	7478.90	15.0	23.7	-8.7
4. 江苏省	7433.89	4.5	23.1	-18.6
5. 浙江省	5956.89	3.6	20.8	-17.2
6. 山东省	5454.04	5.7	21.9	-16.2

续表

项 目	2012 年		2011 年 同比增长	与 2011 年比较
	绝对数	同比增长		
7. 辽宁省	3613.30	12.2	20.0	-7.8
8. 天津市	2844.22	6.7	25.0	-18.3
9. 河北省	2687.86	10.0	25.4	-15.4
10. 四川省	2457.35	13.5	29.1	-15.6

注：表中广东、浙江、山东、辽宁 4 省税收收入均包含所辖计划单列市。
资料来源：参见国家税务总局收入规划核算司《税收月度快报》，2012 年 9 月。

二 2012 年前三季度税收收入运行特点及原因

（一） 2012 年前三季度税收运行主要特点

（1）与上年同期比，税收收入增速大幅回落。1～9 月税收收入增速比上年同期回落 19.1 个百分点（见表 5）。

表 5 2012 年前三季度税收收入及主要税种增长情况

单位：%

项 目	2012 年同比增长	2011 年同比增长	与 2011 年比较(个百分点)
税收收入合计	8.3	27.4	-19.1
其中:国内增值税	4.7	17.5	-12.8
国内消费税	11.2	17.9	-6.7
营业税	12.2	24.0	-11.8
企业所得税	11.7	37.2	-25.5
个人所得税	-8.2	34.5	-42.7
城市维护建设税	11.4	48.6	-37.2
印花税	-7.4	12.1	-19.5

资料来源：参见国家税务总局收入规划核算司 2012 年 9 月《税收月度快报》。

（2）与生产经营相关的主体税种收入增速普遍回落。1～9 月国内增值税、消费税、营业税和企业所得税同比分别增长 4.7%、11.2%、12.2% 和 11.7%，比上年同期增速分别回落 12.8 个、6.7 个、11.8 个和 25.5 个百分点。

（3）个人所得税收入降幅较大。1～9月个人所得税同比下降8.2%，比上年同期增速回落42.7个百分点，其中工资薪金所得税和个体工商户生产经营所得税降幅较大，同比分别下降13.1%和16.1%。

（4）与房地产相关的税收收入下降。1～9月契税、房地产营业税同比分别下降4.5%和0.2%，比上年同期增速分别回落37.4个和27.9个百分点。

（5）进口税收增速明显回落。1～9月进口货物增值税消费税同比增长3.4%，比上年同期增速回落29.8个百分点。

（二）2012年前三季度税收收入增速回落的原因分析

与上年同期相比，2012年1～9月税收收入增速回落的主要原因如下。

（1）国内经济增速回落，导致与经济指标密切相关的税种收入增速放缓。1～8月规模以上工业增加值增长10.1%，比上年同期增速回落4.1个百分点；1～8月社会消费品零售总额增长14.1%，比上年同期增速回落2.8个百分点；1～8月全国规模以上工业企业实现利润同比下降3.1%，比上年同期增速回落31.3个百分点。

（2）价格总水平涨幅回落使得以现价计算的税收收入增速回落。1～8月全国居民消费价格总水平同比上涨2.9%，比上年同期回落2.7个百分点。

（3）房地产销售额下降。1～8月商品房销售额同比增长2.2%，比上年同期回落23.7个百分点，房地产相关税种的收入大幅下降。

（4）一般贸易进口额增速大幅回落。1～8月一般贸易进口额同比增长4.9%，比上年同期增速回落28.8个百分点。

（5）结构性减税政策使一些主体税种都有不同程度减收。如提高个人所得税费用扣除额，使个税大幅减收，拉低税收总收入增速近0.5个百分点。其他如实施小型微利企业所得税优惠政策、提高增值税和营业税起征点、部分进口商品关税调降、支持流通业的税收优惠政策、营业税改征增值税试点等政策，都使企业所得税、增值税、营业税和关税等相关税收减收。

三　2012 年全年税收收入预测及 2013 年初步展望

（一）2012 年全年税收收入预测

从 2012 年前三季度税收运行情况看，尽管部分省份税收仍然保持了较高的增长速度，但全国大部分省份税收收入增速明显放缓，特别是东部沿海发达地区税收收入增速低于全国平均水平。这些省份的税收收入在全国税收收入中所占份额较大，原来对税收收入增长的拉动贡献较大，它们的税收运行状况对全国税收运行影响起着决定作用。到年末还有三个月，这种低速运行的情况不可能会有根本性改观，即使年末税收收入增长有翘尾因素，受经济运行的影响，2012 年税收收入增速也不会太高。

我们以 2011 年税收分季度运行情况，进行简单预测，2011 年前三季度税收收入累计 77788.22 亿元，占 2011 年全年税收收入 99564.68 亿元的 78.1%。2012 年全年税收收入为 107801.55 亿元，同比增长 8.3%（见表 6）。

表 6　2012 年全年税收收入预测分析

单位：亿元，%

年份	第一季度累计		上半年累计		前三季度累计		全年累计	
	绝对数	同比增长	绝对数	同比增长	绝对数	同比增长	绝对数	同比增长
2011	25087.54	33.2	52429.58	30.1	77788.22	27.4	99564.68	23.3
2012	28555.90	9.4	60005.07	10.0	84214.57	8.3	107801.55	8.3

（二）2013 年中国税收形势初步展望

2012 年是中国“十二五”规划实施的第二年。从前三季度的经济形势看，经济增长较上年明显回落，增速仅为 7.7%。固定资产投资、工业生产与销售、国内贸易及货币信贷增速均比上年有所回落。

从 2012 年前三季度税收收入的走势和全年预测分析看，2013 年税收收入增长不容乐观。

根据有关方面对2013年经济预测，如果经济增长保持在8.2%左右，预计2013年全年税收总收入将增长8.8%～9.0%之间，税收收入初步估计为117288.09亿～117503.69亿元。

需要说明的是，20世纪90年代以来税收收入增速多数年份超经济增长现象，将从2012年起会出现转折，将进入一个税收收入增速与经济增长基本同步时期，特别是税收收入有可能略低于现价经济增速。结构性减税效果将会显现出来。

四　几点看法

1. 继续保持结构性减税政策，不应因税收收入增速下滑，就随意改变税收政策取向

当前要保持经济平稳增长，需要落实并不断完善结构性减税政策，切实减轻企业和居民负担。结构性减税，是一种税制改革性的减税，不是短期政策减税，个人所得税改革、营业税改征增值税等都将为居民和企业带来长期的减税效果。

2. 完善促进小微企业发展的税收政策

小微企业竞争力相对低下，属于弱势部分。随着中国社会主义市场经济的不断发展，小微企业大量涌现，已经超过4000万家，其中包括3700多万家工商个体户，吸纳了2亿多人口就业。它们分布在国民经济的各个行业，创造了60%的国内生产总值、50%的税收和80%的就业岗位。然而与此不相适应的是，中国扶持中小微企业发展的政策和措施远远落后于经济发展实际，突出表现为中小微企业进入难、公平竞争难、融资贷款难、技术创新难、招聘人才难，以及税费负担重。总体来看，中小微企业在市场经济中处于弱势地位，没有政策支持，其生存发展将会是更加困难的。因此，作为国家宏观经济重要调控手段的税收政策应当积极扶持中小微企业发展，为中小微企业发展提供一个宽松的税收环境。

3. 加大对实体经济发展中弱势部分的税收支持力度，促进实体经济的内部结构调整，并实现协调、同步发展

中国实体经济是一个规模庞大的整体，涵盖了不同地区、行业和企业，因此在制定落实相关扶持政策时，要找准抓住突出问题，使之与实体经济的全局发展相协调。如对关乎国计民生的行业、偏远山区或革命老区的企业、福利企业等特殊对象进行重点扶持，在增值税、营业税和所得税等方面予以减负，通过税收杠杆扶持弱势实体经济的发展。就目前来说，应侧重从以下两个方面着力：一是从行业上考虑，新兴服务业等行业规模仍偏小。相对于目前中国传统行业，无论从规模来看，还是从盈利水平来看，新兴服务业都还存在明显的差距，在筹措资金、开拓市场、提升管理等方面，实力明显需要加强。二是从所有制来讲，中国民营经济（私营经济）生存空间较小，抵御风险能力差，亦属于弱势实体经济部分。

4. 扩大营改增的实施地区和实施行业

一是进一步扩大营改增实施地区，并尽快推广到全国其他地区。继2012年1月1日上海市成为首个试点地区后，自2012年8月1日起至年底分批扩大至北京、天津、江苏、浙江、安徽、福建、湖北、广东和厦门、深圳10个省（直辖市、计划单列市）。2013年继续扩大试点地区，并选择部分行业在全国范围试点。二是进一步扩大营改增实施行业，从目前的情况来看，主要涉及交通运输业及部分现代服务业，应尽快实现行业的全覆盖，在全国范围内实现营改增，也即消灭营业税，实现营业税与增值税的彻底并轨。

5. 继续加快推进其他税种的税制改革

按照近期税制改革的整体部署，中国税制改革主要涉及营业税改征增值税以及消费税、资源税、房产税、城市建设维护税、环境保护税等税种的完善。盘点已经进行的税制改革，除了推进营业税改征增值税改革外，其他几项重要税种尚未有实质性进展。未来，应继续推进营业税改征增值税改革试点，并把握其他税制改革与目前稳增长、调结构的要求稳步推进，实现中国税制的不断优化。

Analysis and Forecast in Chincsc Tax Situation in 2012 and Outlook in 2013

Fu Guangjun

Abstract: In the first three quarter of 2012, the speed of tax revenue is low and unstable. The growth rate of the main tax revenues decline in varying degrees, and the growth rate of tax revenue in some major coastal provinces obviously slow down, which directly result in the growth rate of China's tax revenue keeps low. The tax revenues will go into a period of low growth rate and keep synchronized with the economic growth, if China's macro economic situation stays in medium speed in 2013.

Key Words: Tax Situation; Analysis and Prediction; Tax Revenue

B.22

2012 年大宗商品市场分析及新一年展望

陈克新*

摘　要：

2012 年中国大宗商品市场呈现三大特点：一是整体市场需求有所回落，二是新增资源较大幅度增长，三是市场价格震荡走低。展望新一年大宗商品市场形势，欧美债务危机存在继续恶化可能，由此迫使国内决策部门将增加投资作为扩大内需主要手段，受其影响，整体需求形势外弱内强。由于今后极端天气，地缘政治不稳定，以及流动性泛滥因素影响，大宗商品价格将高位运行，以震荡上行为主调。

关键词：

大宗商品　市场需求　市场分析

2012 年，受世界经济复苏乏力，尤其是欧债危机恶化影响，中国经济主要指标回落，拖累大宗商品需求减速，整体市场供大于求，并由于国际市场大宗商品价格走低，引发国内价格震荡下行，一些企业经济效益严重滑坡。展望新一年市场形势，展望新一年大宗商品市场形势，欧美债务危机存在继续恶化可能，由此迫使国内决策部门将增加投资作为扩大内需主要手段，受其影响，整体需求形势外弱内强。由于今后极端天气，地缘政治不稳定，以及流动性泛滥因素影响，大宗商品价格将高位运行，以震荡上行为主调。

---

* 陈克新，中商流通生产力促进中心。

一　2012 年大宗商品市场形势分析

整体分析，2012 年中国大宗商品市场呈现以下三大特点。

（一）整体市场需求有所回落

2012 年，中国大宗商品需求增速有所回落。据测算，2012 年 1 ~9 月份累计，全国6 种重要大宗商品表观消费量同比增长 11. 38%（见表 1），比上年同期回落了 2 个百分点，处于历史较低水平。从实际消费量来看，如果剔除社会库存较多增加因素，增长水平更低一些。

表 1　2012 年 1 ~9 月主要大宗商品表观消费情况

单位：%

品种	同比	品种	同比
原油	3. 83	铝	13. 69
洗煤	15. 82	合成橡胶	6. 18
铁矿石	13. 51	合计	11. 38
铜	20. 13		

分析大宗商品需求回落原因，首先是欧美债务危机恶化，全球经济复苏势头严重受挫。其中欧元区国家经济或者停滞，或者陷入衰退；美国经济复苏乏力，进而对中国成品出口形成重大冲击。海关数据显示，2012 年前三季度累计，中国出口额同比增长。外贸出口遭遇“急冻”，直接拖累了工业生产。9 月份全国工业增加值同比增幅仅为 9. 2%，创下 2009 年 5 月以来的最低纪录。

其次是前段时间宏观调控对于欧债危机恶化的负面冲击估计不足，紧缩力度过大。譬如连续多次提高“存准”，达到前所未有高度。受其影响，国内最大的终端消费品——商品房销售下降，新开工与施工面积均出现较大幅度下降。住宅销售与开发投资的下降，拖累家用电器与装修材料销售，因此减弱了整体需求。

（二）新增资源较大幅度增长

较为旺盛的消费需求，直接拉动了资源供应增长。据测算，2012 年 1 ~ 9 月份累计，全国 6 种重要大宗商品新增资源量同比增长 13.12%（见表2）。预计全年进口增幅在 12% 以上，呈现较大幅度增长态势。

新增资源构成中，国内产量同比增长 13.66%。其中铁矿石产量近 10 亿吨，增长 16.6%；洗煤产量 8.77 亿吨，增长 13.2%；石油与橡胶产量则小幅增长。

同期进口量亦有较多增长，6 种重要大宗商品进口量达到 9.2 亿吨，同比增长 11.94%。其中煤炭进口量 16525 万吨，同比增长 34.13%；尽管国内钢铁产量增速急剧回落，但铁矿石进口依然保持较高水平，1 ~ 9 月累计进口 55076 万吨，增长 8.45%；铜、铝的进口增幅亦在 5 成以上；只有石油与合成橡胶增幅不大，甚至还有下降。

表 2　2012 年 1 ~ 9 月重要大宗商品新增资源情况

单位：万吨，%

品　种	生产量	同比	进口量	同比	新增资源量	同比
原油	15420.2	0.6	20038	6.38	35458.2	3.79
洗煤	87684.8	13.2	16525	34.13	104209.8	16.07
铁矿石	96810.6	16.6	55076	8.45	151886.6	13.51
铜	442.5	7.4	311	46.21	753.5	20.61
铝	1476.6	10.6	54	139.75	1530.6	12.74
合成橡胶	278.6	6.5	107	-1.76	385.6	4.07
合　计	202113.3	13.66	92111	11.94	294224.3	13.12

（三）市场价格震荡走低

受欧美债务危机影响，全球需求指标回落，加之欧元疲软推高了美元汇率，以此计价的国际市场大宗商品相应走低，所以导致 2012 年中国大宗商品价格震荡下行。据中商流通生产力促进中心测算，10 月份中国大宗商品价格指数（CCPI）比年初下降 7.4%，同比下降 6%。

从全年各月环比情况来看，整体价格曲线呈现先扬后抑再升态势。其中第一季度大宗商品价格持续扬升，到3月份中国大宗商品价格指数（CCPI）上升至159.7点，比年初上涨4%。进入第二季度后开始转跌，到8月份降至143.34点，比3月份下降6.4%。第三季度以后价格指数再次扬升，到10月份回升至144.3点。

重要大宗商品中，10月份与上年同期比较，钢铁类降幅最大，下降17.2%；其次为矿产品下降15.4%；橡胶类下降11.29%。农产品、油料油脂等类产品价格同比上涨，涨幅分别为4.56%和13.09%（见表3）。

表3　2012年10月中国大宗商品价格指数（CCPI）

类　别	2012年10月	比上月(%)	比上年同期(%)	比年初(%)
总指数	144.28	01.54	-6.03	-7.38
其中:矿产类	134.99	4.48	-15.4	-8.82
能源类	134.35	0.54	-5.41	-11.71
钢铁类	108.0	4.86	-17.20	-11.74
橡胶类	126.18	2.35	-11.29	-10.43
有色类	81.97	-0.80	0.00	0.06
农产品类	177.34	-0.38	4.56	4.04
油料油脂类	234.18	-4.61	13.09	4.04
牲畜类	221.44	1.42	-11.44	-8.51

一些重要商品价格都曾在年中出现过较低价位。具有大宗商品之王的国际市场石油价格一度滑至80美元/桶以下；6月份环渤海动力煤（5500大卡）平均价格为702元/吨，比年初下降12%，同比下降16.7%；国内天然橡胶销区价格逼近21000元/吨，铁矿石价格由前期180~190美元/吨高点回落至120~130美元/吨，7、8月份上海期货螺纹钢吨价连续击穿4000元与3800元两个整数关口，均比上年同期有较大幅度下降。

二　新一年市场趋势展望

展望新一年大宗商品市场形势，欧美债务危机存在继续恶化可能，由此迫使国内决策部门将增加投资作为扩大内需的主要手段，受其影响，整体需求形势外弱内强。由于今后极端天气，地缘政治不稳定，以及流动性泛滥因素影响，大宗商品价格将高位运行，以震荡上行为主调。

（一）需求形势外弱内强

展望 2013 年大宗商品需求形势，将呈现外弱内强态势。由于欧美债务危机短时期内难以解决，并且还有继续恶化趋势，尤其是美国面临“财政悬崖”，搞得不好，很有可能会将世界经济拖入二次衰退。与此同时，中日岛屿争端明显激化。受到多种因素影响，估计短时期内难以解决，并且恶化概率很大，有可能转化为一场旷日持久的经济战争，甚至向其他领域、其他国家蔓延。中日经济战及其恶化蔓延结果，势必削弱双方的商品需求与发展速度，进而拖累全球经济增长，也有可能引发世界经济衰退，加剧贸易保护主义。因此预计新一年内中国外部需求不确定因素较多，形势不容乐观。

外部需求形势严峻，已经对于中国经济造成较大负面影响。一个时期以来，需求乏力导致中国经济增速持续滑落，中国 GDP 增速持续下滑。到 2012 年第三季度，下滑至 7.4%。为 2009 年以来的最低水平。尤其是 9 月份全国工业生产者出厂价格（PPI）环比下降 0.1%，同比下降 3.6%，创下 35 个月（2009 年 11 月以来）新低，从一个侧面反映了需求的疲弱局面。在这种情况下，难以承受外部需求的进一步萎缩。经济下行压力因为外部风险加大，势必要求有关部门以更大力度刺激内需，尤其是扩大固定资产投资，以保障总需求动力不减反增。因此，进入 2012 年下半年后，有关部门已经明显加快各类投资审批速度，呈现逐月加快趋势。其中 9 月初以来，国家发改委批复项目总投资额就超过 5 万亿元。同时，在促进消费品销售方面，有关部门也在陆续采取措施。预计国内需求的扩大效应，将会在新一年逐步体现出来。

（二）价格行情高位运行

中国是现阶段全球最重要的大宗商品消费国。中国国内需求力度的逐步增强，对于大宗商品价格趋稳回升势必产生重要支撑。2012 年下半年后，美欧日等发达经济体实施的极度宽松货币政策所导致的流动性泛滥，尤其是美联储事实上的弱势美元方针，也会推高国际市场大宗商品价格行情。另外，由于

2012年世界一些粮食、大豆等农产品遭遇严重干旱，其产量与库存均有较多下降，加之美国、以色列与伊朗之间剑拔弩张，中东局势动荡，上述因素共同作用的结果，将会使得新一年内大宗商品价格呈现高位运行态势。

如果世界各国“稳增长”措施能够见效，欧债危机得到化解，至少不再恶化，世界经济出现复苏势头，在这种情况下，流动性泛滥的通货膨胀效应势必显现，推动大宗商品价格上涨，显著高出上年水平。其中国际市场石油价格重上100美元/桶，高品位铁矿石中国到岸价格达到120美元/吨，芝加哥粮食期货价格也会达到历史高位。大宗商品价格的显著上涨，无疑会推高包括中国在内的世界各国物价水平，但这是现阶段拯救世界经济不得已的成本代价。

如果新一年欧美债务危机恶化，世界经济因此陷入二次衰退，国际市场大宗商品价格会再次走低，但随之而来的各国竭力“救市”，更大规模的流动性注入，也会使得大宗商品价格企稳，无论如何不会重新回到上年最低价位。

（三）主要大宗商品市场分析

现将重要大宗商品市场走势分析如下。

1. 粮食

2012年，因为重要产区严重旱灾等影响，全球粮食产量与储备双双下降，譬如，世界最大玉米生产国与出口国美国玉米产量较上年减少15%，玉米储备也处于1974年以来最低，导致价格飙升。据有关资料，目前各国粮食储备已从10年前平均107日，急剧降至74日。联合国因此警告，粮食供需开始逼近临界点，小麦及玉米等主粮价格已迫近2008年爆发粮食危机时水平，有的国家开始禁止粮食出口。展望2013年全球粮食生产形势，极端气候是否出现?仍然具有很大的不确定性。即使新一年内粮食生产不出现大的问题，由于上年粮食库存较低，处于补充库存需要，整体粮食市场依然处于紧平衡状态。目前气象资料表明，美国及北美地区旱情还在发展，对小麦生产产生不利影响，如果继续遭遇较大灾害，全球粮食供应将趋于紧张，很有可能爆发新的粮食危机，刺激国际市场价格继续扬升，并引发国内价格波动。对此不可掉以轻心。

2. 铁矿石

受到中国等主要产钢国钢铁产量增速萎缩影响，2012年国内外铁矿石价格大幅跌落。数据显示，2012 年第三季度中国天津港铁矿石平均吨价为 112 美元左右，同比下降约 36%。预计进入新一年后，如果不出现世界经济的二次衰退，受到需求增加、成本提高，以及通货膨胀等因素影响，铁矿石价格，尤其是进口高品位铁矿石价格将继续上升，2013 年第一季度其到岸价格价格会达到或超过 130 美元，全年平均价位在 120 美元左右。

3. 钢铁

基本建设历来是钢材需求最重要领域，中国因为外需萎缩而大规模进行基建投资，当然会反推国内钢材需求显著增加。从目前所批复的投资项目来看，有很大部分属于交通项目，尤其是城市轨道交通项目，这类投资项目钢材消耗强度很高，并且增加机械设备使用与物资运输，由此也会产生钢铁需求，譬如工程机械用钢、交通设施用钢等。如果同时加大环保、民居、国防等建设投资，国内钢材需求还会有更多增加。从需求总量来看，2012 年中国粗钢需求（含出口，下同）将会达到 7 亿吨左右，预计 2013 年全国粗钢需求量会达到 7.5 亿吨，供求关系大体平衡。从品种来看，建筑钢材需求、机械用钢需求、车辆用钢需求、特殊钢需求等，应该成为钢材需求主要增加方向。从时间来看，由于大部分投资项目批复于 6 月至 8 月期间，按照 6 个月的滞后期测算，上述项目的实际钢材需求（从备料开始）将在 2013 年开春前后逐步体现出来。由于需求、成本与货币因素推动，全年钢材价格呈现平稳扬升态势，其中建筑钢材价格涨幅高出生产用钢材。

4. 精炼铜

建筑业与制造业为中国铜的主要消费领域。因为上述两个行业的不景气，致使 2012 年全国铜需求低迷，并因为美元指数扬升，致使国内铜价格震荡下行。预计进入 2013 年后，上述引发铜价下行的因素会发生很大改变，尤其是中国制造业与住房销售的回暖，势必推动全国铜需求增加，进而推动铜价格继续回升。如果不出现大的意外，预计 2013 年内住房购买控制会有松动。最近有报道，国内有 30 个城市微调公积金政策获得中央默许，有可能意味着楼市调控开始转向温和。如果这一大块资金盘活，将会刺激房地产投资的较大幅度增长，刺激与此相关联的家电、汽车产销的增长，进而增加铜的消费需求。初步测算，年内铜最高价位有可能见到 9 万元/吨。虽然世界经济复苏还具有很大的不确定性，由此引发全球铜价波动，但总体来看，中国制造业与房地产业最困难时期已经过去，震荡上行将成为新一年内铜市场的行情主调。

5. 煤炭

预计2012年全国煤炭产量有望超过37亿吨，超出实际需求，这是前段时期煤炭价格持续走低的重要因素。进入9月份后，国内沿海地区煤炭价格虽然出现了上涨，但整体市场依然供大于求，社会库存压力较大。据有关资料，2012年9月末，全社会煤炭库存接近3亿吨。2012年全国煤炭市场供大于求，主要因素在于火力发电、冶炼、水泥等耗煤产业的明显减速。随着今后上述行业产出的逐步升温，预计2013年全国煤炭需求会有较多增长，但不会出现整体供应紧张局面，价格行情稳中有升。

6. 橡胶

主要是受到经济减速影响，特别是受到汽车产销低迷及各类橡胶制成品出口增速急剧回落影响，2012年全国橡胶需求小幅增长，其中主要耗胶产品——轮胎前三季度产量同比增幅仅为4%，预计全年橡胶需求增幅不会高出5%，明显低于整体经济增长水平。受其影响，全年橡胶新增资源量在800万吨左右，比上年增幅在6%以下。随着经济增速的企稳回升，预计2013年国内轮胎、传送带等橡胶制品产量相应回升，由此推动橡胶需求增长，供求关系会有改善。因为石油价格上涨的拉动，成本增加以及通货膨胀因素的影响，全年平均价格明显高于上年水平。

Analysis and Prospect of the Commodity Market in 2012

Chen Kexin

Abstract: In 2012, China's commodity market presents three characteristics: the overall market demand has dropped, new resources increase significantly, and the market price gets lower. Looking forward to the commodity market situation in the new year, as there is a possible of European and American debt crisis continues to worsen, the domestic policy-making departments will increase investment as the main means of expanding domestic demand, and the overall demand situation presents "weak outside and strong inside". Commodity prices will remain high, with a main theme of going up, as the extreme weather in future, political in some areas unstable, and the flood of liquidity factors.

Key Words: Commodity; Demand Situation; Market Analysis

B.23

2012~2013年经济景气和物价走势分析与预测*

陈 磊 桑红静 张同斌**

摘 要：

在短期周期性因素和长期趋势性因素的共同影响下，本轮经济周期出现超预期收缩。但月度景气指数已经在2012年6月左右触底企稳，预示此轮经济周期或已经结束，从8月开始经济景气将在“偏冷”区间内稳中趋升。季度GDP增速的下降局面也有望在2012年第三季度停止。预测2012年和2013年GDP增长率将分别达到7.7%和8.3%。本轮物价周期的下降阶段可能持续到2012年底，预计2012年CPI上涨率为2.6%左右，处于适度增长区间。2013年物价指数或逐季回升，预测CPI全年上涨2.5%左右，总体上有望保持在预期的调控目标之内。

关键词：

经济周期 景气分析 物价走势 经济预测

我国经济增长从2010年第二季度以来转入周期下降阶段，到2012年第三季度为止，出现历史上少有的连续10个季度的收缩局面，2012年第二季度和第三季度的GDP同比增速降到8%以下，呈现二次探底态势。抑制通货膨胀的

* 本项研究得到国家自然科学基金项目（71173029）、教育部社科规划基金项目（10YJA790021）、国家社科基金重大项目（10zd&010）和辽宁省高等学校创新团队项目（WT2010013）的资助。

** 陈磊，东北财经大学数学与数量经济学院副院长，经济计量分析与预测研究中心主任，教授；桑红静，东北财经大学数学与数量经济学院研究生；张同斌，博士，东北财经大学数学与数量经济学院教师。

宏观调控措施取得明显效果，物价从 2011 年 8 月开始转入周期下降阶段，2012 年6~9 月的各月 CPI 降到2%左右，PPI 已经转入负增长。目前，企业经营效益普遍下滑，特别是很多中小企业陷入经营困境。同时，欧债危机仍然不断蔓延，全球经济复苏进程出现波折，出口增速下滑严重，各种不确定因素加大。在这些情况下，如何看待本轮周期的超预期下滑？2012 年我国经济运行能否止跌企稳？未来一段时间的经济周期态势和物价走势如何？2013 年能否再次出现通货膨胀？政府的宏观调控政策取向应如何调整？

为了对这些目前的热点问题作出比较科学和准确的回答，本文基于改进后的“经济景气分析和监测预警系统”，对当前的经济周期态势和经济景气状况、物价波动形态及影响因素进行分析和判断，采用先行指标、新型扩散指数和多种经济计量模型对经济增长、物价等主要经济指标的走势进行分析和预测，在此基础上，对政府下一步的宏观调控提出政策建议。

一　利用景气分析法对经济景气状况的分析和预测

我们选用的一致景气指标仍然由工业增加值、累计固定资产投资（不含农户）、社会消费品零售总额、狭义货币 M1 和财政收入 5 个指标组成；先行景气指标除原有的钢产量、水泥产量、汽车产量、股票成交量和逆转的 CPI 等 5 个指标外，经过重新筛选和对比，剔除了原有的化肥产量，增补人民币贷款总额和固定资产投资施工项目个数（累计）两个指标；滞后指标组由 CPI、PPI、产成品库存和货运量合计组成。各景气指标均为同期比增长率序列①，经季节调整并消除不规则因素。利用美国全国经济研究所（NBER）方法，分别建立了一致、先行和滞后合成指数（各指数均以 2000 年平均值为 100）与扩散指数。

1. 基于一致合成指数对经济周期态势的分析

根据一致合成指数所反映的宏观经济总体走势（见图 1，其中阴影部分

① 数据来源：中国经济信息网宏观月度库，多数数据截止到 2012 年 9 月。

为景气收缩阶段），始于2009年2月的本轮经济短周期，经过1年的急速扩张并创出1996年以来的历史新高后，从2010年2月开始转入景气下降阶段，一直持续到2012年6月，至此，景气下降期达到29个月。此后，景气止跌企稳，且出现稳中趋升迹象。根据此次景气回落的深度、持续时间和整个周期的形态，并结合先行合成指数的走势和目前政府“稳增长”政策取向，我们认为，按谷—谷的测量方法，此轮月度景气循环很可能在年中结束。

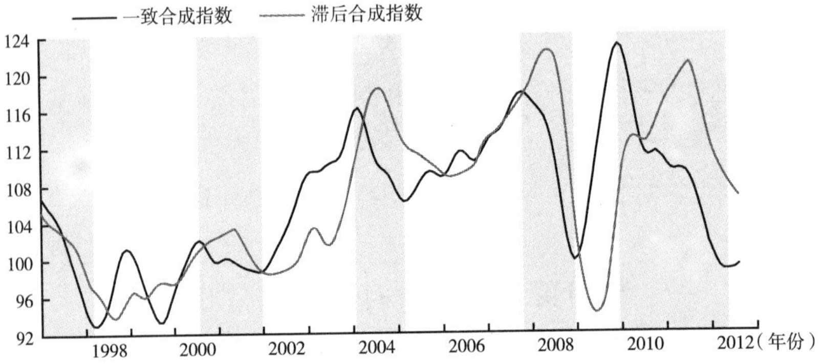

图1　一致合成指数（实线）和滞后合成指数（虚线）

图1显示，在应对全球金融危机的特殊背景下形成的本轮经济短周期显示出与前3次短周期不同的“短扩张”型非对称形态。其扩张时间远低于前3轮短周期近29个月的平均扩张期，而景气收缩期明显延长，其间经历了“急—缓—急”三个不同阶段。2011年8月以来，经济景气再次出现超预期的较快下滑，尤其是2012年4月以后，景气指数已经低于2000年的平均值和上次波谷（99.6），处于2002年以来的最低水平。截止到2012年6月，景气回落的持续时间远超过前3次短周期平均14个月的收缩长度。

图1显示，滞后合成指数在2009年7月创造近10年的最深谷底后，经过25个月的大幅扩张后，于2011年8月形成峰顶转折点，较一致指数滞后19月，打破了以往比较稳定的6~9个月的滞后期。随着CPI、PPI和工业企业库存增速的明显回落，该指数从2011年9月开始出现较快下滑，到2012年9月为止已经持续下降13个月。

2. 2012年经济景气状况处于“偏冷”区间

由10个预警指标[①]（见图2）构成的预警综合指数（见图3）显示，2010年7月～2011年12月，经济运行回到景气“正常”区间。但2011年8月以来景气状况再度出现连续下滑，预警综合指数进入2012年后连续8个月发出“偏冷”信号，并在5月出现低点（27.5），接近全球金融危机爆发后的景气度谷底（25）。但6～9月预警指数回到30，出现止跌企稳态势。预警综合指数的走势同样显示经济景气出现二次探底形态，2012年经济景气已进入“偏冷”区，但已止跌企稳。

指标名称	2011年			2012年								
	10月	11月	12月	1月	2月	3月	4月	5月	6月	7月	8月	9月
1. 工业企业增加值增速(春节调整)	○	○	○	○	◎	◎	◎	◎	◎	◎	◎	◎
2. 发电量增速(春节调整)	○	○	○	◎	◎	⊗	⊗	⊗	⊗	⊗	⊗	⊗
3. 工业企业销售收入累计增速	⊙	⊙	⊙	○	○	○	○	◎	◎	◎	◎	◎
4. 固定资产投资完成额增速(累计)	○	○	○	○	○	○	○	○	○	○	○	○
5. 社会消费品零售总额增速	○	○	○	○	○	○	○	○	○	○	○	○
6. 进出口总额增速(春节调整)	○	○	◎	◎	◎	⊗	⊗	◎	◎	◎	◎	◎
7. 国家财政收入增速	○	◎	◎	⊗	⊗	⊗	⊗	⊗	◎	◎	◎	◎
8. 狭义货币供应量M1增速	⊗	⊗	⊗	⊗	⊗	⊗	⊗	⊗	⊗	⊗	⊗	⊗
9. 金融机构各项贷款余额增速	○	○	○	○	○	○	○	○	○	○	○	○
10. 居民消费价格指数	⊙	⊙	⊙	⊙	⊙	⊙	⊙	○	○	○	○	○
综合判断	○	○	○	◎	◎	◎	◎	◎	◎	◎	◎	◎
	50	48	45	38	35	30	30	28	30	30	30	30

注：●<过热> ⊙<趋热> ○<正常> ◎<趋冷> ⊗<过冷>

图2　月度监测预警信号

对预警指标的监测结果显示[②]，2011年8月以来，多数指标的景气度呈下降态势。截止到8月，有2个指标先后发出“过冷”信号，4个指标发出“趋

① 预警指标中的工业企业销售收入和金融机构人民币各项贷款余额为累计增速，不规则扰动很小，且几乎不存在季节性波动，故直接采用公布数据，其他8个指标均事先利用季节调整程序剔除季节和不规则因素。

② 预警指标中的工业企业销售收入和金融机构人民币各项贷款余额为累计增速，不规则扰动很小，且几乎不存在季节性波动，故直接采用公布数据。

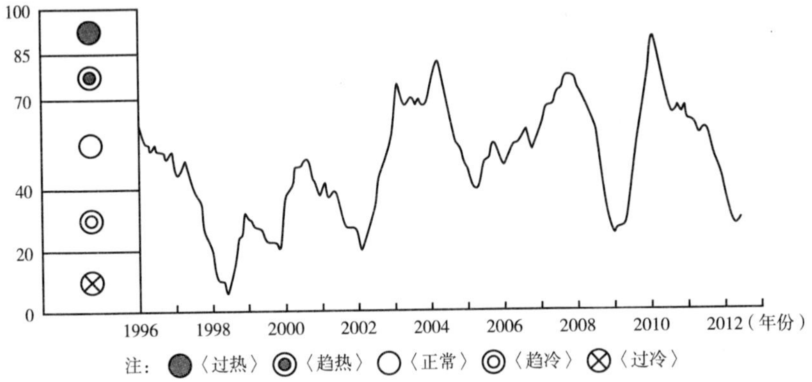

图 3　月度景气动向综合指数

冷”信号，其余 4 个指标尚处于“正常”区间，具体分析如下。

受上年基数和货币政策调控的影响，货币供应 M1 增速从 2011 年 9 月开始率先进入“过冷”区间并已持续 1 年时间，表明货币流动性明显偏紧，但该指标在 2012 年 4 月触底后出现小幅回升势头。发电量增速从 3 月发出“过冷”信号，但 6 月后已止跌企稳。

受国内外需求减弱等因素的影响，规模以上工业增加值、工业企业销售收入、财政收入和进出口总额增速在 2012 年先后回落到“偏冷”区间，财政收入和进出口增速还曾发出“过冷”信号，但这两个指标 4 月以来均在“过冷”区间的临界值附近止跌后，出现稳中趋升迹象并脱离“蓝灯区”；而工业增加值也在“偏冷”区间的下界附近企稳。

在 4 个处于“绿灯区”的指标中，固定资产投资（累计）增速的下降速度相对较慢，2012 年 4 ~8 月增速均在 20% 附近，在正常区间内的下部企稳；社会消费品零售总额增速 2012 年在正常范围的下滑速度有所加快，但出现止跌迹象。值得说明的是，剔除物价因素后，社会消费品零售总额实际增速从 2011 年 10 月开始扭转了此前两年左右的下滑走势，出现回升趋势，2012 年6 ~8 月的实际增速均在 12.1% 左右，9 月甚至达到 13.2%，回到金融危机前的增长平台水平；CPI 在 2012 年 5 月回到 3% 以内的正常水平，并继续保持下降态势；金融机构人民币贷款增速在 2012 年 1 月达到 15% 的回落谷底，此后，该指标呈现稳中略升的趋势，有望在正常区间进入新一轮比较温和的扩张期。

通过对 10 个预警指标走势的分析并结合目前的政策取向，预计从 2012 年第四季度开始经济景气在“偏冷”区稳中趋升是大概率事件，经济景气继续下滑到“过冷”区的可能性非常小。

3. 如何看待本轮经济周期的超预期下滑和周期形态

图 4 显示，我国季度 GDP 增长增长率从 2010 年第二季度以来转入周期下降阶段，到 2012 年第三季度为止，出现有记录以来首次连续 10 个季度的收缩局面，2012 年第三季度的 GDP 同比增速降到 7.4%，呈现二次探底态势。可见，不论从季度经济增长速度，还是从月度景气一致合成指数来看，本轮经济周期出现超出预期的收缩时间和下滑幅度。我们认为，此次经济周期的较长收缩期既反映了刺激政策退出和国内外需求的下降，也在一定程度上反映出我国经济或许正在经历由高速向中速增长阶段的转换，是短期周期性因素和长期趋势性因素共同叠加的结果。

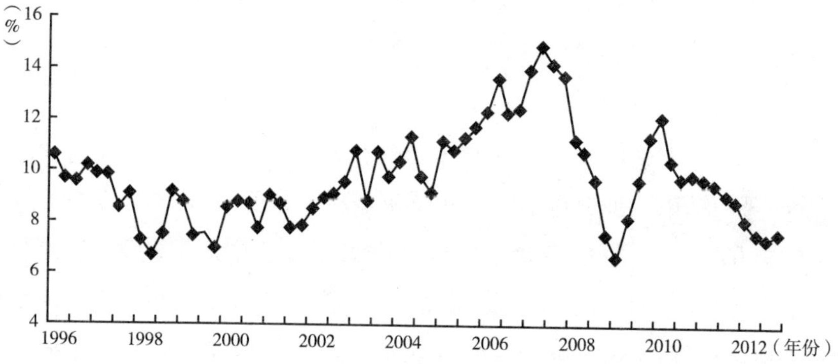

图 4　季度 GDP 增长率（2012 年第四季度 7.7% 为预测值）

从短期外部因素来看，全球经济复苏艰难曲折，外需疲软，加上国际贸易保护主义抬头，给外贸出口造成较大困难，特别是欧盟需求下降严重，出口增速进入“过冷”区间，下滑超出预期。短期国内因素方面，首先，前期大规模投资形成的过剩产能难以在短期内消化，从 2011 年第四季度开始，国内工业企业的去库存化现象明显，这对工业生产和投资都会产生不利影响；其次，由于国内尚没有形成新的消费热点，随着家电下乡等消费刺激政策的退出，政府对房地产市场的调控，加上企业利润下降、股市低迷等因素，名义和实际消费增长均出现比较明显的下滑，甚至低于危机爆发后的2009年。同时，房地产调控在一定程度上也抑制了房地产投资，从而影响到整个投资和经济增长。

从深层次的长期因素来看，国内经济正在经历要素成本上升、潜在经济增长率下移的结构转换时期。改革开放以来，以高投资、高消耗、低成本为特征的经济运行保持了30余年近10%的高增长，其主要拉动力是投资、出口和人口红利。随着国内老龄化程度的加深和城镇化、工业化进程的推进，以往的低成本优势正在快速减弱，劳动力成本、土地成本、能源成本等不断增加，企业成本负担加重。同时，随着全球经济再平衡和人民币汇率的升值，过去过度依赖出口的发展模式难以为继。在经济发展的新背景、新环境下，未来国内经济潜在增长率可能会下一个台阶，逐步由10%左右的高速增长阶段转入8%左右的中高速增长阶段。

从10年左右的中周期形态来考查，此轮经济周期出现了月度景气、季度GDP和年度经济增长周期结束时间不一致的问题。由于一致合成指数2012年5月后的水平已经低于2009年1月，本轮经济中周期的结束时间似乎应推迟到2012年年中。但我们目前仍倾向于坚持我们此前的判断，即此轮经济中周期在2009年初结束。理由包括：①从图4显示的季度GDP增长来看，此轮中周期应在2009年第一季度结束，此后到进入新一轮中周期的第一个短周期；②图1的滞后合成指数形成了更为明显的中周期形态，从而基本确认经济中周期的谷底已经出现；③近10年，我国经济周期与世界经济周期趋于同步，而世界GDP增长率在2009年达到周期谷底；④改革开放以来，我国经济增长出现了10左右的中周期规律性；⑤2012年月度经济景气再创新低与前面分析的本轮短周期的政策冲击背景直接相关，2008年底，由于政府及时采取超常规的货币政策和刺激措施应对全球金融危机，使本可能出现更长下降时间和更深谷底的周期收缩局面发生了改变，而2010年以后，随着通货膨胀压力不断加大，政府被迫采取紧缩的货币政策，在抑制通货膨胀的同时，也抑制了经济增长速度。实际上，2009年以来M1增速的超常“大起大落”对一致合成指数的此次深度下降产生了主要影响。加上前面论述的其他短期和长期因素，使经济景气出现超预期的减速下滑。

4. 利用先行合成指数和扩散指数对经济运行走势的预测

图5显示，先行（领先）合成指数（虚线）经过大幅回落和小幅调整后，于2011年12月触底，到达1997年以来的次低点。进入2012年连续8个月小幅回升。由于先行扩散指数在2012年1月超过50%，结合先行合成指数最近几次短周期的平均长度（42个月）和此次的触底水平，可以基本确定该指数在2011年12月形成周期谷底转折点。测算显示，该指数平均领先一致合成指数5～6个月，预示经济景气可能在6月左右筑底。

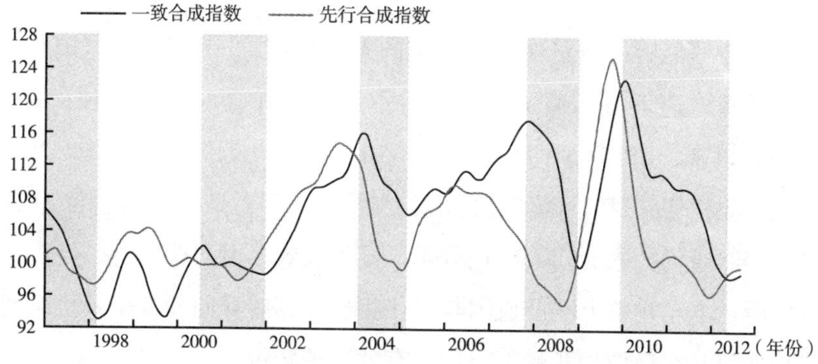

图5　一致合成指数（实线）和先行合成指数（虚线）

从各先行指标的变化情况来看，2012年，除逆转CPI和水泥产量出现较为明显的回升外，人民币贷款余额、股票成交量增速也出现小幅回升，粗钢产量增速仍在低位徘徊；而固定资产投资施工项目个数和汽车产量增速先后在2011年触底反弹后再次出现回调。可见，各先行指标的走势不太一致，且总体回升力度不强。

由5个指标构成的一致扩散指数在2011年12月触底后向上反弹，2012年8月已经回到50%线之上，且有可能继续保持上升态势，从而反映一致合成指数很可能在2012年7月左右筑底。此外，截止到2012年6月或7月，此轮短周期的持续期为41个或42个月，其持续时间非常接近前3轮短周期平均43个月的周期长度。结合先行指数的走势，我们认为，经济景气很可能已经在6～7月筑底，从而结束始于2009年2月的此轮短周期。从8月开始，经济景气有望进入新一轮周期的上升期，但与以往不同，此次扩张会比较温和。

综合以上监测和分析结果，经济景气经过近两年的不断降温后2012年出现超预期的“偏冷”状况，但月度景气或已经在6~7月结束下降局面，此后经济景气进入比较平稳或稳中略升的运行轨道，景气继续下滑到“过冷”区的可能性很小。预计2012年第四季度预警综合指数保持在30~33范围内是大概率事件，经济景气有望在2013年下半年回到绿灯区。

二　物价变动特征与走势分析

物价走势是影响我国宏观经济稳定的关键因素之一。2010~2011年，我国面临着经济增速下滑和通货膨胀的双重压力。在政府宏观调控的影响下，2011年8月以来，CPI逐渐回落，2012年6月以后，通胀率回到3%以下的适度范围。与此相伴，PPI回落较快且幅度较大，2012年3月后上涨率一直为负，国家抑制通货膨胀的政策已经取得了显著成效。但与此同时，经济也出现了大幅下滑。本轮物价上涨及成因与以往相比有哪些异同？未来一段时间内物价的走势如何？在稳增长背景下应如何有效调控物价？

1. 物价景气分析的指标构成

物价周期是宏观经济周期的重要组成部分，物价的波动与宏观经济波动密切相关。本文首先以居民消费价格指数作为基准指标，研究物价的周期波动和景气动向。除物价自身外，国民经济各行业以及各宏观经济部门的活动都与物价紧密相关，因此会在一定程度上反映物价的景气状况。本文收集了与物价相关的宏观经济月度指标100多个，根据统计分析筛选出能够反映物价波动状况的先行、一致景气指标组，其中，根据指标与物价先行期的长度不同，将先行指标划分为长先行指标组和短先行指标组，以更好地预测物价的转折点及未来走势，物价景气指标组如表1所示。

本文选取居民消费价格指数、商品零售价格指数、工业品出厂价格指数等指标作为物价的一致指标。商品零售价格指数等物价指标与居民消费价格指数的波动具有高度的一致性，并且，这些物价指标涵盖了商品消费、生产、原材料、进口等价格的各方面，能够全面反映物价的走势。

表1　物价景气指标组

长先行指标组	短先行指标组	一致指标组
1. 钢产量增速	1. 工业增加值增速	1. 居民消费价格指数
2. 水泥产量增速	2. 固定资产投资累计增速	2. 商品零售价格指数
3. 汽车产量增速	3. 狭义货币供应量 M1 增速	3. 工业品出厂价格指数
4. 固定资产投资施工项目个数增速	4. 国家财政收入增速	4. 原材料、燃料、动力购进价格指数
5. 金融机构人民币贷款余额增速	5. 房地产开发综合景气指数	5. 进口商品价格总指数
6. 广义货币供应量 M2 增速	6. 进口额增速	
	7. 出口额增速	
	8. 发电量增速	

注：所有的指标增速是与上年同期比增长率序列，并经过季节调整去掉了季节要素和不规则要素。

导致物价波动的原因有两个重要方面，一是经济增长，二是货币供应。由于物价本身是宏观经济景气的滞后指标，因此，相对于物价而言，工业增加值增速、固定资产投资、国家财政收入、进出口等一致指标具有一定的先行性，这些指标是经济增长的显著标志。房地产业开发投资增长一般会推动物价的上涨，因此，房地产开发综合景气指数也是物价合理的先行指标之一。此外，狭义货币供应量 M1 增长会导致货币供应增加，进而推动物价上涨。因此，本文将与宏观经济景气一致的指标作为物价的短先行指标。

工业产品中钢产量、水泥产量、汽车产量是经济景气的先行指标，因而对于物价具有更长的先行期，此外，金融机构人民币贷款余额和广义货币供应量 M2 的增加，一般都会刺激经济增长，进而推动物价上升，因此，本文将先行于宏观经济景气的此类指标作为物价的长先行指标。

本文利用表1中的指标通过 NBER 合成指数方法计算出物价的一致合成指数，其中数据期间为1997年1月至2012年9月，以2002年平均值为100，如图6所示。1998年以来，物价的一致合成指数共出现了3次短周期，并构成了一个长度为10年左右的物价中周期。2009年7月以来，物价指数进入新一轮周期波动。

2. 自2011年下半年以来物价持续回落，PPI 的下降速度大于 CPI

图6显示，物价一致合成指数与 CPI 的波动态势基本一致，且时差相关分析的结果也显示，两者在同期时的相关系数达到最大值0.92。两者均在2011

年7月到达本轮短周期的峰顶转折点，此后物价转入下降阶段，到2012年9月为止物价的下降过程尚未结束，下降时间已经持续14个月，且一致合成指数的下降幅度较大。这主要与我国政府为了抑制通胀实行的紧缩货币政策有关。2011年6月至2012年8月，狭义货币供应量M1同比增速由13.05%下降至4.5%。自2011年8月以来，我国进出口额增速、固定资产投资增速持续回落，国家及各地方政府对房地产市场的调控政策使得房地产投资不断下降。除了紧缩性货币政策和经济减速对物价形成平抑作用外，国际上能源等价格持续回落降低了输入性通货膨胀的压力，国内食品、粮食价格的下降，生产生活资料工业品出厂价格指数持续走低，也是导致物价不断回落的重要因素。

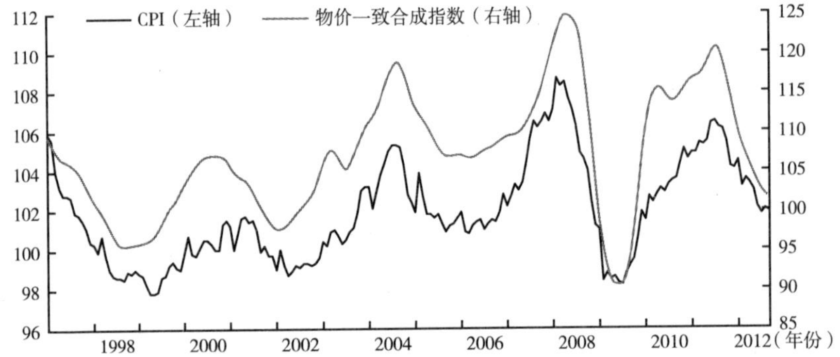

图6　CPI与物价一致合成指数

PPI是衡量工业企业产品出厂价格变动趋势和变动程度的指数，由图7可以看出，自2010年以后，PPI的波动幅度明显大于CPI。在PPI对CPI的传导过程中，对CPI直接影响比较大的是与最终消费相关的生活资料工业品出厂价格指数，通过对比PPI生活资料价格指数和CPI的数据可以得出，CPI的波动与PPI生活资料价格指数的波动具有非常大的相似性。

图7显示，燃料动力购进价格指数的波动明显大于PPI，说明企业通过调整自身的利润空间以减弱成本波动影响。2011年下半年以来燃料动力购进价格的回落，是PPI以及CPI下降的重要原因。目前工业用电未见明显好转，动力煤价格持续下跌，钢厂需求仍不景气，炼焦煤价格难以回升。此外，市场需

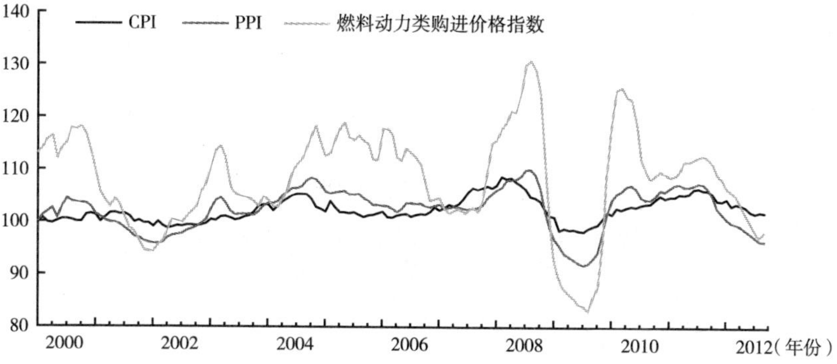

图 7　CPI，PPI 和燃料动力类购进价格指数

求仍呈弱势增长，工业品价格难以转暖，因此，第四季度 PPI 及燃料动力购进价格指数的走势或继续下行并趋于稳定，同时两者的差距也会减小。

3. 食品价格回落和输入型通胀压力减弱对 CPI 下行贡献度较高

食品类商品权重在我国 CPI 商品构成的八大类中约占 1/3 左右。由图 8 可以看出，自 2000 年以来，食品价格指数基本上与 CPI 的变动保持同步，但食品消费价格指数的波动幅度，特别是上升幅度明显大于 CPI 的波动幅度。而自 2011 年下半年以来，食品价格回落对 CPI 下行的贡献度较高，2011 年 8 月以后，随着“米袋子”、“菜篮子”工程效果的显现，食品供给增加，食品流通费用不断降低，供给面持续扩大使食品价格下降。2012 年 3 月，国务院出台《关于落实〈政府工作报告〉重点工作部门分工的意见》中指出，搞好价格调控，防止物价反弹，增加生产、保障供给，把抑制食品价格过快上涨作为稳定物价的重点，最终使得食品价格持续回落进而成为推动 CPI 回落的主要力量之一。

图 8 显示，2004 年以来肉禽类消费价格指数的波动幅度明显增大。自 2011 年 8 月开始肉禽类消费价格指数迅速回落并一直持续了 12 个月。本轮肉类价格下降的主要原因，一方面在于上一轮猪肉价格上涨导致的猪肉生产已经完成周期性循环，实现了生猪供应量的增加；另一方面，饲料购进价格成本下降也使得生猪价格降低。然而，受几个月来猪肉低价的影响，部分养殖户亏损严重，未来一段时间猪肉供给量有减少的趋势，并且，在秋季来临以后，我国居民对于猪肉的消费通常会增加，猪肉价格会出现季节性上涨。

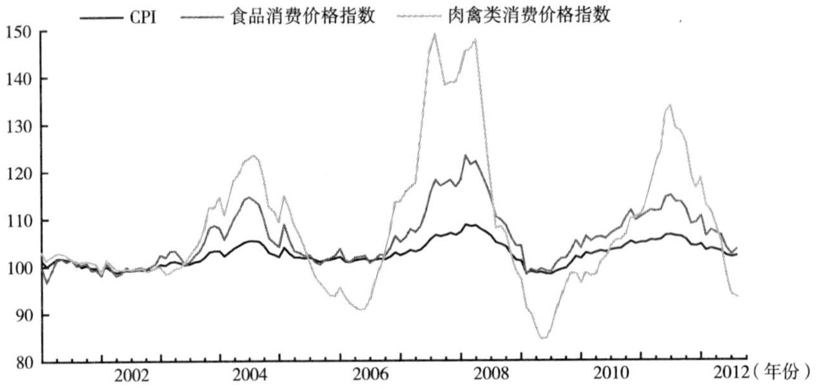

图 8　CPI，食品消费价格指数和肉禽类消费价格指数

另外，粮食价格也是食品价格指数中重要的组成部分之一，粮价的稳定对于抑制通胀有着重要的意义。自 2009 年以来我国物价大幅波动之前往往粮食价格先出现了大幅波动，粮价指数波动幅度明显大于 CPI 的波动幅度。进入 2012 年，受持续干旱和高温等极端气候影响，世界几大粮食主产国同时出现严重旱情，预期粮食产量将明显减少。由于粮食的需求弹性较小，粮食减产推动粮价显著上涨，2012 年 7 月，国际小麦、玉米和大豆价格分别为 349. 75 美元/吨、327. 18 美元/吨和 649. 41 美元/吨，同比分别上涨 13. 6%、8. 4% 和 23. 0%，较 6 月份环比分别上涨 21. 5%、23. 9% 和 19. 0%。就国内而言，截至 2012 年 9 月，粮食消费价格指数的拐点已经出现触底的迹象，表明我国粮食价格已经出现了降中趋稳的特征。目前国内受国际粮价上涨的影响尚不明显，并且，就目前粮食生产形势来看，我国基本能够实现粮食连续第九年丰收，主要粮食作物也基本上实现了以国内供应为主，因此，国际市场大宗农产品价格上涨对我国粮食价格的冲击不会很大，但政府对此应给予高度关注。

促使本轮物价下滑的另一个重要的影响因素是输入型通胀，即进口商品价格波动对本国物价的影响。图 9 显示，进口商品价格指数与 CPI 的波动态势基本一致。进口商品价格指数由 2011 年 5 月的 116. 7 下降至 2012 年 8 月的 95. 8，输入型通胀压力逐渐减小，成为导致物价回落的重要因素。由于进口商品价格指数持续走低，并且，目前国内外经济形势复杂多变，我国外贸形势尚不乐观，国内需求较弱，从而输入型通胀压力近期内不会显著增加。

图 9　CPI 和进口商品价格指数

4. 2010 年以来房地产价格在震荡中下降后，出现反弹迹象

房地产周期是宏观经济周期的重要组成部分，房地产价格与通货膨胀密切相关。2010 年以来，我国政府针对房地产市场的调控政策的效果逐渐显现，房价在震荡中不断下降，但近期房地产价格出现了反弹迹象。

图 10 显示，2010 年以来，我国房地产价格同比增速在震荡中逐渐下降，且幅度逐渐减小。具体而言，2010 年初，国务院发布的“国十条”[①] 及随后各地方政府对房地产市场的调控政策使得房地产价格增速开始大幅回落，但由于房地产市场需求旺盛和房价下降对房地产需求的刺激，房地产价格增速在 2010 年第三季度后出现回升。随后，2011 年 1 月国务院又发布的“新国八条”[②] 再次给房地产市场降温，房地产价格增速于 2011 年 4 月开始回落，并且一直持续至 2011 年底。进入 2012 年，由于银行信贷政策的调整，以及地方政府对房地产业的规制放松，房地产价格增速开始出现反弹，7～8 月出现止升回稳迹象。2012 年 8 月，中央明确表示，会坚持房地产市场调控政策不动摇。[③] 因此，我国房地产价格增速在未来一段时间会相对稳定或稳中趋降。

---

① 《国务院关于坚决遏制部分城市房价过快上涨的通知》，简称“国十条”。资料来源：中华人民共和国中央人民政府网站，http：//www. gov. cn/zwgk/2010 －04/17/content_ 1584927. htm。

② 《国务院办公厅关于进一步做好房地产市场调控工作有关问题的通知》，简称“新国八条”。资料来源：中国国土资源部网站，http：//www. mlr. gov. cn/zwgk/zytz/201101/t20110127_ 814237. htm。

③ 资料来源：人民网，http：//finance. people. com. cn/n/2012/0923/c1004 －19081493. html，2012 年 9 月 23 日。

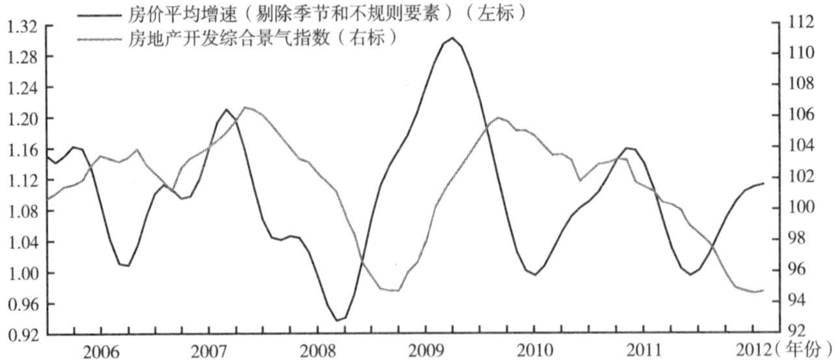

图 10　房价平均增速（剔除季节和不规则要素）和房地产开发综合景气指数

房地产开发综合景气指数是反映房地产开发，即房地产供给方面的重要景气指标。图 10 显示，房地产开发综合景气指数自 2011 年 4 月开始下降，一直持续到 2012 年 9 月，并开始筑底。这主要是政府对房地产市场的调控政策所导致的，虽然刚性需求和人们预期已经导致房价增速上涨，但政策作用下的房地产开发景气仍然维持下降趋势。房地产业的供给逐渐减少，而需求开始增长后，供求缺口缩小在一定程度上也是导致房价反弹的重要原因。

对各城市房价过快上涨的抑制而言，“限购令”和“新国八条”等政策的叠加效果比较明显。以北京和上海为例，“限购令”公布之后，自 2010 年第二季度开始，两座城市的住宅平均销售价格（住宅销售额除以销售面积）增速出现了回落趋势，并一直持续到 2011 年第二季度，并且由于北京市出台了“京十二条”政策，北京的住宅平均销售价格增速下降幅度高于上海市。2011 年 4 月，在新“国八条”正式推出后的 3 个月，京、沪的房价增速几乎在同期触及“零增长”的分界线，同月整个东部的平均房价增速也接近于 0。总体而言，适时出台的房地产调控政策的叠加效果显现。2011 年 4 月 ~2012 年 4 月，京、沪和东部地区房价增速呈现稳中趋降的态势，房地产调控的预期目标基本实现。

需要指出的是，整个东部地区的房价增速的降幅明显小于京沪地区，这说明相比中等发达城市而言，“限购令”与“新国八条”政策对于经济发达城市的作用更为明显。这主要是因为二、三线城市房价低，房地产降价空间有限，并且城市规模相对较小，购房者的刚性需求旺盛。此外，自 2012 年 4 月开始，北京、上海和东部地区的房价增速均已经开始回升，并且，根据国家统计局公布的 2012 年 9 月份 70 个大中城市新建商品住宅销售价格变动情况可得，价格环比下降、持平和上涨的城市分别为 24 个、15 个和 31 个，房价上涨城市占大多数，这也说明房价涨势仅仅得到了遏制，一旦政策放松，房价将出现反弹。

5. 根据先行指数和扩散指数对物价走势的预测

本文利用表 1 中的指标通过合成指数方法计算出物价的长先行合成指数、短先行合成指数，物价的一致合成指数与短先行合成指数的图形如图 11 所示，物价的一致合成指数与长先行合成指数的图形如图 12 所示。

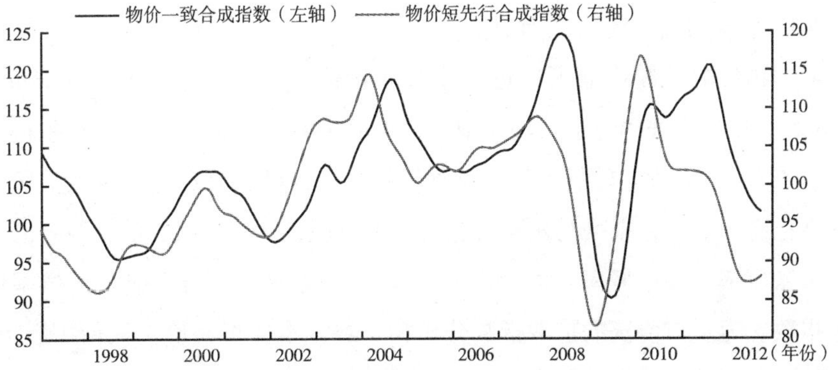

图 11　物价一致合成指数与物价短先行合成指数

图 11 表明，1998～2009 年物价一致合成指数的 3 次短周期的下降期都在 17 个月左右。新一轮的物价周期中物价一致合成指数自 2011 年 8 月开始下降，如果其继续保持前 3 次短周期的收缩规律，则物价景气回落会一直持续到 2012 年底。

图 11 中物价的短先行合成指数自 2011 年 2 月份开始下降，并一直持续到 2012 年 6 月，7～8 月已经出现止跌回升迹象。由于该先行合成指数平均超前物价一致合成指数 5 个月，因此，物价在年底之前仍可能会维持下降态势。图 12 表明，相对于物价的一致合成指数，物价的长先行合成指数具有较好的先行性。该指数在 2012 年 1 月触底后持续小幅回升，根据物价长先行合成指数

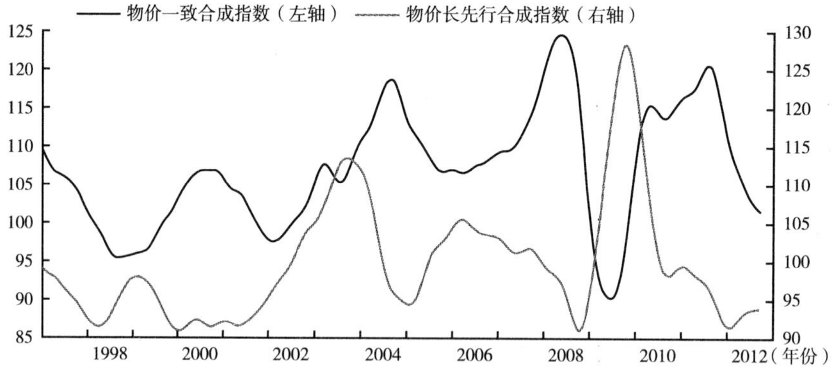

图 12　物价一致合成指数和物价长先行合成指数

的超前期判断，可以得到同样的结果，即物价的下降局面可能在 12 月左右结束，2013 年开始新一轮通胀周期。

根据物价的扩散指数可以进一步判断物价的走势。本文基于 Harding 和 Pagan 的非参数算法构建了一种新型物价扩散指数，该扩散指数将马尔科夫链与 Bry 和 Boschan 确定转折点的约束条件相结合，可以综合每个时点上所有指标的终止序列信息，根据马尔科夫链的基本原理，运用迭代算法计算各时点对应的扩张概率和衰退概率（两者之和应为 1），选取扩张概率或衰退概率作为扩散指数。为了与传统的扩散指数分析相一致，本文将物价长先行扩散指数、短先行扩散指数与一致扩散指数均以扩张概率表示，如图 13 和图 14 所示。

图 13 显示，物价长先行扩散指数在 2012 年初穿过 50% 线，此后尽管有所回落，但一直保持在 50% 以上的区域。图 14 显示，2012 年初以来，物价短先行扩散指数触底后回升，已经在 7 月超过 50% 线。根据扩散指数与合成指数的关系可以进一步确认，物价长先行和短先行合成指数已分别在 2012 年初和 6 月左右到达谷底，继而出现回升，从而同样推断物价可能在年底止跌，第四季度物价总体回升的可能性不大。

保持经济增长和抑制通货膨胀是发展中国家遇到的一个共同问题，在这次物价上涨中，我国政府对通胀的调控力度较大，因此，通胀水平相对较低，但紧缩货币政策对我国经济也产生了负面影响。在我国经济增速持续下滑的背景下，稳增长已经成为 2012 年的首要任务，政府近期已经出台了一些针对

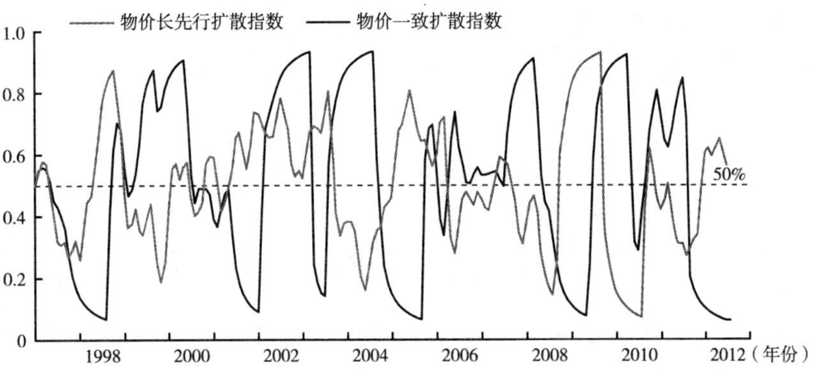

图13　物价长先行扩散指数和物价一致扩散指数

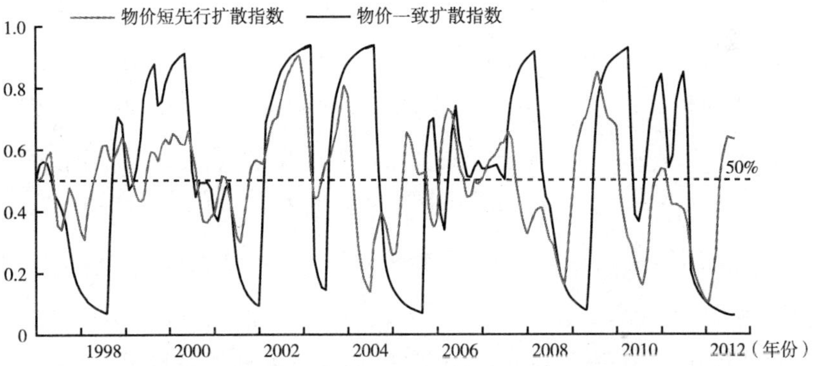

图14　物价短先行扩散指数和物价一致扩散指数

性措施，第三季度经济出现触底回稳迹象。物价的环比增长在一定程度上反映了这一情况，CPI环比数据由6月的99.45开始上升至9月的100.34。时差相关分析的结果显示，CPI环比数据超前CPI同比数据6个月。虽然美国QE3及欧洲量化宽松货币政策操作推高了国际大宗商品的价格，但由于国内需求仍然不振，对国内物价的传导作用可能并不明显。考虑到世界经济复苏缓慢，我国经济景气处于"偏冷"区间，物价翘尾因素回落，结合前述的物价先行合成指数的分析，进一步说明在2012年底前物价不大可能出现较大幅度的上涨。

虽然年内物价不会大幅反弹，但未来一段时间内，导致物价上涨的不确定性因素仍然较多，如国际市场大宗农产品价格上涨的冲击、进入秋冬季后肉禽类价格和煤炭等能源价格的季节性上涨都可能会在一定程度上推高物价。结合物价的周期波动规律，2013 年物价可能进入新一轮上升期。

三　2012～2013 年主要宏观经济指标预测

下面利用多种经济计量模型对主要宏观经济指标的变动趋势进行预测，以便进一步把握经济增长的未来走势，为政府的宏观调控提供参考信息。各指标的具体预测结果见表 2。

1. 2012 年和 2013 年的经济增长速度将分别达到 7.7% 和 8.3%

根据时间序列模型并结合以上对经济周期态势的分析，季度 GDP 增长率的回落态势很可能在 2012 年第三季度结束，此后经济增长有望保持缓步回升。年内季度 GDP 增速低于 7% 从而再次形成深度探底的可能性不大。预测全年 GDP 增长率为 7.7% 左右，比上年减少 1.6 个百分点，增速继续回落，并创造 2000 年以来的新低。2013 年 GDP 增长率或逐季回升，但受制于控制房地产泡沫和调整经济结构的需要，加上全球经济复苏乏力，增长反弹的幅度有限，预计全年上涨 8.3% 左右。

按季度 GDP 增长率测量，从 2009 年第二季度开始我国经济增长进入新一轮周期波动，经过为期 1 年的扩张后，2010 年第二季度以来转入周期收缩期，到 2012 年第三季度为止，收缩期已经长达 10 个季度，创 1992 年以来周期收缩时间的最长纪录。至此，此轮波长达到三年半，符合短周期的特征。

2. 物价的下行周期或在 2012 年底结束，预计 CPI 2012 年和 2013 年分别上涨 2.6% 和 2.5%

根据前文的分析，在经济增速回调、通胀预期减弱和食品价格趋稳的背景下，结合物价周期的波动特征，预计物价的回落可能于 2012 年底结束，2012 年全年 CPI 上涨 2.6% 左右，比上年下降 2.8 个百分点，回到“正常”区间。2013 年 CPI 将在绿灯区逐渐上行，预计全年上涨率为 2.5% 左右，仍处于“正常”区间，通胀压力没有明显增加。

表2　主要宏观经济指标预测结果

单位：%

指标名称	2012年第四季度	2012年全年	2013年第一季度	2013年第二季度	2013年全年
GDP增长率(可比价)	7.7	7.7	7.9	8.1	8.3
规模以上工业增加值增长率(可比价)	9.7	9.9	10.4	11.2	11.5
固定资产投资(不含农户)累计增长率	20.8	20.8	21.5	22	23
社会消费品零售总额增长率	14.1	14.1	14.2	14.6	14.7
出口总额增长率	7.6	7.5	9	7	10
进口总额增长率	4.3	4.7	9.5	12	13.7
狭义货币供应量(M1)增长率	10	10	12	15	18
广义货币供应量(M2)增长率	15.2	15.2	15.6	16.5	17.3
金融机构人民币贷款总额增长率	16.4	16.4	16.6	16.8	17
居民消费价格指数CPI上涨率	1.7	2.6	1.8	2.3	2.5
工业生产者出厂价格指数PPI上涨率	-2.8	-1.8	-1.5	0.0	0.5

注：数据均为同比增长率，时间截止到2012年9月。

根据预测，PPI的下降趋势将在2012年第三季度结束，从第四季度开始转入上升走势。2012年和2013年上涨率分别为-1.8%和0.5%左右，工业品出厂价格涨幅与前两年相比将显著回落。

3. 工业生产增速将在2012年第三季度触底，此后开始进入新一轮比较温和的工业扩张周期

随着“稳增长”政策的效果逐渐显现，工业生产增速将在2012年第三季度触底，此后开始进入新一轮比较温和的工业增长周期，2013年第二季度后有望回到“正常”区间。预测2012年和2013年规模以上工业增加值分别增长9.9%和11.5%左右，分别比2011年下降4个和2.4个百分点。

4. 固定资产投资增速在绿灯区稳中趋升，2012年和2013年分别增长20.8%和23%左右

在“稳增长”政策的影响下，固定资产投资（不含农户）累计增速在止跌企稳基础上，预计从第四季度开始全年在绿灯区内小幅回升。预计2012年增长20.8%左右，比上年下降2.9个百分点。但由于投资品价格出现较大回落，全年实际投资增长17.5%左右，比上年增加1.2个百分点。随着投资需求的逐渐回暖，预测2013年固定资产投资（不含农户）增长23%左右，增速适中。

5. 社会消费品零售总额增长或在2012年底结束下降趋势，2013年开始缓步回升

在经济增长速度减慢、耐用品市场缺乏更新换代产品的背景下，2012年消费品市场仍然难有起色。随着物价水平的逐渐下降，社会消费品零售总额增速的下降趋势或持续到2012年底，走势缓中趋稳。预计2012年社会消费品零售总额增长14.1%左右，比上年下降3个百分点，处于绿灯区的中部，增速适中。剔除物价因素后的实际消费增长11.4%左右，略低于上年。2013年消费品零售额名义增长14.7%左右，实际增长11.7%左右，均有所提高。

6. 对外贸易增长将在“过冷”区间触底回升，增速大幅下降

受欧债危机的影响，外贸出口增长的回落趋势可能持续到2012年第三季度。如果欧美经济不出现严重衰退，从第四季度开始出口增速将止跌回稳，预测2012年出口总值约20400亿美元左右，增长7.5%，较上年大幅下降12.8个百分点。预计2013年季度出口增长呈回升趋势，下半年增速回升或更明显，全年增长10%左右，出口总值约22400亿美元。

在“稳外贸、稳增长”政策的影响下，进口增速的回落趋势可能于2012年第三季度结束，此后逐步回升，转入新一轮扩张期。预计2012年进口总值18250亿美元左右，增长约4.7%，较上年大幅下降20.2个百分点，成为1999年以来的次低增速。预计2013年进口增速逐季上升，全年增长约13.7%，进口总值达到20800亿美元左右。

按此预测，进出口总额增长将于第三季度在“过冷”区间触底，年末可脱离“过冷”区，2013年在“偏冷”区间逐渐回暖。2012年全年进出口总额为38650亿美元左右，增长约6.1%，处于“偏冷”区间的下界附近，贸易顺差2150亿美元左右，比2011年增加600亿美元，增长38.6%。2013年进出口总额约43200亿美元，增长11.8%左右，总体仍处于“偏冷”区，但下半年有望回到“正常”区间。全年外贸顺差约1600亿美元左右，比2012年下降26%。

7. 货币供应增速已经进入新一轮上升周期

M1增速在2012年4月创下20年来的最低水平（3.1%）后，在“过冷”区间开始稳步回升，显示货币流动性过紧状况有所减缓；同时，广义货币M2增长在2011年第四季度创造了2002年以来的最低增速12.5%后也开始缓步回升。我们认为货币供应已经转入新一轮上升周期。预测年末M1增长可能回升到10%左右，增速比2011年增加2.1个百分点，仍处于“过冷”区间。2013年M1增长率可能回升到18%左右，返回绿灯区，恢复适度增长。预测2012年M2增长15.2%左右，较上年增加1.6个百分点，处于适度范围。按此预测，货币供应增速将高于GDP增速与CPI上涨率之和。估计2013年全年货币供应增长17.3%左右，增速有所提高。

根据预测，贷款总额增速将继续呈稳中略升趋势，2012年末人民币贷款余额或接近63.8万亿元，增长16.4%左右，增速比较适中。全年新增贷款约9万亿元，较2011年增加1.53万亿元左右。2013年人民币贷款增长17%左右，全年新增贷款约10.85万亿元。

四 总体结论和政策建议

以上分析和预测的总体结果表明，我国经济运行在新一轮增长周期中的下降局面有望在2012年第三季度结束，然后在偏冷区间内平稳运行或缓慢回升。在经济结构调整和经济发展方式转变的大趋势下，2012年和2013年GDP增长率将分别达到7.7%和8.3%左右。季度GDP增长率回到7%以下，从而形成深度探底的可能性很小。本轮物价周期的下降阶段可能持续到2012年第四季度。2012年CPI上涨率为2.6%，实现预期控制目标。2013年物价上涨压力不会显著增加，全年上涨2.5%左右。

鉴于经济景气正在走出谷底，开始进入新一轮周期中的温和回升阶段，宏观调控应该继续坚持“稳中求进”的主基调，切实落实前期出台的各项“稳增长”措施，短期内不易采取大动作，面对国内外具有较大不确定性的复杂形势，宏观调控宜“以稳为主”，根据经济运行情况，适时进行预调微调。中长期政策取向应努力保持经济在8%左右的次高速增长区间内平稳运行，并促进经济发展方式的实质性转变。

1. 政策取向宜“以稳为主”，适度、灵活微调

为了缓解前两年为了“抑通胀”而采取的紧缩货币政策对企业经营的不利影响，年内货币政策在以稳为主的同时可灵活、适度放松，引导商业银行加大对企业，特别是中小企业的信贷支持，并给予优惠利率，以解决企业“融资难”的问题。同时，应高度关注物价走势，谨防货币政策放松导致物价上涨，避免再次出现经济下行和物价上涨双重压力并存的局面。财政政策方面，政府应有效运用财政杠杆，包括政府投资、结构性减税、生产补贴等刺激国内的经济增长，降低生产成本，缓解企业运行压力，提高企业生产效率。

2. 优化出口产品和地区结构以稳定外需，做好应对外需不振的长期准备

要实现“稳增长”的目标，应将稳定外需与扩大内需有机结合。面对欧债危机不断蔓延、欧盟经济体可能在相当时间内增长乏力的不利情况，政府和企业要做好应对外需不振的长期准备。为此，一方面，政府应促进改变出口结构，增加对发展中国家的出口；另一方面，鼓励企业到国外投资实体经济，带动对国内的产品需求和劳务输出。此外，还应积极推动加工贸易转型升级，适当地引导进口替代作为扩大内需的重要手段，把我国对部分产品的进口需求转变为对本国产品的消费需求。

3. 重点从原材料和农产品等供给面防范物价反弹

针对物价持续下行的趋势，为防止物价全面反弹，应主要从供给面进行防范。其中，食品和粮食方面，应稳定农业生产、做好菜篮子工程、实现食品和粮食的产销衔接、降低食品流通费用。工业原材料及燃料动力方面，政府应完善能源储备体系，对煤炭钢铁等重要能源及原材料的生产进行计划指导。

4. 逐步深化实施房地产税，保证保障房建设进度

深化房产税改革是解决当前房地产突出问题、防止房地产价格反弹的必要手段，是解决当前限制房价的政策目标与土地财政现实情况冲突的重要途径。“限地价、竞房价”的定价机制在现行体制下对供给的控制效果不明显，而提高房产税税率主要着眼于需求控制，从而通过市场需求影响供给，改变失衡的供给结构。因此，中央及各地政府应科学调研，谨慎实施，逐步扩大房地产税的试点范围，继续深化实施房地产税收政策。

加大力度保证保障性安居工程的建设进度。保障性安居工程是继续优化房地产市场供给结构、保证低收入群体住房的重要措施，保障房的建设不仅有利于拉动经济增长，而且有利于缩小收入分配的差距，维持经济和社会稳定。各级地方政府部门应确保保障房用地，从财政、企业、信贷等多方面筹集保障房建设资金，保证保障房安居工程建设的质量和进度。

5. 加快转变经济发展方式，推进产业结构调整

为了改变过去过分依赖出口和投资的发展模式，要从收入分配制度改革、完善社会保障体系、整顿市场秩序、推进和规范现代物流建设等多方面入手建立扩大居民消费的长效机制，稳步提高居民消费和第三产业对经济增长的贡献，同时深化改革，提高整个服务业的生产效率。

在我国资源和劳动力价格不断上升的情形下，应不断提升高附加值、高科技含量产品的生产水平，加快推进产业结构调整。此外，我国经济增长依赖第二产业的重心也应逐步转移，国际能源价格上涨、资源数量不断减少、我国环境的承受能力都会直接影响未来很长一段时间内我国经济发展的速度与方式，加快第三产业和战略性新兴产业发展、转变经济增长方式已经是当务之急。

参考文献

陈磊、李颖、邵明振：《经济周期态势与通货膨胀成因分析》，《数量经济技术经济研究》2011 年第 8 期。

陈磊、邵明振：《当前我国 CPI 运行特点及未来走势分析》，《价格理论与实践》2011 年第 10 期。

董文泉、高铁梅、陈磊等：《经济周期波动分析与预测》，吉林大学出版社，1998。

《2012 年第二季度宏观经济形势预测分析》，国研网，http：//edu. drcnet. com. cn。

郎丽华、张连成：《本轮经济周期的波长和政策冲击》，《经济学动态》2012 年第 8 期。

李安东：《当前物价波动的原因、趋势分析与对策》，《财政研究》2012 年第 4 期。

王金明、高铁梅：《基于先行指数对我国通货膨胀率的预测》，《统计与决策》2011 年第 5 期。

姚景源：《CPI 表明稳物价成绩突出，下半年不会反弹》，新华网（新华时政），http：//news. xinhuanet. com/politics/2012 –07/09/c_ 123388232. htm。

张立群：《2012 年经济形势分析与政策建议》，《经济学动态》2012 年第 4 期。

Bry G. , Boschan C. , 1970, "Cyclical Analysis of Time Series: Selected Procedure and Computer Programs", NBER technological paper, No. 20.

Harding D. , Pagan A. , 2001, "Extracting, Using and Analyzing Cyclical Information", MPRA Paper , No. 15.

Harding D. , Pagan A. , 2002, "A Comparison of Two Business Cycle Dating Methods", *Journal of Economics Dynamics & Control*, Vol. 27.

Michael Artis, Massimiliano Marcellino, Tommaso Proietti, 2004, "Dating Business Cycles: A Methodological Contribution with an Application to the Euro Area", *Oxford Bulletin of Economics and Statistics*, Vol. 66.

The Analysis and Forecasting of China's Economic Situations and Price Movement: 2012 -2013

Chen Lei et al.

Abstract: Influenced by the short-time cycle factors and long-time trend factors, the latest economic slowdown is beyond expectations. However, the monthly coincident CI was bottom off around June and the economic cycle which started from February 2009 has come to an end. The economic climate is promising to increase slightly during the "cool" economic climate from August 2012. The slowdown of quarterly GDP growth rate is expected to come to an end within the third quarter of 2012. The growth rates of China's GDP in 2012 and 2013 are expected to be around 7.7% and 8.3% respectively. CPI's downturn is supposed to continue until the end of 2012, with an annual inflation rate to be at about 2.6% that will be within the moderate growth interval. In 2013, the CPI may increase by quarters and achieve about 2.5% over the full year, which is expected to meet the target of macroeconomic regulation.

Key Words: Business Cycle; Economic Climate Analysis; Inflation Cycle; Economic Forecasting

B.24

2012 年上海证券市场回顾与 2013 年展望

吴 谦 朱平芳*

摘 要：

2012 年前三季度，在欧债主权危机恶化、美国经济复苏不及预期、我国经济增速下滑等复杂的宏观背景下，我国 A 股市场整体呈现先扬后抑的走势，上证综合指数下跌了 5.15%，并一度跌破 2000 点大关，个股分化严重，市场整体已经进入估值历史底部区域。展望 2012 年第四季度和 2013 年，我们认为 A 股市场难以出现持续性上涨行情，仍将呈现宽幅震荡的特征，存在结构性投资机会。

关键词：

证券市场　欧债危机　经济增速　货币政策

一 2012 年上海证券市场回顾

2012 年我国前三季度，中国经济可谓内忧外患。外围市场方面，欧债危机风波迭起，美国经济复苏不及预期，世界经济复苏的长期性、艰巨性和复杂性凸显；国内经济增速下滑趋势明显，主要宏观经济指标趋于恶化。随着经济基本面的恶化和通胀的回落，政府推出了一系列经济刺激计划稳定经济增长，并采取稳健的货币政策，但由于外需不振和去库存的压力，工业生产始终处于缓慢下行过程中。在各种复杂的内外因素的交错影响下，中国 A 股市场整体呈现先扬后抑的走势，市场人气非常低迷。

* 吴谦，国海富兰克林基金管理有限公司；朱平芳，上海社会科学院数量经济研究中心。

（一）影响证券市场的宏观面和政策面因素分析

1. 欧债危机风波迭起，美国复苏不及预期，新兴国家增速明显放缓

2012 年，欧债危机风波迭起，欧元区主权债务危机已从二线国家蔓延至核心国家，使得世界经济复苏进程一波三折。欧洲央行已重启购买欧元区成员国国债计划，旨在压低西班牙和意大利等重债国的融资成本，防止债务危机进一步急速蔓延，但远不能解决根本问题。

尽管美联储已经动用了超过 1 万亿美元的资金用于购买债券，以有效降低市场的贷款利率，但是美国经济的复苏进程仍然比其所预期的更为缓慢，第三季度公布的经济数据显示，美国房地产市场有所复苏，零售销售增速回升，工业产值和服务行业保持增长。但受全球经济下滑影响，制造业持续疲软，就业市场改善步伐几乎停滞，经济增长缺乏动力。此外，新兴国家增速也明显放缓。世界经济复苏的长期性、艰巨性和复杂性凸显。

2. 中国宏观经济：转型期的经济增速下滑

2012 年，中国经济增速持续放缓，主要宏观经济指标趋于恶化，特别是发电量与工业增加值，没有形成较好的企稳迹象。国家统计局和中国物流与采购联合会公布的 2012 年 9 月 PMI 为 49.8%，比 8 月回升 0.6 个百分点，是有数据以来第一次 9 月份低于临界值。9 月份为制造业旺季，过去七年 9 月份的 PMI 环比平均上升 2 个百分点，相比之下，2012 年 9 月的季节性回升力度较弱，显示当前经济增长势头疲弱。

随着经济基本面的恶化和通胀的回落，政府推出了一系列经济刺激计划稳定经济增长，但是由于外需不振和去库存的压力，工业生产始终处于缓慢下行过程中。

3. 货币政策稳健，逆回购成为央行管理流动性的首要工具

2012 年上半年，通胀压力进一步减轻，CPI 持续下降，6 月 CPI 同比增速更是创下 2010 年 2 月以来新低，为货币政策调整提供了更大空间。中国央行在“稳增长”的背景下，分别于 2 月 24 日和 5 月 18 日两次下调存款准备金率，6 月 8 日下调金融机构人民币存贷款基准利率并首次双向扩大存贷款利率浮动区间；7 月 6 日再次降息，并首次实施不对称降息以支持实体经济，并再次将金融机构贷款利率浮动区间的下限由基准利率的 0.8 倍调整为 0.7 倍。一方面，存贷款利率的浮动区间打开，意味着中国利率市场化改革迈出关键的一步；另一方面，央行在时隔不到一个月的时间里二次降息，表明管理层对经济下行感到担忧，并采取非对称结构，体现了中央决策层把稳增长放在更重要的位置。

但下半年，随着欧美日主要经济体均向市场大幅注入流动性，有可能刺激国内通货膨胀反弹的情况下，政府的货币政策陷入两难境地。在货币市场资金紧张的背景下，央行持续采用大规模逆回购的手段来提供流动性，所提供的品种和操作规模也越来越灵活。其中 28 天逆回购时隔 10 年之后再现公开市场，9 月 25 日的 2900 亿元逆回购规模则创下了历史最高水平。截至 2012 年 9 月末，央行已连续 13 周滚动开展逆回购，创下自 2002 年 6 月以来连续逆回购操作的最长时间纪录。逆回购正取代央票、正回购成为央行管理流动性的首要工具。

（二）A 股市场走势回顾

1. 一级市场发行情况

2012 年前三季度，共有 150 只新股发行，其中 25 只主板，52 只中小板，73 只创业板。新股发行市场呈现“发行估值低，首日涨幅越大此后跌得越深”的两大特征。

从发行市盈率来看，月度平均发行市盈率呈现下行趋势，前三季度平均首发市盈率为 30.40 倍（算术平均），相对上年同期超过 50 倍的首发市盈率大幅下降。由于股市表现低迷，二级市场整体估值持续下移，使新股的发行估值也逐步降低，同时 2011 年末以来管理层出台政策抑制新股高价发行的效果明显，这成为 2012 年新股发行估值走低的重要原因。

150 只新股上市首日有 38 只跌破发行价，截至第三季度末的收盘价，已有 111 只跌破发行价。这显示新股经历首日炒新后普遍遭遇回调压力，一级市场的打新收益最终不得不由二级市场投资者来埋单，表明尽管新股发行时的估值具有一定的安全边际，但经历了首日大幅上涨之后，这一优势便消失殆尽，股价也就走上了回归之路。此外，由于部分新股是在“首日全流通”新政后上市，因此一旦出现首日涨幅较大的情况，机构配售的股份就会有比较大的套现冲动，这也为新股上市后的表现增添了较大压力。

2. 前三季度 A 股市场先扬后抑，主要板块市盈率已接近或达到历史最低点

2012 年前三季度 A 股市场总体呈现先扬后抑的行情。年初在货币政策宽松的预期下，A 股市场走出了一轮反弹行情，市场从 2132 点到 2478 点上涨幅度超过 10%。然而在欧债危机愈演愈烈、中国经济增速逐步下滑及二级市场不断扩容等负面因素的影响下，3 月中旬以后市场急转直下，虽然中间在金融改革的带动下有过反弹，但也无济于事，进入 6 月之后股指更是一蹶不振，一路向下，9 月 26 日上证综指盘中曾跌破 2000 点大关。截至 9 月 28 日，上证综指收于 2086.17 点，较年初下跌了 5.15%。各主要市场指数中，2012 年前三季度中小板指数下跌 0.72%，表现较为抗跌，其次是中证 100 指数下跌了 1.59%，而创业板指数则下跌幅度最大，达 5.46%。

市场呈现出明显的结构化分化特征，无论是板块之间还是同一板块内的个股均分化严重。截至 2012 年第三季度末，全部 A 股的市盈率为 13 倍、沪深 300 为 10 倍、中小板为 28 倍、创业板为 32 倍。自 2004 年以来，主要板块市盈率已接近或达到历史最低点（2008 年第四季度达到历史最低点，全部 A 股 13 倍、沪深 300 为 11 倍、中小板 16 倍）。随着全部 A 股估值缩水，破净股大军不断增加，截至第三季度末，已有 113 只 A 股的股价低于每股净资产。

3. A 股市场低迷的原因分析

纵览全球股市，A 股上半年的涨幅排名垫底，A 股的市场表现与宏观经济形势并不匹配。究其原因，主要是四大原因压制了市场的走势空间：首先是宏观经济低迷对市场的压制，欧债危机风波迭起则令谨慎情绪反复升温，新股扩容脚步不断加快以及股指期货的日渐成熟也导致指数始终难以向上突破。尽管监管层推出诸如强制分红、大力倡导蓝筹股价值投资、连续三次降低市场交易费用和市场监管费用等措施，地方政府也陆续出台一系列拉动经济增长的计划，以及两次降存准和两次降息，但收效甚微，投资者信心匮乏无疑是市场低迷的重要原因。

（三）债券市场情况回顾

1. 2012 年信用债发行大幅扩容

2012 年前三季度债券发行总量达 5.98 万亿元（见表 1），占上年全年发行总量的 76.4%。虽然债券发行总量与上年同期差不多，但是发行结构却发生了较大变化（见图 1），2012 年央行票据停止发行，前三季度公司债、企业债和中期票据的发行量已超过上年全年水平。

表 1　债券市场的发行情况

债券类别	发行期数(只)	发行期数比重(%)	发行总额(亿元)	发行总额比重(%)
国债	47	2.40	11602.58	19.42
地方政府债	16	0.82	2473.00	4.14
金融债	162	8.27	19449.60	32.55
企业债	298	15.21	4343.03	7.27
公司债	163	8.32	1610.43	2.69
中期票据	519	26.49	8301.30	13.89
短期融资券	720	36.75	10683.37	17.88
政府支持机构债	8	0.41	1050.00	1.76
资产支持证券	24	1.23	159.96	0.27
可转债	2	0.10	85.00	0.14
合　计	1959	100.00	59758.28	100.00

资料来源：Wind 资讯。

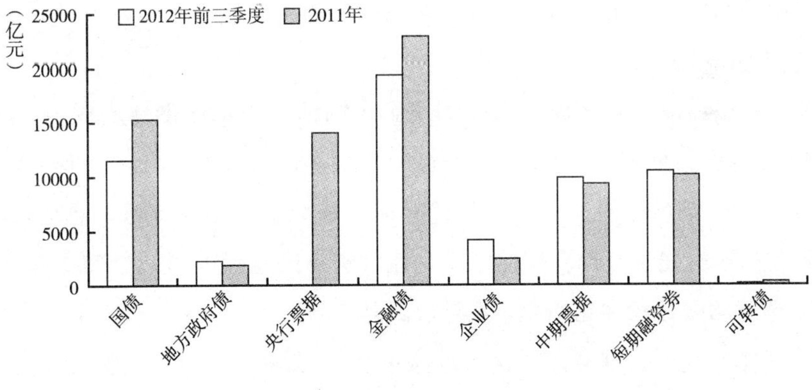

图 1　2012 年前三季度债券发行结构与 2011 年全年的对比

资料来源：Wind 资讯。

2012 年以来，三大债券监管部门全线发力，纷纷降低发行门槛，扩大发行人范围，并突破净资产 40% 红线，同时致力于淡化发行监管，以加快发行节奏。2012 年前三季度，我国公司信用类债券发行量达到 2.49 万亿元，创下历史新高，最引人注目的是城投债放量。在银监会“降旧控新”的思路下，地方融资平台贷款持续受限，在此背景下，债券市场逐渐成为平台公司的主要融资通道。从企业债到中票，监管部门对城投债几乎全线放开。一方面，趁着上半年城投债二级市场的反弹，发改委大量放行三四线城市和县级平台发行城投债；另一方面，中国银行间市场交易商协会（以下称“交易商协会”）一改原先的审慎态度，在“六真”原则的基础上，向各级城投公司敞开了大门，这使得城投类中票不断涌现。

2. 债券品种创新加快

作为银行间市场的自律组织，交易商协会自2007年成立以来，率先采用注册制的准入方式，同时从债券期限、发行方式到产品内涵，逐步探索金融创新。继2010年底交易商协会推出超短融、2011年4月推出定向工具（PPN）之后，2012年在银行间债券市场推出了资产支持票据（ABN），这一全新品种肩负着探索中国非金融企业资产证券化的重任，不仅摆脱了发行主体信用水平的束缚，而且盘活了企业存量资产。不过，由于我国公司法和破产法的限制，目前的资产支持票据未能实现破产隔离，难以称得上真正的资产证券化。资产支持票据推出之后，银行间债券市场基础品种链条搭建完成，为下一步开展衍生品创新提供了基础。

郭树清出任证监会主席以来，加快了中国债券市场的创新步伐。“暂停”长达17年的国债期货于2012年2月在中金所正式启动仿真交易，年内有望正式推出。2012年6月初，中小企业私募债正式起航，不仅丰富了企业债的品种，而且为解决我国长期存在的中小企业融资难问题提供了一个有效途径。

3. 债券市场延续牛市行情，8月份回落

2012年，我国宏观经济增速及通胀趋势“双降”的格局为债券市场走势构成了良好的基本面支撑。年初债券市场延续了2011年第四季度以来的上涨趋势，走出了一波牛市行情，尤其是中低评级信用债的行情表现突出。各评级信用债的信用利差在年初均处于历史较高水平，资金面宽松和相对价值回归等因素推动信用利差收窄，信用债在上半年迎来了牛市格局。但8月份在降准预期落空、估值存在回调压力及机构去杠杆动力较强的影响下，债市展开了一定幅度的回调行情，利率债和信用债均出现一定幅度的下跌。

（四）基金市场运行情况

1. 债券型基金大幅扩容，而偏股型基金遭遇发行困局

截至第三季度末，2012 年共发行了 182 只新基金（见表 2）。虽然新基金发行数量占上年全年的 87%，但发行规模达 4297.29 亿元，超过上年全年发行规模的六成。

在低迷的市场环境下，偏股型基金遭遇发行困境，股票型基金和混合型基金的平均首募规模分别为 12.67 亿元和 9.49 亿元（见表 3），远低于债券型基金的平均首募规模 47.58 亿元。

表 2　各年度新基金发行情况

年份	总数(只)	发行份额(亿份)	平均发行份额(亿份)
2005	55	1018.21	18.51
2006	88	4046.44	45.98
2007	37	3960.04	107.03
2008	97	1754.63	18.09
2009	116	3722.31	32.09
2010	153	3169.21	20.71
2011	207	2681.53	12.95
2012 年前三季度	182	4297.29	23.61

资料来源：Wind 资讯。

表 3　2012 年前三季度各类型基金的发行情况

类型	总数(只)	发行份额(亿份)	占比(%)	平均发行份额(亿份)
股票型	82	1039.14	24.22	12.67
混合型	8	75.93	1.77	9.49
债券型	56	2664.43	62.09	47.58
其中，理财债券型	15	1706.58		113.77
货币型	1	12.34	0.29	12.34
保本型	12	227.20	5.29	18.93
封闭型	7	131.73	3.07	18.82
QDII	15	140.20	3.27	9.35

资料来源：Wind 资讯。

2. 低风险、稳收益的理财债券型基金受到投资者欢迎

在债券型基金的大幅扩容中，短期理财债券基金成为扩容的主力，2012年前三季度共发行了15只短期理财债券基金，平均首募规模高达113.77亿元，其中工银瑞信7天理财A/B首募规模高达392.52亿元。

在近几年股票市场维持弱势震荡格局，缺乏明显的赚钱效应，投资者避险情绪不断升温的背景下，银行理财产品在2011年以来获得了前所未有的快速发展，经常出现供不应求的局面。银监会于2011年10月份叫停了一个月以内期限的银行理财产品。在此背景下，基金公司发行的追求绝对回报目标的理财型债券基金应运而生，主要投资于银行协议存款、回购及货币市场工具等低风险品种，理财期限包括了7天、14天、21天、28天、30天、60天、90天及1年，且最低申购门槛普遍为1000元，远低于银行理财产品的最低购买门槛5万元。由于理财债券基金具有低风险稳收益、投资透明、费用低廉、参与门槛低等特点，受到了追求低风险、稳定收益，且有定期理财需求的广大普通投资者的欢迎。

3. ETF创新产品加速，跨市场、跨境ETF推出

2012年中国ETF获得了跨越式发展。历经五年的筹备，境内跨市场ETF—沪深300ETF终于迎来了发行契机。华泰柏瑞基金公司和嘉实基金公司分别在5月初成立了跨市场的沪深300ETF，首募规模分别高达329.69亿元和193.33亿元，分别在上交所和深交所上市。华泰柏瑞沪深300ETF的首发募集刷新了2006年12月13日以来偏股型基金的首发纪录，同时是A股市场上募集规模最大的指数基金和现存规模最大的股票型基金。

继境内跨市场ETF推出后，2012年8月9日成立了两只跨境港股ETF——华夏恒生ETF和易方达恒生中国企业ETF，首发规模分别为35.86亿元和16.17亿元，被称为“港股直通车”。

由于多年来中国一直存在债券交易市场分割及债券流动性不足等问题，债券指数基金发展缓慢，债券ETF仍是空白。2012年债券ETF将有望获得突破，博时基金和国泰基金分别获得了债券ETF开发的授权，最快年内有望推出。同时，实物黄金ETF也在积极筹备中，有望在2013年推出。

4. 基金公司专户业务在制度红利的推动下迎来发展新活力

2012 年以来，中国证监会本着“放松管制、加强监管”总体思路，对基金行业逐步采取了一系列革新性举措，鼓励基金公司向现代化的财富管理机构转型。尤其是全面松绑基金公司的专户业务，拓宽投资范围，放松投资限制，允许基金公司以独立子公司的形式投资于非上市公司股权、债权和收益权类资产，开展除公募以外的其他所有资产管理业务。在这一政策红利激励下，多家基金公司均在筹备设立专户子公司，力争开展全面的资产管理业务。

二　2013 年上海证券市场展望

（一）影响证券市场走势的主要因素分析

对于 2012 年第四季度和 2013 年证券市场走势的判断，我们主要从海外经济形势、国内宏观经济趋势和政策层面这三个方面展开分析。

1. 全球经济形势复杂多变

2012 年欧洲整体陷入衰退已在所难免，包括德国在内的欧洲多国制造业持续不景气。欧洲各国间经济前景分化严重，德国作为欧元区的经济引擎，依然将是表现最好的经济体，西班牙和意大利则受制于财政紧缩的压力，经济前景黯淡。但在 2013 年，随着欧债危机的进一步缓和，财政紧缩压力缓解，欧洲经济有望实现温和复苏。

欧债危机在欧洲央行推出 OMT（直接货币交易计划，Outright Monetary Transactions）后得到阶段性缓解，但远未结束。相关不确定性因素依然存在，包括 OMT 计划是否能够有效实施，ESM 能否顺利启动，西班牙等国是否接受救助所附加的条件，市场依旧担忧西班牙银行业问题，西班牙和意大利在 2012 年第四季度面临较大的债务到期压力，希腊能否继续获得第三笔援助等。我们认为要看到欧债危机结束，必须要满足两个条件：第一是周边国家的国债收益率大幅下降，第二是欧元区经济实现稳定增长，但欧元区经济实现稳定增长将是个漫长的过程。

此外，美国经济呈现弱复苏的“稳态”，GDP 增长放缓，全球经济仍然缺乏引领复苏的新增长点。钓鱼岛事件正在发酵，中日多经济层面的对峙也在逐渐展开，作为我国单一经济体最大的贸易国以及最大的境外投资伙伴，双边经济交流的下降必将产生较大影响。

2. 我国处于结构转型之关键阶段，经济增速面临阶段性下降的挑战

我国严重依赖投资及靠出口带动经济增长的结构模式亟待改变，尽管“调结构”和“经济转型”早就被中央政府提出，但实际操作起来却进展缓慢，我国已经开始遭遇劳动力成本上升、通胀上升、经济增速下滑等困境，同时面临着复杂的外部环境：①外部经济体如美国、欧洲等面临危机之后的经济放缓，其货币政策仍以量化宽松或维持利率不变等经济刺激措施为主要目的，对我国经济转型期的利率政策形成较大的制约；②美国宽松量化货币政策导致进口商品尤其是大宗商品价格上升，我国输入型通胀压力依然存在；③至 2012 年 8 月末我国外汇占款占上年 GDP 的 54%，相对稳定的汇率制已经使我国货币政策越来越失去独立性，基础货币量的被动增加投放，央行采用逆回购措施来缓解外汇占款增速放缓的格局，国际经济低迷导致出口贸易摩擦渐增，靠人民币贬值促出口压力加大。

从目前我国的经济动力来看，目前还缺乏经济增长点，主要表现在以下三个方面：第一，据 2012 年上市公司中报上市公司净利润的统计，73% 的利润集中在六大垄断或管制行业（银行业 51.1%，石油开采加工 8.8%，煤炭开采 5.3%，保险 3.0%，房地产开发 2.6%，白酒 1.9%），而剩余的 195 个行业全部的净利润合计才占 27%；第二，我国制造业生存环境仍然恶劣，贷款资金成本依然维持高位，制造业投资增速尚没有往上的动力和条件，顺周期因素仍然显示经济下滑还没有企稳回升；第三，从当前 PMI 指标、新订单指数等先行指标看我国去库存过程并不顺畅，工业增加值也在低位徘徊，房地产投资增速和新开工面积不乐观，疲弱的外围经济体导致我国出口呈现下滑趋势。

（二）A 股市场 2012 年第四季度及 2013 年行情展望

在欧债危机恶化并向全球资本市场输出危机、美国经济复苏出现停滞、国内经济继续面临增速下滑、通胀缓慢下行或有反复、政策中短期难以放松，以及 2012 年 10 月份开始的大小非解禁正处高峰及未来融资扩容问题等多重复杂因素的交织影响下，我们认为 2012 年第四季度构筑大级别市场底的条件还不成熟，预计将以超跌反弹和弱势盘整为主。

展望 2013 年，在世界经济复苏缓慢和中国经济增速放缓的背景下，国内经济将经历长期的产业结构再调整以及金融体制优化的过程，在此情况下，代表整体经济状况的 A 股市场难以出现持续上涨行情，将呈现宽幅震荡的特征，我们判断上证综指的运行中枢为 2000 ~ 2500 点，存在结构性投资机会。但不排除当外围经济持续恶化，国内受到外围输入型通胀影响而被迫采取紧缩性货币政策、经济持续增长乏力的较悲观情况下，A 股市场将存在继续下探的可能性，但这种可能性相对较小。

（三）债券市场展望

当前整体宏观经济环境继续有利于债券市场：一是中国经济增速下滑迹象明显，短期内经济低迷的形势难以扭转，未来不排除通过继续降息来对抗经济下滑；二是债券供需双向扩容，央行近期通过逆回购的方式平滑流动性，未来准备金率有继续下调的空间，相对宽松的资金面有利于缓解债券供给压力。但美国 QE3 的推出会抬升国内的输入性通胀忧虑，从而会使货币政策放松趋于谨慎。我们认为，输入性通胀压力不会很高，QE3 的实施虽然对大宗商品价格有助涨助跌的作用，但是在美元走软的空间也因其他经济体的好转幅度弱于美国而降幅有限，同时，全球经济仍然处于疲弱的复苏期，需求不旺，QE3 带动的大宗商品更多是源于流动性释放，而非实际需求拉动，因此，通胀涨幅将相对有限。基于以上判断，未来债市所面临的利率风险相对小，债券在大类资产中仍具有相对较强的吸引力。

我国政府多次强调要大力发展公司债，拓宽中小企业的融资渠道，未来我国信用债市场将迎来更广阔的发展空间。从当前相对利差水平、相对投资价值等因素考察，信用债的投资价值高于利率债，因此可增持信用利差保护较高的信用类资产。在风险控制方面，应警惕经济下滑导致的信用风险暴露，以及政策刺激不适当导致的通胀大幅反弹。

Review and Analysis of Shanghai Securities Market in 2012 and Prospects for 2013

Wu Qian et al.

Abstract: Under the comprehensive macro background of deteriorated European sovereign debt crisis, USA's unsatisfactory economic recovery and a slow down in China's economic growth, China's A share market rebounded in Q1 then fell. In the first three quarters in 2012, Shanghai Composite Index dropped by 5.15% and once fell below the 2000-point mark. The ups and downs of individual stocks differentiated greatly. And the valuation of the whole market has stepped into a historical bottom area. Looking forward into Q4 of 2012 and 2013, a continuously rising market is not expected and China's A share market may show great fluctuations with some structural investment opportunities instead.

Key Words: Securities Market; European Sovereign Debt Crisis; Economic Growth Rate; Monetary Policy

B.25

当前中国金融压力运行态势分析与展望*

陈守东　易晓溦　王 妍**

摘　要：

本文依据有代表性的银行部门、证券部门、外汇部门和保险部门金融指标的结构化特点，构建具有时效性的金融压力指数以识别中国金融体系的压力状况；运用马尔可夫区制转移模型（MS-VAR）研究2002年1～8月我国金融运行体系压力的区制特征。研究表明，中国金融系统压力状态在不同年份区别较大，金融压力上升、下降趋势明显，具有明显的两区制波动特征。金融压力与宏观经济之间的负相关关系较高，并且近年来两者之间的负相关关系呈增大趋势。虽然2012年下半年以来我国金融压力指数呈上升趋势，但金融压力仍以较大概率在低压力区制状态下运行，我国金融运行环境整体良好。

关键词：

金融压力　运行态势　分析与展望

随着经济金融化、金融全球化发展趋势的进一步增强，现代金融体系已成为一个互相依存、互相关联的有机整体。金融机构间混业经营趋势的进一步深化，使得各国金融体系内部不同行业间的相互关联程度逐步增强，呈现更强的紧耦合效应；同时，在开放的市场经济条件下，各国金融体系还要面临诸如市

---

* 基金项目：吉林大学“985 工程”项目、教育部人文社科重点研究基地重大项目（2009JJD790015），国家社科基金重大项目（10ZD&010）、（10ZD&006），国家社科基金项目（12BJY158）。

** 陈守东，吉林大学数量经济研究中心教授，经济学博士；易晓溦，吉林大学商学院数量经济专业博士研究生；王妍，吉林大学商学院数量经济专业博士研究生。

场风险、汇率风险等此类外部风险的冲击。在内外因素的共同作用下，当一国的金融体系承受的金融压力增加到一定程度时，会导致信息不对称加剧、资产价格波动剧烈、融资成本迅速上升、投资需求减少、市场流动性骤减，这些不稳定因素所积累的风险达到一定程度时，会使得金融系统失去平衡。当金融失衡由于金融体系的顺周期而将风险从虚拟经济向实体经济进行溢出时，整个经济系统将产生动荡，甚至引发经济危机。

一个国家金融风险的防御能力主要取决于是否具有一套能够正确反映金融体系健康与稳定的金融风险预警系统。建立健全金融风险预警系统可随时掌握金融机构动态，并有效评估其潜在风险，可及早发现金融系统运行异相，并有效采取适当的监管和纠偏措施。可以为监管部门提供实地检查重点及检查频率的参考，以节约监管成本、提升金融监管功效。我国经济正全面融入世界经济体系，面对日益竞争激烈的国际金融市场环境，我们迫切需要建立符合我国金融系统特征的风险预警系统，并以此建立国家金融风险管理体系，从而进行国家金融风险的全面监控和管理。

本文在借鉴以往学者关于金融压力研究的基础上，对我国银行部门、证券市场、外汇市场的压力变量的选取进行了修正，并根据我国金融市场发展趋势增加了保险部门，通过构建包括银行、外汇、股票、保险等资产市场变量的金融压力指数，首先，研究分析了 2002 年 1 ~8 月我国金融体系的压力状况。其次，通过构建 MSM（2）-AR（2）来刻画 2002 年 1 ~8 月的金融压力指数的动态演变过程。再次，分析了中国金融压力指数与代表中国宏观经济运行状况的工业增加值增长率之间的动态关联，研究了金融压力与宏观经济增长之间的关系。最后，对我国金融压力指数年度走势进行了预测。

一　中国金融压力指数构建

根据各市场对金融体系影响程度，我们决定从银行、股市、外汇及保险市场四大行业中选取相应的变量，本文选取了银行业的泰德（TED）利差、负的期限利差、银行业风险利差、股票市场负的收益、股票市场波动、汇率贬值、外汇储备的减少、外汇市场波动、保险赔付额的变化率。同时，基于FSI指数的敏感性、时效性和数据的真实性考虑，建立基于月度数据的FSI。

（一）银行部门相应变量的选择

银行作为金融市场的一个间接融资渠道，对社会经济资源进行优化配置。在我国目前金融市场还不是很成熟和社会融资渠道还不是很通畅的情况下，银行部门在我国的金融体系中长期居于主导地位。银行部门的运行状况直接关系到我国金融系统的稳定性。本文对银行部门选择泰德利差、负的期限利差、银行业风险利差三个变量。

泰德利差一般是指银行间同业拆借加权平均利率与国库券收益率差，它度量了银行同业间的交易对手风险。泰德利差越大表示银行对同业间要求的风险溢价越大，银行间的金融压力也就越大。本文采用银行间同业拆借加权平均利率与国库券风险利率之差计算泰德利差。从泰德利差曲线形态来看（见图1），泰德利差在2006年1月以前变动平缓，波动幅度较小。2006年开始，由于市场流动性过剩和通货膨胀加剧等因素的影响，央行数次调整存贷款基准利率，从而使得泰德利差呈缩小趋势。2009年后，受不确定的市场预期的影响，银行间同业拆借利率迅速走高，使得泰德利差迅速扩大。直至2011年10月，泰德利差才呈现逐渐缩小的趋势。

负的期限利差指政府发行短期债券和长期债券的收益率差，负的期限利差

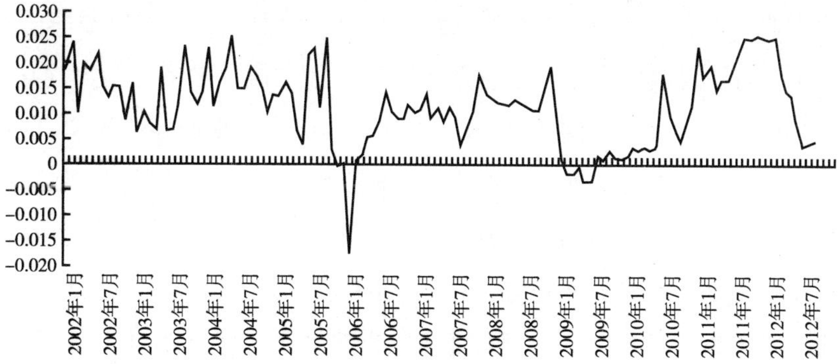

图1 泰德利差

衡量了银行收益受危害的程度，这个值越大银行部门的压力也就越大。负的期限利差用1年期银行间固定利率国债收益率减去10年期银行间固定利率国债收益率计算。从负的期限利差曲线形态来看（见图2），由于我国债券市场整体规模较小且市场机制不灵活，导致负的期限利差呈现明显的顺周期性。2005年1月之前，负的期限利差逐渐增大。2005年2月至2008年10月，受抑制经济过热而采取的相应货币政策的影响，负的期限利差逐渐缩小。2008年11月至2009年3月，负的期限利差出现反弹而再次逐渐增大。2009年4月以后，受世界各国纷纷实施宽松的货币政策影响，我国一方面向市场投入大量流动性，另一方面则是不断调低利率，使得利率期限结构变得更加平坦，负的期限利差逐渐缩小。

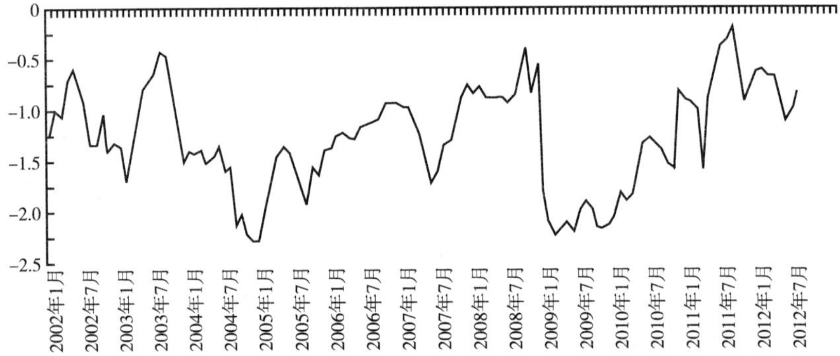

图2　负的期限利差

银行业风险利差指金融债券的收益率相对于政府发行债券收益率的溢价，它衡量了银行业风险的大小。银行业风险利差用中债金融债总指数（1～3年期）到期收益率减去中债国债总指数（1～3年期）到期收益率度量。由银行业风险利差的变动趋势可见（见图3），2005年5月以前，银行业风险利差呈现周期性频繁波动且波动幅度呈现逐渐缩小的趋势。2005年6月之后银行业风险逐步积累呈现不断上升趋势，直至2008年5月达到顶峰。之后银行业风险呈现下降趋势。2009年3月银行业风险再次攀升，直至2011年8月再次达到顶峰后才逐渐下降。

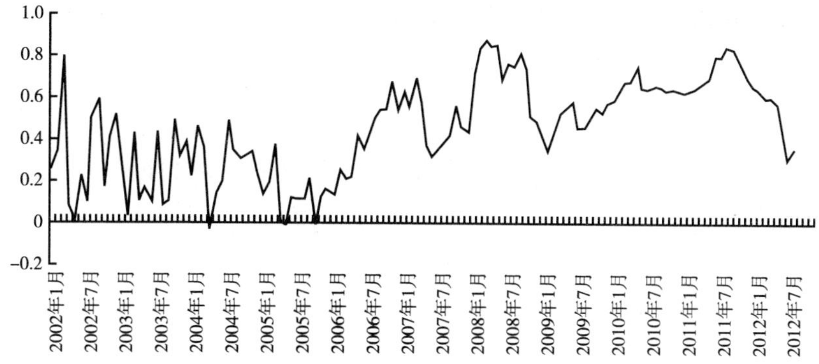

图 3　银行业风险利差

（二）证券部门相应变量的选择

股票市场负的收益描述了股票市场下跌时市场所面临的巨额预期损失。本文用上证综指月度收益的负值代表。这个值越大证券部门的压力也就越大。由股票市场负的收益形态可见（见图 4），我国证券从 2002 年以来，由于我国宏观经济运行环境总体良好，除了 2008 年 2 月至 2009 年 8 月由于受次贷危机所带来的风险溢出效应的影响，使得证券部门面临很大的压力外，证券部门总体而言收益率偏低。

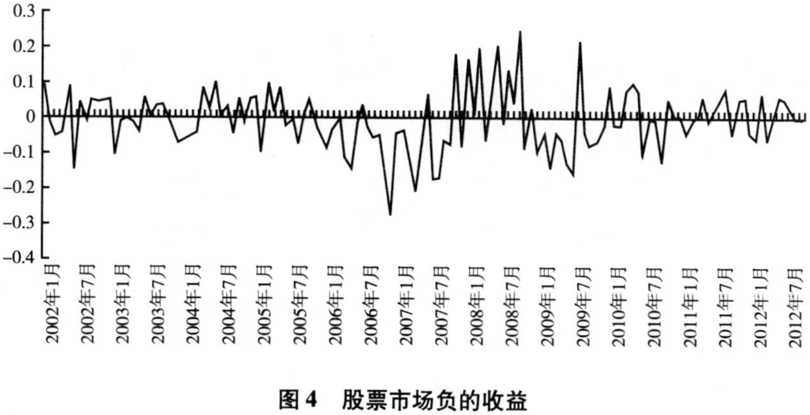

图 4　股票市场负的收益

股票市场的波动能够反映压力状态下对资产价值以及对其他投资者行为的不确定性，股票市场价格波动用上证综指月度收益通过 GARCH（1，1）模型计算的时变方差来衡量。由股票市场的波动形态可见（见图5），2006年11月以前，我国证券市场运行平稳，波动幅度较小。2006年以后，由于市场流动性过剩和投机因素的影响，证券市场风险加剧。2008年以后，由于受外部市场冲击的影响，波动幅度也逐渐增大。直至2011年6月开始，波动幅度才逐渐趋缓。

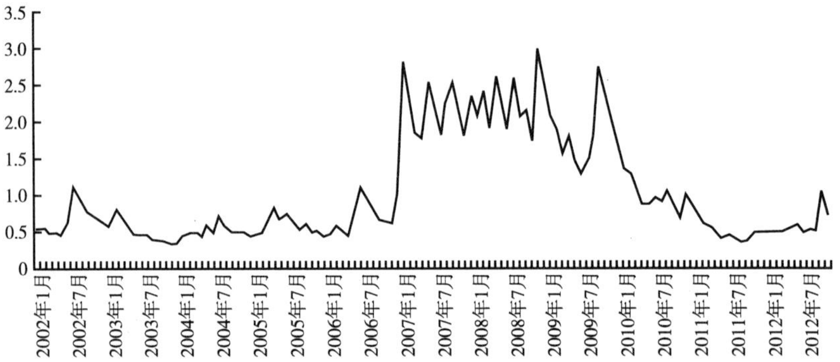

图5　股票市场的波动

（三）外汇部门相应变量的选择

本文对外汇部门选择汇率变化率、负的外汇储备的变化率、外汇市场波动作为变量。随着各国之间外贸依存度的进一步深化，汇率作为一个显著的宏观经济变量直接影响一国的贸易条件，进而影响一国的外汇储备和货币政策。汇率的突然下降和外汇储备的减少都会显著地影响一国的金融市场，对整个金融体系产生极大的压力。

汇率的变动用直接标价法下（以美元为标的）汇率变化率表示。2005年7月21日，中国政府摒弃自1994年实行的人民币固定汇率制度，实行以市场供求为基础，参考一篮子货币进行调节、有管理的浮动汇率制度，自此汇率开始成为影响我国宏观金融环境的一个重要的不确定性宏观变量。2005年7月至2008年9月，由于中国的对外贸易经常项目以及资本金融项目都呈现“双顺差”的状态影响，人民币汇率一直呈升值趋势（见图6）。由于受次贷危机所导致的外贸出口条件的恶化，经常项目顺差的局面得到缓和，2008 年 10 月至 2010 年 5 月人民币汇率变化不大。2010 年 6 月之后，受美国量化宽松货币政策的传导效应影响，人民币相对于美元又继续呈现升值迹象。

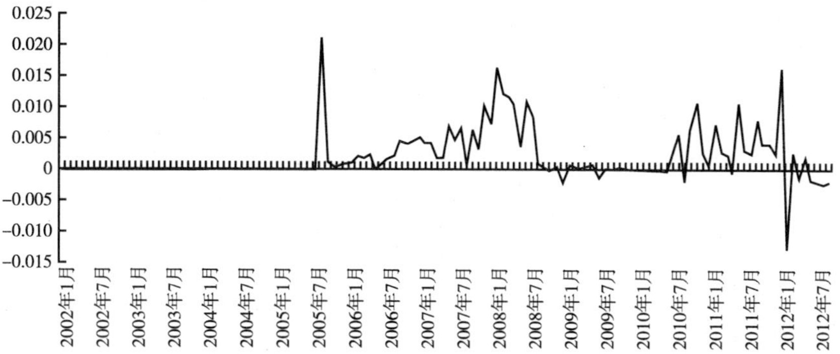

图 6　汇率变化率

外汇储备的减少用负的外汇储备的变化率来表示。严格意义上而言，一个经济体的国际收支在长远来看是基本平衡、金融市场没有出现显著扭曲前提下所形成的外汇储备才是相对正常和稳健的。当一国产生大量的外汇储备盈余时，就面临着汇率波动所导致的巨额的潜在损失，从而影响一国金融市场的稳定。持续的双顺差和日渐浓厚的人民币升值预期，使得我国目前的外汇储备规模从 2002 年到 2010 年以来逐渐增大，且大约以年 2.7% 增长趋势平缓增长。次贷危机后，一方面，由于对主要贸易出口国出口总额减小而致使我国对外贸易条件开始恶化；另一方面，为降低所持巨额外汇储备发生货币贬值风险，政府开始有意识地主动减持外汇储备。受这两方面因素影响，2011 年 9 月以来我国的外汇储备规模出现小规模的负增长（见图 7）。

外汇市场波动用实际汇率指数月度变化的 GARCH（1，1）模型计算的时变方差来表示。由外汇市场波动曲线的形态可知（见图 8），外汇市场的波动在 2008 年国际金融危机发生之前较小。从 2008 年 3 月到 2010 年 2 月波动幅度大幅增加，从而增加了外汇市场的压力。此后波动虽然出现周期性的反弹但总体变动幅度较小。

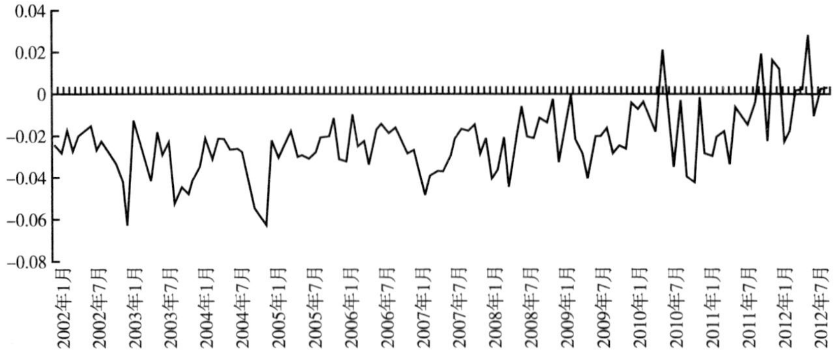

图7　负外汇储备的变化率

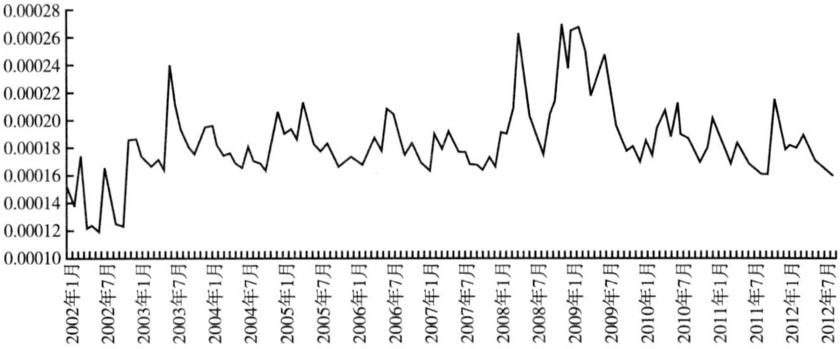

图8　外汇市场的波动

（四）保险部门相应变量的选择

保险业在我国兴起的时间并不长，但是发展速度惊人。作为朝阳行业，我国保险业处于快速成长期，2009年保险保费收入首次突破1万亿元，成为我国金融体系中不可忽视的重要组成部分。保险赔付规模的变动往往会引起保险部门的动荡，从而为整个经济系统积聚大量的系统性金融风险。因此，本文拟用保险赔付额的变化率作为保险部门压力变量。由保险赔付额变化率曲线形态可见（见图9），由于我国保险市场发展起步较晚、规模较小和发展迅猛，使得保险的赔付额总体呈现逐年增加的趋势。同时由于受到不先进的管理技术与理念、低水平重复竞争局面和频繁变动的政策法规的影响，使得保险赔付总额变动幅度较大。其中变动幅度较大的主要体现在两个阶段：2006年7月至

2008年2月，2011年1月至2012年3月。依据曲线走势可以预计，保险赔付总额在2012年下半年将继续增加，保险市场所积累的金融风险将越来越成为我国金融系统性风险的一个重要风险来源。

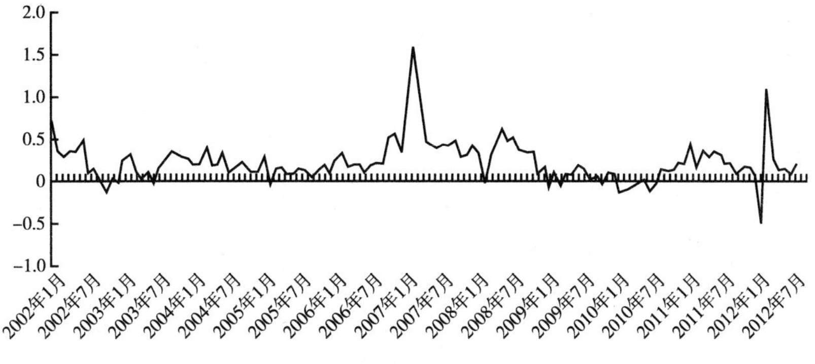

图9　保险赔付额变化率

二　中国金融压力区制分析

对金融压力的9个指标变量即泰德利差、负的利差期差、银行业风险利差、负的股票收益、股票价格波动、汇率贬值、外汇储备的减少、外汇市场波动、保险赔付额的变化率进行标准化处理后，等权重加权平均作为本文的金融压力指数（FSI）。

由金融压力指数图10可见，中国金融系统压力状态在不同年份区别较大，金融压力上升、下降趋势明显，具有明显的两区制波动特征。从2002年到2005年，由于中国加入世界贸易组织，自由化和便利化的经济贸易环境使得中国的经济金融条件得到极大改善。同时，世界经济在此期间也保持着良好的发展势头。良好的国内外经济环境使得中国金融压力变动平缓且呈现压力逐渐下降的趋势。我国从2005年7月启动了汇率市场化改革，实行有管理的浮动汇率制度，以期化解汇率风险。但由于我国外汇储备的迅速增加和人民币对美元等主要货币之间升值明显使得外汇部门金融压力逐渐增大，故从2006年起金融压力持续上升。在2007年上半年金融压力经过短暂的下降后，由于受美国次贷危机的影响中国金融压力继续上升，最终在 2008 年第二季度达到顶峰。从 2008 年 9 月到 2009 年 12 月，由于各国在面对次贷引发的全球性经济危机面前采取高度一致的经济振兴措施，全球经济逐渐从危机中恢复过来，我国面临的金融压力逐渐下降。从 2010 年 1 月到 2011 年 12 月，不断加重的欧洲主权债务危机使得我国金融压力指数迅速攀升，但增长幅度远小于次贷危机时我国金融压力指数上升幅度。2012 年以来由于继续实行积极的财政政策和稳健的货币政策，经济结构调整步伐加快，使得上半年我国金融压力逐渐下降。但由于实体经济运行困难加大，成本推动型物价上涨压力呈现长期化趋势，使得我国下半年金融压力上升趋势明显。

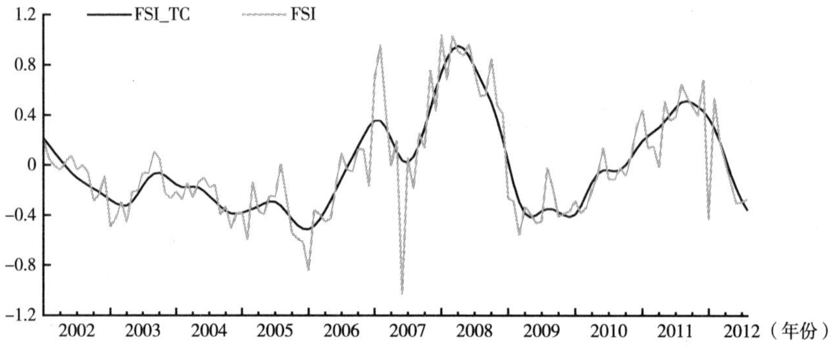

图 10　金融压力指数

将金融部门的泰德利差、负的期限利差、银行业风险利差三个变量序列进行标准化处理，等权重加权平均作为银行部门的金融压力指数。将证券部门的股票市场负的收益、股票市场波动两个变量序列进行标准化处理，等权重加权平均作为证券部门的金融压力指数。将汇率变化率、负的外汇储备的变化率、外汇市场波动变量三个变量序列进行标准化处理，等权重加权平均作为外汇部门的金融压力指数。将保险赔付额变化率进行标准化处理作为保险部门的金融压力指数。以上四个部门压力指数如图 11 所示。对四个部门压力指数进行季节调整后的 TC 序列如图 12 所示。

如图 11 和图 12 所示，对于四个子指标而言，它们都相当形象和敏感地刻画了我国金融市场的压力状况。2009 年第一季度以来，银行部门压力指数波

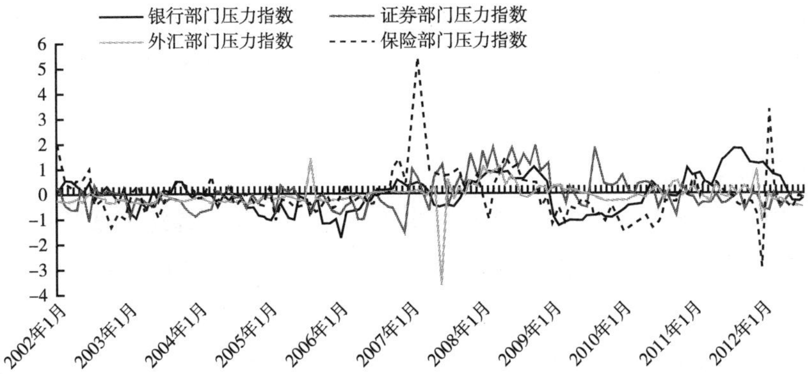

图 11　金融压力子指数

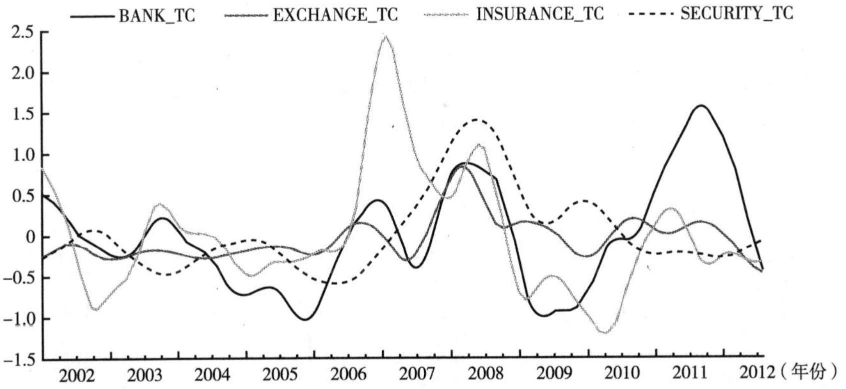

图 12　金融压力子指数 TC 序列

动较大，银行部门风险对我国金融系统所承受的系统风险的贡献度最大，是我国系统性金融风险的最主要来源。2012 年上半年以来，各部门金融压力走势渐趋平缓。7、8 月份以来，各部门金融压力呈现上升趋势。相对于其他三个金融压力子指数，证券部门压力指数更具有一定的先行性。这充分表明随着我国金融市场的发展和证券市场交易制度的进一步完善，我国的证券市场逐渐对我国经济走势起到了晴雨表的作用。我国保险部门由于 2002 年以前市场规模扩张较快且近年来发展迅猛，使得保险部门金融压力指数上升下降幅度都比较大，相对于其他部门呈现更剧烈的波动特征。由于面临人民币升值压力和外汇储备的迅速增加，2005 年以来外汇部门压力指数波动频繁。

为了反映金融压力指数变化的区制特征，通过金融压力指数序列自相关函数、偏自相关函数确定选择 AR（2）模型，并通过两状态马尔科夫均值转移的二阶自回归模型［MSM（2） -AR（2）］来刻画 2002 年 1 ~8 月金融压力指数的动态演变过程。

如图 13、图 14 所示，区制 1 为低金融压力与低宏观经济增长区制，区制 2为高金融压力与高宏观经济增长区制。表 1 给出了区制转移概率，各区制的样本数量、频率以及平均持续期。估计结果显示，低金融压力区制自身的持续概率为0. 9508，平均持续期较长，约为23. 16 个月，样本期内3/4 的样本均处于低金融压力区制内，可见低压力区制具有较强的稳定性，从金融低压力区制向高压力区制转移的概率较低，仅为 0. 1166；当进入金融高压力区制后，高压力区制自身持续概率为 0. 8834，平均持续期为 8. 56 个月，处于该区制的样本为总数的 1/4，从金融高压力向低压力的转移概率为 0. 0432。模型的区制滤波、平滑概率如图 13、图 14、图 15、图 16 所示。

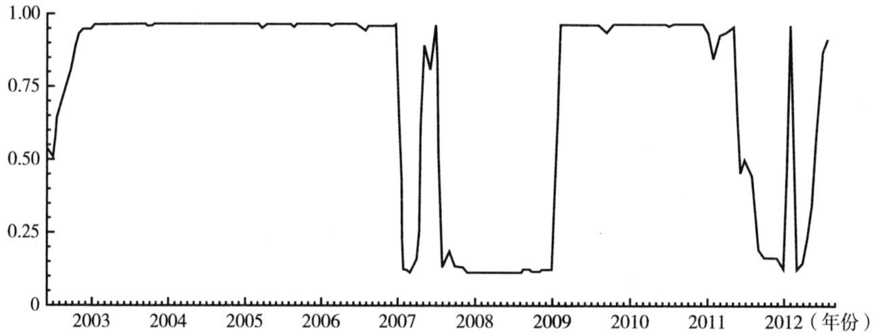

图 13　区制 1 滤波概率

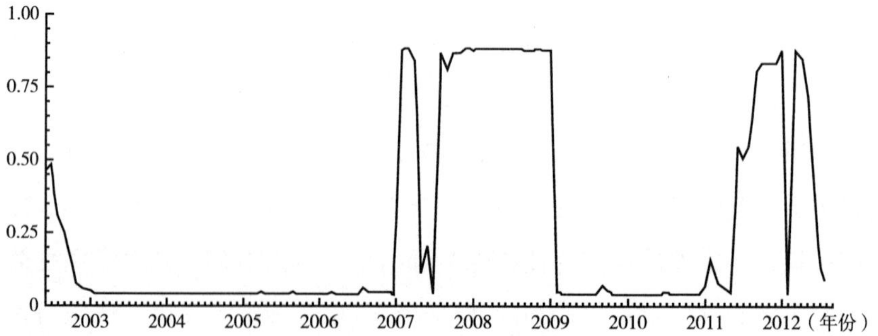

图 14　区制 2 滤波概率

表 1　区制转移概率矩阵与各区制统计分析

	区制 1	区制 2	样本数量	频率	平均持续期
区制 1	0.9508	0.0432	89.8	0.7298	23.16
区制 2	0.1166	0.8834	33.2	0.2702	8.56

图 17 为依据图 15、图 16 得出的金融压力区制图，其中阴影部分为通过两状态马尔科夫均值转移三阶自回归模型［MSM（2）－AR（2）］得到的金融压力指数的高压力区间。高压力区制主要分布在 2007 年 1 月至 2007 年 4 月、2007 年 7 月至 2009 年 1 月、2011 年 3 月至 2011 年 12 月、2012 年 2 月至 2012 年 5 月，金融系统处于高金融压力区制的时间间隔逐渐缩短，分别为 3 个月、19 个月、10 个月和 3 个月。该现象表明，我国货币政策当局所采取的相应的逆周期宏观调控手段日趋灵活和有效。

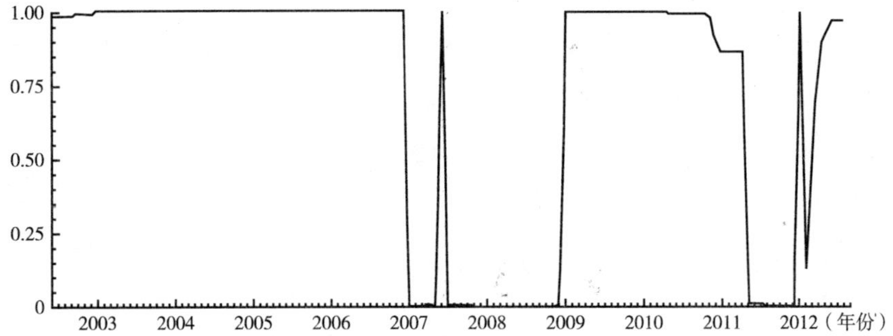

图 15　区制 1 平滑概率

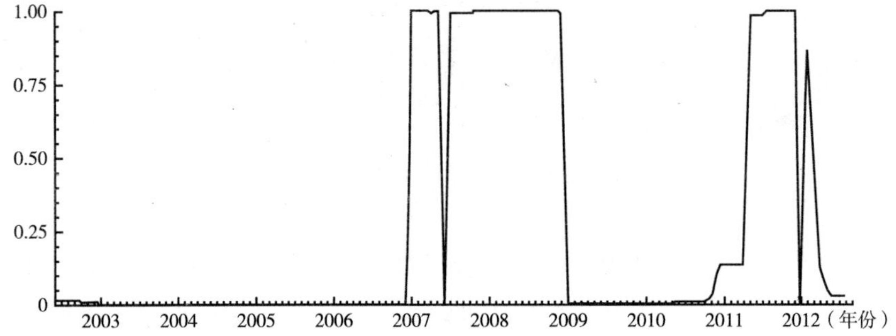

图 16　区制 2 平滑概率

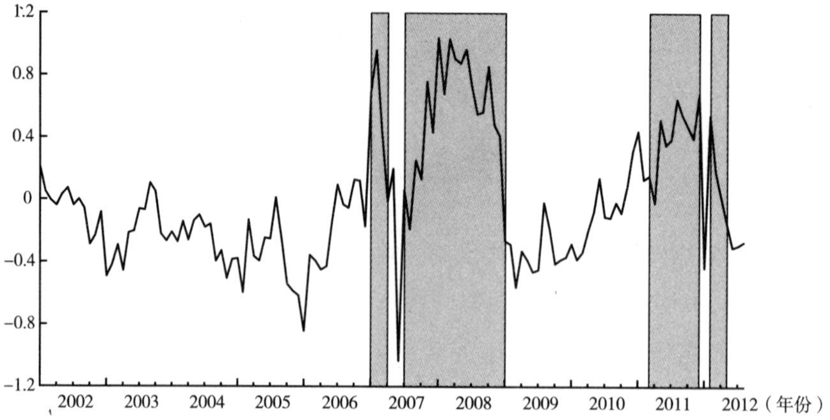

图 17　金融压力区制

三　金融压力与宏观经济运行状况关联分析

用金融压力指数代表金融系统压力状态，用工业增加值增长率反映中国宏观经济运行状况。金融压力指数和工业增加值增长率序列如图 18 所示。图 19 为季节调整后的金融压力指数与工业增加值增长率的 TC 序列。

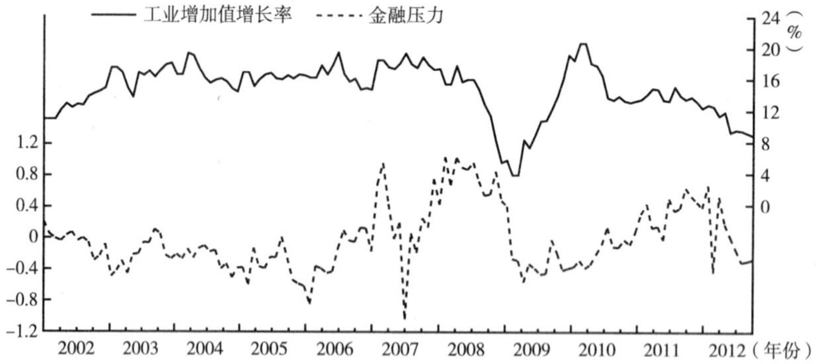

图 18　金融压力与工业增加值增长率

金融压力与工业增加值增长率之间的相关关系见表 2、表 3，在整个样本期内（2002 年 1 月至 2012 年 8 月）金融压力与工业增加值增长率之间具有负相关关系，金融压力与领先 9 个月的工业增加值增长率间的相关性最大，相关系数为 -0.6406（见表 2）；将样本期缩短到 2007 年 3 月至 2012 年 8 月时，两

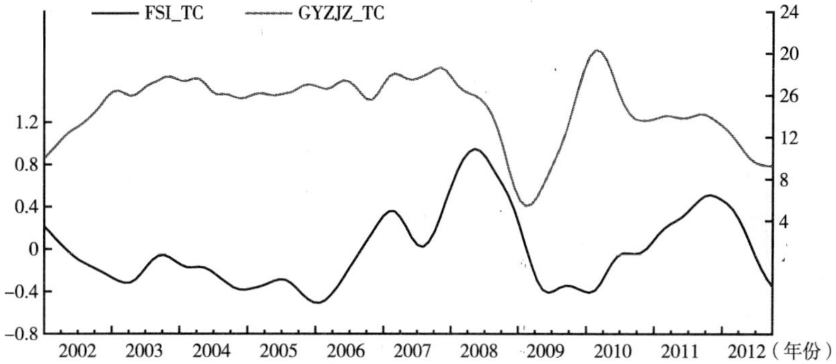

图 19　金融压力与工业增加值增长率（TC）

者间的负相关关系明显增大，金融压力与领先 9 个月的工业增加值增长率间的相关系数达到 -0.6688。该现象表明，我国货币决策当局为缓释金融压力而采取的逆周期操作的金融宏观调控政策对维护经济的平稳较快发展是有效果的。表 3 中金融压力与工业增加值增长率同期的相关系数为 0.0721 表明，次贷危机中我国金融系统所面临的风险主要来自于外部经济环境，我国政策当局在初始时刻所采取的金融宏观调控政策在一定程度上存在时滞效应。

表 2　金融压力与工业增加值增长率关联（2002 年 1 月至 2012 年 8 月）

金融压力,工业增加值(滞后)	金融压力,工业增加值(超前)	i 期	滞后	超前
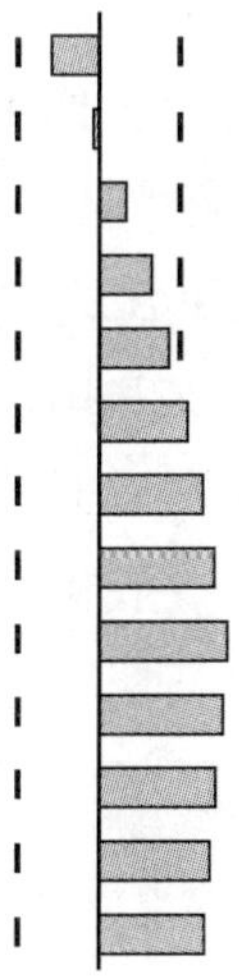	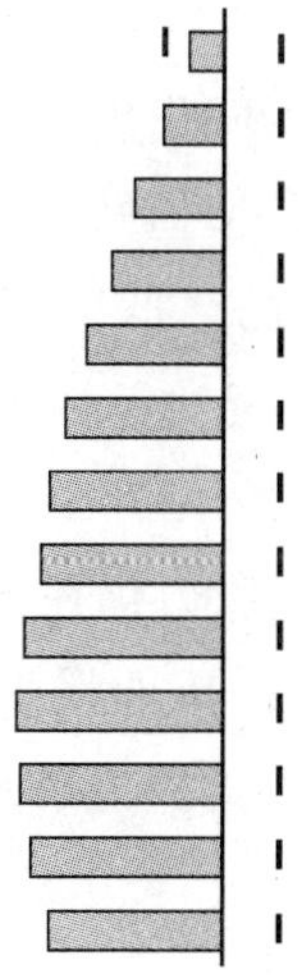	0	-0.1028	-0.1028
		1	-0.0113	-0.1810
		2	0.0641	-0.2809
		3	0.1085	-0.3467
		4	0.1556	-0.4238
		5	0.1910	-0.4871
		6	0.2336	-0.5282
		7	0.2656	-0.5535
		8	0.2915	-0.6157
		9	0.2724	-0.6406
		10	0.2642	-0.6279
		11	0.2478	-0.5985
		12	0.2384	-0.5355

表 3　金融压力与工业增加值增长率关联（2007 年 1 月至 2012 年 8 月）

金融压力,工业增加值(滞后)	金融压力,工业增加值(超前)	i 期	滞后	超前
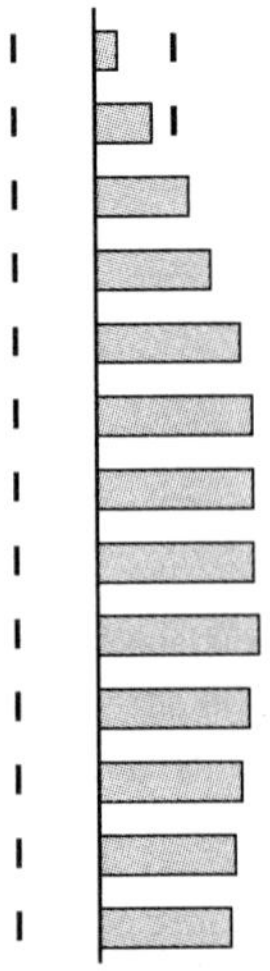	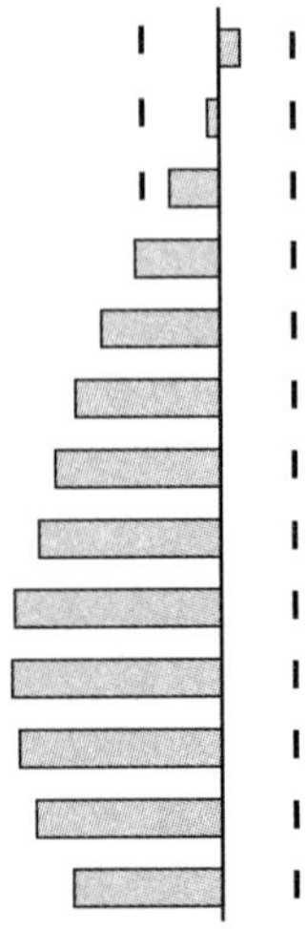	0	0.0721	0.0721
		1	0.1786	-0.0276
		2	0.2937	-0.1544
		3	0.3575	-0.2607
		4	0.4479	-0.3675
		5	0.4839	-0.4463
		6	0.4986	-0.5209
		7	0.4942	-0.5755
		8	0.5005	-0.6487
		9	0.4749	-0.6688
		10	0.4491	-0.6475
		11	0.4185	-0.5848
		12	0.4047	-0.4638

四　2012 年中国金融压力指数预测

用 ARIMA（1，1，3）模型对 2012 年 9 月到 2013 年 8 月的金融压力指数进行预测，压力指数预测结果如图 20 阴影部分所示，上下两条水平的虚线分别为上文两状态马尔科夫均值转移的二阶自回归模型［MSM（2）-AR（2）］估计得到的金融压力高、低区制的均值。对金融压力的预测结果表明，虽然面临世界经济复苏乏力、欧元区危机不断发展和国内投资增速放缓的影响，虽然 2012 年下半年以后我国金融压力指数呈上升趋势和金融系统风险不断累积，但金融压力仍在低压力区制运行，我国金融运行环境整体良好。相对于图 20 中的工业增加值增长率走势预测，金融压力指数仍然具有显著领先效应，该指数能够敏感地监测我国金融系统的压力状况。

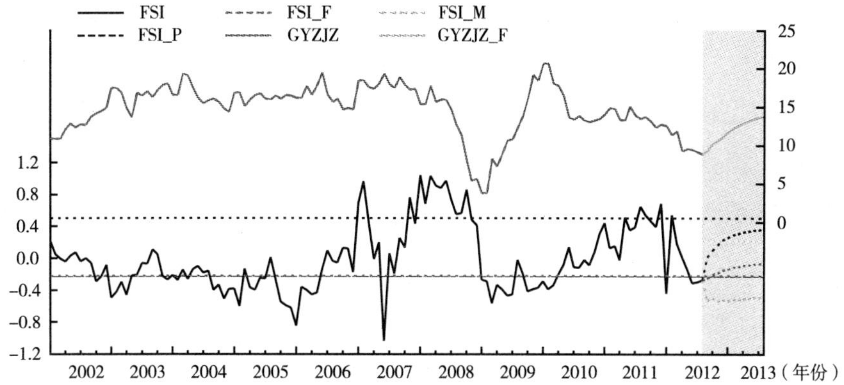

图 20　金融压力预测

五　结论

第一，本文构建的金融压力指数表明，我国金融系统压力状态在不同年份的区别较大，金融压力上升、下降趋势明显。2012 年上半年以来，各部门金融压力走势渐趋平缓。对于四个部门压力指数而言，证券部门压力指数相对于其他三个金融压力子指数更具有一定的先行性。保险部门由于起始时期市场规模较小，使得保险部门金融压力指数上升、下降幅度都比较大，相对于其他部门呈现更剧烈的波动特征。由于面临人民币升值压力和外汇储备的迅速增加，2005 年以来外汇部门压力指数波动频繁。2009 年第一季度以来，银行部门压力指数波动较大，是我国系统性金融风险的最主要来源。

第二，我国金融系统压力状态具有明显的两区制波动特征。低金融压力区制平均持续期较长，约为 23. 16 个月，处于该区制的样本为总体的 3/4。高金融压力区制平均持续期为 8. 56 个月，处于该区制的样本为总体的 1/4。依据分析可见，我国金融系统总体上运行平稳，长期处于低金融压力区制。同时，金融系统处于高金融压力区制的时间间隔逐渐缩短。该现象表明，我国货币政策当局所采取的相应的逆周期宏观调控手段日趋灵活和有效。

第三，金融压力与宏观经济之间的负相关关系较高，金融压力指数与超前九个月的工业增加值增长率间的相关性最大，并且近年来两者之间的负相关关系呈增大趋势。同时，近年来金融压力与工业增加值增长率的同期正相关关系表明，次贷危机中我国金融系统所面临的风险主要来自外部经济环境，我国政策当局在初始时刻所采取的金融宏观调控政策在一定程度上存在时滞效应。

第四，预测结果表明，虽然 2012 年下半年以后我国金融压力指数呈上升趋势和金融系统风险不断累积，但金融压力仍以较大概率在低压力区制状态下运行，我国金融运行环境整体良好。

参考文献

陈守东、杨东亮：《中国银行体系脆弱性的动态分析与预测》，《吉林大学社会科学学报》2010 年第 4 期。

陈守东、王妍：《金融压力指数与工业一致合成指数的动态关联研究》，《财经问题研究》2011 年第 10 期。

赖娟、吕江林：《我国金融系统性风险预警指标体系的构建与应用》，《江西财经大学学报》2011 年第 2 期。

刘晓星、方磊：《金融压力指数构建及其有效性检验——基于中国数据的实证分析》，《管理工程学报》2012 年第 3 期。

Cardarelli, Roberto, Selim Elekdag and Subir Lall (2009), Financial Stress Downturns and Recoveries Forthcoming. IMF Working Paper.

Illing M. and Liu Y. (2003), An Index of Financial Stress for Canada, Bank of Canada Working Paper , No 14.

Hakkio C. S. and Keeton W. R. (2009), Financial Stress: What Is It, How Can It Be Measured, and Why Does It Matter? http://www. Kansas CityFed. org.

Louzis D. P. and Vouldis A. T. , (2007), A Financial Systemic Stress Index for Greece, Available at SSRN: http://ssrn. com/abstract =1736570.

Analysis and Prospect of Financial Stress Based on Current Running Situation in China

Chen Shoudong et al.

Abstract: Based on distinguished financial indexes' structured characteristics of bank sectors, security sectors, exchange sectors and insurance sectors, this paper constructs a timely Financial Stress Index in order to distinguish the stress of China's financial system; studying the regime characteristics of the stress between 2001.01 and 2012.08 with MS-VAR. The empirical results show that: there is significant difference for Chinese financial condition during different years. Financial stress has significant upward trends and downward trends, that is it exists distinct two-regime volatility characteristics. The negative correlation between financial stress and macroeconomics is high and has an increasing trend. Though Chinese Financial Stress Index has an upward trend since the second half of 2012, the financial stress will run in the low-pressure regime with higher probability. As a whole, the financial running situation is good in China.

Key Words: Financial Stress; Running Situation; Analysis and Prospect

台港澳经济篇

Taiwan, Hong Kong and Macao's Economy

B.26 台湾地区经济形势分析与展望（2012～2013年）

张冠华　熊俊莉*

摘　要：

2012年，台湾地区经济景气大幅下滑，预计全年经济增长将由“保4%”转为“保1%”。受全球经济增长趋缓、国际金融危机和欧洲债务问题持续蔓延及台湾经济内部结构性因素等影响，前三季度台湾地区对外贸易和民间投资多出现衰退。第四季度出口有回暖势头，加上台湾当局积极推出短期因应措施，年底台湾经济有望实现缓慢复苏。展望2013年，台湾地区经济在内外环境及相关刺激措施影响下，有望逐步复苏。

关键词：

台湾经济　低速增长　经贸关系

2012年，台湾地区经济受全球经济景气下滑、国际金融危机和欧洲债务

* 张冠华、熊俊莉，中国社会科学院台湾研究所。

问题持续蔓延及其自身内部结构性因素等影响，经济景气大幅下滑，台湾地区统计部门8月底预计全年经济增长率将由上年的4.03%降为1.66%，未来还有下调空间。展望2013年，以出口为导向的台湾地区经济所面临的全球经济环境仍然复杂，但在全球主要国家纷纷采取货币量化宽松政策、岛内经济刺激措施逐步显现以及两岸经济合作深化等影响下，可望逐步复苏。

一　2012年经济现状

2012年，受欧洲债务问题持续扩散、各主要发达经济体与新兴市场增长趋缓，以及台湾地区经济长期面临的结构性因素等不利影响，各主要经济指标上半年呈下滑态势，虽然第四季度景气有望缓慢回升，但全年经济增长率仍较年初预期大幅下滑。

1. 经济增长

2012年上半年台湾地区经济远低于预期表现，前两个季度GDP增长率分别为0.4%和-0.18%，预计第三、四季度有望触底缓慢回升，GDP增长率预计将分别回升至1.99%和4.23%。受上半年经济不景气影响，台湾地区统计部门连续几次下调全年经济增长预测值，从年初的4%左右降为8月底的1.66%。根据环球透视（GI）发布的预测报告，2012年台湾经济将排名亚洲“四小龙”最末位，低于韩国（2.3%）、新加坡（2.2%）和香港（1.9%）。下半年美国启动第三轮量化宽松货币政策（QE3），虽然有助于缓解美国经济衰退，但却增加了包括台湾在内的新兴市场的通货膨胀压力，同时也不利于稳定汇率和出口成长，再加上欧债危机短期内难有较大改善以及新兴经济体增速放缓等因素影响，预计年底台湾经济复苏势头不明显，难以再出现2009年时的V形反弹。

从台湾有关部门发布的景气对策灯号指标看，已连续10个月呈现蓝灯，8月灯号分值降至15分，显示截至8月台湾经济尚无明显复苏趋势。台湾行政部门除加快推动“经济景气因应方案”外，于9月份推出“经济动能推升方案”，以促使经济景气复苏。

台湾地区经济增长主要依靠外部需求拉动，出口衰退是造成2012年台湾地区经济增长减缓的重要因素。受全球经济不景气、欧洲债务危机持续蔓延、新兴经济体成长趋缓等因素影响，预计2012年台湾地区商品出口和进口将分别衰退1.72%和1.50%，是亚洲地区罕见的负增长。外需对经济增长的贡献大幅下滑，特别是出口带动的经济增长率比上年下降了4.37个百分点。在2012年预计的1.66%经济增长率中，外部需求占1.21个百分点，但其中出口只占0.22个百分点，进口因减少对GDP贡献反而达0.99个百分点。外需不振也导致岛内固定资本投资持续缩减，进而影响内需成长。

从内部需求看，2012年民间消费和"政府消费"对GDP增长的贡献预估分别为0.84个和0.08个百分点，固定资产投资占-0.48个百分点，存货变动占0个百分点，合计内部需求在经济增长率中的贡献为0.44个百分点。前两个季度因出口衰退、产能过剩，厂商大幅缩减资本支出，使民间投资分别出现-9.03%和-2.21%的负增长，虽然下半年景气缓慢回升可能转为正增长，但全年民间投资预计仍将衰退1.03%。再加上"政府投资"和公营事业投资受物价上涨等因素影响相对紧缩，预计将分别衰退10.64%和5.03%，合计全年固定资产投资将出现-2.81%的负增长，成为台湾内需动力不足的最主要因素。2012年岛内民间消费也趋于疲软，增长率由上年的3%下降至1.58%，主要原因是股市交易减少以及薪资水平上涨无力使民众财富缩水，影响了民众的消费意愿。

2. 对外贸易与投资

2012年前8个月，台湾地区累计出口1963.4亿美元，同比减少5.6%；进口1809.1亿美元，同比减少5.7%；贸易顺差154.3亿美元，同比减少4.5%。从对外贸易的地区看，前8个月台湾对美国出口减少11.9%，进口减少10.6%；对日本出口减少2.9%，进口减少10.9%；对香港出口减少8.7%，进口增长26.3%；对东盟出口增长6.6%，进口减少3.6%；对欧洲出口减少9.3%，进口减少7.1%。祖国大陆仍是台湾地区最大的贸易伙伴，但由于两岸贸易中加工贸易比例较高，仍主要以美、欧为最终市场，受欧美市场萎缩的影响前8个月两岸贸易也呈衰退态势，据台湾地区贸易主管部门统计，台湾对大陆（含香港）出口和进口分别减少了8.7%和7.6%，出口比重由2010年的42.4%下降至39.1%。值得注意的是，台湾与东盟贸易关系延续了

2008 年以来的快速增长态势，年内东盟将是台湾主要出口市场中唯一保持增长的地区，出口比重由 2008 年的 14.8% 提升至 18.3%，高于美国的 11.1% 和欧盟的 9.8%。9 月份，受国际电子产业景气复苏的影响，台湾出口恢复至 10.4% 的正增长，但总体来看台湾产品出口竞争力下滑的趋势仍十分明显。

从进出口商品结构看，台湾出口集中于电子信息产品，并通过投资带动原材料及机械设备的大量进口，进、出口结构的单一性和过度集中使台湾经济在国际市场波动时面临较大风险，受冲击的程度也较大。前 8 个月台湾主要产品出口都呈现不同程度的下滑，电子、光学器材、化学品和通信资讯产品出口金额分别减少了 4%、10%、11.8% 和 23.4%，而由于投资缩减，同期台湾对资本设备、农工原料的进口也分别减少 4.7% 和 8.7%。

年内台湾地区对外投资大幅增长，主要投资地区由发达国家或地区进一步向新兴市场转移。1～8 月台湾主管部门批准对外直接投资（不含大陆，下同）金额 67.5 亿美元，同比增长 257.9%。除大陆以外的前 5 大投资地区为新加坡（40.2 亿美元，占 59.5%）、日本（10.7 亿美元，占 15.8%）、越南（4.8 亿美元，占 7.2%）、澳大利亚（3.2 亿美元，占 4.8%）及香港（2.2 亿美元，占 3.2%）。其中前 8 个月台湾对新加坡、越南、马来西亚、泰国、菲律宾、印尼等 6 国投资高达 47.4 亿美元，占对外投资总金额的 70.2%。台湾企业也加大对日本的策略性投资，前 8 个月对日本投资增长了 3.3 倍。相对的，台湾对美、英、法等发达地区的投资均出现一定程度下滑。对外投资进一步集中于服务业，1～8 月服务业投资 48.5 亿美元，同比增长了 3 倍多，占对外投资总额比重超过 70%，其中以金融控股业为主（44.4 亿美元，占 65.8%）。

在两岸签署经济合作框架协议、台湾当局放宽对外资限制及积极赴海外招商等一系列措施的作用下，外商投资台湾的信心提升。1～8 月台湾吸引外商直接投资 30.8 亿美元，同比增长 4.5%。台湾投资主管部门正积极推动调整外资政策，预计将取消外商投资台湾需审核的限制，改采事后申报制，此举对改善岛内投资环境、吸引直接投资有一定帮助。同时，台湾当局为配合产业结构调整及服务业科技化和国际化等总体经济战略，积极推动对外招商由制造业转向服务业，并选定批发零售业、物流运筹业、餐饮与旅馆服务业及专业技术服务业等服务业为重点招商产业。据台湾“投审会”统计，1～8 月台湾吸引外商投资服务业 19.8 亿美元，占投资总额比重约 64.2%。

另据台湾地区“央行”公布的数据，2012 年前两季度除直接投资的资金净流出 39.4 亿美元外，在证券投资方面，台湾居民投资海外证券 137.8 亿美元，同比下降 35.6%；海外资金投资岛内证券 8.1 亿美元，同比下降 57.4%；总计净流出 169 亿美元。加计岛内民间汇回海外投资收益、存款及银行部门承做衍生性金融商品交易收益后，台湾金融账逆差持续扩大，净流出 104.6 亿美元，比上年同期增加了 35.5%。下半年欧债危机呈现缓和态势，加上 9 月美国出台第三轮量化宽松政策（QE3），推动海外资金流往包括台湾证券市场在内的新兴市场，年底台湾金融账逆差有望缩小。

3. 产业状况

2012 年上半年台湾地区农业、工业生产均出现负增长，产业结构继续向服务业倾斜。第二季度台湾农业、工业、服务业占 GDP 比重分别为 2.09%、28.58%（其中制造业为 24.32%）和 69.32%。

前两个季度农业生产附加值分别减少 2.49% 和 2.19%。台湾当局加快推动农业科技化和精致化转型，并提出针对未来与美国启动 TIFA 谈判及加入 TPP，制定相应的农业应对及补偿措施。另外，还积极推动农产品出口，两岸直航并签署经济合作框架协议后，已经大幅拉动台湾农产品对大陆地区的出口，并带动台湾整体农产品贸易逆差呈缩小态势。1～8 月台湾农产品出口和进口分别为 33.3 亿美元和 94.4 亿美元，逆差 61.1 亿美元，同比下降了 9.5%。

工业生产增幅逐月下降，1～8 月工业生产指数同比下降 1.98%，其中制造业生产指数同比下降 2.2%。表面看来是由于制造业投资缩减导致工业生产下滑，但更深层的原因是台湾制造业仍以附加价值较低的代工生产为主，尤其是受国际市场影响较大的电子资讯业，再加上产业竞争力下滑，使工业生产受出口影响越来越大。为此，台湾当局提出“三业四化”的产业发展策略，其中包括制造业服务化和传统产业特色化，主要目标就是提升制造业附加值和提升产业竞争力。制造业按四大类产业划分，前 8 个月金属机械工业、信息电子工业、民生工业和化学工业增长率分别为 -5.2%、-1.2%、-0.8% 和 -1.8%。1～8 月外销订单减少 1.4%。从制造业外销订单看，上半年来自大陆

（含香港）和欧盟的订单分别缩减了3.5%和2.6%，此外来自日本的订单也大幅减少7.0%。目前，台湾外销订单的前五大接单地区分别为大陆（含香港）占25.6%、美国占23.7%、欧盟占17.7%、东盟占11%和日本占9.5%；主要接单产品包括电子产品占23.5%、信息通信产品占24.5%、精密仪器占8.3%、基本金属占6.7%。

2012年上半年服务业维持低增速，前两季度增幅分别为0.68%和1.24%。受外部需求萎缩、岛内生产活动减少等因素影响，1～8月批发零售与餐饮业营业额同比下降0.8%。服务业中增长最快的是信息及通信传播业，前两季度分别增长了7.58%和7.36%，主要原因是在智能手机及手机网络快速发展的推动下，信息供应及处理等业务大幅增长。但第二季度岛内金融保险业受股市成交量大幅下滑32.49%的影响，出现0.45%的负增长。台湾服务业以内需为导向的特性，决定了其受岛内市场狭小、生产外移等因素影响难以实现高增长，为此，台湾当局提出服务业科技化和国际化的发展策略，加大力度推动10大重点服务业发展，目标是使服务业向出口型、高附加值产业转型。

4. 金融与财政

上半年台湾地区货币供应增速有所减缓。1～8月货币供应量M1B和M2分别增长3.3%和4.5%，均低于2011年同期水平。因民营企业普遍缩减资本支出，截至7月底主要金融机构贷款额增长5.21%，比上年同期下降2.1个百分点，对民间、“政府”及公营事业部门贷款分别增长4.74%、8.84%和1.0%，其中民营企业贷款同比下降了2.7个百分点。自上年7月升息后，台湾“央行”已连续五个季度维持利率不变，目前重贴现率、担保放款融通利率及短期融通利率分别为1.875%、2.25%和4.125%。总体来看，台湾地区的利率在国际上仍属较低水平，亚洲地区除日本外，大陆、韩国、印度等均高出台湾地区1～2个百分点。台湾当局表示未来仍将维持“适度宽松”的货币政策，一方面为“保增长”创造好的环境，另一方面也是为保证金融稳定和防止通货膨胀，尤其是避免下半年物价快速上涨的态势恶化。

在汇率方面，上半年欧债危机的蔓延导致外资特别是来自欧洲的资金大批汇回，再加上台湾当局开征证券交易所得税政策未定等因素，使内、外资持有新台币资产的意愿下降，新台币兑美元出现逐渐贬值走势。1美元兑换新台币由4月的29.23元贬至7月的30.01元。9月13日美国推出量化宽松（QE3）政策后，国际热钱回流亚太新兴市场，台湾、韩国、新加坡等地区货币兑换美元均出现一定程度升值，但为维持出口竞争力各经济体均积极通过资本运作抑制过快升值。9月新台币汇率升幅达2.1%，9月底已回升至1美元兑29.34元新台币。

台湾股市年内呈现振荡起伏态势。第一季度由于美国经济复苏趋势明显使国际股市普遍上扬，加上岛内“大选”结束后消除了政经走向的不确定性，岛内、外投资人信心不断提升，台股指数由年初的7072点涨至8170点，涨幅达15.5%。但3月以来国际经济形势急转直下，欧、美、大陆地区经济表现均不如预期，再加上4月台湾当局出台油电价格涨价方案，并加快推动以开征证券交易所得税为起步的财政改革，对股市造成冲击。3~6月台股平均指数下跌约1300点，又回到6800点左右的低位。下半年台股在欧债危机有所缓和、美国量化宽松货币政策等因素带动下，又出现回升态势，至9月底已升至7715点。1~8月台股总成交量为4725亿美元，同比减少27.3%，但9月成交量有快速增长之势。前8个月外资投资台股净汇入约20亿美元，8月底外资持股市值占台股总市值的31.55%，外资汇入台股累计1580亿美元，加上外资持有的债券、台币存款等，共计1998亿美元，占台外汇储备的51%。2012年8月底台湾地区外汇储备为3942亿美元，在全球排名居第4位，仅次于中国大陆、日本及俄罗斯。

年内台湾当局推出一系列财税改革措施，财政收支结构随之出现相应的变动。财政收入方面，加快推动税收制度改革，继上年开征奢侈税后，7月台湾行政主管部门再次修改“所得税法”，将于2013年正式实施对证券交易所得征税，主要是为了促进租税公平和避免贫富差距扩大，同时也达到增加税收的目的。但该举措对台股市造成较大冲击，证券交易税也因股市成交量缩减而大幅减少，在赋税收入中的比重出现下滑。目前，台湾税收主要来源于所得税（占40%）、营业税（占16%）、货物税（占9%）、土地税（占8%）和证券交易税（占5%）。1~8月赋税收入增长4.2%，其中，所得税大幅增长10.6%，但证券交易税减少27.5%，创2006年以来最低纪录。财政支出方面，第一季度支出大幅增长7%，主要原因一是自2011年军公教人员调薪后

“政府”消费增长；二是 2012 年开始实施新的国民年金、劳保制度等使社会福利支出增长，下半年预计受经济不景气影响用于经济建设部分的财政支出将有所增加，全年财政支出增速预计将超过税收增速，财政赤字也将高于预算。按 8 月通过的 2013 年总预算，台当局 2013 年仍将出现财政赤字，发行 2844 亿元新台币公债，2013 年债务累计将达 5.3 万亿元新台币，占前 3 年平均 GNP 的 37.1%，逼近 40% 的举债比例上限。此外，不仅中央债务不断增加，台湾各县市的地方债务也越来越严重，其中高雄市负债最高，达 2172 亿元新台币，而苗栗县、宜兰县、新竹市等债务均已超过地方举债上限。

5. 物价与就业

年内台湾消费物价指数走高，通货膨胀压力上升。前两个季度消费者物价指数分别为 1.29% 和 1.65%，7～9 月受气候等因素影响快速上涨，8 月 CPI 涨幅高达 3.42%，创 2008 年国际金融危机以来最高纪录。8 月食品类价格上涨幅度最大，为 8.7%，其中蔬菜、水果涨幅分别高达 57.9% 和 20.1%；受油料费、家庭用电、燃气价格调涨等因素影响，交通类和居住类价格分别上涨 1.88% 和 1.24%。1～9 月 CPI 平均涨幅为 1.96%，预计第四季度受美国推出量化宽松政策等国际因素影响，岛内通货膨胀的压力将进一步增大。1～9 月份台湾地区批发物价指数（WPI）下跌 0.2%，按美元计价出口产品和进口产品物价指数分别下跌 2.37% 和 1.62%；岛内生产内销产品物价指数下跌 0.86%。

上半年岛内失业状况有所恶化。失业人数由 1 月份的 47.2 万人上升至 8 月份的 50.2 万人，失业率同期由 4.18% 升至 4.4%。与香港（3.2%）、韩国（3.1%）、新加坡（2.0%）比较，为“四小龙”最高。岛内放无薪假的厂商数量又呈上升趋势，9 月增加至 32 家，人数突破 1000 人。值得关注的是，岛内青年失业情况日趋严重，8 月青年（15～24 岁）失业率达 13.6%，而 2000 年仅 7% 左右。年内，岛内平均薪资水平下降，企业因经济不景气大幅缩减员工的非经常性薪资（包括绩效资金、员工红利、加班费及年终奖金等），使受雇员工平均薪资 1～7 月同比下降 0.24%，再扣除物价上涨率后薪资实际增长率为 -1.83%。据估计，目前台湾实质平均薪资已倒退至 1998 年时的薪资水平。台湾行政部门近来积极推动基本工资调升，但受经济景气影响及企业反对，调涨薪资的进程举步维艰。

物价快速上涨和失业率的攀升，使台湾民众生活水平下滑。1～8月台湾痛苦指数（失业率加消费物价指数）已升至6.06%，10年来升高了近1倍，若加计房价指数，民众实际生活水平的下降更加明显。

6. 两岸经济关系

2012年两岸积极落实和推动经济合作框架协议（ECFA），加速推动两岸经济合作。一是1月1日两岸开始对“早期收获计划”实施第二阶段降税，双方约94%以上的商品降至零关税，对促进两岸贸易及服务业投资发挥明显作用。二是两岸经济合作委员会积极推动ECFA后续专项协议的商谈，取得了重大成果。8月9日海协会与海基会第八次会谈，签署了《两岸投资保障和促进协议》和《两岸海关合作协议》，双方还就尽快协商并签署《服务贸易协议》、推动空气质量监测合作及地震监测合作等达成共识。三是两岸经贸团体互设办事处取得了突破性进展，台湾外贸协会获准在大陆的上海等6个城市设立办事处，大陆的中国机电产品进出口商会获准赴台设立办事处，双方正积极进行前期的准备工作。

年内两岸双方还致力于促进双向投资和旅游、推动金融合作及产业合作，并取得积极成果。台湾方面3月开始实施第三阶段开放陆资赴台投资的相关规定，新增开放161个产业项目，使大陆企业可投资项目比重提高至67%，其中制造业开放幅度达97%，但实际限制与歧视仍然较大。大陆居民赴台个人游的范围逐步扩大，由2011年的3个城市增加至13个。在金融合作方面，大陆已批准10家台资银行设立大陆分行，其中9家已经开业，大陆也有4家银行获准在台设立分行或代表处，中国银行和交通银行的台北分行已经开业，两岸加速开放金融市场为开展金融合作提供了必要条件；另外，8月31日两岸签署《海峡两岸货币清算合作备忘录》（MOU），根据协议两岸将逐步完善货币清算机制，开放两岸货币直接兑换，大大拓宽双方金融机构经营人民币和新台币的业务，对两岸金融业发展与合作将产生积极影响。在产业合作方面，继2011年两岸达成共识以LED照明、无线城市、低温物流、TFT-LCD和电动汽车作为先期合作项目以来，双方积极推动就这些重点合作项目成立分组、展开试点。此外，产业标准也成为两岸合作的重点，在双方共同努力下已建立9项共通标准、签署2项合作备忘录，并就各领域达成27项共识。

2012年尽管受到祖国大陆经济增长放缓、投资成本上升等不利因素影响，但台商赴祖国大陆投资的意愿仍不断上升。按照商务部统计，1～8月大陆实际使用台资金额20.3亿美元，同比上升42.4%。截至2012年8月底，大陆累计批准台资项目87212个，实际利用台资562.3亿美元。按实际使用外资统计，台资在祖国大陆累计吸收境外投资比重为4.5%。值得注意的是，2012年两岸贸易呈现微幅下滑，显示过去两岸经贸往来中以投资带动贸易的模式逐渐发生转变，两岸经贸关系的发展与合作正面临新的机遇与挑战。按照商务部统计，1～8月两岸贸易额为1045.5亿美元，同比下降2.1%。其中，大陆对台出口223.1亿美元，同比下降5.8%；自台湾进口822.4亿美元，同比下降1.1%。台湾在祖国大陆地区市场占有率呈现下滑趋势，2012年上半年已落至第6位，排在欧盟、东盟、日本、韩国和美国之后。

在两岸积极落实ECFA促进双向投资的规定、加快推动金融市场开放与金融合作等因素的带动下，促进了陆资赴台投资的增长。截至8月底，大陆企业赴台投资金额累计达3.1亿美元，涵盖批发零售、物流、通信、餐饮、塑胶制品、旅游、金融等多个行业，雇用岛内员工已达5000多人。但总体看，陆资入岛规模仍然很小，目前的投资规模中还包括中国银行、交通银行在台设立分行的部分，主要原因是台湾当局对陆资仍采取一系列条件限制，如服务业和公共建设项目仍有50%左右尚未开放、制造业中敏感关键技术产业受限制、对陆资持股设立50%上限及专案审查等，很大程度上影响大陆企业赴台投资的意愿。

年内大陆居民赴台旅游人数大幅增加。据大陆地区统计，1～8月大陆居民赴台旅游人数达132万人次，超过上年全年总额。按台湾统计，加上商务、探亲赴台的人数，前8个月大陆赴台总人数超过170万人次，同比增长54.4%，占赴台旅客总数比重由上年的28.8%大幅提升至35.7%，平均每日赴台人数由上年的4888人/天升高至6986人/天。今年大陆赴台自由行试点城市增加了10个，台湾方面也放宽直系亲属参加自由行等规定，使大陆赴台自由行人数大幅增长，日平均人数由上年6月的157人/天增加至今年8月的700人/天，自由行总人数突破10万人次。大陆居民赴台旅游规模的迅速扩大，带动台湾航空、观光、餐饮、住宿、零售等产业发展，据台湾方面估计，4年多来大陆游客已为台湾创造了超过2000亿元新台币的收入。

二 2013年经济展望

综合分析，2012年上半年台湾地区经济增速趋缓，既有外部因素影响，也有内部结构性问题的制约。从外部因素看，全球金融危机的深层次影响不断加强，欧债问题短期内难以解决，使欧美地区经济复苏力道减弱，同时也对出口主导型的新兴经济体，如台湾、韩国、祖国大陆等造成较大冲击。从内部因素看，台湾经济存在结构性问题，在经济增长动力上过度依赖外部需求和出口，岛内消费与投资动力不足；在产业结构上仍以计算机、电子资讯等制造业为主导，服务业增长速度缓慢。虽然马英九在年初连任后，提出推动经济社会结构性转变的一系列举措，但这些中长期政策难以解决短期问题。9月份，台湾出口恢复10%的正增长，消费方面在赴台游客增多的带动下零售业、餐饮业持续增长，总体看年底台湾经济有回暖之势。台湾地区统计部门预测第三季度和第四季度经济增长率将分别为1.99%和4.23%。

展望2013年，台湾经济仍将面临较多不确定因素的挑战，台湾统计部门预计将缓慢复苏至3.67%的中低速增长。

从全球经济因素看，美、欧面临的高失业率、高额财政赤字、股市低迷、家庭财富缩水等带来的隐忧仍未消除，可能呈现长期、缓慢的经济复苏态势。9月份以来美、欧、日等发达经济体相继推出量化宽松的货币政策，虽然此举对这些地区经济景气的复苏有一定刺激作用，但也导致新兴经济体面临货币快速升值、资产泡沫化和通货膨胀加剧等风险。IMF在10月发布的预测，仍然对全球经济走势持悲观态度，将2012年和2013年全球经济增长率分别下调至3.3%和3.6%，并指出若无法解决欧债危机和美国面临的财政问题，情况还将进一步恶化。全球经济增长减缓，对台湾地区出口复苏和提升经济增长动力相对不利。

从两岸因素看，大陆作为台湾最大的贸易、投资伙伴，两岸经济合作步伐加快仍将是推动台湾经济发展的重要因素。特别是两岸经济合作框架协议（ECFA）的落实及后续协商、两岸金融合作进入实质开展阶段、两岸加快推动陆资企业入岛等，将对岛内经济产生更为积极的政策开放效应。但需要指出的是，2012年两岸贸易出现微幅衰退，显示台商投资对两岸贸易的带动效果进一步减弱，现有两岸经济合作模式面临挑战。虽然大陆“十二五”时期加快转变经济结构和扩大内需策略的实施，为两岸经济关系转型发展提供了机遇，但能否充分利用这一机会，使台湾经济更加有效地利用大陆市场的拉动力，还取决于台湾当局大陆经贸政策调整步伐、岛内经济结构转型与产业升级等因素。

从台湾内部因素看，2012年经济增长放缓除了因出口不振导致的投资低迷外，也与岛内失业率居高不下、实质薪资增长停滞影响民间消费意愿密切相关。第四季度台湾地区的出口虽然转为正增长，但在国际经济环境尚未明显改善的背景下，出口低增长的态势预计将延续至2012年末。2013年台湾经济增长能否实现“主计处”预估的3.67%，一定程度上要看岛内投资和消费的贡献。据IMF预测，明年台湾经济增长率有望恢复到3.9%。

Analysis and Forecast of the Economy of Taiwan Region

Zhang Guanhua et al.

Abstract: In 2012, Taiwan's economic growth slowed down, facing with the risk of less than 1%. Due to global economic downturns, financial crisis, European debt crisis, and more importantly, the structural problems inherent to Taiwan's economy, the first three quarters of 2012 witnessed declined international trades as well as sluggish domestic investments in Taiwan. However, there are signs indicating that the export in the fourth quarter of this year is going to warm up; in addition to the government's short-term intervention, a recovery from the economic downturn is foreseen by the end of this year. Looking forward to thc ycar of 2013, wc conclude that Taiwan's economy is likely to gradually recovery under the influence of the inside and outside environment and related stimulus measures.

Key Words: Taiwan Economy; Slow Growth; Economic and Trade Relations

B.27
台湾经济预测

刘孟俊　彭素玲*

摘　要：

2012上半年台湾经济成长表现因为国际经济景况表现不佳，经济持续陷入低迷走势，但目前经济表现已自谷底攀升，海关商品出口止跌回升，民间消费审慎保守，岛内投资环境仍具国际竞争力，公共支出规模缩减，物价虽有攀升但仍属平稳，金融情势持续维持宽松。预计2012年第3季台湾经济成长率约为1.42%，中国大陆经济成长下修，兼之美国成长略低于预期，造成台湾经济成长表现和缓。

关键词：

台湾经济　金融形势　分析与预测

一　经济表现已自谷底攀升

2012上半年台湾经济成长表现因为国际经济景况表现不佳，欧洲主权债务歹戏拖棚，以及美国、中国大陆等走势疲软，以及若干政策不确定性（如证所税等）影响，以致持续陷入低迷走势。根据“主计总处”8月发布资料，2012年第1、2季岛内经济成长率分别为0.40%、-0.18%，总和上半年成长率约为0.1%，几乎呈现停滞。其中岛内需求、财货与服务输出等对经济成长的贡献都呈现负值，仅赖进口衰退幅度超过出口而致净输出呈正向贡献，拉抬成长率表现，显示当前经济呈现内外皆冷局面。

* 刘孟俊，中华经济研究院研究员，兼任经济展望中心主任及第一所副所长；彭素玲，中华经济研究院经济展望中心研究员。

惟9月海关商品出口金额271.7亿美元，为近14个月以来新高；较上年同月增加10.4%，增幅达两位数，并为连续6个月负成长后首度转正。且8月之岛内工业生产指数达到136.6，创下历年次高水平，年增率1.89%，已为连续两个月正成长。主要支撑动能来自于制造业中的电子零组件业及化学材料业。其中8月电子零组件业生产指数为230.37，指数刷新纪录，年成长9.9%，并创15个月以来新高。

虽然8月商业营业额仍然呈现负成长1.2%，但其中餐饮业营业额为332亿元，创下历年第3高、年增5.4%。并且近期百货公司周年庆，各业者也纷纷表示业绩屡创新高，显见民间消费动能仍然可观。

随着欧洲央行（ECB）宣布收购公债、美国联准会（Fed）推出第三轮量化宽松措施（QE3），以及日本、澳洲甚至韩国等都推出宽松货币政策，全球经济可望逐步回稳。并且，美牛争议落幕，美国给予台湾免签证优惠，对于台湾旅游消费以及商务洽公都为利多。加之近期陆续有新科技信息产品陆续上市，可望带动相关产业接单增加，有助台湾出口动能的提升，对于岛内经济成长提供正面效益。

二　海关商品出口止跌回升

9月台湾海关商品出口总值271.7亿美元，年增率突破两位数字，达到10.4%，并为连续6个月负成长后首度转正；同月进口230.9亿美元，年增率1.3%；出超40.8亿美元，较上年同月增加22.7亿美元，不论出口进口以及出超都呈现正向成长。但合计2012年第3季出、进口年增率，分别为2.23%、3.21%，仍为负成长，并已连续三季呈现负成长，显示贸易情况严峻。

就出口结构观察，2012年第3季重化工业产品占出口比重为82.4%，出口金额较上年同期小幅下跌2.6%。就主要出口货品观察，以电子产品占比28.77%最高，其余货品皆未达10%；就年增率来看，以矿产品较上年成长53.36%最高，其次为车辆、航空器、船舶及有关运输设备成长7.38%。至于衰退幅度较大货品，以信息与通信产品较上年同期下跌27.03%最多。其次为基本金属及其制品下跌10.60%，纺织品下跌9.08%。至于主要商品出口国家及地区，台湾对大陆（含香港地区）输出比重自2011年第4季起已连续三季低于40%以下，第3季则回升至40.1%。

在进口结构方面，2012年第3季农工原料进口占比为76.7%，进口金额为534.55亿美元，年增率-4.95%；资本设备占13.6%，年增率为0.99%；消费品占9.7%，年增率为5.98%。可发现，愈接近消费端的进口品，成长表现愈佳。进口商品来源，以日本、中国大陆（含港、澳地区）及东协六国为主，2012年第3季之进口比重分别为17.86%、16.18%及12.44%。2012年第3季对主要进口国家及地区之进口金额几乎为负成长，仅欧洲及东协六国有小幅成长，分别为0.5%与0.1%；以中国大陆及香港年增率-7.8%之减幅最大，其次为日本-5.6%，美国为-7.4%。

展望未来商品贸易走势，由于即将迈入年底采购旺季，2012年第4季出口可望稳步回升。再者，以外销订单接单金额计算之动向指数为56.0，明显高于50，显示9月整体外销订单金额将呈成长趋势。尤其近期智能型手机、平板计算机等科技产品竞相推陈出新，可能带动消费需求，有助于台湾相关产业链之接单增加。

并且由于美牛争议落幕，美国并给予台湾免签证优惠，对于台湾之旅游消费或商务洽公，将有正面效益。而台美TIFA也可望复谈，对于台湾商品国际竞争力的提升将有正面帮助。

三　民间消费审慎保守

根据“主计总处”资料，2012上半年民间消费较上年同期仅成长1.11%。观察消费组成分前三名中，除住宅服务、水电瓦斯及其他燃料外（10.49%），主要集中于食品及非酒精饮料（7.91%）、交通类（7.29%）、医疗保健类（6.03%）、休闲与文化类（5.56%）。年增率则以食品及非酒精饮料成长7.49%为最高，主因食品、饮料及烟草制品零售业营业额成长6.6%，连锁式便利商店零售业营业额成长11.1%，以及食物类物价明显上涨所致。其次为餐厅及旅馆成长4.3%，交通类则成长4.01%。相较之下年增率呈现负数者有其他类（含对家庭服务之民间非营利机构消费）-5.14%、烟酒类-1.41%、教育类-0.88%。

展望未来民间消费，根据台湾“中央大学”“消费者信心指数调查”（CCI）与“国泰金控”“国民经济信心调查”，因受到岛内物价上涨、失业率攀升、欧债危机等国际经济情势因素影响，民众对于未来经济情势多呈现悲观。2012年9月CCI总指标为74.35点，较上月下降0.83点。本次调查指标仅有“未来半年是不是投资股票好时机”此分项指标上升，其余五项指标皆呈下降，如“未来半年岛内物价水平”、“未来半年家庭经济状况”、“未来半年岛内经济景气”、“未来半年岛内就业机会”、“未来半年是不是购买耐久财货好时机”等项。下降幅度最大的指针是“未来半年岛内经济景气”。若从绝对水平来看，六项指标中仅有“未来半年岛内就业机会”呈偏向乐观，其余五项皆呈现“偏向悲观”。

根据“主计总处”统计，2012年5月以来失业率逐月上升，8月失业率4.40%，主因应届毕业生持续投入寻职行列影响，造成失业率较上月略升。并且1~7月实质平均薪资4.4万元，较上年同期减少1.83%。至于物价方面，消费者物价指数（CPI）年增率自2月以来逐月攀升，8月更达3.42%，9月虽较上月略降0.47个百分点，但仍较上年同期增加2.96%，失业率攀升、薪资成长有限间之物价走高，再次冲击消费信心与意愿，民间消费呈现审慎保守。

四　岛内投资环境仍具国际竞争力

2001年以来，厂商投资成长明显趋缓，对经济成长除2004年及2010年有较大贡献外（分别为3.12个及3.99个百分点），其余各年度几乎不及1个百分点甚至为负。2011年岛内投资规模（2.5兆元）较2010年减少1030亿元，其中民间投资规模再度降至2兆元以下，为1.97兆元。以上显示，2008年金融海啸以来，民间投资仍然无法稳定提升。为刺激经济景气，政府推出“经济动能推升方案”，提出五大政策方针，其中“促进投资推动建设”，工作重点包括扩大招商，促进民间投资每年至少新台币1兆元。

根据工程会统计，截至2012年9月26日，已完成签约促参案件计有58

件、签约金额362亿元。今（2012）年度第4季签约案件预计签约金额达700亿元，民投金额较大的计4件，目前已完成议约的案件包括台北信义区世贸二馆土地开发与地全案、桃园地下水道系统BOT计划案、桃园高铁产业专用区开发经营案等，全年累积签约金额将突破1兆元。

展望未来民间投资，下半年光电及内存业者投资仍大幅缩减，加以全球经济前景尚未明朗，产业投资步调仍续审慎。具技术优势之半导体业者将续加码高阶制程，可望带动相关下游厂商资本支出；来台旅客大幅成长亦将激励休闲相关产业投资。由于第3季以美元计价资本设备进口年增率已转负为正值（0.99%），显示厂商之投资信心可望止跌回升。

另外，亦可由厂商经营概况之相关指标略窥端倪。如累计1～8月工厂新设立家数为2761家，较上年同期增加236家；歇业家数为1700家，较上年同期成长减少44家；若将新设立家数扣减歇业家数，2012年累计1～8月仍有1061家的净增加。虽然新设立公司家数，累计1～8月公司新设立家数为24817家，较上年同期减少1483家（年增率－5.64%），但若以资本额比较，累计1～8月金额1631亿元，较上年年增率达26.23%，显见厂商仍看好未来台湾之经营环境。

事实上根据WEF 9月发布之全球竞争力报告，台湾连续三年维持第13名，并且于亚洲地区中，仅次于新加坡（第2）、香港（第9）和日本（第10）。领先韩国（第19，进5名）、马来西亚（第25，退4名）、中国大陆（第29，退3名）、泰国（第38，进1名）、印度尼西亚（第50，退4名），显见台湾投资环境仍有相当竞争力。而根据核准华侨及外国人投资统计，2012年1～8月投资金额合计308亿美元，较上年同期增加4.5%，值此全球景气低迷时期，显见厂商对台湾投资环境之正面肯定。

五　公共支出规模缩减

根据“主计总处”编列预算数据，2013年总预算案经审慎筹划检讨结果，岁入1兆7302亿元，岁出1兆9446亿元，岁入、岁出相抵差短为2144亿元，连同债务还本770亿元，共需融资调度数2914亿元，以举借债务2844亿元，以及移用以前年度岁计剩余70亿元予以弥平，编定总预算案。各政事别中，社会福利支出编列4390亿元，占22.6%居首，较上年度增加0.8%；其次为教育科学文化支出占18.9%。

2013年度公共建设计划编列1918亿元，较上年度增加67亿元，约增3.6%，但若连同易淹水地区水患治理计划第三期特别预算编列数85亿元、营业与非营业特种基金附属单位预算部分所编计划型公共建设经费1794亿元，合共3797亿元，较上年度减少188亿元，约减4.7%，为公共建设预算规模近8年来最低水平。

根据“财政部”统计，截至2012年8月底，“中央政府”1年以上债务未偿余额为4.87兆元，平均每人负担债务21.6万元，已连续3个月持平。2012年台湾当局总预算岁出、岁入差短超过2000亿元。加上特别预算，预计举债3785亿元。根据“财政部”国库署资料，2012年底台湾当局1年以上债务未偿余额将达5.05兆元，占前三年平均国民生产毛额（GNP）约37%，逼近举债上限40%。

六　物价虽有攀升但仍属平稳

岛内物价方面，以消费者物价总指数（CPI）观之，累计2012年1~9月，CPI与上年同期相比累计上涨1.96%，主要涨幅来自食品类中的蔬菜项目，平均涨幅达32.72%。

观察构成CPI之七大类别的涨幅，2012年前9个月指数与上年同期相较，有四类上涨超过1%，分别为食物类、衣着类、居住类以及杂项类，食物类上涨主因应受天候和部分农产品2011年盛产价低相关，加以水产品及多数蔬果类等价格居相对高档，以及蛋类和乳制品因产量减少而使价格上涨所致；水电燃气价格调涨，亦使得居住类物价上涨；衣着类物价上涨和成衣价格的平均趋势走高相关。

以趸售物价指数（WPI）观之，累计1~9月，WPI与上年同期相比累计下降0.22%，尽管指数构成成分中的国产内销品部分下跌（-0.86%），但是进口品较上年同期上涨（0.45%），因而抵消了国产内销品的跌幅。

在 WPI 的组成项目中，2012 年度前 9 个月指数自 3 月起涨幅为负值的主要原因来自占比最大的制造业产品指数的下跌，而其中又以基本金属、化学材料、纺织品，以及纸制品的跌幅超过 4% 最为明显。而以产品的加工阶段加以分类，原材料和中间产品与前期平均相较为下跌，反之最终产品部分则为上升。

七 金融情势持续维持宽松

依据“中央银行”2012 年 9 月 20 日理监事联席会议之决议，利率水平依然保持不变，亦即重贴现率、担保放款融通利率及短期融通利率分别维持年息 1.875%、2.25% 及 4.125% 的水平。

在外需减弱下，台湾出口持续衰退，影响民间投资，民间消费亦趋保守，以致景气持续走缓，台湾“央行”透过公开市场操作，调节市场资金，金融业隔夜拆款利率下降后持稳（在 9 月 20 日来到 0.388% 的水平）。而 1～8 月平均银行放款与投资及 M2 年增率分别为 5.11% 及 4.50%，基本而言，银行授信仍属稳定成长。此外，8 月底全体货币机构放款与投资加计转列之催收款、转销呆账金额、人寿保险公司之放款与投资，以及直接金融，全体非金融部门取得资金总额年增率为 4.43%。

基于目前国际经济前景仍具不确定性，且台湾通膨有上升压力，加上美国 QE3 可能导致短期资本流入，并带动通膨预期之情况下，“央行”现阶段仍维持政策利率不变，以协助达成物价稳定与金融稳定之经营目标。

此外，由于新台币以及人民币目前均非国际流通之准备货币，主管机关为了开放在大陆地区办理新台币业务以及在台湾办理人民币业务，须依据《两岸人民关系条例》第 38 条之规定，建立两岸货币清算机制，包括成立清算行及其监管等。目前海峡两岸已于 2012 年 8 月 31 日完成签署“海峡两岸货币清算合作备忘录”（MOU）。关于建立两岸货币清算机制的架构，乃由双方各自同意一家货币清算机构［台湾“央行”已宣布由台湾银行（上海分行）担任大陆地区新台币清算银行］，按照双方法规，为对方提供己方货币之结算及清算服务；同时，两岸金融机构可互开相应币种代理账户，办理多种形式结算业务。两岸货币清算机制的建立，也标志着两岸的金融合作迈入新的发展阶段。

在两岸货币清算机制建立后，预期将可产生下列效益：①增加两岸经贸活动可使用的币别，提升厂商资金调度之灵活性；②有助于政府推动“发展具两岸特色之金融业务”计划，包括金融机构办理人民币业务、发行人民币债券及提供人民币计价商品等；③透过海外金融机构参与，有利于台湾发展人民币离岸市场。简单来说，对台湾而言，两岸货币清算机制之正式运作，除了具有促进两岸投资贸易便利化和金融合作的效益之外，更有机会发展成为人民币离岸中心。

八　台湾经济预测

粗估 2012 年第 3 季台湾经济成长率约为 1.42%，主要考虑欧债问题持续发酵，中国大陆经济成长下修，兼之美国成长略低于预期，预计台湾经济成长表现和缓。惟因上年同期基期较低，除岛内投资负成长外，其余 GDP 各项组成都能维持正向成长。其中，民间消费成长 1.75%。主要受惠于餐饮消费以及消费品进口维持正向成长。相对之下，虽然 7～8 月华侨及外国人投资平均成长 5.7%，但岛内投资仍因国际景气混沌，厂商投资态度观望保守，预估第 3 季年增率约为 -1.33%。其中，民间投资成长 0.11%，终于止跌回复正成长。

至于外贸表现，第 3 季财货与服务之输出与输入成长率分别为 2.17%、1.96%；虽然海关出口于第 3 季之年增率依然衰退，年增率为 -2.50%，但在观光旅游等服务输出成长表现较佳，以及物价平减指数年增率趋缓的情况下，财货与服务的输出年增率较上半年之负成长，有所改善。由于输入成长率衰退幅度高于输出年增率，净输出仍能持续成长，规模约 7103.6 亿元新台币，年增率约 2.80%，成为经济成长的重要支撑。

岛内第 4 季经济表现可望较第 3 季更上层楼，随着欧洲主权债务危机缓解，以及美国、欧洲、日本等竞相提出量化宽松政策，国际经济可望和缓转佳。预测实质 GDP 成长率约 4.26%，其中民间消费成长 2.49%，岛内投资亦转衰退为正成长 2.16%，民间投资年增率为 3.67%，财货与服务输出、输入分别增加 7.02% 与 7.61%，净输出规模约 8996.6 亿元新台币，年增率约 9.52%。

合计 2012 下半年经济成长率为 2.85%，其中民间消费成长率约为 2.12%，投资呈现零成长，平均年增率为 0.38%；民间投资成长率则为 1.75%。商品与服务之输出与输入成长率分别为 5.00% 以及 4.46%；净输出规模约 16100 亿元新台币，年增率为 6.45%。

至于 2012 下半年金融物价走势，由于第 3 季受天灾影响，年增率达 2.95%，预估下半年 CPI 年增率将突破 2%，为 2.47%，略低于 2.5%。台币对美元汇率呈现和缓升值，下半年平均价位为 29.54 元新台币兑换 1 美元，较上年同期之 29.73 元升值 0.19 元（约 0.64%）。至于失业率方面，由于毕业季节因素影响，下半年平均失业率 4.33%，较上半年水平略升。

合计 2012 年全年经济成长率为 1.52%，差距 2011 年之 4.03% 达 2.51 个百分点。其中，民间消费成长 1.62%，略高于 1.5%。岛内投资成长约为 -3.64%，衰退幅度较 2011 年的 -3.89% 缩小，其中民间投资减少 2.11%。财货与服务之实质输出、输入成长分别为 1.24%、-0.48%，海关商品出口与进口年增率分别约 -1.09% 与 -1.76%，双双衰退。

虽然 2012 年下半年 CPI 年增率突破 2%，但 2012 年全年 CPI 年增率预估约为 1.97%，仍可望低于 2% 关卡。新台币对美元汇率全年平均价位为 29.61 元新台币兑换 1 美元，较 2011 年的平均价位 29.47 元，贬值 0.14 元，幅度约 0.49%。至于岛内失业率，2012 全年平均失业率 4.25%，较 2011 年之 4.39% 差距 0.14 个百分点。

2013 年全球景气可望和缓复苏，然美国面临财政悬崖问题，欧洲仍有主权债务危机尚待解决。主要预测机构如 Global Insight 预料 2013 年欧盟经济表现可望止跌回升，自负成长（-0.3%）转为小幅正成长（0.1%）；美国经济仍将维持 1.8% 的成长。GI 预估，中国大陆成长率可望由 2012 年之 7.4%，提高至 2013 年的 7.6%，而 IMF 的预测更高达 8.2%。在国际经济转佳，且科技产品推陈出新，刺激全球消费并有利于岛内生产与接单，2013 年台湾经济成长率可望达到 3.59%。其中民间消费成长 2.76%，表现依然和缓，惟已较 2012 年水平增加约 1.14 个百分点。岛内投资成长 4.01%，其中民间投资成长

6. 00%，实质财货与服务之输出与输入成长率分别为 5. 57% 与 5. 02%。岛内需求以及净输出俱为经济成长的驱动力。

预期 2013 年全年 WPI 年增率约为 3. 88%，CPI 年增率为 1. 59%，仍可望低于 2%。新台币对美元汇率因美元相对走弱以及岛内商品出超增加呈现小幅升值，全年平均价位为 29. 37 元新台币兑换 1 美元，失业率全年平均约为 4. 23%，较 2012 年略有改善。

Forecasts on Taiwan's Economy

Liu Mengjun et al.

Abstract: Owing to the poor international economic performance, in the first half of 2012, Taiwan's economic expressed sustained economic downturn trend. But at the present time, the economic performance has indicated it is rising from the bottom; the customs commodity export is rebound; the private consumption is prudent and conservative; the domestic investment environment still has the international competitiveness; the public expenditure scale reduces; though prices have climbed but is still stable; the financial situation continued to maintain loose. In the third season of Taiwan, the economic growth rate is expected to be about 1. 42%. Due to the revision down of mainland China economic growth, and in addition, the economic growth rate of the United States' is slightly lower than that of the expected, Taiwan's economic growth performance gentle.

Key Words: Taiwan's Economy; Financial Situation; Analysis and Prediction

表　台湾经济基准预测

新台币十亿元（2006 年基期）	2012 年				2011 年	2012 年	2013 年
	第 1 季	第 2 季	第 3 季	第 4 季			
	实际值	实际值	预测值	预测值	实际值	预测值	预测值
实质 GDP	3539.18	3639.89	3826.11	4001.89	14782.36	15007.06	15545.90
年增率(%)	0.40	-0.18	1.42	4.26	4.03	1.52	3.59
实质 GNP	3672.68	3723.20	3891.92	4085.36	15145.08	15373.16	15913.66
年增率(%)	-0.06	-0.32	1.54	4.69	3.61	1.51	3.52
每人平均 GNP(US $)*	5138.43	5024.97	5248.92	5547.63	20688.27	20959.94	21873.96
年增率(%)	-0.92	-1.95	-0.76	9.03	7.83	1.31	4.36
民间消费	2004.70	1932.98	2046.34	2028.66	7885.05	8012.67	8233.82
年增率(%)	1.44	0.76	1.75	2.49	2.97	1.62	2.76
固定资本形成	555.91	618.03	640.87	637.67	2545.18	2452.49	2550.91
年增率(%)	-10.24	-5.24	-1.33	2.16	-3.89	-3.64	4.01
民间投资	471.17	493.65	510.27	450.51	1967.03	1925.60	2041.16
年增率(%)	-9.03	-2.21	0.11	3.67	-2.47	-2.11	6.00
财货与服务输出	2554.20	2730.02	2818.68	3060.84	11027.15	11163.74	11785.00
年增率(%)	-3.32	-2.00	-2.17	7.75	4.53	1.24	5.57
财货与服务输入	1948.40	2056.25	2108.32	2161.18	8314.19	8274.13	8689.37
年增率(%)	-6.86	-3.70	1.96	7.02	-0.68	-0.48	5.02
海关出口,亿美元**	708.24	759.71	767.06	814.00	3082.57	3048.90	3245.29
年增率(%)	-4.00	-5.42	-2.30	7.61	12.26	-1.09	6.44
海关进口,亿美元**	651.65	704.19	684.15	724.89	2814.38	2764.78	2912.07
年增率(%)	-5.86	-5.81	-3.20	8.56	12.02	-1.76	5.33
GDP 平减指数(2006 = 100)	96.2	92.67	93.4	91.92	93.03	93.55	93.71
年增率(%)	0.14	1.26	0.19	0.66	-3	0.56	0.17
WPI(2006 = 100)**	112.77	111.67	112.19	116.57	112.40	113.30	117.69
年增率(%)	1.96	-1.07	-0.64	2.95	4.32	0.80	3.88
CPI(2006 = 100)**	107.43	108.63	110.28	110.01	106.98	109.09	110.82
年增率(%)	1.29	1.65	2.95	1.99	1.42	1.97	1.59
M2 货币存量(日平均)	32894.71	32926.86	33083.67	33864.95	31713.88	33192.54	34715.77
年增率(%)	5.07	4.44	3.85	5.30	5.83	4.66	4.59
台币兑美元汇率**	29.72	29.66	29.87	29.21	29.47	29.61	29.37
年增率(%)***	-0.72	-2.63	-2.29	3.49	6.88	-0.49	0.81
31~90 天期商业本票利率	0.79	0.81	0.80	0.78	0.70	0.79	0.95
失业率,%	4.20	4.14	4.36	4.30	4.39	4.25	4.23

说明：* 有关每人平均 GNP 在此以美元表示。

** 表示 2012 年第 3 季资料为官方统计之粗估值，非预测值。

*** 有关汇率变动百分比，正值表示升值，负数表示贬值比率。

资料来源：中华经济研究院经济展望中心，2011 年 10 月 14 日。

B.28

香港经济形势分析与展望

陈李蔼伦*

摘 要:

香港经济在2012年受制于先进经济体需求疲弱和亚洲区贸易放缓，货物出口一直是经济表现最弱的一环。先进经济体复苏步伐未如理想，欧元区主权债务危机在年中一度恶化，美国财政悬崖逼近，增加了全球经济的下行风险。不过，香港经济继续受惠于良好的经济基本面和内地经济所提供的支持，抵消欧美经济不景的影响，而内部经济亦相对强韧，有助于维持劳工市场稳定，惟香港经济料仅以温和步伐增长。通胀在过去一年持续降温，但往后可能仍有上行风险，特区政府会密切留意物价走势，特别是对低收入市民的影响。鉴于全球流动性泛滥令利率处于超低水平，楼市泡沫风险上升，特区政府推出连串措施令楼市健康平稳发展，确保宏观经济和金融系统稳定。香港经济在2013年的表现，料仍会受多种外围因素影响。不过，各项基建设施工程开展和内地经济以平稳较快的速度发展，会继续为香港经济带来支持。

关键词:

香港经济　楼市泡沫风险　内地与香港深化融合

一　经济近况

全球经济在2012年仍未能摆脱2011年第二季开始出现的疲态。欧洲的情况最令人忧虑。欧债危机仍在演变，严重影响企业营商信心和居民消费意欲。

---

* 陈李蔼伦，香港特区政府财政司司长办公室，政府经济顾问。

一些重债国要推行紧缩措施，进一步拖累本已疲弱的实体经济，令财政状况更难以持续。事实上，欧元区多个国家已陷入衰退，失业率屡创新高。市场对危机蔓延至其他较大欧洲国家的忧虑亦不时困扰环球金融市场，增加全球经济的变数和下行风险。美国经济整体状况虽然较佳，但复苏步伐仅属温和，就业市场创造职位的速度慢于理想，促令联储局在九月中推出新一轮量化宽松措施。当地楼市近月渐见起色，但在失业率依然高企及持续去杠杆化的拖累下，经济相信只能维持低速增长。同时，先进经济体需求呆滞对新兴经济体的负面影响已越趋明显，尤以外向型的亚洲经济体为甚。内地经济亦难免受出口和生产活动减慢拖累，经济增长在2012年第三季已连续七个季度放缓。不过，亚洲区经济基本面整体上依然较佳，内地继续是全球经济的亮点，2012年首三季按年增长7.7%，仍然是非常可观的增幅，最近内需亦出现见底回升的迹象，可望对区内贸易起到一定支持和稳定作用。不少亚洲经济体亦已陆续放宽财政及货币政策，抵御外围环境的冲击。

在这样的背景下，香港作为细小开放的经济体，经济活动亦跟随外围环境变化而起伏。在外围环境严峻的压力下，香港的出口在过去一年多大幅放缓。幸而内部需求截至2012年第二季仍保持强韧，劳工市场继续处于全民就业的状态，为香港经济提供了重要支持。本地生产总值2011年全年实质增长4.9%，2012年上半年明显减慢，按年仅录得0.9%的轻微增长。

从经季节性调整后的环比情况来看，本地生产总值各组成部分表现各异。货物出口在2012年第二季受欧债危机重燃及美国增长放缓影响，按季急挫3.5%。即使访港旅客持续强劲增长，服务输出在贸易往来及金融活动淡静的压力下亦表现欠佳。另一方面，私人消费连续三年录得按季正增长，但在第三季亦开始出现一些减慢迹象。

1. 对外贸易

香港整体货物出口继2010年实质显著反弹17.3%后，2011年仅增长3.4%。踏入2012年，先进经济体需求维持疲弱，其对亚洲区生产和贸易活动的负面影响亦越见明显，香港输往多个主要市场的货物出口在2012年首9个月依然偏软。具体而言，随着欧洲经济陷入衰退，输往欧盟的出口录得双位数按年跌幅。输往美国的出口在第三季略为回稳，但仍远低于金融危机爆发前的水平。至于亚洲市场方面，输往内地和其他亚洲市场的出口亦出现不同程度的放缓。2012 年首 9 个月合计，货物出口货值按年仅轻微增长 1.5%，按货量计录得轻微跌幅。

随着环球经济环境转差，服务输出的实质增长亦逐步收窄。服务输出继 2011 年实质增长 6.7% 后，在 2012 年首两季分别仅录得 2.7% 和 1.9% 的增长。与贸易有关的服务输出（主要是离岸贸易活动）和运输服务输出在首两季表现欠佳，反映商品贸易和货流呆滞。随着外围环境较不明朗拖累集资活动和跨境融资活动转趋淡静，金融及商用服务输出在上半年亦按年收缩。然而，由于访港旅游业保持畅旺，旅游服务输出继续是主要增长动力。

2. 内部需求

劳工市场维持坚稳，加上收入情况在 2011 年 5 月实施法定最低工资后持续改善，带动私人消费开支截至 2012 年年中一直保持强劲，因而内需在过去一年多都是经济增长的主要动力。但由于外围环境越趋严峻，影响消费意欲，私人消费开支继 2011 年跃升 8.2% 后，在 2012 年首两季分别录得 6.4% 和 3.5% 的实质增长。第三季的零售销货数据显示，私人消费开支在第三季增长进一步减慢。

整体投资方面，本地固定资本形成总额在 2011 年仍维持显著实质增长，达 7.5%，而在 2012 年第一季及第二季再分别录得 12.6% 及 6.2% 的可观升幅。投资活动保持良好增长势头，主要是因为机器及设备购置按年大幅增长，以及公营部门基建工程继续全速进行，而私营机构的建造活动亦有所加快。第三季的资本货物购置仍然活跃。不过，以大型企业为对象的《业务展望按季统计调查》和以中小企业为主的动向指数显示，营商气氛在第四季仍然相当审慎。

3. 劳工市场

劳工市场大致保持稳定。不过，由于经济放缓，总就业人数在第三季开始失去增长动力，经季节性调整的失业率在 2012 年第三季微升至 3.3%，就业不足率同期亦微升至 1.6%。劳工市场在过去一段时间相当紧绌，加上 2011 年 5 月实施法定最低工资的额外推动效应，劳工工资及收入在过去一年多明显改善。截至2012年上半年，私营机构各主要行业的员工平均薪金按年上升6.9%，扣除通胀后仍有2.1%的实质升幅。不过，随着法定最低工资的按年推动效应减弱，收入增幅在6~8月的升幅已较先前几季为慢，但最低十等分组别全职雇员的收入以名义计算仍按年快速增长6.7%，以实质计算上升5.0%。然而，外围环境极不明朗，尤其是美国将要面对年底财政悬崖的问题，加上欧元区主权债务危机阴霾未散，令部分雇主近期对招聘员工的态度转趋保守。

4. 通胀

随着外围及本地价格压力缓和，通胀自2012年初开始降温。外围方面，国际食品及商品价格回落，加上香港主要贸易伙伴的通胀降温，进口通胀得以进一步缓和。本地方面，私人房屋租金早前回稳的滞后效应继续反映到消费物价层面，按年升幅在第三季续见收窄；而本地成本压力亦随工资升幅减慢而有所纾缓。基本消费物价通胀率由2011年第四季的6.4%下降至2012年第三季的4.0%。

二　宏观经济基本状况

1. 良好的宏观经济基本面

在如此艰难的全球经济环境下，香港经济截至2012年第三季仍能够保持温和增长及近乎全民就业，一方面反映香港经济基调良好，亦显示特区政府“稳企业以保就业，促经济以安民生”的应对策略发挥了效用。另一方面，国家经济维持平稳较快增长，给亚洲其他经济体一定缓冲，这些因素都为香港经济提供了重要支持作用。

香港经济良好的基本面亦得到国际信贷评级机构的认同。由于香港坐拥庞大的对外资产净值和充裕的政府财政储备，加上香港相对于其他高收入经济体具有较高的经济增长潜力，香港的长期外币及本币信贷评级获标准普尔评为最高的“AAA”级，前景为“稳定”，反映国际社会充分肯定香港稳健的经济基调及金融体系抵御冲击的能力。

2. 财政储备充裕

公共财政方面，由于特区政府多年来均秉持审慎理财的宗旨，政府的财政储备十分充裕。直至2012年3月底，政府拥有接近6700亿港元的财政储备，几乎是本地生产总值的35%，足以应付政府22个月的开支。

3. 国际收支平衡

香港的对外头寸一向稳健。本港经常账自1997～1998年亚洲金融危机后每年均录得盈余。惟在外需低迷的形势下，香港2012年上半年录得37亿港元的轻微赤字，但这仅相当于本地生产总值的0.4%。然而，累计净国际投资仍然雄厚。至6月底，净国际投资头寸达6540亿美元，是整体经济规模的两倍半。这些都说明香港的对外头寸丰裕，并不存在依赖向外借贷来支撑消费及投资的问题。

4. 金融体系稳健

香港的银行体系基础稳健，本港注册认可机构的资本水平充裕，拥有较强的抵御风险能力。在6月底，这些机构的资本充足比率平均维持于15.9%的高水平，而一级资本充足比率亦达到13.0%，可见香港银行业的资本额不但远高于国际最低要求，也远比香港金融管理局（金管局）规定的法定最低比率为高。同时，香港零售银行的平均流动资金比率在6月底为39.7%，继续远高于法定要求的25%，反映银行体系统在外围环境不明朗下，依然十分稳健。

值得一提的是，香港银行对欧洲主权债务危机的风险敞口不大。在6月底，本地银行业在负债较重的欧洲经济体（希腊、爱尔兰、意大利、葡萄牙及西班牙）持有的债权，占香港银行对外债权总额只有0.3%。然而，由于全球金融体系间有紧密联系，香港金融监管当局仍会密切关注欧债危机的潜在风险。

作为巴塞尔银行监管委员（巴塞尔委员会）的成员之一，金管局致力加强本地银行监管的质素。由2013年1月起，《巴塞尔协定三》的框架将会在香港逐步实施，而相关的立法工作亦正在进行。根据金管局定期收集的数据，香港认可机构对遵从更高的资本要求应该没有太大困难，因为这些机构资本充裕（其大部分资本来自普通股），加上《巴塞尔协议三》大部分需要从资本扣减的项目已在香港现行资本规则的“一级资本”中扣除。

香港银行体系的资产质素持续改善。特定分类贷款净额相对贷款总额的比例，自2009年6月底1.01%的高位，逐步下降至2012年6月底的0.30%，而拖欠信用卡贷款比例及住宅按揭贷款拖欠比率则分别维持在0.21%和0.01%的低水平。然而，随着美国联储局在2012年9月公布进行第三轮量化宽松政策，预料会有更多资金流入本港楼市，或会增加本地银行体系的系统性风险。因应上述发展，金管局在同月推出第五轮收紧物业按揭贷款的审慎监管措施，以保障银行体系的稳定。

三　资产泡沫风险

在利率低企及住宅供求平衡紧绌下，尽管香港经济增长明显放缓，住宅物业市场在2012年首9个月大致保持畅旺。美国联邦储备局及其他先进经济体的中央银行在9月先后公布另一轮宽松货币措施，更将市场气氛推向高位。在乐观的市场气氛支持下，楼价继续录得强劲升幅。

住宅价格在2011年12月至2012年9月期间累计飙升20%。住宅成交方面，尽管2012年1~9月送交土地注册处注册的住宅物业买卖合约总数较上年同期下跌12%至62298份，近月的交投转趋活跃。

香港住宅价格自2009年初以来持续攀升，至2012年9月的整体楼价已较2008年底的低位累计飙升107%。楼价较1997年亚洲金融风暴前的高峰亦已超出26%，大型单位的价格更较当年的高位大幅高出33%。由于楼价的升幅较市民收入的升幅大，市民置业的按揭供款与入息比率（置业购买力）由2008年的32%低位恶化至2012年第三季的约50%，与1991~2010年期间的50%长期平均数相若。

政府对于楼价大幅波动对整体宏观经济及金融稳定的影响，一直保持高度警觉。为确保楼市健康平稳发展，政府自2010年初起循四个方向推出一系列措施：增加楼宇供应；遏抑物业投机；确保物业市场透明度；防止按揭信贷过度扩张。政府一直监察着楼市的情况，并按需要调整政策措施的力度。随着外围环境发展令楼市泡沫风险进一步增加，政府在8月和9月公布进一步措施，着力增加土地和住宅供应，以及防止按揭贷款过度增长。在十月宣布优化“额外印花税”以进一步打击投机活动，以及向非本地买家开征“买家印花税”以确保在供应紧绌的情况下，本地居民的置业需要得到优先照顾。

政府各项措施已取得一些正面成果。在住宅单位供应方面，未来数年住宅单位总供应量由2009年底估计的52000个，增至2012年9月底估计的65000个，是自2008年初以来的最高水平。在2010年11月开征“额外印花税”后，投机活动几近绝迹。确认人交易在2012年首9个月缩减至平均每月27宗，占住宅物业交投的0.3%，大幅低于2010年1月～11月期间（即开征“额外印花税”前）平均每月318宗及2.4%。按揭贷款方面，今年首9个月新造住宅按揭的平均按揭成数为56%，远低于2009年1～10月期间64%的平均数，即香港金融管理局推出首轮住宅物业按揭贷款审慎监管措施前的平均数。至于市场透明度，立法会在2012年6月通过《一手住宅物业销售条例草案》。政府计划在2013年6月前成立执法当局，负责实施新法例。

四　背靠祖国面向世界

内地经济的较快增长一直为香港的持续发展提供重要动力。内地经济对香港的支持作用在先进经济体复苏乏力下尤见明显。

内地是香港最大的货物贸易出口目的地。2012年前三季，香港对内地的出口按年上升4.3%，高于同期香港整体出口1.5%的增长，相应地占整体出口的比重从2011年的52.4%上升至53.8%，部分对冲了香港对欧美出口的疲弱。随着内地经济逐渐回稳，香港对内地出口可望进一步加快，并成为进一步支持香港贸易增长的主要力量。香港还是内地除欧洲、美国和日本之外最大的出口目的地，香港承担内地主要转口港的功能，连接内地和世界市场。今年前三季，香港从内地的进口按年上升5.3%，也较同期2.5%的平均进口增长快，显示两地贸易往来在欧美需求疲弱时对香港的支持作用。

服务贸易的净出口在过去10多年一直是香港GDP增长的动力之一。内地是香港最大的服务贸易伙伴，香港对内地服务贸易出口的比重从2009年的27.2%进一步上升至2010年的28.5%。内地的服务业发展滞后于制造业，香港对内地的服务出口在一定程度上弥补了内地，尤其是广东服务供应的缺口。

香港经济的四个支柱产业均与内地有紧密的贸易联系。贡献香港经济约1/4的贸易及物流行业，除货物贸易外，其离岸贸易服务出口在2010年所涉及的贸易额已超出香港货物出口金额约一成，且超过四成的服务贸易出口都与内地相关。香港不但为内地发挥地理上的转口港的作用，还为内地的对外贸易提供增值服务，协助内地产品走向国际市场。

作为区内的国际金融中心，香港的股票市场有710家主要业务在内地的上市企业，2012年前三季，49家新上市企业中有34家企业来自内地。内地企业的市值超过总市值的一半，而涉及成交量更是总成交量的70%左右。香港一方面为内地企业筹集海外资金、支持内地经济发展，另一方面也巩固了香港作为国际金融中心的地位。

此外在港开展的人民币业务也为香港金融业的业务增长提供动力。截至2012年9月底，共有136间香港认可机构开展了人民币业务，人民币存款的总额达5457亿人民币，在最近5年内增加19倍，2012年9月底占外币存款总额的17.2%。与此同时，人民币贷款业务也从2010年7月开始稳步发展，在2012年6月底，人民币贷款余额已增至534亿港元。除了人民币存贷款业务，人民币债券业务更进一步促进了香港债券市场的发展，丰富了香港的投资产品。截至2012年9月底共有191笔人民币债券在港发行，总额超过2736亿元人民币。香港的人民币业务不断繁荣展示人民币逐渐走向国际化的历程。

香港的旅游服务输出在2011年占香港服务贸易输出的22.6%。香港的旅游业受益于“个人游”计划，2012年前9个月，内地游客按年增长24%，在香港境外游客中的比重从2001年的32%升至前三季的72%。旅游业为香港创造21.8万个就业机会，是整体劳动人口的6.2%，是香港经济的重要支柱。

香港的专业服务有较强的竞争优势，因香港专业服务的水平和理念与国际接轨，是服务型经济的重要基石。香港的专业服务为内地尤其是广东的制造业提供有力支援，是制造业转型升级、提升内地制造在全球市场份额的重要因素。在CEPA框架下，香港服务业优先进入内地市场，也有助于提升内地服务业的水平。

1. 深化与内地的经济融合

外围经济环境的转变对香港的影响显著，中短期内欧美经济的弱势难改，全球经济运行的潜在风险不容忽视。香港作为一个人均 GDP 超过 34000 美元的地区，只有不断走向高增值、知识型经济才能实现可持续发展，并进一步提升居民的生活水平。这意味着我们一方面要继续扩大我们的服务市场，增加有效需求，发挥比较优势，另一方面要不断提升人力资源，提升市民的生产力和竞争力，以适应不断转变的经济环境。

香港之所以发展成为今天的服务型经济体，是因为香港抓住了内地，尤其是珠三角走向工业化而产生对现代服务的巨大需求这个机遇，拓展内地市场，连接海外市场，成功转型成为国际金融、航运和商贸服务中心。内地市场对香港经济的重要性在不断上升，搭乘内地经济增长的快车，可为香港未来经济发展提供动力。同时，在国家的“十二五”期间，服务业在整体经济中的占比要提升 4 个百分点至 47%，内地提升服务水平的需求迫切，而香港服务业既与国际接轨，又熟悉内地市场，两地的经济融合有助于发展内地服务业，并协助内地经济结构调整，达致双赢。

在政府和民间的共同努力下，内地与香港的货流、人流和资金流进一步畅通，为两地经济的不断融合提供了有利环境。中央和特区政府于 2012 年 6 月 29 日签订了 CEPA 的补充协议九。截至目前，香港及内地已同意将共 1739 种货品列为符合 CEPA 的原产地规则的货品，在进入内地市场时享受零关税。这些关税的减免有助于香港的制造业吸引具高增值及高知识产权含量的新式生产模式在港发展。再加上香港拥有健全的司法制度及对知识产权的完善保护，将有助于香港在区内发展品牌产品。

在服务贸易领域，通过 CEPA，香港的企业在内地可于 48 个服务领域中享有优惠待遇，而这些服务领域，当中包括分销、金融服务、运输及物流等，都是香港拥有比较优势的服务领域。这些优惠待遇有不同的形式，当中包括放宽股权比例限制，降低如注册资本和营业额等的准入门槛，放宽地域和业务范围的限制，以及允许提供跨境服务等。

金融服务是香港有明显竞争优势的行业，CEPA 为香港金融业提供了进一步开拓内地业务的空间。过往的 CEPA 补充协议不断充实这方面的内容，包括香港银行在广东省设立的分行，可在跨区设立“异地支行”；香港银行在内地设立代表处的时间降低至 1 年或以上，并扩大内地分行的业务范围。最新的补充协议九允许港资银行从事证券公司客户交易结算资金和期货保证金存管业务。两地交易所的合作也不断加强，2012 年 7 月，首批以内地股票为基础的实物交易所交易基金在香港交易所上市，10 月首批以香港股票为基础的跨境交易所交易基金在上海证券交易所上市。

为了能更充分利用香港作为人民币国际化的试点城市，继企业能够在香港以人民币进行贸易结算后，两地监管当局又将人民币业务的范围进一步扩大到企业和金融机构的贸易融资以及汇兑服务。2012 年 8 月，香港银行开始为非香港居民在香港开设人民币账户和提供各类离岸人民币相关服务。目前，人民币已成为内地对外直接投资和外商到内地进行直接投资的币种之一。内地政府亦在 2011 年 12 月出台试点办法，允许合资格境外机构投资者使用人民币投资内地金融市场和在香港发行人民币计价的 A 股交易所交易基金产品（RQFII），额度 700 亿元，并将进一步扩大。

2. 保持国际化特色

香港在深化与内地的经济联系的同时，也进一步强化其国际化的角色。这两者之间互相促进，香港与内地更紧密的联系会吸引更多的国际投资者到香港寻求中国机会；而香港与国际市场的联系密切又会吸引更多的内地投资者通过香港进入世界市场。二者的良性互动是香港得以保持优势地位的充分条件。

香港回归祖国后，在“一国两制”的安排下，享有很多在制度上的优势。香港的金融体系稳健、税制简单、资本自由流动、法制和监管都非常健全、市场运作透明而高效、人才荟萃而且高度国际化，这些因素都有助于香港发展成为今天的国际金融、贸易和航运中心。香港在作为全球枢纽业务亦扮演着重要角色。2012 年，共有 1367 家跨国企业在香港设立地区总部，另有 5883 家公司在港设立地区或当地办事处。香港亦是重要的国际金融中心，连续两年在世界经济论坛的金融发展报告中排名第一。另外，香港在世界银行 2013 年营商环境调查中排行全球第二，反映香港拥有高竞争力和优良营商环境，吸引世界各地的商业机构来港发展。事实上，瑞士洛桑国际管理发展学院发表的《2012 年世界竞争力年报》，连续第二年把香港评为全球最具竞争力的经济体。学院特别确认香港在“政府效率”和“营商效率”方面的优势，并进一步肯定香港在两者之间能取得适当平衡。

总括而言，香港拥有背靠祖国、面向世界的特殊优势，同时香港拥有完善的法制和良好的基建，对人流、物流、资金流和讯息都没有累赘限制，开放程度高，造就香港继续保持国际金融、航运和商业中心的地位。

五　未来经济展望

目前，外围环境仍有很多不明朗因素，欧洲成为全球经济的最大风险来源。欧元区主权债务危机的不确定性已严重打击区内全球经济气氛，多个欧元区成员国已陷入衰退而且失业率居高不下。即使一些债台高筑的欧洲国家国债孳息率在欧洲央行宣布无上限的买债计划后稍为回落，欧洲当局就理顺欧洲经济和货币联盟运作、强化财政融合的努力仍要面对重重困难。欧债危机要彻底解决仍需要一段长时间，并会继续困扰全球经济前景。美国的房地产市场和个人消费近月有复苏迹象，但劳工市场仍然不振，去杠杆化过程持续，经济仅能以低速增长。美国经济在2012年首三季按年增长2.3%，仅较上年的1.8%增幅稍为加快，但远低于过去衰退后反弹的平均速度。在欧美进口需求疲弱的背景下，亚洲区内多个经济体的工业生产和出口皆显著放缓，进一步阐明“脱钩论”对亚洲经济体而言，目前尚未完全成立。基于亚洲经济的外向型本质，包括香港在内的亚洲经济情况在短期内仍会继续受制于先进经济体的疲弱需求。但内地以至其他亚洲经济体有较大政策空间去放宽政策以支撑增长，可望在未来渐见成效而为区内需求带来一些支持，并部分抵消先进经济体不景气的负面影响。

内部经济方面，尽管失业率依然低企，但疲乏的外部环节及审慎的环球经济气氛对消费意欲及企业营商信心的影响已开始浮现，劳工市场也渐见压力。可幸美国经济活动近期有重拾动力的迹象，国家经济的增长势头近月亦见好转。这些新近发展，再加上大型基建工程维持在高水平，访港旅游业仍然蓬勃，以及财政预算案公布的纾缓措施，可望为内需提供一定缓冲。8月特区政府指出，只要外围环境没有重大逆转，料香港经济在今年余下时间仍会温和增长，2012年全年增长预测为1%～2%。

2013 年依然会是充满挑战的一年。虽然国际货币基金会预期 2013 年全球经济增长可望加快至 3.6%，但这预测能否实现很大程度上要视乎美国经济能否避过“财政悬崖”及欧洲债务危机会否出现大规模蔓延。另外，先进经济体的负债问题解决尚需时日。持续而漫长的财政紧缩政策亦可能将会在一段长时间内继续令欧美经济步履蹒跚，全球经济低速增长格局未变。幸而，亚洲新兴经济体的基调依然良好。只要欧美等先进经济体的最终需求不再出现急剧恶化，2013 年香港外贸应可望维持大致稳定。加上在国家贯彻“十二五”规划中推动城镇化，促进发展服务业和致力提升内部需求以达至调整经济结构和保持平稳较快增长，亚洲以至全球经济将会得到一定支持。不过，正如上文所言，亚洲经济的“脱钩论”尚未完全成立，未来亚洲区内的经济活动仍与欧美的需求有高度相关性。对香港而言，整体外围环境在来年依然会波动不定，加上保护主义亦可能随时升温，都为环球贸易展望蒙上阴影。

物价方面，外围和本地物价压力自踏入 2012 年开始同步减退，通胀已逐步回顺。展望未来一段时间，鉴于经济环境严峻，进口价格的升幅趋于缓和，通胀在短期内应会大致受控。不过，环球流动资金充裕（尤其是在美国推出新一轮量化宽松措施后），国际食品及商品价格在往后上涨的风险仍然较大。另外，近月私人房屋新订租约租金不断上涨，也增加了未来通胀的上行风险。

展望 2013 年的物价走势，将视乎多方面的外围因素，包括汇率、环球商品价格及各主要经济体的复苏进程。虽然国际大宗商品价格在美国推出第三轮量化宽松措施后并未大幅攀升，但观乎 2011 年环球流动资金过剩对推高亚洲通胀的影响看来，新一轮量化宽松对通胀所衍生的上行风险实不容忽视。欧美等先进经济体假如在整顿财政期间经济再失动力，政府在财政政策空间有限的情况下，惟有依靠更宽松的货币政策，就可能会进一步增加国际商品价格以至亚洲通胀的波动性。本地方面，在过去一段时间租金成本快速上升的影响可能会更多地反映于 2013 年的通胀率。另外，修订法定最低工资水平的一次性影响亦会增加 2013 年本地成本的上升压力。根据现时情况推断，2013 年通胀率的回落空间有限，特区政府会继续留意通胀走势。

Analysis and Forecast of Hong Kong's Economy

Chen Li Ailun

Abstract: Affected by the weak demand in developed economic entities and the slowdown in Asian trading, Hong Kong's economy shows weak in 2012, especially in the area of exports of goods. Developed economic entities don't recover as expected, increasing the downside risks of the global economy. Hong Kong's economy continues to benefit from the support provided by the good economic fundamentals and the mainland economy, which offsets the impact of the economic downturn in Europe and America. It is expected that Hong Kong's economy will make moderate growth in 2012, and the domestic economy will also be relatively robust. The inflation continued to cool down last year, but it still faces upside risks in the future. As the interest remains at low levels because of the global liquidity overflow, and the risk of property bubbles get higher, the SAR Government places a series of measures to make the property market healthy and stable, and ensures the macroeconomic and financial system stable. Hong Kong's economy will still be uncertainty affected by a variety of external factors in 2013,.

Key Words: Hong Kong's Economy; Macro – economic Fundamental; Inflation; Analysis and Forecast

B.29

澳门经济分析与展望

华侨大学“澳门经济分析与预测”课题组*

摘　要：

受惠于博彩业服务贸易出口等活动的带动，在2011年较高基数的基础上，2012年上半年澳门特区经济实质增长率为12.6%。预计下半年增长放缓，全年预计将有单位数的增长。2013年澳门经济将继续增长，横琴开发和CEPA补充协议九的签署等区域合作发展将为澳门经济适度多元化提供新机遇，如何应对通货膨胀和进行房地产调控仍然是澳门政府应注意考虑的问题。

关键词：

澳门经济　通货膨胀　房地产调控

因受惠于博彩服务贸易出口等活动的带动，澳门经济继续保持增长态势。2011年以实际价格计算的本地生产总值（GDP）为2731.4亿元（澳门元，全文同），约340.63亿美元，实质增长率为20.7%；人均本地生产总值为497220元（约62009美元）。支持2011年澳门经济增长的利好因素包括：博彩毛收入2678.7亿元，比2010年上升42.2%，也是拉斯维加斯大道或新加坡同期博彩收入预测值的5倍以上；公共投资大幅增加79.4%；零售业销售额上升41.7%；各季度的工作收入中位数保持增长，增幅在6.7%至12.9%之间；2011年住户月收入中位数为19000元，比2010年增加3000元。2011年澳门工业产值和收益达到93.1亿元，较2010年上升4.4%，是自2006年的首次回升，升幅主要来自食品和饮品制造业、其他非金属矿物产品制造业。

---

* 课题负责人：吴承业；课题参加单位：华侨大学数量经济研究院、澳门发展策略研究中心。

澳门银行业2011年取得了良好的经营业绩，截至年末全澳银行资产规模较2010增长21.8%至6577亿元。存款余额达4140.2亿元，增长740.2亿元，或21.8%；贷款余额3219.6亿元，增长762.5亿元，或31%。贷存比率为77.8%，较2010年上升5.5%。税后利润为50.3亿元，较2010年增长30%，恢复至历史高位水平；不良率降至0.38%，为历史最低水平。受惠于人民币国际化进程的逐步加快，尤其是资本项目的有序开放，澳门人民币业务的经营范围进一步扩充，各项业务实现了快速增长。截至2011年底，跨境贸易人民币结算业务量为600.5亿元人民币，人民币存款余额达到417.5亿元人民币，比2010年底增长214.8%，存款量已达到澳门银行总存款的10%。同时，贷款业务也取得一定突破，业界还获得进入银行间债券市场资格，资金运用和回流管道渐宽。保险、基金等产品逐步引进，人民币业务市场接受程度持续提高。2011年12月31日澳门居民持有由境外证券投资以当天市场价值计算为1687亿元，较2010年同日经修订后的1275亿元增长32.3%，是自2002年开展此项年度调查以来的历史新高。

2011年12月14日，《内地与澳门关于建立更紧密经贸关系的安排》补充协议八在澳门签署，于2012年4月1日起正式实施。2012年7月2日《内地与澳门关于建立更紧密经贸关系的安排》补充协议九在澳门签署，2013年1月1日起实施。根据2012年度“全球经济自由度指数”报告，澳门在全球179个经济体中全球经济自由度指数排名第19位，得71.8分，较2011年减少1.3分，被评为“较自由”地区。澳门在41个亚太地区中排名第6位，仅次于香港、新加坡、澳洲、新西兰和中国台湾。澳门总体评分明显较世界和区内平均为高，并被评为“较自由”地区。《2012年城市竞争力蓝皮书：中国城市竞争力报告》中，澳门在全国294个地级以上城市中排名第13位，与2011年排名一样；在竞争力分项上，澳门在生活环境竞争力方面排名第1位。宏观经济竞争力、产业经济竞争力、财政金融竞争力、发展水平竞争力排位均出现了下降，其中产业经济竞争力相比2006年下降了12位。中国省域综合竞争力中，澳门排名较2011年跌1位至第16位，省域成长竞争力跌4位至第17位。2012中国食品安全十佳城市排行榜，澳门排行第3位；2012中国十大创富城市排行榜，澳门排行第3位；在十大诚信政府中，澳门由2011年第2位跌出十大。

一　澳门地区总体经济状况

2011年欧债危机持续、金融市场波动加剧、全球复苏进程缓慢，受惠于博彩服务贸易出口的带动，截至2012年上半年，澳门经济已连续12个季度保持增长。澳门特区政府财政金融基础稳健，这些有利因素都会支持澳门经济发展。2012年上半年澳门特区经济实质增长率为12.6%。

1. 上半年澳门总体经济继续增长有所放缓

2012年第一季度澳门本地生产总值为791.8亿元，实质增长18.6%。经济增长主要由服务出口和投资上升带动，以及2011年第一季度的基数较低所致；其中，博彩服务出口增加19.6%、旅客总消费上升21.2%，整体投资增加43.8%。受博彩服务出口、旅客总消费和投资增长减慢影响，2012年第二季度澳门本地生产总值为819.5亿元，实质增长7.3%。经济增长主要由服务出口和私人消费支出升幅带动；其中，博彩服务出口上升6.2%、旅客总消费增加2.5%、私人消费支出上升12.8%。2012年上半年本地生产总值实质增长12.6%。

2012年第一季度私人消费较2011年第一季度实质上升5.4%，主要是就业情况保持理想，总就业人数和工作收入同步增加所致，住户在本地的最终消费支出增加5.8%，在外地的上升8.7%，其中内地消费为18.5亿元。政府最终消费支出较2011年第一季度上升11.6%。2011年第二季度私人消费支出上升12.8%，住户在本地的最终消费支出增加11.5%，在外地的最终消费支出上升11.1%，其中内地消费为18.1亿元。政府最终消费支出较2011年第二季度上升5.2%。

2012年第一季度整体投资较2011年同期实质上升43.8%，远高于2011年第四季度的15.8%，私人投资增加21.2%，其中建筑和设备投资分别上升22.3%和19.2%。政府投资大幅飙升449.8%，主要是澳门大学横琴校区和公共房屋建设全面开展，致使公共建筑投资大幅上升524.4%；而设备投资较2011年第一季度则减少83.0%。2012年第二季度较2011年同期升幅大幅收窄至11.6%。私人投资减少6.3%，主要是建筑投资和设备投资分别减少8.1%

和 0.6% 所致。政府投资大幅上升 187.9%，主要原因仍然是澳门大学横琴校区和公共房屋建设开展，致使公共建筑投资有 193.9% 的明显增幅，而设备投资亦增加 104.1%。

2012 年第一季度澳门总出口货值为 19.8 亿元，较 2011 年同期上升 22.1%，升幅较前一季度的 7.7% 进一步扩大，其中再出口和本地产品出口的升幅分别为 33.2% 和 1.4%。由于私人消费和旅客消费上升、整体投资增加，总进口货值为 171.3 亿元，较 2011 年同期上升 27.3%，第一季度有形贸易逆差为 151.5 亿元。2012 年第二季度澳门总出口货值为 19.7 亿元，较 2011 年同期上升 19.1%，而总进口货物值为 175.5 亿元，较 2011 年同期上升幅度有所回落，主要是投资和旅客消费增长减慢所致。2012 年上半年总出口货值（39.5 亿元）较 2011 年同期上升 16.0%，主要是再出口（27.7 亿元）增加 23.7% 所致，而本地产品出口（11.8 亿元）的升幅为 1.2%；同期总进口货值上升 25.4% 至 347.8 亿元。2012 上半年的货物逆差达 308.4 亿元；对外商品贸易总额达 387.3 亿元，较 2011 年同期的 311.4 亿元升 24.4%。

服务贸易方面，由于入境旅客和旅客消费持续增加，推动 2012 年第一季度整体服务出口比 2011 年同期上升 19.2%；其中，旅客总消费增加 21.2%、博彩服务出口上升 19.6%。整体服务进口比 2011 年同期增加 11.9%。2012 年第二季度入境旅客减少、博彩毛收入和旅客人均消费增长放缓，第二季度服务出口比 2011 年同期升幅仅为 5.7%，远低于第一季度的 19.2%；其中，博彩服务出口增加 6.2%，旅客总消费微升 2.5%。

2. 公共财政表现较好主要得益于博彩业的增长

2011 年博彩服务贸易出口的高速发展，带动澳门财政收入的快速增加。2011 年财政收入较 2010 年增长 41.5% 至 1127.2 亿元，财政盈余达 637.3 亿元，增长 52.2%。博彩税是澳门财政收入的主要来源，占比达 88.4%。2011 年特区外汇储备已达 2833 亿元，同比增长 47.6%。2012 年第一季度公共财政收入 296 亿元，比 2011 年同期增长 21.5%。其中，博彩税收近 262 亿元，增幅 26.8%。公共财政开支比 2011 年同期减少 14.1% 至 61 亿元；财政盈余接近 235 亿元，比 2011 年同期增长 36.2%。2012 年上半年公共财政收入 616.22 亿元，同比上升 19.8%。博彩税占 86.5% 至 533 亿元。公共财政开支上半年累计 216.88 亿元，同比大幅飙升 42.3%，但仅为预算执行率的 32.9%。在资本开支中的投资计划，虽然开支已上升 522.8% 至 29.5 亿元，却只有预算执行率的 14.9%。上半年财政盈余为 399.3 亿元，同比上升 10.3%，并已超标完成执行率的 110.9%。2012 年澳门特区政府继续推出现金分享计划。根据该计划，每位澳门永久性居民将获发 7000 元，而在澳门居住的非永久性居民则获发 4200 元，这项计划涉及款项约为 41.2 亿多元。

3. 旅客消费总量增长

2011 年旅澳游客的人均消费为 1619 元，较 2010 年增长 7%。按原居地统计，内地游客在澳门的人均消费为 2048 元，居游客人均消费数额之首，但比起 2008 年的 3571 元的水平，跌幅近 50%。2011 年游客在澳门的总消费（不包括博彩消费，下文同）达 453 亿元，较 2010 年的 379 亿元上升 20%。其中，非购物消费为 229 亿元，较 2010 年的 186 亿元上升 23%，而购物消费增长 16% 至 224 亿元。

2012 年第一季度旅客总消费达 131 亿元，较 2011 年同期上升 35%。旅客非购物和购物总消费分别为 64 亿元和 67 亿元，较 2011 年同期分别增长 28% 和 42%。2012 年第一季度季旅客人均消费为 1891 元，较 2011 年同期增长 25%。内地旅客最高人均消费为 2435 元。2012 年第二季度旅客总消费为 114 亿元，较 2011 年同比上升 13%，其中留宿旅客消费 93 亿元，不过夜旅客消费 20 亿元。

4. 旅游人数增幅放缓

2011 年全年入境旅客数创 28002279 人次的历史新高，较 2010 年增加 12.2%。其中，内地旅客为 16162747 人次，以个人游方式来澳的内地旅客在 2011 年达 6588722 人次，比 2010 年增加 20.1%。2012 年第一季度访澳门人数约 690 万人次，较 2011 年增加 8%。第二季度人数增长放缓，上半年旅客总数为 1357.77 万人次，较 2011 年同期仅增加 2.5%。

2011 年全年旅游物价平均指数为 117.2，较 2010 年上升 15.5%。2012 年第一季度旅游物价指数（124.33）较 2011 年同期升 10.15%，升幅由“餐饮”和“住宿”价格上升带动。农历新年期间，酒店客房租金上升、餐饮和娱乐收费上调、金饰价格上升，致使“餐饮”（18.6%）、“娱乐及文化活动”

(15.09%)、“杂项物品”(14.55%)和“住宿”(9.2%)的价格指数有显著的升幅。2012年第二季度旅游物价指数(118.59)较2011年同期升6.57%。升幅明显的有餐饮(18.02%)、娱乐和文化活动(11.91%)、衣履(11.39%),主要是餐饮和娱乐收费上调,以及女装成衣价格上升所致。但酒店住宿的价格指数较2011年同期下跌6.38%。2012年上半年的旅游物价指数较2011年同期上升8.37%,其中餐饮、娱乐及文化活动和杂项物品的价格指数分别上升18.31%、13.47%和12.85%。

5. 总体失业率保持在较低水平

2011年全年失业率为2.5%,本地居民失业率为3.2%,较2010年降0.3%,2012年1~3月失业率为2%,较上一期(2011年12月~2012年2月)跌0.1%,再创历史新低;同期,劳动人口共34.7万人,劳动力参与率为72.9%。1~3月就业人口达34万人,较上一期增加1100人。就业不足率维持在0.8%的水平,反映本澳就业情况持续理想。就业人口的每月工作收入中位数为1.1万元,本地就业居民已升至1.3万元,比上一季度分别上升700元和1000元。2012年5月18日起澳门公布外地雇员数据,数据显示2011年12月底外地雇员94028人,其中来自内地的雇员为55373人。2012年9月底外地雇员109038人,其中来自内地的雇员为66195人。

6. 通货膨胀问题较为严重

2011年综合消费物价指数为110.30,年通货膨胀率为5.81%,上升最明显的商品及服务大类有杂项商品及服务(9.06%)、交通(8.75%)、食物及非酒精饮品(8.14%)和衣履(6.73%);而通信的价格指数则下跌10.67%。此外,2011年甲类(109.49)和乙类(110.63)消费物价平均指数比2010年分别上升5.51%和5.99%。

2012年3月综合消费物价指数(115.39)较2011年同期上升6.22%。升幅主要由外出用膳收费和蔬菜价格上升所带动,而电费补贴和通信服务收费下降,则抵消了部分升幅。2012年6月综合消费物价指数(117.11)较2011年同期上升6.19%,升幅主要由外出用膳收费上调以及蔬菜价格上升所带动。2012年上半年综合消费物价平均指数较2011年同期上升6.42%,其中烟酒(29.19%)、食物和非酒精饮品(9.53%)的价格指数升幅最明显;通信的价格指数则下跌6.50%。澳门地区2012年上半年通胀持续高企，除了2月为5.81%外，其他月份均高于6%，高通胀已成为澳门经济社会和日常民生的最热议题之一。

7. 不动产交易量缩价升，成交额上升，建筑业人力资源问题较突出

受政府推出遏抑楼价措施影响，2011年全年澳门楼市成交量为27624宗，较2010年减少6.7%，但成交额达762.6亿元，较2010年增长34.4%。2011年澳门住宅单位平均成交价较2010年上升33.6%至每平方米41433元，办公室和工业单位的平均成交价分别为每平方米35076元和12001元，较2010年分别上升53.5%和72.4%。2011年全年，澳门共立有不动产买卖契约10935宗，成交单位14075个，较2010年分别减少13.9%和12.7%。2011年澳门建成楼宇建筑面积为116.3万平方米，较2010年下跌8.6%。

2012年第一季度缴纳物业转移印花税的楼宇单位共3592个，成交金额合计117.1亿元，较上个季度分别升1.4%和15.7%。其中住宅单位2344个，金额83.1亿元，分别增7.9%和32.6%。第一季度平均成交价为每平方米（实用面积）45453元，较上个季度上升9.5%。办公室与工业单位平均成交价分别为每平方米40362元和16068元，较上个季度分别升5.1%和15.4%。2012年第二季度缴纳物业转移印花税的楼宇单位买卖共7845个，成交金额合计310.5亿元，较上个季度分别升1.2倍和1.7倍；其中住宅单位有5555个，金额为233.9亿元，较上个季度分别增长1.4倍和1.8倍。2012年上半年缴纳物业转移印花税的楼宇单位共11437个，成交金额达427.6亿元，比2011年同期分别减少43.8%和24.4%。2012年第二季度住宅平均成交价为每平方米55427元，比第一季度大幅上升21.9%。

2012年4月和9月，澳门分别有大型酒店项目落成，共增加了数千间客房。另外，永利、美高梅及澳博的路凼大型酒店和娱乐场项目先后宣布获政府批准，将有多个大型项目在建和落实，且都集中于2015~2016年落成，令这段时间的建筑业人力资源问题更为突出。

8. 会展活动次数减少但人数大幅增加

2011年全年共举办1045项会议和展览，比2010年减少354项；与会和入场总数达1278054人次，较2010年大幅增加59%。其中，展览活动比2010年减少6项，但吸引1167283人次的入场观众，比2010年增长达78%。2012年第一季度共举行271项会议和展览活动，比2011年同期减少6项，其中有250项在收费场地举行；与会和入场总数共161781人次，比2011年同期增加26%。第二季度共举行234项会议和展览活动，比2011年同期减少26项；其中有201项在收费场地举行，与会和入场总数共130016人次，比2011年同期增加8%。2012年上半年共举行505项会议和展览，比2011年同期减少32项；与会和入场总数达291797人次，增幅为17%。其中20项展览吸引219176入场观众，反映展览活动质素提升。

9. 零售业总体大幅度上升

2011年零售业销售额达433.4亿元，较2010年的305.9亿元大幅增加42%；其中，以钟表和珠宝（58%）、皮具制品（54%）的升幅最显著。2012年第一季度零售业销售额达128.8亿元，较2011年同期上升28%。其中，钟表和珠宝的销售额为40.3亿元（占总数31%）、百货货品占15%、成人服装占11%、皮具制品占10%、超级市场货品和汽车各占6%。2012年第二季度零售业销售额为130.3亿元，较2011年同期上升30%。其中，钟表和珠宝的销售额为41.0亿元（约占总数32%）、百货货品占13%、皮具制品占10%、成人服装占8%、汽车占7%和超级市场货品占6%。2012年上半年零售业销售额达259.1亿元，较2011年同期大幅上升31%；以钟表和珠宝（49%）、汽车（36%）、成人服装（29%）和百货货品（28%）的升幅最高。

10. CEPA货物继续呈现较快增长态势

《内地与港澳关于建立更紧密经贸关系的安排》实施至今近八年，至2011年11月底，零关税货物总出口货值共2.44亿元，涉及产品类别包括成衣纺织品、覆铜板、邮票、打字机色带油墨、咖啡、水泥、美容化妆品、粗甘油和再生塑料粒等，其中2011年1月1日至11月30日，以零关税方式进入中国大陆市场的货物总金额超过7700万元，与2010年同期比较，出口金额上升35.4%。2012年第一季度和第二季度，内地进口澳门CEPA项下货物分别为199万美元和233万美元，分别较2011年同期增长1倍和5.4倍，其中第二季度进口货值创澳门CEPA实施以来季度进口水平新高。

二　下半年澳门地区经济增长将放缓，全年将获得双位数增长

展望2012年下半年，澳门经济短期会受外围和内地影响，各项经济增长速度有所放缓，但上升势头仍会保持。

1. 2013年世界经济增长将放缓

受发达经济体增长率下滑影响，国际货币基金组织不断调低世界经济增长预期，2012年10月10日的报道中预计2012、2013年全球经济增长率分别为3.3%和3.6%，发达经济体经济增长率分别为1.3%和1.5%，新兴经济体经济增长率分别为5.3%和5.9%。美国经济或陷入停滞，欧元区2013年增长率为0.7%，中国经济2013年增长率为7.5%左右，预计澳门经济在2012年和2013年将会维持增长，预计本地生产总值2012年增长将低于10%，澳门的经济增长仍然由博彩服务贸易出口带动，加上政府的公共投资，2013年澳门整体经济环境基本理想。

2. 博彩收入增幅放缓

澳门2012年上半年博彩收入为1487.29亿元，较2011年同期的1241.26亿元高出19.8%。7月博彩业收入增长1.5%至245.8亿元，升幅较6月的12%大幅放缓，为2009年以来最低升幅。8月博彩收入为61.36亿元，比7月份增长6.3%，创2012年单月博彩收入最高。9月博彩收入为238.66亿元，比2011年同期升12.3%，比8月份则跌8.6%，是2011年以来第二低月份。1~9月累计博彩毛收入为2233.10亿元，较2011年同期上升近15%。由于2011年博彩业收入基数较高，预计全年仅增10%~12%。

3. 旅客人数增幅将放缓

统计局数据显示，7月入境旅客共244万人次，比2011年同期减少4.2%，内地旅客有145万人次，比2011年同期微减0.3%。自由行人数为64.3万人次，比2011年同期增长4.1%。首七个月入境旅客总数有1602万人次，比2011年同期增长收窄至1.4%。8月入境旅客共268.11万人次，比2011年同期减少0.62%。9月入境旅客有2161566人次，较2011年同期微减

0.2%。2012年第三季度入境旅客共7286971人次，较2011年同期减少1.7%。2012年首九个月入境旅客总数有20864685人次，较2011年增幅收窄至1.0%；预计2012年访澳旅客数量增幅将大大放缓。

4. 通货膨胀问题仍然较为严重

进入下半年通胀走势依然没有改变，7~9月每月通胀率均在6%以上，可能会较长时间在超过6%的水平上徘徊，可见问题已经发展到比较严重的地步了。近期导致澳门通胀的主要成因，已由从前的进口成本推升，逐步转变为由内部需求上升所带动，是“经济维持较快增长”，“居民收入有所增加”，“访澳旅客的消费需求”不断增长等因素造成的前进中的问题，市场繁荣和经济景气度较高在一定程度上掩盖了通货膨胀的危害。

鉴于当前通货膨胀急剧升温，特区政府又决定推出多项新的应对措施。包括向目前享受经济援助金的5000多个受益家团再发放一次全额经济援助金；自2012年9月1日起延续社会房屋轮候家团住屋临时补助发放计划至2013年8月31日，同时调升补助金额约8%；自2012年10月1日起调升所有住宅单位的电费补助至每月200元；调升2012~2013学年中小学学生和幼儿的学费津贴、中小学生的书簿津贴。除此之外，政府将积极拓展货源并确保食品供应安全，着手研究建立保障消费者权益的法律法规等。

5. 会展经济快速发展

随着经济多元化发展，澳门会展经济也得到了快速发展。自2011年CEPA补充协议七正式实施以来，内地参展人员赴澳门参展更加便捷。此前，澳门旅游局于2010年5月更新了“激励商务旅游市场发展计划”，希望通过丰厚的会展补贴，刺激澳门会展业发展。而在2012年，由澳门经济局新推出的“会展活动激励计划”，对符合资格的展览提供适当的展览场地租金补贴和一定折扣的酒店房价津贴，以吸引参展商，持续推动澳门会展业发展。

为进一步落实CEPA中有关会展业合作的内容，促进两地会展业合作和共同发展，国家商务部蒋耀平副部长和澳门经济财政司谭伯源司长于2012年9月21日下午在澳门签署《关于加强会展业合作协议》。《协议》内容分为六大部分，合共20项条款，对两地会展业合作目标、合作内容、政策支持、合作机制等方面作出了更加明确的规定。近年随着澳门经济迅速发展、CEPA有关会展内容的不断落实和扩展，以及多个大型会展场地的投入使用，吸引了不少国际性、专业性的展会陆续在澳举行，澳门的会展商贸服务平台功能将得到充分发挥。

6. 澳门人口问题逐步浮现

2011 年底澳门的陆地面积比 2010 年底增加 0.7% 至 29.9 平方公里，但人口密度则上升 1.7% 至每平方公里 18400 人。2012 年 5 月 20 日香港《文汇报》报道，澳门以每平方公里人口达 20910 人，成为世界人口最密集地区之一。与此同时，特区政府也注意到，人口老化、人力资源不足和人口自然增长缓慢等人口问题已在澳门逐步浮现。有专家称当前澳门呈现 5 个主要的人口特征：一是澳门已步入老龄化社会，呈现人口老化趋势；二是澳门居民就业状况持续改善，但劳动力总量存在不足；三是近年澳门生育水平尽管有所上升，但仍与人口更替水平存在距离；四是澳门人口规模变动受人口迁移影响显著，而人口迁移又主要由移入人口变化带动；五是人口的教育素质普遍有所提高，但劳动人口仍需提升素质以适应长远发展和区域合作的需要。特区政府在制定政策时要重点考虑人才培育、引入相关策略，长者医疗和退休保障制度，以及评估澳门人口变化趋势等。在充分考虑本地的实际情况后，分阶段提出有利于澳门可持续发展的人口政策。

7. 房地产调控刻不容缓

基于楼市过热，早在 2010 年 9 月底澳门特区政府就推出调控政策，但收效不大。2011 年 4 月实施针对外地投资的调控后，澳门楼市在 2012 年春节期间曾经一路走低。按金管局前日公布的数据，外来投资者对澳门房地产的兴趣在 2011 年第三季度有所减退，但在春节过后又有回暖趋势。2012 年 2 ~ 6 月，楼价每平方米均价从 41201 元涨至 58976 元的历史新高，比 2011 年同期上升 43.2%。进入下半年，澳门房地产价格涨势不变。据《澳门日报》报道，楼市炽热延续，澳门财政局数据显示，8 月份澳门半岛、凼仔和路环每平方米实用面积均价分别为 59372 元、63578 元和 80004 元，比 2010 年同期分别劲升 51.5%、67.14% 和 36.63%。为了调控房价，澳门政府于 2012 年 10 月 14 日公布温和版调控措施：收紧按揭，外地人首付门槛最高 6 成，本地人 5 成；外地人需加收 1 成印花税。政府还新投 4000 套公屋，加快新建商品房审批。

8. CEPA 补充协议九的签署将为澳门经济适度多元发展提供新机遇

CEPA 补充协议九文本已于 2012 年 7 月 2 日签署，2013 年 1 月 1 日起实施。CEPA 补充协议九文本签署后，服务贸易开放领域达 48 个，开放措施达 318 项，新增教育、铁路运输领域的开放承诺。根据 CEPA 补充协议九的条款，考虑到澳门银行参与横琴发展的业务需要，同意在横琴开设银行分行或法人机构的澳门银行年末总资产要求降至 40 亿美元，这是按 CEPA 降低银行准入门槛的内地唯一的一个地区，也是特别为澳门而设的新政策。在服务贸易领域，允许澳门服务提供者在横琴开设的国际学校扩大招生范围、在横琴设立娱乐场所、在横琴提供计算机跨境数据库服务等都有利于澳门商人加快进入和参与横琴开发。此外，亦允许澳门服务提供者在内地开办营利性质的养老和残疾人服务机构、设立教育服务的经营性培训机构、设立内地方控股的合资演出团体，并将适当简化对澳门会计师事务所到内地临时执业的申报材料要求。CEPA 补充协议九的签署，将为澳门经济适度多元化提供新机遇，也将为内地经济带来新活力。

Analysis and Forecast of Macao Economy

Task Group

Abstract: Benefited from the pull from the gambling industry and the export of service trade, the real growth rate of the first half of 2012 is 12. 6% on the basis of a relatively high basis of 2011. It is estimated that the growth of the second half of 2011will slow down and the whole year will have a one-digit growth. The Macao Economy of 2013 will continue to grow, and the development of Hengqin and the signature of the Ninth Supplement to CEPA will provide a new opportunity for the appripriate diversification of the future Macao economy. How to cope with inflation and take measures on real estate are still the problems that Macao should confront.

Key Words: Macao Economy; Inflation; Real Estate Regulation and Control

B.30
附录　统计资料

沈利生 整理

年份	GDP 增长率（%）	第一产业增加值增长率（%）	第二产业增加值增长率（%）	重工业增加值增长率（%）	轻工业增加值增长率（%）
1978	11.7	4.1	15.0	18.4	13.1
1979	7.6	6.1	8.2	8.6	8.8
1980	7.8	-1.5	13.6	7.9	20.6
1981	5.2	7.0	1.9	-5.2	12.2
1982	9.1	11.5	5.6	7.4	3.8
1983	10.9	8.3	10.4	11.4	7.5
1984	15.2	12.9	14.5	15.9	13.5
1985	13.5	1.8	18.6	15.7	21.7
1986	8.8	3.3	10.2	7.5	12.6
1987	11.6	4.7	13.7	12.5	14.1
1988	11.3	2.5	14.5	13.0	18.1
1989	4.1	3.1	3.8	4.9	5.2
1990	3.8	7.3	3.2	2.8	4.0
1991	9.2	2.4	13.9	13.6	15.4
1992	14.2	4.7	21.2	21.1	21.3
1993	14.0	4.7	19.9	21.1	18.9
1994	13.1	4.0	18.4	17.5	20.6
1995	10.9	5.0	13.9	11.9	16.5
1996	10.0	5.1	12.1	12.2	12.9
1997	9.3	3.5	10.5	10.7	11.9
1998	7.8	3.5	8.9	8.6	9.2
1999	7.6	2.8	8.1	8.9	8.1
2000	8.4	2.4	9.4	11.1	8.3
2001	8.3	2.8	8.4	7.6	9.8
2002	9.1	2.9	9.8	10.3	9.6
2003	10.0	2.5	12.7	14.4	11.0
2004	10.1	6.3	11.1	13.1	9.7
2005	11.3	5.2	12.1	12.5	10.5
2006	12.7	5.0	13.4	14.5	10.9
2007	14.2	3.7	15.1	16.0	13.6
2008	9.6	5.4	9.9	10.6	9.5
2009	9.2	4.2	9.9	9.0	7.6
2010	10.4	4.3	12.3	13.4	10.7
2011	9.3	4.3	10.3	10.9	9.7
2012	7.7	4.3	7.9	8.0	7.4
2013	8.2	4.4	8.5	8.5	7.9

续表

年份	第三产业增加值增长率(%)	交通运输仓储邮政业增加值增长率(%)	批发和零售业增加值增长率(%)	全社会固定资产投资规模(现价,亿元)	全社会固定资产投资名义增长率(%)
1978	13.7	9.8	23.1	899.0	19.9
1979	7.9	8.3	8.7	977.0	8.7
1980	6.0	4.3	-1.9	910.8	-6.8
1981	10.4	1.9	29.5	961.0	5.5
1982	13.0	11.4	-0.7	1230.4	28.0
1983	15.2	9.5	21.2	1430.1	16.2
1984	19.3	14.9	24.7	1832.9	28.2
1985	18.2	13.8	33.5	2543.2	38.8
1986	12.0	13.9	9.4	3120.7	22.7
1987	14.4	9.6	14.7	3791.2	21.5
1988	13.2	12.5	11.8	4746.8	25.2
1989	5.4	4.2	-10.7	4410.3	-7.1
1990	2.3	8.3	-5.3	4517.6	2.4
1991	8.9	10.6	5.2	5594.6	23.8
1992	12.4	10.1	10.5	8080.4	44.4
1993	12.2	12.5	8.6	13072.3	61.8
1994	11.1	8.5	8.2	17042.9	30.4
1995	9.8	11.0	8.2	20019.3	17.5
1996	9.4	11.0	7.6	22974.0	14.8
1997	10.7	9.2	8.8	24941.1	8.6
1998	8.4	10.6	6.5	28406.2	13.9
1999	9.3	12.2	8.7	29854.7	5.1
2000	9.7	8.6	9.4	32917.7	10.3
2001	10.3	8.8	9.1	37213.5	13.1
2002	10.4	7.1	8.8	43499.9	16.9
2003	9.5	6.1	9.9	55566.6	27.7
2004	10.1	14.5	6.6	70477.4	26.8
2005	12.2	11.2	13.0	88773.6	26.0
2006	14.1	10.0	19.5	109998.2	23.9
2007	16.0	11.8	20.2	137323.9	24.8
2008	10.4	7.3	15.9	172828.4	25.9
2009	9.6	4.2	12.1	224598.8	30.0
2010	9.8	9.8	14.3	278121.9	23.8
2011	9.4	9.4	12.6	311485.2	23.9
2012	7.9	8.1	9.8	375139.9	20.4
2013	8.5	8.6	10.3	449881.7	19.9

续表

年份	全社会固定资产投资实际增长率(%)	全社会固定资产投资占GDP比重(%)	商品零售价格指数上涨率(%)	固定资产投资价格指数上涨率(%)	居民消费价格指数上涨率(%)
1978	19.5	24.7	0.7	0.3	1.5
1979	4.7	24.0	2.0	3.8	2.1
1980	-8.5	20.0	6.0	1.9	7.0
1981	2.9	19.6	2.4	2.5	2.6
1982	25.1	23.1	1.9	2.4	1.9
1983	13.3	24.0	1.5	2.6	1.2
1984	23.9	25.4	2.8	3.4	1.7
1985	30.1	28.2	8.8	6.7	7.6
1986	15.8	30.4	6.0	6.0	6.5
1987	14.1	31.4	7.3	6.4	7.3
1988	10.0	31.6	18.5	13.9	18.8
1989	-12.9	26.0	17.8	6.7	18.0
1990	-3.0	24.2	2.1	5.6	3.1
1991	15.0	25.7	2.9	7.6	3.4
1992	25.3	30.0	5.4	15.3	6.4
1993	27.8	37.0	13.2	26.6	14.7
1994	18.1	35.4	21.7	10.4	24.1
1995	10.9	32.9	14.8	5.9	17.1
1996	10.3	32.3	6.1	4.0	8.3
1997	6.7	31.6	0.8	1.7	2.8
1998	14.1	33.7	-2.6	-0.2	-0.8
1999	5.5	33.3	-3.0	-0.4	-1.4
2000	9.1	33.2	-1.5	1.1	0.4
2001	12.6	33.9	-0.8	0.4	0.7
2002	16.7	36.1	-1.3	0.2	-0.8
2003	25.0	40.9	-0.1	2.2	1.2
2004	20.1	44.1	2.8	5.6	3.9
2005	24.0	48.0	0.8	1.6	1.8
2006	22.1	50.9	1.0	1.5	1.5
2007	20.2	51.7	3.8	3.9	4.8
2008	15.6	55.0	5.9	8.9	5.9
2009	33.2	65.9	-1.2	-2.4	-0.7
2010	19.5	69.3	3.1	3.6	3.3
2011	15.6	65.9	4.9	6.6	5.4
2012	17.1	70.8	2.3	2.9	2.7
2013	17.0	76.1	2.6	2.5	3.0

续表

年份	城镇居民实际人均可支配收入增长率(%)	农村居民实际人均纯收入增长率(%)	城镇居民消费实际增长率(%)	农村居民消费实际增长率(%)	政府消费实际增长率(%)
1978	-2.4	6.7			
1979	19.6	17.6	11.5	6.0	26.9
1980	6.2	18.2	13.0	9.0	1.6
1981	1.6	10.7	8.6	10.6	5.6
1982	5.8	21.1	6.6	9.6	8.6
1983	4.3	14.7	7.4	11.1	9.0
1984	12.5	12.7	14.1	13.1	21.2
1985	0.1	11.7	17.8	13.2	9.3
1986	13.8	3.2	11.8	2.9	9.9
1987	2.4	5.2	11.0	5.5	2.9
1988	-2.3	6.4	14.3	6.0	-1.1
1989	0.0	-1.6	4.1	-0.8	1.1
1990	8.5	1.8	11.3	0.2	8.8
1991	7.2	2.0	13.8	6.4	23.2
1992	9.7	5.9	19.8	9.0	17.5
1993	9.5	3.2	13.9	4.8	13.8
1994	8.5	5.0	7.6	3.4	8.6
1995	4.9	5.3	10.4	7.2	-3.3
1996	3.9	9.0	8.1	14.0	9.8
1997	3.4	4.6	8.2	2.1	9.5
1998	5.8	4.3	11.8	0.0	11.0
1999	9.3	3.8	12.7	3.7	12.6
2000	6.4	2.1	13.2	3.1	13.7
2001	8.5	4.2	8.9	2.9	11.0
2002	13.4	4.8	9.7	3.5	8.1
2003	9.0	4.3	11.7	-1.4	5.5
2004	7.7	6.8	11.2	2.5	7.3
2005	9.6	6.2	8.7	9.1	16.1
2006	10.4	7.4	11.9	6.4	13.9
2007	12.2	9.5	13.9	4.7	12.2
2008	8.4	8.0	10.6	6.5	9.8
2009	9.8	8.5	12.5	5.8	10.2
2010	7.8	10.9	9.7	5.4	13.0
2011	8.4	11.4	10.3	9.0	13.1
2012	9.5	12.0	9.1	3.9	9.2
2013	9.0	9.4	9.0	5.3	9.2

续表

年份	社会消费品零售总额（亿元）	社会消费品零售总额名义增长率(%)	社会消费品零售总额实际增长率(%)	财政收入（亿元）	财政收入增长率（%）
1978	1558.6	32.7	31.8	1132.3	29.5
1979	1800.0	15.5	13.2	1146.4	1.2
1980	2140.0	18.9	12.2	1159.9	1.2
1981	2350.0	9.8	7.3	1175.8	1.4
1982	2570.0	9.4	7.3	1212.3	3.1
1983	2849.4	10.9	9.2	1367.0	12.8
1984	3376.4	18.5	15.2	1642.9	20.2
1985	4305.0	27.5	17.2	2004.8	22.0
1986	4950.0	15.0	8.5	2122.0	5.8
1987	5820.0	17.6	9.6	2199.4	3.6
1988	7440.0	27.8	7.9	2357.2	7.2
1989	8101.4	8.9	-7.6	2664.9	13.1
1990	8300.1	2.5	0.3	2937.1	10.2
1991	9415.6	13.4	10.2	3149.5	7.2
1992	10993.7	16.8	10.8	3483.4	10.6
1993	14270.4	29.8	14.7	4349.0	24.8
1994	18622.9	30.5	7.2	5218.1	20.0
1995	23613.8	26.8	10.5	6242.2	19.6
1996	28360.2	20.1	13.2	7408.0	18.7
1997	31252.9	10.2	9.3	8651.1	16.8
1998	33378.1	6.8	9.7	9876.0	14.2
1999	35647.9	6.8	10.1	11444.1	15.9
2000	39105.7	9.7	11.4	13395.2	17.0
2001	43055.4	10.1	11.0	16386.0	22.3
2002	48135.9	11.8	13.3	18903.6	15.4
2003	52516.3	9.1	9.2	21715.3	14.9
2004	59501.0	13.3	10.2	26396.5	21.6
2005	68352.6	14.9	14.0	31649.3	19.9
2006	79145.2	15.8	14.6	38760.2	22.5
2007	93571.6	18.2	13.9	51321.8	32.4
2008	114830.1	22.7	15.9	61330.4	19.5
2009	132678.4	15.5	16.9	68518.3	11.7
2010	156998.4	18.3	14.8	83101.5	21.3
2011	183918.6	17.1	11.7	103874.4	25.0
2012	210490.9	14.4	11.9	119085.5	14.6
2013	242647.4	15.3	12.3	137752.2	15.7

续表

年份	财政支出（亿元）	财政支出增长率（%）	财政收支差额（亿元）	城乡储蓄存款余额（亿元）	城乡储蓄存款余额增长率(%)
1978	1122.1	33.0	10.2	210.6	15.7
1979	1281.8	14.2	-135.4	281.0	33.4
1980	1228.8	-4.1	-68.9	399.5	42.2
1981	1138.4	-7.4	37.4	523.7	31.1
1982	1230.0	8.0	-17.7	675.4	29.0
1983	1409.5	14.6	-42.6	892.5	32.1
1984	1701.0	20.7	-58.2	1214.7	36.1
1985	2004.3	17.8	0.6	1622.6	33.6
1986	2204.9	10.0	-82.9	2238.5	38.0
1987	2262.2	2.6	-62.8	3081.4	37.7
1988	2491.2	10.1	-134.0	3822.2	24.0
1989	2823.8	13.3	-158.9	5196.4	36.0
1990	3083.6	9.2	-146.5	7119.8	37.0
1991	3386.6	9.8	-237.1	9241.6	29.8
1992	3742.2	10.5	-258.8	11759.4	27.2
1993	4642.3	24.1	-293.4	15203.5	29.3
1994	5792.6	24.8	-574.5	21518.8	41.5
1995	6823.7	17.8	-581.5	29662.3	37.8
1996	7937.6	16.3	-529.6	38520.8	29.9
1997	9233.6	16.3	-582.4	46279.8	20.1
1998	10798.2	16.9	-922.2	53407.5	15.4
1999	13187.7	22.1	-1743.6	59621.8	11.6
2000	15886.5	20.5	-2491.3	64332.4	7.9
2001	18902.6	19.0	-2516.5	73762.4	14.7
2002	22053.2	16.7	-3149.5	86910.6	17.8
2003	24650.0	11.8	-2934.7	103617.3	19.2
2004	28486.9	15.6	-2090.4	119555.4	15.4
2005	33930.3	19.1	-2281.0	141051.0	18.0
2006	40422.7	19.1	-2162.5	161587.3	14.6
2007	49781.4	23.2	1540.4	172534.2	6.8
2008	62592.7	25.7	-1262.3	217885.4	26.3
2009	76299.9	21.9	-7781.6	260771.7	19.7
2010	89874.2	17.8	-6772.7	303302.2	16.3
2011	109247.8	21.6	-5373.4	343635.9	13.3
2012	127085.5	16.3	-8000.0	391969.9	14.1
2013	148352.5	16.7	-10600.3	446890.1	14.0

续表

年份	货币和准货币（亿元）	新增贷款（亿元）	进口总额（亿美元）	进口总额增长率（%）	出口总额（亿美元）	出口总额增长率（%）
1978	186.7	108.9	51.0	102.0	34.4	
1979	189.6	156.8	44.0	135.8	33.1	
1980		374.7	200.2	27.7	181.2	33.4
1981		445.9	220.1	10.0	220.1	21.5
1982		320.4	192.9	-12.4	223.2	1.4
1983		409.3	213.9	10.9	222.3	-0.4
1984		1176.2	274.1	28.1	261.4	17.6
1985	5198.9	1139.4	422.5	54.1	273.5	4.6
1986	6720.9	1684.9	429.0	1.5	309.4	13.1
1987	8330.9	1442.0	432.2	0.7	394.4	27.5
1988	10099.8	1518.9	552.8	27.9	475.2	20.5
1989	11949.6	3808.8	591.4	7.0	525.4	10.6
1990	15293.4	3320.6	533.5	-9.8	620.9	18.2
1991	19349.9	3657.1	637.9	19.6	719.1	15.8
1992	25402.2	4985.1	805.9	26.3	849.4	18.1
1993	34879.8	6620.2	1039.6	29.0	917.4	8.0
1994	46923.5	7032.9	1156.1	11.2	1210.1	31.9
1995	60750.5	10568.1	1320.8	14.2	1487.8	22.9
1996	76094.9	10612.5	1388.3	5.1	1510.5	1.5
1997	90995.3	13757.5	1423.7	2.5	1827.9	21.0
1998	104498.5	11610.0	1402.4	-1.5	1837.1	0.5
1999	119897.9	7210.2	1657.0	18.2	1949.3	6.1
2000	134610.3	5636.8	2250.9	35.8	2492.0	27.8
2001	158301.9	12943.6	2435.5	8.2	2661.0	6.8
2002	185007.0	18979.2	2951.7	21.2	3256.0	22.4
2003	221222.8	27702.3	4127.6	39.8	4382.3	34.6
2004	254107.0	19201.6	5612.3	36.0	5933.3	35.4
2005	298755.7	16492.6	6599.5	17.6	7619.5	28.4
2006	345603.6	30656.8	7914.6	19.9	9689.8	27.2
2007	403442.2	36343.7	9561.2	20.8	12204.6	26.0
2008	475166.6	41776.9	11325.7	18.5	14306.9	17.2
2009	606225.0	96217.2	10059.2	-11.2	12016.1	-16.0
2010	725851.8	79511.0	13962.4	38.8	15777.5	31.3
2011	851590.9	68749.6	17434.8	24.9	18983.8	20.3
2012	960655.3	77554.9	18483.5	6.0	20481.2	7.9
2013	1082264.4	88681.2	20209.7	9.3	22304.1	8.9

注：1989年以后的新增贷款包括全部金融机构。2011年以后固定资产投资不含农户。表中2012、2013年为预测数。

B.31
后　记

对于中国宏观经济分析预测来说，中国社会科学院的工作是开创性的，不仅在国内历史最为悠久，而且长期以来为党和国家的决策提供科学依据，对国家的经济建设、社会发展起到了积极的作用。距离1991年中国社会科学院根据中央领导同志的指示精神，成立“中国经济形势分析与预测”课题组已经22年了。20多年来，通过定性与定量相结合的方式，对中国宏观经济形势进行分析预测，已经由原来中国社会科学院的“一枝独秀”变为“百花齐放”，很多部门和机构都采用宏观经济模型对中国经济进行预测。

根据中国社会科学院相关部署，“中国经济形势分析与预测”工作由中国社会科学院经济学部及相关研究单位的研究人员共同承担，成立“学术咨询委员会”共同讨论《中国经济形势分析与预测报告》并提出意见和建议。同时从2012年起，编委会对栏目结构进行了调整，使《经济蓝皮书》能够更加全面地反映中国经济的现状。而且我们相信，随着中国经济发展和经济全球化程度的日益加深，这种调整还会继续。

在此我们希望《经济蓝皮书》在全体专家学者与编辑人员的共同努力下，水平不断提高，影响不断扩大，对中国经济的发展起到应有的作用。同时，欢迎关注中国经济问题的广大读者，对《经济蓝皮书》的编撰提出宝贵的意见和建议，我们将在今后的工作中不断改进。

本书编辑组

2012年11月

社会科学文献出版社

皮书系列

“皮书”起源于十七、十八世纪的英国，主要指官方或社会组织正式发表的重要文件或报告，多以“白皮书”命名。在中国，“皮书”这一概念被社会广泛接受，并被成功运作、发展成为一种全新的出版形态，则源于中国社会科学院社会科学文献出版社。

皮书是对中国与世界发展状况和热点问题进行年度监测，以专家和学术的视角，针对某一领域或区域现状与发展态势展开分析和预测，具备权威性、前沿性、原创性、实证性、时效性等特点的连续性公开出版物，由一系列权威研究报告组成。皮书系列是社会科学文献出版社编辑出版的蓝皮书、绿皮书、黄皮书等的统称。

皮书系列的作者以中国社会科学院、著名高校、地方社会科学院的研究人员为主，多为国内一流研究机构的权威专家学者，他们的看法和观点代表了学界对中国与世界的现实和未来最高水平的解读与分析。

自 20 世纪 90 年代末推出以经济蓝皮书为开端的皮书系列以来，至今已出版皮书近 800 部，内容涵盖经济、社会、政法、文化传媒、行业、地方发展、国际形势等领域。皮书系列已成为社会科学文献出版社的著名图书品牌和中国社会科学院的知名学术品牌。

皮书系列在数字出版和国际出版方面成就斐然。皮书数据库被评为“2008~2009 年度数字出版知名品牌”；经济蓝皮书、社会蓝皮书等十几种皮书每年还由国外知名学术出版机构出版英文版、俄文版、韩文版和日文版，面向全球发行。

2011 年，皮书系列正式列入“十二五”国家重点出版规划项目；2012 年，部分重点皮书列入中国社会科学院承担的国家哲学社会科学创新工程项目；一年一度的皮书年会升格由中国社会科学院主办。

法律声明

“皮书系列”（含蓝皮书、绿皮书、黄皮书）由社会科学文献出版社最早使用并对外推广，现已成为中国图书市场上流行的品牌，是社会科学文献出版社的品牌图书。社会科学文献出版社拥有该系列图书的专有出版权和网络传播权，其 LOGO（ ）与“经济蓝皮书”、“社会蓝皮书”等皮书名称已在中华人民共和国工商行政管理总局商标局登记注册，社会科学文献出版社合法拥有其商标专用权。

未经社会科学文献出版社的授权和许可，任何复制、模仿或以其他方式侵害“皮书系列”和 LOGO（ ）、“经济蓝皮书”、“社会蓝皮书”等皮书名称商标专用权的行为均属于侵权行为，社会科学文献出版社将采取法律手段追究其法律责任，维护合法权益。

欢迎社会各界人士对侵犯社会科学文献出版社上述权利的违法行为进行举报。电话：010－59367121，电子邮箱：fawubu@ssap.cn。

社会科学文献出版社